beck **sche**
reihe

bsrbr

Umfragen zufolge glaubt etwa ein Drittel der Bevölkerung in Westeuropa und Nordamerika an die Reinkarnation, Tendenz steigend. Längst ist Wiedergeburt zu einer globalen Erfolgsidee geworden. Helmut Obst beschreibt knapp und kenntnisreich die Seelenwanderungslehre im Hinduismus, Buddhismus und bei indigenen Völkern, geht antiken Vorstellungen nach und zeigt, wie der Reinkarnationsglaube in monotheistischen Religionen, vor allem im Christentum, trotz offizieller Verurteilungen immer wieder Anhänger gefunden hat. Goethe und Lessing, namhafte Dichter und Denker haben ihn zu neuer Blüte gebracht, Propheten und spirituelle Meister im 20. Jahrhundert haben ihn weiter verbreitet. Werden wir wiedergeboren? Diese Frage muss am Ende offen bleiben, aber das Buch zeigt, wie intensiv seit Urzeiten über sie nachgedacht wird. Nicht zuletzt lotet es Möglichkeiten und Grenzen eines christlichen Reinkarnationsglaubens heute aus.

Helmut Obst, geb. 1940, ist Professor em. für Ökumenik und Religionswissenschaft an der Universität Halle-Wittenberg und als Nachfolger von Hans-Dietrich Genscher und Paul Raabe Vorsitzender des Kuratoriums der Franckeschen Stiftungen in Halle. Sein Buch «Apostel und Propheten der Neuzeit» (4. Auflage 2000) gilt inzwischen als Standardwerk.

Helmut Obst

Reinkarnation

Weltgeschichte einer Idee

Verlag C. H. Beck

Originalausgabe

© Verlag C. H. Beck oHG, München 2009
Gesamtherstellung: Druckerei C. H. Beck, Nördlingen
Umschlagentwurf: malsyteufel, willich
Printed in Germany
ISBN 978 3 406 58424 4

www.beck.de

Inhalt

VII. Weltanschauliche Protestbewegungen und religiöse Gemeinschaften in der Moderne

VIII. Kirchliche Reaktionen und theologische Neuansätze

Epilog: Die Globalisierung der Reinkarnationsidee 263

Einleitung:
Wiederholte Erdenleben – Eine uralte Idee

«Aber warum könnte jeder einzelne Mensch auch nicht mehr als
einmal auf dieser Welt vorhanden gewesen sein?»[1]

Diese Frage, die Gotthold Ephraim Lessing in seiner *Erziehung
des Menschengeschlechts* 1780 aufwarf, wird in Europa von immer
mehr Menschen mit immer größerer Dringlichkeit gestellt. Das
ist neu in der abendländischen Kultur-, Geistes- und Theologie-
geschichte, es signalisiert einen Umbruch und Aufbruch. Die Idee
wiederholter Erdenleben hat weit über den Kreis geistiger Eliten
hinaus weltweit eine wachsende Faszination entfaltet und ist längst
bei der Frau und dem Mann auf der Straße angekommen. Viele Umfragen in Europa und Nordamerika belegen das.

Mindestens 20 Prozent der Bevölkerung sollen danach vom Gedanken wiederholter Erdenleben in irgendeiner Form überzeugt
sein oder mit ihm sympathisieren. Die populäre Literatur zu diesem Thema ist kaum noch zu übersehen, in den Medien wird die
Reinkarnationsidee seit langem in immer neuen Varianten erfolgreich vermarktet.

Doch *die* Lehre von der Wiedergeburt gibt es nicht, nur Lehren, Hypothesen, Ideen, vielleicht auch einen Mythos. Die
Reinkarnationsvorstellungen sind zahlreich, bunt, unterschiedlich, widersprüchlich. Das zeigt sich bereits bei der Begrifflich-
keit.

Aus der Antike stammen die Begriffe: Palingenesia (Wiederent-
stehung), Metempsychose (Wiederverseelung, Seelenwechsel, Um-
seelung), Metemsomatose (Körperwechsel, Wiederverkörperung),
Metaggismos (Umgießung). Diese und andere Begriffe werden je
nach Umständen mehr oder weniger häufig verwendet. Die wei-
teste Verbreitung, vor allem im 18. und 19. Jahrhundert, fand der
Begriff Metempsychose im Sinne von Seelenwanderung. Im 19. Jahrhundert tauchte auch der Begriff Wiedergeburt auf, führte aber

immer wieder zur Verwechslung mit der christlichen Lehre von der geistlichen Wiedergeburt des Menschen in der Taufe oder durch persönliche Bekehrung (Pietismus), so dass sich diese missverständliche Bezeichnung nicht durchsetzen konnte. Im 20. Jahrhundert wurde «Seelenwanderung» zunehmend durch die Bezeichnung «Reinkarnation» abgelöst.

Ausgangspunkt des Reinkarnationsbegriffes ist der französische Spiritismus des 19. Jahrhunderts. Allan Kardec (Hippolyte Léon Denizard Rivail, 1804–1869) stellte in seinem weit verbreiteten *Buch der Geister* (1857) die Lehre von der «Vielheit der Existenzen» unter dem Begriff Reinkarnation vor. Der Erfolg des Reinkarnationsbegriffes in neuerer Zeit hängt sicherlich damit zusammen, dass Reinkarnation nur besagt: es wird wiederverkörpert. Der Gegenstand, das Subjekt der Wiederverkörperung bleibt offen. Der Reinkarnationsbegriff dürfte sich auch in Zukunft immer stärker durchsetzen, selbst wenn als Synonym «Seelenwanderung» weiter im Gebrauch bleibt.

Was jeweils reinkarniert oder wandert, vom Leben über den Tod wieder in das irdische Leben führt, wird sehr unterschiedlich beantwortet. Spricht man von Seelenwanderung, erscheint die Aussage präziser, falls man sagen kann, was die Seele ist. In jedem Fall, welcher reinkarnatorische Begriff auch gewählt wird, kommt «etwas» wieder, die Persönlichkeit, eine Tatbilanz, eine bewusste oder unbewusste Kraft, die mit einem früheren Leben in Verbindung steht. Das «Wiederkommen» fasziniert, das Leben, die Lebenskraft, eine Energie mit persönlichem oder überpersönlichem Bezug, sie gehen nicht verloren.

Reinkarnationsvorstellungen, welcher Art auch immer, sind meist in eine Weltanschauung, eine Religion, ein Welt-, Menschen- und Gottesbild eingebunden. Jede Lehre von der Reinkarnation oder Seelenwanderung ist nur ein Teil eines weltanschaulich-philosophischen und religiösen Systems und in seinem Zusammenhang zu verstehen und zu erklären. Die kulturellen und geografischen Wurzeln und Rahmenbedingungen spielen dabei eine wichtige Rolle. Mit Recht unterscheidet man heute östliche und westliche Reinkarnationsvorstellungen. Einen dritten, bisher kaum beachteten Strang stellen die Reinkarnationsideen indigener Völker Afrikas, Amerikas, Asiens und Australiens dar.

Die östlichen, asiatischen Formen des Reinkarnationsglaubens werden vor allem durch Hinduismus und Buddhismus bestimmt. Entscheidend sind jedoch nicht formale, sondern inhaltliche Unterschiede. In den östlichen Religionen wird der Zwang zur Wiederverkörperung, sei es in Pflanzen, Tieren, Menschen, Dämonen oder Göttern, zur Last, ja zum Fluch der Tatbilanz des Lebens, des Karma. Auch geht es nicht um die Ausbildung der Individualität. Alle religiösen Bemühungen sind dort darauf gerichtet, den Kreislauf der Wiedergeburten beenden zu können. Der Weg dahin ist unendlich weit und lang. Ihn rasch mit Hilfe des Göttlichen, der Götter oder von bereits vom Fluch der Wiedergeburt befreiten Helfern beschließen zu können, ist das Ziel jeder Persönlichkeit beziehungsweise all dessen, was der Reinkarnation unterworfen ist.

Ganz anders ist es in den verbreitetsten westlichen Reinkarnationsvorstellungen, die zudem in den meisten Fällen seit der Spätantike ein Zurücksinken ins Pflanzen- oder Tierreich ausschließen. Die westlichen Formen des Reinkarnationsglaubens sehen in der Möglichkeit wiederholter Erdenleben eine große Chance, eine Gnade, die Voraussetzung immer währenden Fortschritts bis zur individuellen Vollkommenheit. Hier hat der Reinkarnationsglaube in der Regel nichts Bedrückendes, sondern vermittelt ein optimistisches Lebensgefühl.

Lessing *fragt* noch:

> § 98. Warum sollte ich nicht so oft wiederkommen, als ich neue Kenntnisse, neue Fertigkeiten zu erlangen geschickt bin? Bringe ich auf Einmal so viel weg, daß es der Mühe wieder zu kommen etwa nicht lohnet?
> § 99. Darum nicht? – Oder, weil ich es vergesse, daß ich schon da gewesen? Wohl mir, daß ich das vergesse. Die Erinnerung meiner vorigen Zustände, würde mir nur einen schlechten Gebrauch des gegenwärtigen zu machen erlauben. Und was ich auf itzt vergessen *muß*, habe ich denn das auf ewig vergessen?
> § 100. Oder, weil so zu viel Zeit für mich verloren gehen würde? – Verloren? – Und was habe ich denn zu versäumen? Ist nicht die ganze Ewigkeit mein?[2]

Allan Kardec fragt nicht mehr nach Möglichkeit und Sinn einer Wiedergeburt, wie es Lessing tut, er *antwortet* mit der Autorität der Offenbarung durch höhere Geister:

Der Mensch, welcher das Bewusstsein seiner Unvollkommenheit hat, schöpft in der Lehre der Wiedereinverleibung eine tröstende Hoffnung. Wenn er an die Gerechtigkeit Gottes glaubt, kann er nicht hoffen, für ewig mit denen gleich zu stehen, welche mehr Verdienst haben, als er selbst. Der Gedanke, dass diese Unvollkommenheit ihn nicht für immer von dem höchsten Gute enterbt und dass er es durch neue Anstrengungen wieder erwerben kann, erhält ihn und belebt seinen Mut aufs neue. Wer ist derjenige, welcher am Ende seiner Laufbahn nicht bereut, eine Erfahrung, die er nicht mehr benützen kann, zu spät erworben zu haben. Diese späte Erfahrung geht nicht verloren; er wird sie in einem neuen Leben benützen können.[3]

Der optimistische Entwicklungs- und Fortschrittsglaube ist es, der westliche Reinkarnationsmodelle durchdringt. Östliche und westliche Reinkarnationsvorstellungen begegnen sich in Europa seit der Aufklärung immer intensiver und vielfältiger. Zahlreiche Mischformen östlicher und westlicher Modelle entstanden zum Beispiel in der Theosophie des 19. Jahrhunderts mit ihren hinduistischen und buddhistischen, aber auch westlichen spiritistischen und esoterischen Wurzeln. Oft wurde dabei der Reinkarnationsgedanke aus seiner klassischen Verankerung in einer religiösen Gesamtschau herausgelöst. Stets bleibt jedoch die Grundfrage: Wiederholte Erdenleben – Fluch oder Segen?

Diese Entwicklung vollzog sich und vollzieht sich in Europa im Rahmen einer durch das Christentum geprägten Kultur und ihrer Lebensformen. Wachsende Akzeptanz von Reinkarnationsvorstellungen bis hinein in die Kerngemeinden christlicher Kirchen signalisiert deshalb tiefgreifende Traditionsbrüche und Konflikte. Es stellt sich die Frage nach den Ursachen und Gründen des Erfolges östlicher, vor allem aber westlicher Reinkarnationsmodelle.

Die Tatsache, dass wir es beim Reinkarnationsglauben mit einer transreligiösen Erfolgsidee in den pluralistisch-synkretistischen Gesellschaften des 20. und 21. Jahrhunderts zu tun haben, die dazu neigt, sich in unterschiedlichen Religionen und Weltanschauungen zu «reinkarnieren», zwingt zu einer Bestandsaufnahme der wichtigsten und erfolgreichsten reinkarnatorischen Weltanschauungen und Religionen und ihrer Fortentwicklungen in der Religions- und Geistesgeschichte. Das soll im Folgenden versucht werden.

Dabei liegt der Schwerpunkt bewusst nicht auf den in der Literatur schon viel besprochenen östlichen Reinkarnationsmodellen, sondern dem Wiederverkörperungsglauben im Vorfeld und Umfeld des Christentums. Auch erfordert es die Thematik, mögliche oder versteckte Reinkarnationsanschauungen zu benennen und hervorzuheben, die in der Forschung vor dem Hintergrund wissenschaftlicher oder religiös-weltanschaulicher Polemik umstritten sind oder bestritten werden. Es wird nicht untersucht, wie es jeweils zum Wiedergeburtsglauben kam, sondern wo, wann und in welcher Form er auftrat beziehungsweise auftritt. Für die neuere Zeit steht dabei der deutschsprachige Raum im Mittelpunkt.

Die Geschichte der Seelenwanderung, der Metempsychose, Palingenese oder Reinkarnation öffnet das Verständnis für die religiöse, geistesgeschichtliche und kulturelle Prägekraft von Seelenwanderungs- und Reinkarnationsvorstellungen in der Gegenwart und ist Voraussetzung der Auseinandersetzung mit ihnen. Denn die Faszination des Gedankens wiederholter Erdenleben in Verbindung mit einer umfassenden individuellen Persönlichkeitsentwicklung und -entfaltung in kosmischen Dimensionen wird bleiben.

I. Asiatische Religionen

Hinduismus:
Der Kreislauf der Wiedergeburten

Am frühesten nachweisbar ist der Gedanke der Seelenwanderung in Indien. Die älteren vedischen Schriften kennen ihn freilich nicht. Hier begegnet uns die Vorstellung von «Himmel» und «Hölle» als den bleibenden Aufenthaltsorten nach dem Tod. Zum Ausgangspunkt für Reinkarnationsvorstellungen wurde wahrscheinlich die Frage: Gibt es ein Sterben nach dem Sterben? Kann, ja muss es den Tod nicht auch in den jenseitigen Daseinsebenen geben?

Die Lehre von der Seelenwanderung ist eine positive Antwort darauf. Erste schriftliche Belege für den Glauben an eine Seelenwanderung finden sich in den *Upanishaden* (nach 800 v. Chr.). Mit der Seelenwanderungslehre verband sich die Karmalehre. Von genau formulierten und eindeutigen Dogmen nach westlichen Maßstäben kann man jedoch weder beim Seelenwanderungs- noch beim Karmaglauben sprechen. Das macht eine Darstellung nicht nur schwierig, sondern immer auch angreifbar. Wir beschränken uns auf einige weitverbreitete Grundgedanken.

Alle «Hindureligionen» haben die Vorstellung von der Seelenwanderung mehr oder weniger stark aufgenommen und entwickeln sie auf ihre Weise. In jedem Fall sind damit verbunden die Lehren vom Karma, einem ewigen Kausalitätsprinzip, und vom *Ātman*, einem unsterblichen Personenkern, der aber nicht als individuelle Seele zu verstehen ist.

Als eines der ältesten Zeugnisse für die Anschauung von der Seelenwanderung gilt die *Brihadāranyaka Upanishad*, wo es heißt:

Wie eine Raupe, die das Ende eines Blattes erreicht hat und einen anderen Aufstieg beschreiten will, sich zusammenzieht, so zieht sich auf ebendiese gleiche Weise dieser Ātman zusammen, wenn er diesen Körper verlassen und das Nichtwissen aufgegeben hat und einen anderen Aufstieg beschreiten will. Und wie ein Goldschmied einer künstlichen Figur das Material (mātrā) entnimmt und daraus eine andere, neuere und schönere Gestalt arbeitet, so schafft sich auf die gleiche Weise dieser Ātman, wenn er diesen Körper verlassen und das Nichtwissen aufgegeben hat, eine andere, neuere und schönere Gestalt (rūpa), sei es nun die Gestalt der Väter oder der Gandharva, der Götter oder des Prajāpati, des obersten Gottes Brahman oder anderer Wesen.[1]

Weiter steht geschrieben:

... wie er handelt und wie er wandelt, so wird er wiedergeboren: Wer Gutes tat, wird als ein Ehrenmann (sādhu) wiedergeboren. Wer Böses tat, wird als Bösewicht wiedergeboren. Gut (puṇya) wird er durch gutes Werk, böse durch böses. Darum sagt man wahrlich: «Der Mensch besteht in der Tat aus Begierde.» Und wie seine Begierde beschaffen ist, dementsprechend ist seine Einsicht (und sein Verlangen = kratu). Und wie seine Einsicht (und sein Verlangen) ist, dementsprechend tut er sein Werk (karma kurute). Welches Werk er aber tut, das erreicht er (in der Wiedergeburt).[2]

Was aber die «Seele» ist, was vom Menschen wiedergeboren wird, darauf lässt sich im Hinduismus keine einheitliche Antwort finden. Es stellt sich – wenn auch nicht so radikal wie im Buddhismus und von anderen Voraussetzungen aus – die Frage nach der Identität der wiedergeborenen «Seele». Eine Antwort auf diese schwierige Problematik ist die Vorstellung von den Leibeshüllen. Allgemein verbreitet ist im Hinduismus die Überzeugung, der Mensch besitze außer seinem sichtbaren physischen Körper, der sterblich ist, einen unsterblichen Feinkörper, eine feinstoffliche Seelensubstanz. Dieser Feinkörper, die Persönlichkeit, wird wiedergeboren. Innerhalb des Feinkörpers existiert das «Selbst», das absolute «Ich» (Ātman). Dieser eigentliche Lebenskern

ist rein geistig, unveränderlich und ewig, gewissermaßen «punktuell» oder, besser, «dimensionslos». Das «Selbst» kann nicht verschiedene Formen annehmen; es kann nicht sterben und darum auch nicht geboren werden. «Geburt» und «Wiedergeburt» des «Selbst» sind ausgeschlossen; das *atman* bleibt sich immer gleich. «Es wird niemals geboren und stirbt niemals», heißt es ausdrücklich im populärsten Text des Hinduismus, in der Bhagavadgītā (II, 20).[3]

Wiedergeboren wird also nur der unsterbliche Feinkörper, dessen unveränderlicher Bestandteil freilich das Ātman ist.

Die Ursache für die Notwendigkeit der Wiedergeburten ist das Karma. Es umgibt gleichsam als feinstoffliche Potenz das Ātman im Feinkörper. Das Karma, das auch mit «Werk», «Tat» oder «Wirken» übersetzt wird, repräsentiert aus westlicher Sicht betrachtet das System einer Vergeltungskausalität der Taten, das gleichsam automatisch funktioniert. Ursache und Folge hängen wie eine nie abreißende Kette zusammen. Auch die Mitwirkung der Götter ist dabei ausgeschlossen.

Innerhalb der Karma-Energie gibt es einen positiven und einen negativen Pol. Schlechtes Karma entspricht schlechtem Tun und negativen Auswirkungen. Es wird durch schlechte Taten stets neu verursacht. Demgegenüber hat gutes Karma positive Auswirkungen, und gute Werke verstärken es.

Das Karma, seine jeweilige Beschaffenheit, bestimmt die Form des nächsten Lebens. Die Inkarnation beziehungsweise Reinkarnation ist nicht nur als Mensch möglich. Alle belebten Existenzformen von den Göttern über die Menschen und Tiere bis hin zu den Pflanzen stehen zur Verfügung. Nicht übersehen werden darf, dass auch die Götter an der Inkarnation in Menschen- und Tierleibern Anteil haben. Oft erwählten sie die Gestalt eines Menschen oder eines Tieres, um in den Weltenlauf rettend einzugreifen. Am bekanntesten sind wohl die Inkarnationen Vishnus, von denen meist zehn angegeben werden. Die bei diesen Inkarnationen bevorzugten Tiere gelten als heilig.

Die Welt spiegelt die karmische Beschaffenheit der sie belebenden Personen mit gleichsam naturgesetzlicher Unerbittlichkeit wider. Das Kastenwesen wie auch das gesamte Gesellschaftssystem können von diesen Voraussetzungen her als vollkommen gerecht erscheinen. Nicht zuletzt lehnen vielleicht deshalb die Kastenlosen, die Dalits, die Karmalehre weithin ab. Andererseits gibt es sehr konkrete Vorstellungen, wie Kastenzugehörigkeit und künftige Inkarnationsformen ihre Ursachen in der karmischen Prägung durch Vergehen in früheren Leben haben. Im weitverbreiteten und hochgeschätzten *Gesetzbuch des Manu* (ca. 200 v. Chr.–ca. 200 n. Chr.) heißt es: «In welchem Geisteszustand man auch eine Tat begeht, man erntet dafür stets einen Leib entsprechender Art.»[4]

Besonders anschaulich werden Ursachen für Tierinkarnationen geschildert:

> Der Mörder eines Brahmanen geht in den Mutterschoß von Hunden, Schweinen, Eseln, Kamelen, Ziegen, Schafen, Hirschen oder Vögeln oder auch in den von Candalas oder Pukkasas (Angehörige der verachtetsten Kasten) ein.
>
> Der Brahmane, der Alkohol trinkt, geht in den von Würmern, Regenwürmern oder Insekten, von Vögeln, die sich von Exkrementen nähren, oder von Schädlingen ein.
>
> Der Brahmane, der (das Gold eines Brahmanen) stiehlt, (geht) tausendmal in den von Spinnen, Schlangen, Eidechsen, Wassertieren oder schadenstiftenden Pishacas (göttliche oder dämonische Wesen, Geister teils tierischen Ursprungs) ein.
>
> [...]
>
> Wenn man Korn stiehlt, wird man eine Ratte; Bronze, eine Wildente; Wasser, ein Wassertier; Honig, eine Mücke; Milch, eine Krähe; Süßigkeiten, ein Hund; Butter, eine Manguste; Fleisch, ein Geier; Fett, ein Kormoran; Öl, das geflügelte Tier, das Öl trinkt; Salz, eine Grille; Dickmilch, der Vogel, den man Balaka (eine Kranichart) nennt.[5]

In der Breite der unterschiedlichen Leben wird jeder das ernten, was er gesät hat. Die Vergeltung aller Taten, guter wie böser, erfolgt in dieser Sicht absolut. Bei all dem gilt, das ist nochmals zu unterstreichen: Das von der Persönlichkeit immer wieder in den verschiedenen Leben geprägte und gestaltete Karma bildet den Brennstoff, die Wirkkraft für den Kreislauf der Wiedergeburten. Dieser Kreislauf wird freilich einmal enden. Der Tag der Weltzerstörung, des Weltenbrandes ist der Schlusspunkt für alle. Diesem Ereignis folgt aber im linearen hinduistischen Denken ein Neuanfang mit neuen Wiedergeburten entsprechend der endlosen zyklischen Kette von Werden und Vergehen.

In diesem Weltzeitalter gibt es nur eine Möglichkeit, dem Kreislauf der Wiedergeburten zu entgehen: die Persönlichkeit muss sich vom angehäuften Karma befreien, die Karma-Masse muss aufgebraucht werden, sie darf nicht neu produziert werden. Wie das geschehen kann, zeigt der Heilsweg, den hinduistische Hochreligionen anbieten. Hier haben sich drei Wege, die aus dem Kreislauf der Wiedergeburten führen können, herausgebildet: der Weg des Handelns (karma-mārga); der Weg des Wissens (jñāna-mārga); der Weg der dienenden Gottesliebe (bhakti-mārga). Es würde in diesem Zusammenhang zu weit führen, diese drei Wege im Einzelnen zu beschreiben. Von grundlegender Bedeutung sind jedoch zwei Ansätze zur Überwindung des Kreislaufs der Wiedergeburten. Es wird, so der katholische Theologe und Religionswissenschaftler Heinrich von Stietencron, zwischen dem Affenweg und dem Katzenweg unterschieden:

> Der Unterschied ist folgender: Das Affenjunge ist von Anfang an aktiv. Es klammert sich aus eigener Kraft am Fell der Mutter fest und gelangt so in Sicherheit. Das kleine Katzenjunge hingegen ist passiv. Es miaut kläglich und jammert, rührt sich aber nicht. Die Katzenmutter muss es im Maul forttragen, wenn sie es vor einer Gefahr erretten will.
>
> Diesen Unterschied gibt es auch bei den Menschen. Die einen versuchen, die Erlösung aus eigener Kraft zu erreichen, die anderen rufen nur und hoffen auf die Errettung.
>
> Zum Affenweg gehören bei den Hindus die Askese, der Weg der Tat (vor allem die Erfüllung der eigenen Pflichten, Opfer an Ahnen und Götter und Hilfeleistung durch Gaben und «gute Werke») und der Weg des Wissens, der auch den Yoga umfasst. Zum Katzenweg gehört die Gottesliebe. Nur: mit der Zeit werden auch die kleinen Katzen aktiv, und so ist auch die Gottesliebe nicht passiv geblieben.[6]

Der Gedanke der Selbsterlösung, der an sich mit den hinduistischen Seelenwanderungs- und Karmavorstellungen verbunden ist, wurde, wie der Katzenweg zeigt, im Hinduismus durchaus nicht überall konsequent durchgehalten. Daneben gibt es auch ausgesprochene Alternativmodelle. Im indischen Bundesstaat Tamil Nadu etwa ist der Seelenwanderungsglaube bedeutungslos geworden, weil man dort der Überzeugung ist, Gott Shiva erlöse seine Anhänger von der Wiedergeburt. Zu nennen ist ebenfalls die Vorstellung, Karma könne abgenommen oder übertragen werden. In der theistischen Bhaktitradition wird angenommen, dass es möglich ist, durch liebende Hingabe an die Gottheit die Karmaregeln außer Kraft zu setzen und Befreiung von der Wiedergeburt zu erlangen.

Über die tatsächliche Bedeutung von Seelenwanderungsvorstellungen für den praktischen Lebensvollzug der Hindus gibt es sehr unterschiedliche Einschätzungen. Im populären Hinduismus spielt der Einfluss der Götter, guter und böser Geister, der Sterne oder der Magie auf das konkrete Schicksal eine zentrale Rolle, nicht Karma und Wiedergeburt. Wichtig und konsequenzenreich ist außerdem, dass hinduistische Seelenwanderungsvorstellungen rituell nicht verankert sind; sie finden in den für Hindus wichtigen Passageriten, etwa in den Totenritualen, keine Beachtung. Das heißt jedoch nicht, dass Karma- und Seelenwanderungsvorstellungen für den Hinduismus insgesamt nebensächlich sind, sondern die in sich vielfältige und oft widersprüchliche hinduistische Volksfrömmigkeit spiegelt nur auf ihre Weise auch in Bezug auf die Bedeutung von Karma und Wiedergeburt für den praktischen Lebensvollzug die Pluralität der hinduistischen Religionskonzepte wider. Dazu gehört zweifellos auch das Leiden unter der Macht des Karmas und dem von ihm geprägten Kreislauf der Wiedergeburten. Ein beeindruckendes Zeugnis dafür ist das bis heute vor allem bei Wallfahrten vielgesungene Lied des Dichters Tukaram (1598–1650):

Welche Leiden im Kreislauf des Lebens.
Vor der Empfängnis im Mutterschoß
wurde ich schon 8 400 000 mal geboren.
Und nun bin ich hier, mittellos, ein Bettler.
Die Summe meiner Leben
hält mich wie ein Netz gefangen.
Der Ertrag meiner Taten, das karman, fesselt mich.
Ich leide unter der Peitsche seiner Macht.
Nichts um meinen Bauch zu füllen. Keine Ruhe.
Kein Platz im Dorf, der mir zugewiesen würde.
Ohne Kraft, ohne Hoffnung, so werde ich, mein Gott,
geschüttelt wie der Reis in der Pfanne.
Unzählige Zeitalter sahen mich in diesem Zustand;
ich weiß nicht, wie viele noch kommen.
Kein Bleiben:
die unaufhaltsame Bewegung fängt von vorne an.
Selbst am Ende des Kreislaufs,
kein Wechsel für mich.
Wer wird mein Unglück tragen?
Wer nimmt meine Last auf sich?
Dein Name
ist der Fährmann auf dem Fluss des Lebens,
Du kommst dem zu Hilfe, der ihn anruft.[7]

Im Westen zählt seit dem 18. Jahrhundert der Karma- und Seelenwanderungsgedanke weithin zu den Säulen des hinduistischen
Menschen- und Weltbildes. Diese Sicht wurde von einflussreichen
Vertretern des Neohinduismus im 19. Jahrhundert übernommen.
Karma- und Wiedergeburtslehre entwickelten sich zu einem wichtigen Element hinduistischer Selbstbehauptung gegenüber der westlichen Welt. Doch nicht alle Vertreter des Neohinduismus nahmen
diese Haltung ein. Zu den namhaftesten und in Europa bekanntesten Kritikern der hinduistischen Karma- und Seelenwanderungslehre gehörte zum Beispiel Aurobindo Ghosh (1872–1950). Der
große Erfolg neohinduistischer Gurubewegungen seit der zweiten
Hälfte des 20. Jahrhunderts – erinnert sei auch an die hinduistischen
«Jugendreligionen» – trug indes mit dazu bei, dass Seelenwande-
rungs- und Karmalehren das Markenzeichen des Hinduismus im
Westen blieben. Als Beispiel sei auf die durch ihre öffentlichen
Aktivitäten weithin bekannte Hare-Krishna-Bewegung (Internationale Gesellschaft für Krishna-Bewusstsein) verwiesen. Hier wird
der Begriff Reinkarnation nach Ronald Zürrer folgendermaßen
interpretiert:

> Reinkarnation ist die fortgesetzte Wanderung der spirituellen Seele,
> gemeinsam mit ihrem feinstofflichen Körper, von einem grobstoff-
> lichen Körper zum nächsten, und zwar gemäß ihrem individuellen
> Karma.[8]

Weiter heißt es dann:

> Gemäß der vedischen Philosophie besitzt das Lebewesen, die spirituelle
> Seele, also eine sowohl von der grob- als auch von der feinstofflichen
> Materie völlig *unabhängige Existenz* und ist nur durch «grobe Unwis-
> senheit» (im Sanskrit *Mājā*, «Illusion», genannt) an den Kreislauf der
> wiederholten Geburten und Tode innerhalb der materiellen Welt gebun-
> den, welche ihrerseits von dem unüberwindbar scheinenden Gesetz des
> Karma beherrscht wird. So findet sich die spirituelle Seele in der mate-
> riellen Welt in einer ihr völlig *unnatürlichen Lage* wieder, ähnlich einem
> Fisch an Land: Obwohl von ihrer Natur her ewig und voller Freude, ist
> sie aufgrund von Unwissenheit und Illusion gezwungen, ständig von
> einem vergänglichen Körper zum anderen zu wandern und immer
> wieder Geburt und Tod und die zahlreichen Leiden des Daseins zu er-
> tragen.[9]

Wiedergeburt ist auch eine Last, die es abzuwerfen gilt, keine positive Entwicklungsmöglichkeit wie in westlichen Reinkarnationsmodellen. Wiedergeburt bringt nicht Heil, sondern Unheil.

Daher erklären die Veden, dass das Ziel der Reise durch alle möglichen Lebensformen darin besteht, allmählich diese Unwissenheit zu überwinden und sich auf immer höhere Ebenen des Bewusstseins zu erheben, um letztlich das materielle Dasein vollständig zu beenden und so die ursprüngliche Unabhängigkeit und Freiheit der Seele wiederherzustellen. Die Veden fordern den Menschen also mit Nachdruck auf, nach Möglichkeiten Ausschau zu halten, wie man aus der Gefangenschaft des Karma und damit auch von der erneuten Wiedergeburt befreit werden kann.[10]

Dieses spezifisch hinduistische Befreiungsangebot entwickelt nach wie vor auch außerhalb Indiens seine Faszination. Heinrich von Stietencron sagt über diese Faszination der hinduistischen Karma- und Wiedergeburtsvorstellungen:

Die *Wiedergeburtslehre* hat viele Vorzüge. Sie gibt eine rationale Erklärung für die tatsächliche Ungleichheit der Menschen und ihrer Daseinsbedingungen. Die Menschen waren [...] zu Beginn des gegenwärtigen Weltalter-Zyklus von Brahmā ohne Kastenunterschiede und ohne Makel geschaffen worden. Aber er schuf sie nicht als Automaten, die sich nicht verändern, sondern *als Wesen, welche Freiheit besitzen* und die Fähigkeit haben, zu lernen und auch zu vergessen. So entstanden durch unterschiedlich sich bildendes Karman nach und nach die Unterschiede der Menschen im Verlauf von ungezählten Geburten. Die Wiedergeburtslehre befreit die Gottheit aus der unmittelbaren Verantwortung für alles Elend in der Welt, ohne einen Teufel zu benötigen und ohne das erfahrbare Elend zu beschönigen. Zugleich gibt sie dem Menschen Hoffnung auf eine bessere Zukunft in künftigen Leben und eine starke Motivation, an sich selbst zu arbeiten, damit solche Besserung eintritt. Damit bietet sie den *zentralen Ansatzpunkt* für alle wichtigen südasiatischen Erlösungslehren.[11]

Zu diesen wichtigen südasiatischen Erlösungslehren gehören neben dem Buddhismus auch Jainismus und Sikhismus.

Buddhismus:
Wiederverkörperung ohne Seelenwanderung

Das Interesse für den Buddhismus ist in der westlichen Welt ungebrochen. Seit der Aufklärung im 18. Jahrhundert hat der Einfluss buddhistischer Lehren in Europa ständig zugenommen. Namhafte Philosophen – von Schelling, Hegel, Schopenhauer und Nietzsche bis zu Wittgenstein, Heidegger, Bloch, Fromm und anderen – öffneten sich buddhistischem Gedankengut und nahmen Anregungen auf. Echte Breitenwirkung erreichte der Buddhismus durch Schriftsteller wie Hermann Hesse, vor allem aber durch buddhistische Meditationszentren.

Was der Buddhismus ist, darüber wird viel gestritten. Ist er eine Religion ohne Gott, eine Philosophie, ein System von Morallehren, eine Erlösungswissenschaft, ein Lebensstil, ein System der Psychologie oder noch etwas anderes? Abgesehen von diesen unterschiedlichen Definitionen ist jedoch die Tatsache der großen inneren Vielfalt des Buddhismus unbestritten. Für sämtliche «Buddhismen» hat aber die Frage nach Karma und in diesem Zusammenhang nach Reinkarnation erhebliche Bedeutung. Alle drei großen Richtungen des Buddhismus, der Hīnayāna-Buddhismus (Kleines Fahrzeug), der Mahāyāna-Buddhismus (Großes Fahrzeug) und der Vajrayāna-Buddhismus (Donnerkeil-Fahrzeug), berufen sich auf Gautama Buddha (560–480 v. Chr.) und seine Lehren.

Im Mittelpunkt der Lehre Buddhas stehen die «vier edlen Wahrheiten» aus der Predigt von Benares. Buddha geht von der Erkenntnis aus, alles Dasein ist leidvoll, alles ist Leiden. Als Ursache des Leidens sieht er die Vergänglichkeit aller Dinge und Erscheinungsformen an. Es gibt nichts Feststehendes, Dauerhaftes, Unvergängliches, alles ist dem Kreislauf des Vergehens und Entstehens unterworfen, und nur dieser Kreislauf verleiht den Daseinselementen scheinbare Dauerhaftigkeit. Im Gegensatz zum Hinduismus – hier liegt ein Grundunterschied – lehnt der Buddhismus einen ewigen Lebenskern in der Person, eine alldurchdringende Potenz (brahman-ātman) ab. Für ihn ist auch die Persönlichkeit mit all ihren Teilen dem Entstehen und Vergehen unterworfen. Der buddhistische Kosmos ist ohne Zentrum. Das Individuum ist ohne Seele (pudgala-nairātmya), die Dinge haben keinen individuellen Kern (dharma-nairātmya). So sind auch die fünf Daseinsgruppen der Person (körperliche Form, Empfindung, Wahrnehmung, psychische Gestaltungen und Bewusstsein) vergänglich. Alter, Krankheit und Tod erinnern den Menschen an seine Vergänglichkeit. Vergänglichkeit gilt als innerste Wesensstruktur des Seienden.

Der Lauf des Daseins, so lehrt Buddha, wird durch das Begehren, den «Durst», aufrechterhalten. Dieses Begehren, der Durst nach Dasein, ist die Ursache für die Wiedergeburt. Die zweite der «vier edlen Wahrheiten» lautet:

> Folgendes nun, ihr Mönche, ist die edle Wahrheit vom Ursprung des Leidens (dukkha-samudaya): Der Durst (taṇhā), der zur Wiedergeburt führt, der mit Gefallen und Begierde verbunden ist und sich an diesem und jenem erfreut, ist der Ursprung des Leidens. Es ist der Durst nach Vergnügen, der Durst nach dem Dasein, der Durst nach Macht.[12]

Der Daseinskreis wird also durch das Begehren, selbst dem nach dem Tod, gespeist und in Gang gehalten. Alles vollzieht sich dabei nach unveränderlichen Gesetzmäßigkeiten, nach der Weltordnung. Zu ihr gehört auch der Kreislauf der Wiedergeburten, den Buddha selbst, anders als viele seiner Schüler, innerhalb seiner Lehre allerdings nicht besonders herausgehoben hat. Das große Problem im Buddhismus in diesem Zusammenhang ist die Frage: «Was wird wiedergeboren?» Einen dem hinduistischen Ātman vergleichbaren Persönlichkeitskern und eine Unsterblichkeit der Seele gibt es ja nicht. Wie ist die Identität in den Wiedergeburten gewahrt? Buddha ist der Beantwortung dieser Frage ausgewichen. Für ihn steht gar nicht zur Debatte, ob ein Personenkern durch die Kette von Erdenexistenzen wandert.

> «Ist wohl derjenige, der wiedergeboren wird, derselbe wie der Abscheidende, oder ist er ein anderer?» wird im Milinda-Pa[n]hā gefragt. Die Antwort: «Weder derselbe noch ein anderer … Eine Erscheinung entsteht, eine andere schwindet, doch reihen sich alle ohne Unterbrechung aneinander. Auf diese Weise langt man weder als dieselbe Person noch als eine andere bei der letzten Bewußtseinsverfassung an.» Der aus früherer Gier und karmischer Nachwirkung entstandene neue Mensch steht nur in einem lockeren Verhältnis zu dem früheren, vergleichbar

einem Echo, einem Spiegelbild oder Siegelabdruck, sagen die Texte des Pāli-Kanons ...[13]

Immer wieder greift man in der buddhistischen Literatur zu Bildern, um die für logisches Denken schwer oder kaum fassbare Lehre vom «wandernden Bewusstseinsprinzip» zu verdeutlichen. Das Gespräch des Königs Milinda mit seinem weisen Lehrer Nāgasena ist ein Beispiel dafür aus der Pāli-Literatur.

> Der König sprach: «Ehrwürdiger Nāgasena, es gibt doch wohl eine Wiederverkörperung (saṅkamati) ohne eine Seelenwanderung (paṭisandahati)?»
>
> «Gewiß, großer König, gibt es eine Wiederverkörperung ohne eine Seelenwanderung.»
>
> «Auf welche Weise, ehrwürdiger Nāgasena, gibt es eine Wiederverkörperung ohne eine Seelenwanderung? Gib mir ein Bild!»
>
> «Stelle dir vor, großer König, irgendein Mann will eine Lampe an einer anderen anzünden. Ist da wohl, großer König, die eine Lampe zu der anderen hinübergewandert?»
>
> «Nein, Ehrwürdiger.»
>
> «Auf ebendiese Weise, großer König, gibt es eine Wiederverkörperung ohne eine Seelenwanderung.»
>
> «Gib mir noch ein Bild!»
>
> «Erinnerst du dich vielleicht, großer König, daß du als Knabe von deinem Lehrer der Dichtungen irgendein Gedicht gelernt hast?»
>
> «Gewiß, Ehrwürdiger.»
>
> «Wie aber, großer König, ist vielleicht das Gedicht zu dem Lehrer hinübergewandert?»
>
> «Nein, Ehrwürdiger.»
>
> «Auf ebendiese Weise, großer König, gibt es eine Wiederverkörperung ohne eine Seelenwanderung.»
>
> «Da hast du recht, ehrwürdiger Nāgasena!»[14]

Im volkstümlichen Denken wird vielfach undifferenzierter, personaler gedacht. Dazu trägt auch die dem Buddhismus eigene Lehre vom Karma mit bei. Karma wird durch die Taten eines Menschen hervorgebracht. Es ist die «Tatbilanz des Lebens», das Gesetz von Ursache und Wirkung und als solches der Brennstoff für den Kreislauf der Wiedergeburten. Das Karmagesetz bestimmt die Art des neuen Lebens. Böse Taten führen zu unangenehmen Wieder-

geburten, edle Taten zu guten Wiedergeburten. Die Wiederverkörperungen können an fünf Orten erfolgen, und zwar

1. in der verschiedene Welten umfassenden Hölle
2. in der Welt der Dämonen und Geister
3. im Tierreich
4. in der Menschenwelt
5. in der Götterwelt.

In gewisser Weise erfreulich und angenehm ist nur die Wiedergeburt im Reich der Götter. Allerdings ist die Zeit der Existenz im
Reich der Götter auch nur durch das Karma bestimmt.

> Wenn seine Zeit zu Ende ist, wenn es das Ende des Lebens in dieser
> Gestalt erreicht hat, dann muß es eben das bisherige Dasein verlassen
> und in ein neues eintreten. Noch jetzt sind solche Vorstellungen von
> dem Übergehen der Seele aus einer Existenz in die andere in den bud-
> dhistischen Ländern lebendig und von praktischer Bedeutung. Auf
> einem berühmten japanischen Bilde … erblickt man die Gestalt eines
> Buddha in den Wolken schwebend, zu seinen Füßen in einer kugelar-
> tigen Hülle ein kleines Kind in Embryohaltung, das zu dem Buddha in
> die Höhe blickt, am unteren Rande des Bildes sind die zackigen Berg-
> gipfel der Erde sichtbar: das Bild stellt die Entsendung einer Seele auf
> die Erde dar.[15]

Allein die Wiederverkörperung als Mensch bietet die Chance der
Erlösung zu Lebzeiten. Erstrebenswert ist keine Form der Wiedergeburt. Ziel buddhistischer Lehre ist die Befreiung vom Kreislauf
der Wiedergeburten. Es kann deshalb auch nicht darum gehen,
gutes Karma hervorzubringen, sondern überhaupt kein Karma
mehr. In der Praxis buddhistischer Lebensentwürfe gibt es auch
hier große Unterschiede. Für den volkstümlichen Buddhismus haben Karma- und Wiedergeburtslehre oft eine vordergründig le-
bensorientierte Bedeutung, die der «reine» Buddhismus gerade ausschließen beziehungsweise überwinden will.

Von verschiedenen Sichtweisen her kann vor dem Hintergrund
der auch dem Buddhismus eigenen Überzeugung von der ver-
wandtschaftlichen Verknüpfung aller Wesen die Wiedergeburtslehre entscheidend das ethische Handeln bestimmen. Im Licht der
Wiedergeburt verbieten sich beispielsweise Hass und Groll. Sie

werden, ganz abgesehen davon, dass sie Ausdruck des Begehrens sind, in ihrer Verwerflichkeit gezeigt.

> Dieser also war in der Vergangenheit meine Mutter, die mich zehn Monate lang in ihrem Schoße trug, die mir Harn, Kot, Speichel, Rotz usw. entfernte, als wäre es gelbes Sandelpulver; die mich auf ihrer Brust tanzen lassend oder auf der Hüfte tragend mich aufgezogen hat. Als jener Mensch mein Vater war, opferte er selbst sein Leben für mich ... Auch als Bruder, Schwester, Sohn und Tochter tat er mir diese und jene Dienste. Nicht recht ist es also für mich, gegen jenen Groll in meinem Herzen zu hegen.[16]

Für den Hochbuddhismus bleibt, das muss nochmals hervorgehoben werden, Ziel allen Handelns und Nichthandelns, die «Gier», den «Durst», den «Willen zum Leben» aufzuheben und damit das Geflecht der Abhängigkeiten mit seinem Zwang zur Wiedergeburt. Denn:

> In Abhängigkeit von der (1.) «Unwissenheit» entstehen die (2.) psychischen «Gestaltungen»; das heißt, in dem Menschen, der das erlösende Wissen nicht besitzt, entstehen die Willensregungen, die sich auf Objekte des Daseins und auf dieses selbst richten. In Abhängigkeit von diesen «Gestaltungen» entsteht nach dem Tode ein (3.) «Bewusstsein» als Träger einer neuen Existenz; abhängig davon entwickeln sich (4.) «Name und Form», das heißt psychische Faktoren und Körper, und weiter (5.) der «sechsfache Bereich», das heißt die sechs Sinnesorgane, also die fünf Sinne und das Denken; daraus folgt (6.) die «Berührung» der Sinnesorgane mit ihren Objekten. Daraus entstehen (7.) die «Empfindungen», die wiederum (8.) die «Gier», wörtlich den «Durst», nach den Objekten und nach dem Dasein entstehen lassen. Damit führen sie nach dem Tod zum (9.) «Ergreifen» eines neuen Mutterschoßes, zum (10.) «Werden», zur neuen (11.) «Geburt» und damit wieder zu (12.) «Alter und Tod».[17]

Buddha, der Erleuchtete, beansprucht, mit seiner Botschaft den Weg aus diesen Abhängigkeiten, aus dem Kreislauf der Wiedergeburten ins Nirwana, ins Erlöschen von Gier, Hass, Wahn und dem Willen zum Leben, zu weisen. Er selbst ist diesen Weg beispielhaft gegangen und konnte nach der Überlieferung sagen:

> Den Kreislauf vieler Geburten
> habe ich ruhelos durchlaufen,
> den Bildner des Hauses suchend;

qualvoll ist die ewige Wiedergeburt.
Nun bist du erschaut, Bildner des Hauses,
kein Haus du mehr bauen wirst;
denn gebrochen sind deine Balken,
und des Hauses Dach vernichtet,
das Herz, frei geworden,
hat alle Begierden getilgt.[18]

Seine Anhänger lehrte Buddha:

> Folgendes nun, ihr Mönche, ist die edle Wahrheit vom Aufhören des Leidens (dukkha-nirodha): Es ist die völlige Vernichtung und das Aufhören des Durstes, das Aufgeben des Durstes, das Verzichten auf den Durst, die Befreiung vom Durst, das Freisein vom Durst. Und folgendes ist die edle Wahrheit von dem Weg, der zur Aufhebung des Leidens führt: Es ist eben der edle achtfache Weg, nämlich rechte Ansicht, rechtes Denken, rechte Rede, rechtes Handeln, rechtes Leben, rechtes Streben, rechte Wachsamkeit, rechte Sammlung.[19]

Die großen buddhistischen Schulen haben diesen Heilsweg, der aus dem Kreislauf der Wiedergeburten heraus ins Nirwana führt, auf verschiedene Weise ausgestaltet. Im Hīnayāna-Buddhismus (Kleines Fahrzeug), der den Weg asketischer Mönchstraditionen verkörpert, dominiert das Prinzip der Selbsterlösung durch Überwindung des Begehrens. Für den Mahāyāna-Buddhismus (Großes Fahrzeug) führt der Weg zum Nirwana über die Hingabe an das Erbarmen Buddhas. Im Vajrayāna-Buddhismus (Donnerkeil-Fahrzeug) werden nach Gesetzen der Magie Heilkräfte Buddhas auf andere übertragen beziehungsweise treten Manifestationen und Inkarnationen Buddhas oder auch Erleuchteter als Helfer auf dem Weg zur Befreiung auf. Karmische Folgen können in Teilen des Buddhismus durch Verdienstübertragung gemildert werden.

Besondere, in der Gegenwart vielbeachtete Reinkarnationsvorstellungen entwickelten sich im tibetischen Vajrayāna-Buddhismus. Religion und Politik wurden auf einzigartige Weise durch den Reinkarnationsglauben miteinander verbunden. Man ist überzeugt, herausragende geistliche Lehrer (Lamas) der verschiedenen Schulen des tibetischen Buddhismus, meist Äbte von Klöstern, kehren sofort nach ihrem Tod auf dem Weg der Wiedergeburt auf die Erde zurück und nehmen nach wenigen Jahren ihre Lehrtätigkeit im

Rahmen der jeweiligen Schule oder des gesamten Volkes wieder auf. Diese *Tulkus* (Körper der Verwandlung) werden nach vorgegebenen Riten und Prüfungsmethoden unter den Neugeborenen beziehungsweise Kindern von geistlichen Autoritäten identifiziert.

Es gibt unterschiedliche Tulkulinien, in denen der wiedergeborene geistliche Lehrer geheime Lehren mit Hilfe magischer Riten (Tantras) und heiliger Formeln und Silben (Mantras) an seine Schüler weitergibt. Sie sind, recht gebraucht, das diamantene Fahrzeug, mit dem man den Ozean des leidvollen Kreislaufs der Geburten und des Daseins überqueren kann, um ins Nirwana zu gelangen.

Zwei Tulkulinien der Wiedergeburt sind bis heute von großer Bedeutung. Der Reformator des tibetischen Buddhismus, Tsongkhapas (1357–1419), hatte zwei herausragende Schüler, Khasrub-je und seinen Neffen Gedun-grub. Sie wurden durch den Reinkarnationsglauben zum Ausgangspunkt der beiden wichtigsten tibetischen Wiedergeburtslinien, der des Pantschen Lamas (Rotmützen) und der des Dalai Lamas (Gelbmützen), der Wiedergeburt Gedungrubs. Ihre Autorität beruht jeweils auf dem Reinkarnationsglauben und macht sie dadurch unangreifbar, denn für beide gilt der Grundsatz: Nachfolge durch Reinkarnation. Sowohl der Dalai Lama als auch der Pantschen Lama sind Erleuchtete, die nur um der unerleuchteten Menschen willen nicht in das Nirwana eingehen und die Last der Wiedergeburt auf sich nehmen. Als geistliches und weltliches Oberhaupt Tibets wird der Dalai Lama angesehen. Sein Verhältnis zum Pantschen Lama war oft spannungsreich. Deshalb ist auch die Nachfolgefrage in beiden Fällen von hoher politischer Brisanz.

Nach der Besetzung Tibets durch die Chinesen im Jahr 1950 floh der 1935 geborene 14. Dalai Lama 1959 nach Indien. Der Pantschen Lama starb 1959 in China. Die Suche nach seiner Wiedergeburt gestaltete sich zum Politikum. Der Dalai Lama erkannte unter Berufung auf die vorgeschriebenen Findungsregeln einen (damals) sechsjährigen tibetischen Jungen als Wiedergeburt des Pantschen Lamas an. Die Chinesen und die mit ihnen zusammenarbeitenden Lamas wollen in einem anderen, sich in ihrer Obhut befindlichen Jungen die Wiedergeburt des Pantschen Lamas erkannt haben. Um

chinesischen Einfluss auf die Findung seiner 15. Wiedergeburt auszuschließen, hat der Dalai Lama Anfang 2002 mitgeteilt, seine Wiedergeburt finde, falls Tibet zu diesem Zeitpunkt nicht frei sei, außerhalb Tibets statt.

Durch derartige Meldungen, vor allem aber durch seine Reden
und die von den Medien weltweit zur Kenntnis genommenen
öffentlichen Auftritte des Dalai Lamas gewinnt auch der Reinkarnationsglaube in der westlichen Welt weiter an Verbreitung. Das
geschieht meist im Sinne eines westlichen, personalen Wieder-
geburtsverständnisses, das in diesem Fall ein Missverständnis ist.
Diesem Missverständnis sind buddhistische Reinkarnationsvorstellungen nicht nur im Westen, sondern auch im Volksglauben des
asiatischen Buddhismus ausgesetzt. Beispielsweise ist im chinesischen Buddhismus, in dem taoistische Vorstellungen mit dem buddhistischen Reinkarnationsglauben verbunden wurden, die Überzeugung von der personalen Wiedergeburt verbreitet. Aber eine
personale Wiedergeburt kann es vom buddhistischen Menschenbild
her mit der Leugnung eines «Personenkerns», eines «Selbst», nicht
geben. Seelenwanderung ohne Seele ist keine Seelenwanderung!
«Auch die Rede vom Bewusstsein als Reinkarnationsträger», so der
Buddhismuskenner Ulrich Dehn, «ist eher als Behelf zu betrachten.
Tatsächlich besteht das Kontinuum der Wiedergeburt nur im Be-
dingtsein, nicht in einer wie auch immer gedachten Substanz, wie
z. B. einer Seele.»[20] Dennoch wird von einer Wiederverkörperung
ohne Seelenwanderung gesprochen. Vom Buddhismus in seiner
Vielgestaltigkeit gingen und gehen für den Reinkarnationsglauben
im Osten und im Westen starke Impulse aus.

Jainismus:
Ein neuer Weg zur Überwindung der Wiedergeburten

Der Jainismus entstand im 5. Jahrhundert v. Chr. im Umfeld des
Buddhismus in der östlichen Gangesebene. Er geht maßgeblich auf
Mahavira (ca. 539–467 v. Chr.) zurück, dessen Ehrenname *Jina*
(Sieger) ihm den Namen gab. Der Jainismus, eine Religion der Ge-
waltlosigkeit und des Schutzes des Lebens, lehnt wie der Buddhis-
mus den indischen Brahmanismus und mit ihm die Veden ab, hält

aber an der Seelenwanderung fest. Die Zahl der Jainas schätzt man auf 3–4 Millionen.

Alle Lebewesen, alle Seelen sind in den leidvollen, unzählige Inkarnationen umfassenden Kreislauf der Wiedergeburt verstrickt. Der Weltlauf der Seelen ist Teil des Weltgesetzes. Zustande kommt er durch die Behaftung der Seelen mit Karma. Ohne Karma könnten die Seelen ein unbeschwertes Dasein in den höchsten Regionen des Seins führen. Die Seelen selbst sind immateriell, bewusst und ewig. Es ist der Karmaleib, der durch Bindungen der Seele an Begierden und Irdisches entstand, welcher die Seele dem Kreislauf der Wiedergeburten ausliefert.[21] Der Karmaleib klebt gleichsam an der Seele. Die Wiedergeburten erfolgen als Pflanze, Tier, Höllenwesen, Mensch oder göttliches Wesen.

Das Karma gestaltet nicht nur das Schicksal der Seele, es verleiht ihr auch die jeweiligen Eigenschaften, die sich dann zum Beispiel im sittlichen Zustand des Menschen widerspiegeln. Auch Farbe, Geschmack, Geruch und Gefühle der Seele werden durch das Karma bestimmt. Man kennt sechs Farben der Seele: schwarz, dunkel, grau, gelb, rosa und weiß. Seelen mit den drei ersten Farbprägungen sind übelriechend und unangenehm, die zweite Gruppe ist wohlriechend und angenehm. Die Verschiedenheit der Menschen ergibt sich folgerichtig aus der Verschiedenheit des Karmaleibes.

Beim Tod verlässt die Seele den Leib. Wie das geschieht, ob an den Füßen, Schenkeln, der Brust, dem Kopf oder gleichzeitig an allen Gliedern, deutet auf ihr weiteres Schicksal hin: ihr Eingehen in die Sphäre der Vollendeten, ihren Verbleib unter den Göttern, Menschen, Tieren oder in der Hölle.

Ziel des Heilsweges ist es, die Aufnahme neuer karmischer Materie zu verhindern und die vorhandene zu tilgen. Ist die Seele von allem an ihr haftenden Karma befreit, braucht sie sich nicht mehr zu verkörpern, sondern kann in die höchsten Schichten des Universums aufsteigen. Dort besteht sie mit anderen bereits erlösten Seelen ewig in einem zeitlosen Zustand fort, ohne ihre Identität zu verlieren.

Der Weg dahin ist durch ein umfangreiches Geflecht von Geboten, Regeln, Riten etc. geprägt. Als «Herz des Jainismus» hat man die Askese bezeichnet. Sie gilt mehr oder weniger für alle Glieder der vierteiligen Gesellschaft der Jains, die sich aus Mönchen und

Nonnen sowie den Laien (Männern und Frauen) zusammensetzt. Entscheidend ist die Einhaltung der «Fünf Gelübde», die für Mönche und Nonnen uneingeschränkt gelten, für die Laien mit Abmilderungen. Es sind: (1) Verzicht auf Gewalt; (2) nicht lügen; (3) keine unrechtmäßige Aneignung von etwas, was einem nicht gegeben ist; (4) Keuschheit; (5) Abstand halten von Orten, Personen und Dingen, das meint auch den verantwortlichen Umgang mit materiellem Besitz.

Das Gebot, Lebewesen nicht zu töten und ihnen keinerlei Gewalt anzutun, steht in besonderer Verbindung mit der Seelenwanderungslehre und dem Ziel der Befreiung aus dem Kreislauf der Wiedergeburten. Es führt dazu, dass Jain-Mönche und -Nonnen Gazetücher vor dem Mund tragen, um keine Lebewesen versehentlich zu töten, den Weg vor dem Betreten mit einem Wedel von Kleinlebewesen reinigen und teilweise nur gefiltertes Wasser trinken.

Alle Berufe, bei denen Tiere getötet werden, sind den Jains verboten, auch der Ackerbau. Meist sind sie als Kaufleute, Akademiker etc. tätig. Das Ziel, den Kreislauf der Wiedergeburten zu beenden, prägt, ungeachtet der Unterschiede zwischen den im Laufe der Geschichte entstandenen Richtungen, das Leben aller Jains nachhaltig.

Einen rettenden oder erlösenden Gott gibt es dabei nicht. Auch Mahavira, der große Lehrer des Jainismus, ist keine Erlösergestalt. Als Zeitgenosse Buddhas lehnte er wie dieser die Autorität der Veden ab und brach mit dem Brahmanismus. Der Jainismus hat aber, noch konsequenter als der Hinduismus und Buddhismus, die Überwindung des Mechanismus des Wiedergeburtskreislaufs ins Zentrum seiner Lehre und damit des Lebens seiner Anhänger gestellt.

Sikhismus:
Hinduistische Seelenwanderung und Islam

Etwa 2000 Jahre nach dem Entstehen des Jainismus entwickelte sich im Nordwesten Indiens auf dem Boden des Hinduismus unter islamischem Einfluss der Sikhismus. Er gilt als eine Religion der Hingabe des Menschen an Gott, aber auch der Hingabe Gottes an den Menschen. Zum Sikhismus bekennen sich heute etwa 14 Millionen

Menschen in aller Welt, vor allem aber im nordindischen Unionsstaat Panjab.

Sikh bedeutet «Lernender», «Schüler». Als erster der insgesamt zehn spirituellen Meister (Gurus) des Sikhismus gilt Nanak (1469–1539). Er entstammte einer hochrangigen Hindukaste. Unter dem Einfluss seines Lehrers, des islamischen Webers Kabir (1440–1518), versuchte Nanak Islam und Hinduismus auf der Grundlage eines bildlosen Monotheismus miteinander zu verbinden. Er betonte die Gleichheit aller Menschen, für ihn gab es weder Hindus noch Moslems. Nicht die äußere Religionszugehörigkeit ist entscheidend für das Heil des Menschen, sondern die reine Gottesliebe, das Gebet zu dem einen Gott und ein vorbildliches, durch Arbeit geprägtes Leben, um sich und anderen den Lebensunterhalt zu sichern.

Nach dem Tod Nanaks wurde die Glaubensgemeinschaft von weiteren neun Gurus geleitet. Der 10. Guru (gest. 1708) berief keinen Nachfolger. An die Stelle des Gurus trat das von Guru Arjan (1563–1606) zusammengestellte heilige Buch des Sikhismus, der *Adi Granth*. Es befindet sich im größten Heiligtum der Sikhs, dem goldenen Tempel von Amritsar. Zu den hinduistischen Einflüssen in der Lehre des Sikhismus zählt zweifelsohne die Lehre von der Seelenwanderung. In ihrem Mittelpunkt steht:

> Wenn [...] Menschen ihrem eigenen Herzen folgen, dann handeln sie sich Leid ein und taumeln in ihrem Hunger in alle Richtungen.
> So ein Mensch, der wird geboren, stirbt, wird wiederum geboren, und vor Gottes Tribunal erhält er seine Strafe.[22]

Die Seelenwanderungslehre ist eingebettet in die Bhakti-Frömmigkeit, eine Religion der Hingabe. Der Mensch soll sich Gott ganz hingeben, sich ihm zur Opfergabe machen. In der Annahme dieses Opfers durch Gott liegt letztlich die Erlösung. Sie wird nicht der eigenen Kraft des Menschen oder seinen guten Werken zugeschrieben, sondern der Liebe Gottes. Völlige Hingabe des Menschen an Gott setzt jedoch die «Nichtung des Ichs und der Welt» voraus. Ist sie gegeben, erkennt der Mensch sich selbst und seine Ureinheit mit Gott, mit der Wahrheit.

Aus Gott geht die endliche Schöpfung hervor, sein wahres Wesen bleibt jedoch jenseits der Schöpfung. Diese unterliegt der kosmischen Ordnung als Ausdruck des göttlichen Willens. Die Schöpfung als solche ist vielgestaltig, wie die Welt vielgestaltig ist. Durch die Vielfalt der Welt kann der Mensch nicht erkennen, wo sein wahres Selbst liegt, verschleiert sich ihm die Einheit mit Gott. Herz und Sinne binden den Menschen an die Welt. Die Sinnenwelt fasziniert ihn. Je mehr er sich aber auf die Welt einlässt, desto stärker wird sein Ichgefühl, der Wahn, er besäße eine eigene Individualität. Dadurch wächst der Abstand zu Gott und zur Wahrheit, was negative Folgen hat. Denn auch der Mensch ist dem kosmischen Weltgesetz, dem *Dharma*, unterworfen und mit ihm dem Gesetz der Wiedergeburt und des Karma.

Die Taten des Menschen werden vom göttlichen Willen, vom Weltgesetz, gleichsam «verbucht». Sie sind eng mit dem Ichgefühl verbunden, prägen das Karma und damit das jetzige und das zukünftige Leben nach der Wiedergeburt. Guru Angad sagt:

> Aus Ichgefühl kommt unsre Kaste, aus Ichgefühl das Karma, welches wir erwerben.
> Ichgefühl, das sind die Fesseln, um derentwillen wir immer neu geboren werden.
> Woher kommt das Ichgefühl und mittels welcher religiöser Übung vergeht es?
> Das Ichgefühl, das ist der Wille Gottes, und wie man handelt, fällt es einem zu, und demzufolge muß man immer weiterwandern.
> Das Ichgefühl ist eine lange Krankheit, jedoch die Medizin dagegen liegt ebenfalls in ihm.
> Denn wen Gott begnadet, der kann des Gurus Wort umsetzen in die Tat.
> Nanak sagt: Hört, ihr Gläubigen, das ist die religiöse Übung, durch die das Leid verschwindet.[23]

Mit dem Hinweis auf den Guru ist der Weg der Erlösung angedeutet. Er führt über den Guru, einen Menschen, der von allem Weltlichen befreit ist und in Gott einging.

> Ohne den Wahren Guru kann niemand Gott erlangen, Gott selber macht sich gegenwärtig im Wahren Guru und offenbart sich durch den Wahren Guru in der Rede. Wenn man den Wahren Guru findet, wird man erlöst auf ewig, denn der Verblendung in uns bereitet er ein Ende. Erhaben die Betrachtung, in der man sich andächtig in den Wahrhaft Seienden

versenkt. Denn so erlangt man den Geber aller Gaben, das Leben der Welt.[24]

Der wahre, heilsvermittelnde Guru ist heute das heilige Buch. Wer den darin vorgezeichneten Weg zur Einswerdung mit Gott bis zum Ende beschreitet, erreicht das Reich der Wahrheit und kehrt in den Zustand der Ureinheit mit Gott zurück. Der Kreislauf von Geburt und Tod ist dann überwunden. Guru Rām Dās formuliert dies folgendermaßen:

> Die Diener Gottes gehn in Seinem Namen auf, gebrochen ist für sie das Leid des Daseins mit seinem Kreislauf von Geburt und Tod.
> Den Ewigen, das Höchste Selbst, den Höchsten Gott, Ihn haben sie gefunden, in aller Welt wird ihnen Ruhm zuteil.[25]

II. Indigene Völker

Wiedergeburtsvorstellungen finden sich im religiösen Glauben fast aller indigenen Völker Afrikas, Amerikas, Australiens und Asiens. Das ist weithin unbekannt, obwohl Ethnologen und Missionare ausführlich darüber berichtet haben. Es handelt sich meist um kleine Völker ohne schriftliche Überlieferung. Ihre religiösen Vorstellungen werden mündlich weitergegeben. Das führt immer wieder zu Veränderungen und stellt die Forschung vor erhebliche methodische Probleme und Schwierigkeiten. Dennoch lässt sich Grundsätzliches sagen. Das gilt auch für den im Einzelnen sehr unterschiedlichen Reinkarnationsglauben dieser Völker, den Michael Bergunder in seiner Monographie *Wiedergeburt der Ahnen* umfassend dargestellt hat.

Zwei grundlegende Klassifizierungen sind möglich: Ahnenreinkarnation und Säuglingsreinkarnation. Die größere Bedeutung kommt der Ahnenreinkarnation zu, ist sie doch die Grundform des Wiedergeburtsglaubens indigener Völker.

Am verbreitetsten ist der Wiedergeburtsglaube unter Völkern Afrikas südlich der Sahara. Bei vielen von ihnen ist die Ahnenreinkarnation ein fester Bestandteil des Weltbildes mit konkreten Auswirkungen auf das Alltagsleben.

Die Ahnen kehren nach ihrem Tod auf dem Weg der Geburt in ihre Familie und ihr Volk zurück. Das ist das Grundmotiv, das in vielen Variationen auftritt. Wer sind die Ahnen? Nicht jedes verstorbene Stammesmitglied ist ein Ahne. Ahne kann nur werden, wer Nachkommen hat, die sich für das Volk als nützlich erweisen, wer eines natürlichen Todes starb und bei dessen Begräbnis die gebräuchlichen Totenrituale eingehalten wurden. Wiedergeboren wird in der Regel die Großeltern- oder Urgroßelterngeneration. Über die Formen der Wiedergeburt gibt es vielfältige Vorstellungen. Sie ist prinzipiell in der väterlichen und mütterlichen Verwandtschaft möglich. Auch kann es nach dem Glauben mancher

Völker zu einem Geschlechtswechsel kommen. Nicht ausgeschlossen wird verschiedentlich die Wiedergeburt in einem Tier. Zu den Besonderheiten im afrikanischen Wiedergeburtsglauben, die sich jedoch auch bei nichtafrikanischen Völkern finden, zählt die Mehrfachinkarnation von Ahnen, die dennoch auch im Totenreich präsent bleiben. Großeltern können danach in mehreren Enkeln wiedergeboren werden. Die Gemeinschaft der Lebenden hat großes Interesse an der Wiedergeburt der Ahnen. Deshalb tut sie alles, um die dafür nötigen Voraussetzungen zu garantieren. Von größter Bedeutung sind in diesem Zusammenhang unter anderem die Begräbnisriten.

Voraussetzung für die Wiedergeburt ist, wie bei den meisten Wiedergeburtsvorstellungen, dass der Mensch einen unvergänglichen, nicht an den Körper gebundenen Wesenskern, ein geistiges Prinzip, besitzt. Sein Aufenthaltsort nach dem Tod ist das Ahnenreich, das Totenreich, die Unterwelt. Hierüber wie über das Leben und Wirken in diesen jenseitigen Bereichen gibt es bei den afrikanischen Völkern recht verschiedenartige Vorstellungen, ebenso über die Voraussetzungen und die Art und Weise der Wiederverkörperung.

Die Wahl, wo und in wem ein Ahne wiedergeboren wird, trifft er meist selbst. In der Regel ist es die eigene Familie bis hin zur Dorfgemeinschaft. Ihr Überleben und ihre Stärkung ist ja von grundsätzlicher Bedeutung. Die Vorstellung über den Zeitpunkt, zu dem ein Ahne in das Kind gelangt, ist bei nahezu keinem Volk gleich. Er kann zum Beispiel unmittelbar nach dem Tod in den Körper einer Frau seiner Familie wandern und dort, so glauben die zentralafrikanischen Isambo, auf die Befruchtung warten. Oder die «Seele» gelangt mit dem toten Körper in die Erde und wird dort von einer Nutzpflanze aufgenommen. Ein Mann isst sie, und durch den Samen des Mannes geht sie auf eine Frau über und wird in deren Kind neu geboren. Oder – diese Vorstellung lässt sich bei mehreren Völkern Westafrikas finden – ein Ahnengeist, der wiedergeboren werden möchte, sitzt auf einem Baum, bis eine gute Frau vorbeikommt, die einen guten Mann hat. Er nimmt Besitz vom Leib dieser Frau und wird von ihr wiedergeboren. Von den westafrikanischen Jukun wird folgendes berichtet: Ein Ahne, der die Wiedergeburt anstrebt, kommt in Form bestimmter Blätter in das

Haus der zukünftigen Eltern. Haben sie Geschlechtsverkehr miteinander, springt er von den Blättern in den Leib der Frau.

Es gibt unzählige Vorstellungen über die Einzelheiten der Wiedergeburten. Zwei grundsätzliche Standpunkte lassen sich dennoch erkennen: Der Ahne tritt entweder bei der Geburt in das Kind ein oder bereits mit der Empfängnis oder in der Schwangerschaft.

Eine wichtige Rolle innerhalb des Wiedergeburtsglaubens afrikanischer Völker spielt die Identitätsfindung, die Wiedererkennung des Wiedergeborenen. Auch hier ist die Zahl der Methoden und Praktiken kaum überschaubar und im Einzelnen sehr verschieden. Ein Kind erhält seine Identität gewöhnlich durch die Namensgebung. Meist werden dem Kind mehrere Namen gegeben, um es so exakt wie möglich zu identifizieren. Hat man dem Kind falsche Namen gegeben und es dadurch dem falschen Ahnen zugeordnet, wird es krank und reagiert mit Schreien usw.

Der Prozess der Namensfindung und Namensgebung ist auf jeden Fall sehr wichtig. Das Kind spielt dabei je nach Volk eine passive oder aktive Rolle. Wird das Kind beteiligt, zeigt man ihm zum Beispiel Gegenstände aus dem Besitz des oder der Ahnen. Greift das Kind nach dem Gegenstand, wird es als der frühere Besitzer oder die Besitzerin identifiziert. Auch werden in Gegenwart des Kindes verschiedene Namen genannt. Bei zutreffenden Namen zeigt der Säugling unerwartete Reaktionen, er lächelt, niest, beginnt an der Brust zu nuckeln, lässt eine Perle aus der Hand fallen usw.

Sehr verbreitet ist es, die Identität des Kindes mit einem bestimmten Ahnen durch Priester oder Wahrsager bestimmen zu lassen. Dabei fallen körperliche Merkmale wie Narben etc. ins Gewicht, aber auch vermutete Charakterübereinstimmungen. Sogar der Ahne selbst kann angerufen und befragt werden, wenn er nicht nur in diesem Kind existiert. Er hat auch die Möglichkeit, sich durch Träume erkennen zu lassen. Losverfahren sind ebenfalls bekannt.

Der Glaube an eine Wiedergeburt führte in der Vergangenheit hier und da zu Versuchen, das Problem unterschiedlicher Hautfarben zu erklären, und das nicht nur in Afrika. Oft stellte man sich die Ahnengeister weiß vor. Die ersten Weißen wurden mancherorts als zurückgekehrte Ahnen angesehen. Auch gibt es die Vorstellung von einer Wiedergeburt jenseits des Meeres. Der dort Reinkarnierte ist dann weiß. Kehrt er in einem nachfolgenden Leben wieder nach

Afrika zurück, hat er eine dunkle Hautfarbe. Einer exakten Systematisierung nach europäischen Prinzipien entziehen sich afrikanische Wiedergeburtsvorstellungen und ihre kultische Einbindung in den Alltag ebenso wie die anderer indigener Völker.

Der Glaube an Ahnenreinkarnation findet sich in vielfältiger Form auch bei den Ureinwohnern des amerikanischen Kontinents. Jesuitische Missionare berichteten schon im 17. Jahrhundert vom Reinkarnationsglauben der Huronen. Auch sind ähnliche Berichte über Delawaren und Irokesen sowie zahlreiche andere indianische Stämme bekannt.

In Südamerika glauben die Tehuelche, dass verstorbene alte Menschen bereits nach kurzer Zeit als neugeborene Kinder auf die Erde zurückkehren. Für ein im fortgeschrittenen Lebensalter verstorbenes Stammesmitglied werden deswegen keine größeren Trauerzeremonien durchgeführt. Stirbt jedoch ein junger Mensch, geht man davon aus, dass er längere Zeit in der Unterwelt bleiben muss. Um ihn mit diesem Schicksal zu versöhnen, erhält er zahlreiche Opfergaben, denn erst wenn er das notwendige Alter erreicht hat, kann er wiedergeboren werden.

Wiederverkörperungserwartungen lassen sich auch bei den Völkern Australiens und Ozeaniens nachweisen. Damit hängt zusammen, dass die ersten Europäer – wie teilweise auch in Afrika und Amerika – als wiedergekommene Ahnen angesehen wurden. Flüchtige Strafgefangene, so wird berichtet, machten sich gelegentlich diesen Glauben der australischen Aborigines zunutze und verstanden es, sich als zurückgekehrte Ahnen zu präsentieren. Dadurch erlangten sie den Schutz der Gemeinschaft.

Der Vollständigkeit halber sei noch erwähnt, dass sich der Glaube an die Wiedergeburt der Ahnen auch bei den «Altvölkern» Indonesiens sowie den Ureinwohnern Indiens, den Adivasi, findet.

Wenig bekannt ist, wie auch die populäre Reinkarnationsliteratur zeigt, dass Wiedergeburtsvorstellungen im Glauben und Leben der meisten sibirischen Völker Gewicht haben. Aufschlussreiche Berichte über Reinkarnationsglauben gibt es für die Ob-Ugrier. Dabei sind – wie bei vielen Völkern – Praktiken und Zeremonien für die Wiedererkennung verstorbener Familien- und Stammesmitglieder von besonderer Bedeutung. Bei den Ob-Ugriern sowie anderen sibirischen Stämmen bestimmen die Frauen, besonders die älteren Frauen, die Identität des neugeborenen Kindes. Dazu wird der Säugling in eine Wiege gelegt, unter der sich ein Messer befindet. Eine Frau aus der Verwandtschaft wiegt das Kind und hebt dabei die Wiege etwas an. Die Anwesenden nennen während des Wiegens Namen verstorbener Angehöriger. Wird der richtige Name genannt, kommt die Wiege zum Stillstand, auch weint das Kind nicht mehr. Bei den Korjaken verläuft die Namensgebung folgendermaßen:

> Sobald ein Kind geboren ist, bekommt es den Namen des toten Verwandten, dessen Seele in ihm wiedergeboren ist. Der Vater des Neugeborenen benutzt einen Wahrsagestein, Kleine Großmutter genannt, um zu entdecken, wessen Seele das Kind betreten hat. Der Zauberstein ist durch einen Faden an einem Stock befestigt, letzterer wird hochgehoben, und der Stein beginnt zu schwingen; oder er wird an einem Dreifuß aufgehangen, den man aus schmalen Stöcken fertigt. Der Vater des Kindes benennt nun die Namen von verstorbenen Verwandten aus seiner Linie und der seiner Frau. Wenn der Name des verstorbenen Verwandten, dessen Seele das Kind betreten hat, erwähnt wird, schwingt der Zauberstein schneller. Ein anderer Weg, die Identität der Seele zu bestimmen, liegt in der Beobachtung des Kindes selbst. Eine Anzahl Namen wird genannt. Wenn das Kind schreit, während der Name ausgesprochen wird, zeigt es, daß dies nicht der Name der wiedergeborenen Seele ist. Wenn der richtige Name erwähnt wird, hört das Kind auf zu schreien, oder es beginnt zu lächeln. Wenn der Name gegeben worden ist, nimmt der Vater das Kind in seine Arme, trägt es hinaus aus dem Schlafzelt in das Haus und sagt zu seinen Leuten: «Ein Verwandter ist gekommen.»[1]

Dennoch besteht immer auch die Möglichkeit, dass das Kind einen falschen Namen bekommt. Es reagiert in diesem Fall auf negative Weise, bekommt zum Beispiel Schmerzen. Eine Korrektur des Namens ist dann erforderlich.

Besondere Vorstellungen gibt es bei einigen sibirischen Völkern bezüglich der Schamanenreinkarnation. Ein wiedergeborener Schamane hat, dieser Glaube ist verbreitet, die Fähigkeit der Rückerinnerung an frühere Leben. Auch Körpermerkmale aus früheren Leben können bei der Wiedergeburt übernommen werden. Schamanen werden gegebenenfalls auch außerhalb ihres Volkes wiedergeboren. Allerdings, auch diese Vorstellung existiert, können sie nur dreimal wiedergeboren werden, und mit jeder Wiedergeburt nimmt ihre besondere Kraft ab. Die Schamanenreinkarnation stellt zweifellos eine Besonderheit innerhalb der Wiedergeburtsvorstellungen indigener Völker dar.

Anders ist es mit dem Glauben an die Säuglingsreinkarnation. Ihm begegnet man mehr oder weniger stark bei vielen indigenen Völkern mit Wiedergeburtserwartungen. Bei der Säuglingsreinkarnation handelt es sich um eine Form des Reinkarnationsglaubens, nach dem sich das früh verstorbene Kind bei derselben Mutter erneut reinkarniert, meist im nächstgeborenen Kind. Das verstorbene Kind geht in diesem Fall nicht in das Reich der Ahnen ein, sondern befindet sich für kurze Zeit an einem von diesen getrennten Aufenthaltsort, verschiedentlich wird das Bild eines Säuglingsbaumes gebraucht. Für die Wiedererkennung eines verstorbenen Kindes sind auch Kennzeichnungen, die zum Teil bewusst an der Leiche angebracht wurden, bedeutsam.

Besonders viele Berichte über den Glauben an Säuglingsreinkarnation und damit verbundene kultische Zeremonien liegen über afrikanische Völker vor. Dabei wird deutlich, dass die Schuld für die hohe Säuglingssterblichkeit teilweise bei den Kindern selbst gesucht wird. Manche Kinder quälen durch ihr Sterben bewusst ihre Mütter, die deshalb Gegenmaßnahmen ergreifen. Bei den Pabir und Bura im Norden Nigerias gibt es daher folgenden Brauch:

> Eine Frau, die dauernd Kinder bekommt, die sterben, kommt zu dem Schluß, daß es dieselbe Seele ist, die wiedergeboren wird, und sie wird das Ohr des letzten Kindes, das gestorben ist, abschneiden, um die Seele davon abzuschrecken, die Reinkarnation zu suchen.[2]

Andererseits wünschen sich Mütter die Wiedergeburt des verstorbenen Kindes und wenden rituelle Mittel an, um es dazu zu bewegen.

Der Glaube an Säuglingsreinkarnation ist auch bei den indigenen Völkern Amerikas, allerdings weniger in Mittel- und Südamerika, verbreitet. So sind die Chugach-Eskimos überzeugt, ein früh verstorbenes Kind könne in derselben Familie wiedergeboren werden. Diese Auffassung teilen verschiedene indianische Völker in den USA. Interessant ist in diesem Zusammenhang, dass der «Aufstand der Squaws» bei den Fox-Indianern im Jahr 1832 offenbar mit dem Glauben an die Säuglingsreinkarnation in Verbindung stand. Die

Fox-Indianer waren aus ihrem Siedlungsgebiet vertrieben worden, aber die Frauen beschlossen, dorthin zurückzukehren, um bei den Gräbern ihrer Kinder zu sein, von denen sehr viele 1831 einer Masernepidemie zum Opfer gefallen waren. Dahinter stand der Glaube, eine Mutter, die sich nicht in der Nähe des Grabes ihres Kindes aufhält, verliert es für immer. In der Nähe des Grabes eröffnen sich hingegen zwei Möglichkeiten, um mit dem verstorbenen Kind wieder in Kontakt zu kommen. Die Mutter erfährt dort die Nähe des Kindes entweder spirituell durch ein «kleines Geistflackern» oder sie kann, wenn sie über das Grab geht, die Seele des Kindes wieder in sich aufnehmen und das verstorbene Kind neu gebären.

Dass diese und ähnliche Vorstellungen bei nordamerikanischen Indianerstämmen nicht neu und weit verbreitet sind, zeigen schon Berichte des jesuitischen Missionars Joseph Juvencius vom Juli 1610. Danach begraben die Micmac-Indianer die Körper ihrer Kinder in der Nähe eines Weges. Die Seelen der Kinder, die sich nicht weit von ihrem Körper entfernen können, haben so die Möglichkeit, in den Busen einer vorübergehenden schwangeren Frau einzudringen und den noch ungeformten Fötus zu beseelen, um schließlich wiedergeboren zu werden. Alle diese Vorstellungen enthalten angesichts hoher Kindersterblichkeit eine tröstliche Verheißung für die Mütter und die Familien.

Neuere Untersuchungen haben belegt, dass der Glaube an Ahnen- und Säuglingsreinkarnation weltweit bei fast allen indigenen Völkern vorhanden ist. Für Europa sei auf die Lappen verwiesen. Trotz großer Unterschiedlichkeit der indigenen Religionen lassen sich beim Glauben an eine Wiedergeburt der Ahnen viele grundsätzliche Übereinstimmungen erkennen, die eine gemeinsame sozio-religiöse Funktion haben. Ahnenreinkarnation erhält die Sozialgemeinschaft und verleiht ihr Kontinuität. Die Verwandtschaftsverhältnisse werden transzendiert und gleichzeitig mit einer Zukunftsperspektive an diese Welt, an Familie und Volk in ihrer konkreten irdischen Existenz gebunden. Es ergibt sich eine Beziehung zwischen Lebenden und Toten, die sich im Diesseits und im Jenseits stets neu realisiert. Vor allem das Verhältnis von Großeltern- und Enkelgeneration erhält eine einzigartige religiöse Grundlage mit unmittelbaren Folgen für das Leben in der Gemeinschaft.

Oft werden Kinder wie kleine Erwachsene behandelt und aus Respekt vor den wiedergekommenen Ahnen nicht geschlagen. Zudem wird das Kind mit großer Intensität in die Tradition der Gemeinschaft einbezogen. Damit kann freilich auch ein hoher sozialer Druck verbunden sein, erwartet man doch, dass sich das Kind wie der in ihm inkarnierte Ahne verhält.

Insgesamt trägt der Glaube an die Reinkarnation der Ahnen zur Festigung der Familien- und Sozialgemeinschaft und damit zu ihrem Überleben bei, während die Säuglingsreinkarnation in erster Linie die Eltern über den Verlust eines Kindes trösten und ihnen Hoffnung auf seine Rückkehr in die Familie geben kann.

III. Antike Vorstellungen

Griechen und Römer:
Vom Tier zum Menschen

Auf welche Weise der Gedanke der Seelenwanderung bei den Griechen Eingang fand, ob durch uralte, den indogermanischen Völkern oder dem thrakischen Schamanismus eigene religiöse Vorstellungen, ob durch direkte Einflüsse aus Indien oder durch eigenständige Erkenntnisse oder Offenbarungen, muss offen bleiben. Bei den Griechen lässt sich der Seelenwanderungsgedanke zuerst in den Kreisen der Orphiker nachweisen. Die Orphik ist eine dionysisch-mystische Erlösungsreligion, die von Thrakien aus im 6. Jahrhundert v. Chr. in Griechenland und Unteritalien Fuß fasste. Sie führt ihren Ausgangspunkt auf den mythischen griechischen Sänger und Seher Orpheus zurück.

Die Wiederverkörperung ist fester Bestandteil des Welt- und Menschenbildes der Orphik. Danach bestehen die Menschen aus guten, dionysischen und aus bösen, titanischen Elementen. Die Seele des Menschen wird als göttlich und unsterblich angesehen. Sie ist im Leib wie in einem Grabe gefangen. Die Seele strebt danach, alle bösen, titanischen Elemente auszuscheiden, das Göttliche voll zur Entfaltung zu bringen und in ein seliges Jenseits zu gelangen. Doch sie ist, immer wieder in Schuld und Verstrickungen der titanischen Kräfte fallend, scheinbar endlos dem «Rad der Geburten» unterworfen; sie muss sich immer wieder als Mensch oder Tier verkörpern, um frühere Schuld zu sühnen. Die Seele aus diesem Kreislauf der Wiedergeburten zu befreien, ist Ziel der orphischen Mysterien und Lehren. Nur in der Befolgung dieses Weges, der einen gerechten Lebenswandel und Enthaltung von jeder Nahrung, die von einem beseelten Geschöpf stammt, einschließt, erlangt man die Befreiung von der Wiedergeburt, werden die titanischen Elemente schließlich ausgeschieden.

Die orphische Seelenwanderungslehre hat ohne Zweifel direkt oder indirekt Wiederverkörperungsvorstellungen in der griechischen Philosophie und Geistesgeschichte beeinflusst. Eine ausschließliche Abhängigkeit kann jedoch keinesfalls angenommen werden. Es ist interessant, dass Herodot (um 485–425 v. Chr.) in der ägyptischen Religion den Ausgangspunkt für die griechischen Seelenwanderungsmodelle sieht. Er schreibt:

> Die Ägypter haben auch als erste den Gedanken ausgesprochen, daß die Seele des Menschen unsterblich sei; sie gehe in ein anderes neugeborenes Lebewesen ein, wenn der Leib stirbt. Ist sie dann durch alle Land- und Wassertiere, durch alle Vögel gewandert, kehre sie wieder in den Leib eines Menschen zurück, der gerade geboren wird. Dieser Kreislauf dauert 3000 Jahre. Diese Lehre haben einige Griechen übernommen, früher oder später, als sei es ihr geistiges Eigentum. Ich kenne ihre Namen, will sie aber nicht nennen.[1]

Religionswissenschaftler stehen heute dieser Sicht Herodots ablehnend gegenüber, denn sie vermuten einen Irrtum. Bei den Ägyptern fänden sich keine Seelenwanderungsvorstellungen. Auch wenn die Seele nach dem Tod sich in verschiedene Tiere verwandeln könne, sei dies noch keine Seelenwanderung. Immerhin scheint es aber auch im alten Ägypten Seelenwanderungsvorstellungen gegeben zu haben. Bemerkenswert sind einige Stellen im *Ägyptischen Totenbuch*. Hier spricht im 42. Kapitel der Tote zur Erde gewandt:

> Nun öffne ich die Pforten des Himmels
> Und sende Geburten zur Erde.
> Und das künftige Kind, noch nicht geboren,
> Auf seinem Pfade zur Erde
> Ist vor Angriff geschützt.[2]

Im 64. Kapitel «Vom Heraustreten der Seele in das Tageslicht» heißt es:

> Ich bin das Heute.
> Ich bin das Gestern.
> Ich bin das Morgen.
> Meine wiederholten Geburten durchschreitend
> Bleibe ich kraftvoll und jung.[3]

Ein Beweis für eine Seelenwanderungslehre der Ägypter lässt sich durch diese und andere Stellen nicht zwingend erbringen. Andererseits wird dadurch das Vorhandensein von Wiederverkörperungsvorstellungen in ihrem religiösen Denken nicht von vornherein ausgeschlossen, auch wenn Herodots Beschreibung der Seelenwanderung vor allem den Gedankengängen Pythagoras' von Samos (ca. 580–ca. 500 v. Chr.) entspricht.

Wahrscheinlich war es Pythagoras, der die Seelenwanderungslehre in die griechische Philosophie einführte. Gelegentlich wird er auch als «Stammvater der europäischen Reinkarnationsvorstellungen» bezeichnet. Dass Pythagoras' Lehren orphisches Gut enthalten, bezeugt als ältester Gewährsmann Ion von Chios (ca. 490–422 v. Chr.). Der Gedanke der Gesetzmäßigkeit aller Vorgänge, wobei die Zahl das Prinzip alles Seienden ist, bestimmt sowohl die Philosophie als auch die Seelenwanderungslehre des Pythagoras. In der pythagoreischen Weltsicht sind Natur und Mensch noch eng miteinander verbunden. Die Seelen der Menschen und der Tiere gelten als unvergängliche «dämonische» Wesen, die einst aus Götterhöhen gefallen sind und in Leiber eingeschlossen wurden. Im pythagoreischen System wird die Zahl der Seelen insgesamt als begrenzt angesehen.

Alle Seelen unterliegen dem Kreislauf der Wiedergeburt. In den kurzen Zeiträumen zwischen den Verkörperungen schweben sie in der Luft, befinden sich also nicht in der Unterwelt. Zweck und Ziel der Wiedergeburten ist aber nicht die Befreiung aus dem Kreislauf der Wiederverkörperungen, sondern die Beseelung der Welt. Der ständige Kreislauf führt durch das Tierreich zum Menschen und beginnt dann erneut. Diese Vorstellung ist eingebettet in die Idee von den Zyklen alles Irdischen, der Wiederkehr völlig gleicher Verhältnisse entsprechend den astronomischen Kreisläufen. Ob für Pythagoras in den Kreislauf der Seelen auch die Pflanzen eingeschlossen waren, ist umstritten.

Die Schüler des Pythagoras haben die Seelenwanderungslehre weiterentwickelt und modifiziert. Bemerkenswert bleibt, dass eine spätere Richtung der Pythagoreer die Wiederverkörperung der Seele allein in einem menschlichen Körper lehrt.

Nach der Überlieferung hat Pythagoras seine Seelenwanderungslehre auch auf der Grundlage eigener Erfahrungen entwickelt. Er soll die Fähigkeit besessen haben, sich an vergangene Leben als Mensch und als Tier zu erinnern. Es wird von vier menschlichen Verkörperungen des Pythagoras berichtet: als Aithalides, Euphorbos, Hermotimos und als der delische Fischer Pyrrhos. In der römischen Kaiserzeit wurde dann behauptet, Homer und der römische Dichter Ennius seien Verkörperungen der Seele des Pythagoras.

Die praktischen Konsequenzen der pythagoreischen Seelenwanderungslehre waren vielschichtig. Seine Reinkarnationsvorstellungen führten ihn zu einer humanen Haltung gegenüber Mensch und Tier. Auch die Hochschätzung der Frauen dürfte damit zusammenhängen, und selbst Sklaven wurden in den pythagoreischen Kreisen geachtet. Vegetarismus ist ebenfalls eine Konsequenz der pythagoreischen Seelenwanderungslehre. Insgesamt gesehen hat bei den Pythagoreern der Glaube an die Seelenwanderung nicht – wie teilweise in Indien – zur Abkehr von der Welt geführt, sondern zu bewusster Hinwendung. Diese Grundhaltung wurde für die Wirkungsgeschichte griechischer Seelenwanderungs- und Reinkarnationsvorstellungen bedeutsam.

Pythagoras' Seelenwanderungsidee mit der Annahme des Kreislaufs der in ihrer Zahl begrenzten Seelen zum Zwecke der Belebung der Welt trat in der griechischen Philosophie schon bald zugunsten einer «moralisch bedingten» Seelenwanderungslehre in den Hintergrund. Für sie wurde die Vorstellung von einem Gericht über die Verstorbenen in der Unterwelt ein wichtiger Ausgangspunkt. Der in der Orphik vorhandene Gedanke von Schuld und Sühne, von Vergeltung und Wiedergutmachung trat nun deutlich zutage.

Für Pindaros aus Theben (ca. 518–446 v. Chr.), den größten griechischen Chorlyriker, hängt das Schicksal des Menschen von dem Grad der moralischen Qualität ab, den die Seele im vergangenen Leben erworben hat. Die Sühne der Schuld erfolgt im Hades und in einem neuen Leben. Wenn alle Schuld getilgt ist, wird – das ist eine interessante Besonderheit – der Seele, ehe sie in die Welt der unsterblichen Heroen eingeht, noch einmal eine glückliche Erdenexistenz als König, Weiser oder Held gewährt.

Eine moralisch bedingte Seelenwanderungslehre findet sich auch bei Empedokles (ca. 494–434 v. Chr.). Allerdings wird nach seinem Verständnis nicht die Seele, sondern der *Daimon* wiedergeboren. Empedokles vertrat demnach eine «Dämonenwanderung». Die

Dämonen sind gefallene himmlische Wesen. Sie haben sich einst durch Blutvergießen, den Genuss von Fleisch oder durch Meineid versündigt und werden deshalb auf Erden als Menschen, Tiere oder Pflanzen verkörpert. Diese gefallenen Dämonen sind dem Kreislauf der Wiedergeburten solange unterworfen, bis sie sich in einem sehr langen Zeitraum von allen Befleckungen gereinigt haben und zu den Unsterblichen zurückkehren können. Die Vorstellung einer endlosen Kette von Wiedergeburten findet sich also weder bei Pindar noch bei Empedokles.

Zwischen den verschiedenen irdischen Verkörperungen liegt der Aufenthalt im Jenseits je nach Verdienst an einem Ort der Freude oder der Qual. Nach einer Zeit der Belohnung oder Bestrafung im Jenseits müssen die Dämonen bis zu ihrer endgültigen Reinigung zurück zur Erde. Empedokles selbst sah auf einen entsprechenden Entwicklungsweg zurück. Dieses Wissen war aber eine Ausnahme, denn jede Individualität muss, wenn im Jenseits die Zeit ihres Lohnes oder ihrer Strafe abgelaufen ist, vor der Wiederverkörperung auf den Himmelswiesen aus dem Quell der Lethe trinken, wodurch die Erinnerung an alles Vergangene schwindet. Empedokles freilich erinnerte sich, bereits einmal Knabe, Mädchen, Pflanze, Vogel und Fisch gewesen zu sein.

Auf der Daseinsebene der Pflanzen, Tiere und Menschen unterscheidet Empedokles zwischen angenehmeren und weniger angenehmen Verkörperungen: «Bei der Seelenwanderung werden die Menschen unter den Tieren am besten Löwen, bergbewohnende, auf dem Erdboden schlafende, Lorbeer aber unter den schön belaubten Bäumen.»[4] «Zuletzt aber werden sie Seher und Sänger und Ärzte und Fürsten den irdischen Menschen, woraus sie emporwachsen als Götter, an Ehren reichste, den anderen Unsterblichen Herdgenossen, Tischgefährten, menschlicher Leiden unteilhaft, unverwüstlich.»[5] Ziel der Seelenwanderung ist nach Empedokles die Befreiung aus dem Kreislauf irdischer Geburten, denn der für die Seele bestimmte Lebensraum ist die himmlische Sphäre.

Die Überzeugung von einem himmlischen, präexistenten Fall der Seele beziehungsweise der Persönlichkeit, ihrer schuldhaften Einbindung in einen zeitlich begrenzten, durch moralische Wiedergutmachung aufhebbaren Kreislauf der Wiedergeburten, der Rückkehr der Seele in ihre außerirdische himmlische Heimat bestimmt auch die bedeutendste Ausprägung von Seelenwanderungsvorstellungen in der griechischen Philosophie: die Platons.

Platon von Athen (428/27–347 v. Chr.) hat – sicherlich anknüpfend an schon vorhandene Traditionen – keine systematische Lehre von der Seelenwanderung entwickelt. Die Uneinheitlichkeit seiner Aussagen und die Frage, was als Realität oder mythisches Bild anzusehen ist, führten unter seinen Schülern zu verschiedenartigen Interpretationen.

Grundsätzlich kann man sagen: Nach Platon gehört die Seele, das belebende Element im Menschen, dem ewigen Reich der Ideen an. Ihr Fall aus dem seligen Urzustand erfolgte durch Verstrickung in Schuld. Jedoch besteht diese nicht, wie bei Empedokles, in äußerlichen Handlungen (zum Beispiel Blutvergießen), sondern in geistigen Verfehlungen und sinnlichem Begehren. Der Seele ist dadurch das Reich der Ideen verschlossen. Sie, die ein Zwischenglied zwischen Idee und Sinnenwelt bildet, wird nun auf Erden je nach dem Grad ihrer Verfehlungen in einen menschlichen Körper inkarniert. Ziel dieser Inkarnation ist es, die sinnliche Natur mit Hilfe der Vernunft zu bekämpfen. Hat die Vernunft die Herrschaft über die sinnlichen Triebe wiedererlangt, darf die Seele ins Reich der Ideen zurückkehren und erlangt wieder ihre Gottähnlichkeit. Dieses Ziel ist in der Regel nicht in einem Leben zu erreichen. Viele Reinkarnationen in menschliche, gegebenenfalls auch in tierische Leiber sind erforderlich. Verlauf und Gestaltung dieses Weges der Wiedergeburten hängen vom Verhalten einer jeden Persönlichkeit ab. Nicht die Götter greifen in diesen Weg ein, sondern jeder bestimmt sein Geschick selbst.

Durch seine Seelenwanderungsideen bietet Platon eine Lösung der Theodizeefrage an, des Problems, wie die in der Welt wahrnehmbaren Übel mit der Vorstellung von göttlicher Gerechtigkeit und Wahrheit zu vereinbaren sind. Das Verantwortungsbewusstsein des Menschen wird durch diese Sicht der Persönlichkeitsentwicklung auf allen Gebieten gestärkt. Es wäre interessant, sich den Einzelheiten platonischer Seelenwanderungsvorstellungen, die sich durchaus widersprechen, zuzuwenden. Wir müssen uns aber mit einigen Hinweisen begnügen. Bei Platon wird immer wieder entschieden vor der Bindung der Seele durch den Leib als wichtige Ursache der Wiedergeburt gewarnt. Im *Phaidon* schreibt er:

Denn dadurch, daß sie [die Seele] die gleiche Meinung hat mit dem Leibe und sich an dem nämlichen erfreut, wird sie, denke ich, genötigt, auch gleicher Sitte und gleicher Nahrung wie er teilhaftig zu werden, so daß sie nimmermehr rein in die Unterwelt kommen kann, sondern immer des Leibes voll von hinnen geht; daher sie auch bald wiederum in einen andern Leib fällt und wie hingesät sich einwurzelt und daher unteilhaftig bleibt des Umganges mit dem Göttlichen und Reinen und Eingestaltigen.[6]

Die Vergeltung begangener Verfehlungen erfolgt aber nicht nur durch die Wiedergeburt, sondern auch in der Unterwelt. Sie geschieht also auf zwei Ebenen. Nicht übersehen werden darf außerdem, dass neben der im allgemeinen dominierenden Idee vom Fall der Seele als Ursache der Wiedergeburten im *Timaios* auch die Anschauung von einer notwendigen Verkörperung aller Seelen zum Zwecke der Prüfung zu finden ist. Das Problem der Zahl der Wiedergeburten und der Geburt in Tierleibern berührt Platon ebenfalls:

Denn dorthin, woher jede Seele kommt, kehrt sie nicht zurück unter zehntausend Jahren, denn sie wird nicht befiedert eher als in solcher Zeit, ausgenommen die Seele dessen, der ohne Falsch philosophiert oder nicht unphilosophisch die Knaben geliebt hat. Diese können im dritten tausendjährigen Zeitraum, wenn sie dreimal nacheinander dasselbe Leben gewählt, also nach dreitausend Jahren, befiedert heimkehren. Die übrigen aber, wenn sie ihr erstes Leben vollbracht, kommen vor Gericht. Und nach diesem Gericht gehen einige in die unterirdischen Zuchtörter, wo sie ihr Unrecht büßen; andere aber, in einen Ort des Himmels enthoben durch das Recht, leben dort dem Leben gemäß, das sie in menschlicher Gestalt geführt haben. Im tausendsten Jahre aber gelangen beiderlei Seelen zur Verlosung und Wahl des zweiten Lebens, welches jede wählt, wie sie will. Dann kann auch eine menschliche Seele in ein tierisches Leben übergehen und ein Tier, das ehedem Mensch war, wieder zum Menschen. Denn eine, die niemals die Wahrheit erblickt hat, kann auch niemals diese Gestalt annehmen. Denn der Mensch muß nach Gattungen Ausgedrücktes begreifen, welches als eins hervorgeht aus vielen durch den Verstand zusammengefaßten Wahrnehmungen. Und dieses ist Erinnerung an jenes, was einst unsere Seele gesehen, Gott nachwandelnd und das übersehend, was wir jetzt für das Wirkliche halten, und zu dem wahrhaft Seienden das Haupt emporgerichtet. Daher auch wird mit Recht nur des Philosophen Seele befiedert: denn sie ist immer mit der Erinnerung soviel wie möglich bei jenen Dingen, bei denen Gott sich befindet und eben deshalb göttlich ist. Solche Erinnerungen also recht gebrauchend, mit vollkommener Weihung immer geweiht, kann ein Mann allein wahrhaft vollkommen werden.[7]

Der pythagoreische Kreislaufgedanke ist bei Platon durchaus vorhanden, nicht aber bestimmend. Seine Seelenwanderungsvorstellungen werden im Rahmen des Grundansatzes von der Rückkehr der gefallenen Seelen ins Reich der Ideen durch Überwindung der Leib-, Sinnen- und Materieverbundenheit vom Motiv der ausgleichenden Gerechtigkeit bestimmt. Das bringt er an mehreren Stellen seines Werkes anschaulich zum Ausdruck. Säufer und Fresser werden als Esel wiedergeboren, Ungerechte und Räuberische als Wölfe, Habichte und Geier. Wer der allgemeinen bürgerlichen Tugend, die weit unter der philosophischen Tugend steht, nachstrebte, geht «wiederum in eine solche gesellige und zahme Gattung», «etwa in Bienen oder Wespen oder Ameisen», ein, auch kann er erneut ein ganz leidlicher Mann werden.[8] Im *Timaios* sagt Platon: «Unter den als Männern Geborenen verwandelten sich alle, die Feiglinge waren und ihr Leben ungerecht zubrachten, der Wahrscheinlichkeit nach bei ihrer zweiten Geburt in Frauen.»[9]

In der Regel wird das Prinzip der Selbstverantwortung und Selbstbestimmung – übrigens auch bei der Wahl der Lebenslose in der Unterwelt – von Platon stets gewahrt. Seine Anthropologie erfordert geradezu die Seelenwanderung. In seinem letzten Dialog, den *Gesetzen*, weist er dem Seelenwanderungsglauben, der einen gerechten Ausgleich der Taten der Menschen garantiert, eine wichtige Rolle für das gute, humane Zusammenleben der Menschen in einem Gemeinwesen zu. In dieser Sicht wird der Seelenwanderungsglaube zu einem Gegengewicht gegen Machtpolitik und menschlichen Egoismus, er erhält eine staats- und gesellschaftstragende Bedeutung.

Angesichts der großen Ausstrahlungskraft platonischer Philosophie waren seine Seelenwanderungsvorstellungen später von weitreichender Bedeutung. Allerdings haben Platons unmittelbare Schüler seine Seelenwanderungskonzepte weginterpretiert, wie Xenokrates (396/95–324/13 v. Chr.), oder klar abgelehnt, wie Aristoteles (384–322 v. Chr.). Auch im Hellenismus spielte der Seelenwanderungsglauben keine Rolle, sondern wurde allenfalls verspottet.

In neuen Formen und mit zunehmender Anziehungskraft finden wir Reinkarnationsvorstellungen in der Zeit der ausgehenden römischen Republik in stoischen Kreisen. Zwei Hauptrichtungen lassen sich jetzt feststellen. Die eine ist durch einen stoisch beeinflussten Pythagoreismus bestimmt, wie er auch im Werk des römischen Dichters Ovid (43 v. Chr.–18 n. Chr.) zutage tritt. Ovid vergleicht die menschliche Seele, deren Träger der Geist als das entscheidende Lebensprinzip ist, mit Wachs. Wie das Wachs kann auch die Seele umgeformt werden. Bald ist sie Tier, bald Mensch. Der monistische Glaube von der Geistverwandtschaft aller Wesen schließt hier die moralische Begründung der Seelenwanderung weitgehend ein. Ovid lässt Pythagoras sagen:

> … denn frei vom Tod sind die Seelen. Nachdem sie den früheren Sitz verlassen haben, leben sie fort und wohnen immer wieder in neuen Behausungen, die sie aufnehmen. Ich selbst – ich kann mich nämlich erinnern! – war zur Zeit des Troianischen Krieges der Sohn des Panthus, Euphorbus, den vorzeiten die schwere Lanze des jüngeren Astriden von vorn in die Brust traf. Ich habe den Schild, den einst meine Linke trug, kürzlich in Abas' Stadt Argos im Iunotempel wiedererkannt.
>
> Alles wandelt sich, nichts geht unter; es schweift der Geist und gelangt von dort hierher, von hier wieder dorthin, zieht ein in Glieder aller Art, geht aus tierischen in Menschenleiber über, aus uns wieder in Tiere und vergeht nie. Wie das nachgiebige Wachs neue Formen annimmt, nicht bleibt, wie es gewesen ist, und nicht die gleiche Gestalt bewahrt, aber dennoch dasselbe ist, so ist die Seele stets dieselbe nach meiner Lehre, doch wandert sie in verschiedene Gestalten.[10]

Seneca (ca. 4–65 n. Chr.), der bekennt, dass ihm schon in jungen Jahren der Peripatetiker Sotion die Liebe zu Pythagoras vermittelt habe, benutzt den pythagoreischen Kreislaufgedanken als Trost gegenüber dem Tod.

> Auch der Tod, den wir fürchten und dessen wir uns weigern, unterbricht das Leben, raubt es (aber) nicht; es wird wieder ein Tag kommen, der uns in's Licht zurück versetzt, und Viele würden sich weigern, wenn er sie nicht als solche zurückführte, die (das frühere Leben) vergessen haben. … Ruhigen Geistes aber muß weggehen, wer (weiß, daß er) wiederkehren wird.[11]

Die andere, eher moralisch bestimmte Sicht und Begründung der Seelenwanderung, welche die Reinigung und Erlösung der Seelen schlechter Menschen auf dem Wege vieler Wiederverkörperungen annimmt, findet sich unter anderem bei Vergil (70–19 v. Chr.) und Plutarch (ca. 46–120 n. Chr.). In Vergils berühmtesten Werk, der *Aeneis*, fragt der Sohn Aeneas den Anchises: «So ist's denn, Vater, wahr, daß Seelen wandern von hier zur obern Welt in träge Körper?»[12] Der Vater gibt eine positive Antwort. Ist es bei Vergil möglicherweise nur sein Eklektizismus, der ihn Reinkarnationsvorstellungen in sein Werk aufnehmen lässt, so sind diese bei Plutarch und im mittleren Platonismus Bestandteil des philosophischen Diskurses. Allerdings finden sich hier, wie auch bei Platon selbst, unterschiedliche Überlegungen. Von einem Reinkarnationssystem kann man nicht sprechen.

Der Wiederverkörperungsgedanke breitete sich wahrscheinlich ab dem 1. Jahrhundert n. Chr. wieder stärker aus. Volkstümliche Persönlichkeiten wie der Neupythagoreer Apollonios von Tyana (1. Jh. n. Chr.) trugen mit dazu bei. Von ihm berichtet Philostrat (3. Jh. n. Chr.), dass Apollonios, der übrigens auch Indien bereist und dort mit Sicherheit den indischen Seelenwanderungsglauben kennengelernt hatte, während eines Besuchs in Ägypten in einem Löwen den König Amasis (570–526 v. Chr.) erkannt habe. Das Erkennen war gegenseitig, der Löwe brüllte freudig auf. Es gibt aus dieser und der späteren Zeit nicht wenige bekannte Beispiele über Rückerinnerungen namhafter Persönlichkeiten. So hielten sich die Kaiser Caracalla (176–217 n. Chr.) und Julian Apostata (332–363 n. Chr.) für Inkarnationen Alexanders des Großen (356–323 v. Chr.).

Neben der Ausbreitung des Wiederverkörperungsgedankens in der spätantiken Philosophie und an ihren Rändern erfolgte die Propagierung dieser Idee im Rahmen einiger religiöser Systeme. Auf die Bedeutung, die die Wiederverkörperungsidee für die Orphiker hatte, wurde bereits verwiesen. Auch im Mithras-Kult hatte die Wiederverkörperungsvorstellung ihren Platz. Die hermetische Literatur aus dem 2. und 3. Jahrhundert, eine geheimwissenschaftliche Schriftensammlung, in der man weithin eine heidnische Parallelerscheinung zur christlichen Gnosis sieht, enthält ebenfalls unterschiedliche Belege für den Wiedergeburtsgedanken. Vorherrschend ist der Kreislaufgedanke. Die Seele durchläuft beispielsweise die Tierwelt über die Stufen Kriechtiere, Fische, Landtiere bis zur Menschwerdung. Für gute Seelen steht eine weitere Entwicklung nach oben zum Dämon und Gott frei. Jede Stufe besitzt verschiedene Untergliederungen. Schlechte Seelen müssen den Kreislauf erneut von unten beginnen, gute sind ihm als Dämonen oder Götter nicht mehr unterworfen. Die Reinkarnation in Tieren ist umstritten.

Der hermetischen Literatur verwandt sind die *Oracula Chaldaica*. Es handelt sich um eine Sammlung griechischer Gedichte in Hexametern, in deren Mittelpunkt unter gnostischem, hermetischem und kabbalistischem Einfluss die Erlösung der Menschenseele von der Sünde steht. Auch hier findet sich der Wiederverkörperungsgedanke. Wie weit die Reinkarnationsidee in der Spätantike vor dem Hintergrund einer Verbindung neupythagoreischer und platonischer Anschauungen verbreitet war, zeigt eine – wenn auch stark verallgemeinernde – Feststellung des Bischofs Nemesios von Emesa (um 400 n. Chr.). Er betont: «... alle Griechen, soweit sie an die Unsterblichkeit glaubten, lehrten auch die Seelenwanderung.»[13] Nemesios, der von der Verbreitung des Wiedergeburtsglaubens bei vielen Völkern ausgeht, sieht in ihm einen alten Menschheitsglauben.

Für den in der spätantiken Philosophie vorherrschenden Neuplatonismus war die Möglichkeit der Wiederverkörperung mehr oder weniger eine Selbstverständlichkeit. Kontrovers diskutiert wurden lediglich die Einzelheiten. Von großem Gewicht war die Frage, ob es eine Wiederverkörperung in Tieren gäbe, aber auch das Problem der Identität der Seelen. Was wird wiedergeboren?

Der Neuplatoniker Porphyrios (234–304 n. Chr.), ein Schüler Plotins (204/05–270 n. Chr.), unterscheidet grundsätzlich zwischen Tier- und Menschenseelen. Er lehnt, so berichtet der Kirchenvater Augustin (354–430 n. Chr.), die Einkörperung einer Menschenseele in einem Tier ab. Dieser Meinung war auch sein Schüler Iamblichos (etwa 250–325 n. Chr.). Er hebt hervor, dass das für die Wiederverkörperung der Menschenseele geltende Prinzip von Lohn und Strafe für Tierseelen selbstverständlich nicht gilt. Ihre Wiederverkörperung dient – entsprechend dem altpythagoreischen Denken – der Belebung der Natur. Die Menschen empfangen demgegenüber

Lohn oder Strafe für ihre in früheren Leben begangenen Taten; jedes getane Unrecht müssen sie selbst wieder erleiden.

Einen bemerkenswerten Versuch, der auch von anderen spätantiken Philosophen gemacht wird, die Besonderheit der menschlichen Seele zu wahren und gleichzeitig eine Inkarnation in Tieren nicht völlig auszuschließen, unternimmt Theodoros von Asine (ca. 275–360 n. Chr.). Er glaubt, in einem Tier könne neben der spezifischen tierischen Seele noch eine menschliche Seele zur Bestrafung für früher begangene Untaten wohnen.

Salustios (4. Jh. n. Chr.), ein Mitstreiter des Kaisers Julian Apostata für die Wiederherstellung des alten Götterglaubens, versucht, die Notwendigkeit der Wiederverkörperung aus der Vernunft und Erfahrung zu begründen. Sein Erfahrungsbeweis geht von der Tatsache angeborener Krankheiten aus. In ihnen sieht er Strafen für in vorherigen Leben begangene Sünden. Der Vernunftbeweis lautet der Sache nach so:

> Es besteht eine Notwendigkeit, daß die Seelen nicht ewig außerhalb der Welt bleiben, sondern immer von neuem sich einkörpern, denn im andern Fall müßte entweder ihre Zahl unendlich sein oder es müßten immer wieder neue geschaffen werden. Beides ist unmöglich: Die Welt, der Kosmos, ist ein Endliches, Begrenztes; in einem Begrenzten kann es kein Unbegrenztes geben. Neuschöpfung von Seelen aber ist unmöglich, weil sonst der Kosmos etwas Unvollkommenes wäre; er ist aber von einem Vollkommenen geschaffen, also selbst vollkommen.[14]

Die Hauptfrage in der spätantiken philosophischen Wiedergeburtsdebatte, das Problem des Überganges von Menschenseelen in Tierleiber, dominiert auch in der neuplatonischen athenischen Schule. Bemerkenswert ist dabei, dass eine Reinkarnation in Pflanzen offenbar nicht mehr zur Diskussion steht. Wie Theodoros von Asine leugnen Proklos (ca. 410–485 n. Chr.), Syrian und Hermeias von Alexandrien unter dem Einfluss Platons nicht die Möglichkeit der zusätzlichen Inkarnation einer Menschenseele in einem Tier. Grundsätzlich wird aber auch von ihnen der qualitative Unterschied zwischen Menschen- und Tierseele unterstrichen.

Für Hierokles (geb. um 412 n. Chr.) ist der Übergang einer Menschenseele in ein Tier oder in eine Pflanze undenkbar. Er behauptet, auch Platon habe nur die Reinkarnation menschlicher Seelen gelehrt, anderslautende Texte seien mythisch zu verstehen. Hierokles zieht scharfe Grenzen zwischen Göttern, Menschen, Tieren und Pflanzen. Das ist bezeichnend für den Abschluss einer Entwicklung, die immer stärker zu einer Differenzierung antiker Wiedergeburtsvorstellungen führte. Von Seelenwanderung im ursprünglichen Sinn kann nun kaum mehr die Rede sein. Die weitgehende Überwindung des Gedankens vom Kreislauf der Seelen in der belebten Natur durch den Neuplatonismus ist für die weitere Entwicklung des Reinkarnationsglaubens im Westen von großer Bedeutung geworden.

Spätestens mit der Schließung der Platonischen Akademie durch Kaiser Justinian im Jahr 529 hören die meist auf hohem philosophischen Niveau geführten Diskussionen über Seelenwanderung auf. Die neuplatonischen Seelenwanderungslehren scheiterten nicht zuletzt an der Mensch-Tier-Problematik. Helmut Zander urteilt: «Am Ende der Antike war die Seelenwanderungslehre vermutlich nur noch ein Schatten ihrer selbst: Bildungswissen einer vergangenen Auseinandersetzung.»[15]

Gnosis und Manichäismus: Reinigung durch Erkenntnis

In der Spätantike war es vor allem die Gnosis, die neben dem Christentum große Verbreitung fand und zu einer bedrohlichen Herausforderung der jungen Christenheit wurde. Diese synkretistische Religionsbewegung, die sich vielfach als das wahre Christentum verstand, verbreitete sich vorwiegend in und durch Konventikel. Prägend wurden einzelne Lehrer. Es handelte sich um keine einheitliche Bewegung. Dennoch strebten alle Gnostiker nach erlösender Erkenntnis (Gnosis).

Für sie ist die Seele des Menschen mit Gott wesensgleich, aber sie ist gefallen und in die Verstrickungen der Welt und des Körpers geraten. Wahre Erkenntnis führt die Seele schließlich aus der diesseitigen, von bösen Mächten beherrschten Welt der Finsternis ins jenseitige Lichtreich und letztendlich zu Gott zurück. Auf diesem Weg kommt der Reinkarnation große Bedeutung zu. Doch gibt es auch Gnosis ohne Reinkarnation.

Die Wiedergeburt dient der Reinigung der Seelen, die noch nicht zur Erkenntnis gelangt sind. «‹Von neuem werden sie in Fesseln geworfen und umhergeführt (das heißt in einen Körper eingepflanzt), bis sie vom Vergessen befreit werden, Erkenntnis erlangt (und) so vollendet und gerettet werden.› Eine weitere Seelenwanderung wird damit ausgeschlossen.»[16]

Urheber der christlichen Gnosis war nach Meinung der Kirchenväter vor allem Simon Magus (vgl. Apostelgeschichte 8), der Petrus die Gabe des Heiligen Geistes mit Geld abkaufen wollte. Bereits Simon wird mit Wiederverkörperungsvorstellungen in Verbindung gebracht. So soll seine Begleiterin Helene, die später als weibliche göttliche Kraft verehrt wurde, nach Irenäus von Lyon (gest. 202) viele Wiederverkörperungen erfahren haben. Er schreibt unter Berufung auf Simon selbst,

> daß sie auch in menschliche Körper eingeschlossen wurde und durch die Jahrhunderte hindurch wie von Gefäß zu Gefäß in immer andere weibliche Körper überwechselte. Sie sei aber auch in jener Helena gewesen, wegen der der trojanische Krieg angefangen worden sei ...[17]

In welchen Ausprägungen der Reinkarnationsgedanke Bestandteil gnostischer Systeme war, zeigt auch, was Irenäus von den antinomistischen Karpokratianern berichtet. Nach ihrer Überzeugung muss die Seele jede Art Lebensgenuss kennenlernen, guten wie bösen. Wenn sie das nicht in einem Leben erreicht, wird sie wiedergeboren.

> Solange müßte er (der Mensch) wiederverkörpert werden, bis er in überhaupt allen Taten der Welt gewesen ist. Wenn nichts mehr fehlt, dann gehe seine Seele, frei geworden, zu jenem Gott, der über den weltschöpferischen Engeln ist, und so werde sie gerettet. Alle Seelen, sei es, daß sie vorweg in *einem* Kommen (in das Fleisch) sich auf alle Taten einlassen, sei es, daß sie von Körper zu Körper weiter wandern oder, hineinversetzt in jede Art zu leben, die Schuld erfüllen und erstatten, alle Seelen würden befreit, daß sie nicht mehr in den Körper (eingeschlossen) würden.[18]

An mehreren Stellen der uns überlieferten antignostischen Literatur wird deutlich, wie sich Gnostiker zur Begründung ihres Reinkarnationsglaubens immer wieder auf die Bibel berufen. Der einflussreiche gnostische Lehrer Basilides (2. Jh.) versucht, Römer 7,9–10 im Sinne der Seelenwanderung zu deuten. Er behauptet:

> Der Apostel hat nämlich gesagt «Ich lebte einmal ohne Gesetz» (Römer 7,9), das heißt: Bevor ich in diesen Körper kam, habe ich in der Art Körper gelebt, die nicht unter dem Gesetz ist, etwa eines Viehs oder eines Vogels.[19]

Ein weiteres Beispiel basilidianischer Bibelinterpretation im Sinne des Seelenwanderungsglaubens findet sich in Clemens von Alexandriens (2. Jh.) Exzerpten aus *Theodot*. Er schreibt: «Das Wort ‹Gott vergilt bis ins dritte und vierte Geschlecht den Ungehorsamen› verstehen die Basilidianer von den (Wieder)-Verkörperungen.»[20]

Libertinistische Gnostiker begründen nach Epiphanius von Salamis (gest. 403) unter Umkehrung pythagoreischer Argumentationen gegen den Fleischgenuss diesen positiv mit Seelenwanderungsvorstellungen:

> Darum essen sie alles Fleisch und sagen, (sie tun das), damit wir uns unserer Art erbarmen. ... Sie sagen aber, es sei dieselbe Seele in die Lebewesen, wilden Tiere, Fische, Schlangen und Menschen hineingesät wie in Gemüse, Bäume und Gewächse.[21]

Bemerkenswert ist, dass doketische Gnostiker nach Hippolyt von Rom (gest. 235) die Wiederverkörperung zwar biblisch begründen, aber durch Christi Kommen als aufgehoben betrachten.

> Denn die Urbilder werden Seelen genannt, weil sie, den Oberen gegenüber kalt (ohnmächtig) geworden, in der Finsternis verharren, von einem Körper in den anderen umwechselnd und vom Demiurgen bewacht. ... Daß sich das so verhält, sagt er, ist auch aus Hiob zu erkennen, der sagt: «Ich bin ein Irrender, ich gehe von einem Ort zum anderen und von einem Haus zum anderen» (Hiob 2,9), und aus den Worten des Heilandes, der sagt: «Und wenn ihr es hören wollt, er ist Elias, der kommen wird. Wer Ohren hat, zu hören, der höre» (Matthäus 11,14 f.). Von dem (Kommen) des Heilandes an hört die Wiederverkörperung auf, und Glaube wird verkündet zur Vergebung der Sünden ...[22]

Von der jüdisch-gnostischen Gruppe der Elkesaiten wird berichtet, sie glaubten, Jesus Christus selbst sei durch mehrere Geburten gegangen.

Das der Gnosis verwandte, von ihr aber auch zu trennende antike hermetische Schrifttum kennt in unterschiedlichen Ausprägungen ebenfalls den Gedanken der Wiederverkörperung. Beispielsweise wird gesagt: «Du siehst, o Sohn, wie viel Leiber wir passieren müssen, wie viel Scharen von Dämonien und den Begriff und den Lauf der Sterne, auf daß wir zu dem einen und einzigen Gott kommen können.»[23] Widersprüchliche Aussagen im hermetischen Schrifttum finden sich zur Frage der Reinkarnation in Tieren.

Seelenwanderungsbezüge, das sei zumindest angemerkt, gibt es auch in den chaldäischen Orakeln, einem Schriftkorpus aus dem 2. Jahrhundert, das vom Neuplatonismus, aber auch von der Gnosis und dem Hermetismus beeinflusst ist. Überhaupt wurde der Wiederverkörperungsgedanke auch vielfach dort mit übernommen, wo gnostische Ideen verbunden mit christlichen und anderen religiösen Elementen beim Entstehen neuer Religionen oder religiöser Systeme einen entscheidenden Beitrag leisteten. Ein bekanntes Beispiel dafür ist der Manichäismus.

Der Perser Mani (216–276) sah sich als Vollender der drei großen Religionen Buddhismus, Zaroastrismus und Christentum. Die Lehre Manis geht, ähnlich der der Gnosis, von zwei Grundprinzipien aus: Licht und Finsternis, Gut und Böse, Geist und Materie. Beide waren ursprünglich absolut voneinander getrennt. Doch es kam schließlich, das wird ausführlich dargestellt, zur Vermischung beider. Diesen unheilvollen Zustand zu überwinden, ist Ziel der Lehre Manis.

Der komplizierte Prozess der Befreiung des Lichts von allen Elementen der Finsternis vollzieht sich in mehreren Abschnitten. Für die Menschen kommt dabei der Wiederverkörperung eine wichtige Rolle zu, um sie aus der Welt der «Vermischung» herauszuführen. Generell sind alle Menschen und Lebewesen der Seelenwanderung unterworfen. «Und siehe», heißt es in einer manichäischen Hymne, «sie sind wiedergeboren in allen Kreaturen, und ihre Stimme wird gehört in brennendem Seufzen.»[24]

Das Gesetz der Seelenwanderung ist Chance und Strafe zugleich. In der Art der Wiedergeburt spiegelt sich der jeweilige Entwicklungsweg wider. In den *Acta Archelai* lesen wir:

Ich werde euch aber auch sagen, wie die Seele in fünf verschiedene Körper wandert. Zuerst wird ein bißchen von ihr gereinigt, dann wandert sie in den Körper eines Hundes, eines Kameles oder eines anderen Lebewesens. Wenn es eine mörderische Seele ist, so wird sie in Körper von Aussätzigen überführt, wenn sie beim Ernten gefunden wird, in Sprachbehinderte. … Wenn einer einen Vogel tötet, wird er ein Vogel; wenn einer eine Maus tötet, wird auch er zur Maus. Weiter, wenn einer in dieser Welt reich ist, muß er nach dem Abscheiden aus seinem Zelt in den Körper eines Bettlers übergehen, so daß er herumzieht und bettelt und danach in die ewige Strafe eingeht.[25]

Weitere ausführliche und komplizierte Beispiele für Seelenwanderung lassen sich in den manichäischen Texten finden.

Nicht mehr der Wiedergeburt unterworfen sind die «Elekti», die «Auserwählten» und «Heiligen». Sie bilden den Kern der manichäischen Gemeinschaft. Durch sündloses Leben und strenge Askese einschließlich entsprechender Speisevorschriften haben sie die Elemente der Finsternis ausgeschieden. Sie werden nach ihrem Tod der Erlösung teilhaftig und müssen nicht wiedergeboren werden. Aber auch einfache Mitglieder der Gemeinde, «Katechumen», können unter besonderen Bedingungen dieses Ziel noch in diesem Leben erreichen, denn sie alle sehnen sich nach Erlösung und Befreiung von der Wiedergeburt. Diese Sehnsucht findet auch in Hymnen der manichäischen Gemeinde Ausdruck, wenn zum Beispiel gefragt wird: «Wer wird mich aus den Wiedergeburten herausführen und von allen befreien und von allen Wellen, wo keine Ruhe ist?»[26]

Die manichäische Kirche, die sich vom Römischen Reich bis nach China ausgebreitet hatte, erlosch – meist unter schweren Verfolgungen – nach wenigen Jahrhunderten. Manichäisches Gedankengut und mit ihm die Seelenwanderungsvorstellung wirkte jedoch weiter, in Europa durch die Paulikianer und die Bogumilen auf dem Balkan und die Katharer in Frankreich und Italien bis ins Mittelalter hinein.

Für die katholische Kirche gehörte die Seelenwanderungslehre der Manichäer zu ihren bedeutenden Häresien. In der großen lateinischen Abschwörungsformel aus dem Jahr 526 heißt es in Punkt 12: «Wer glaubt, die menschlichen Seelen würden wiederum in andere Körper oder Lebewesen eingehen, der sei mit dem Bannfluch belegt.»[27]

Kelten und Germanen:
Wiedergeburt in der Sippe

In Zentraleuropa reichen Wiederverkörperungsvorstellungen wahrscheinlich bis in die keltische Zeit zurück. Das indogermanische Volk der Kelten siedelte seit dem 8. Jahrhundert in weiten Teilen Europas. Schriftliche Zeugnisse über die keltische Religion liegen, abgesehen von Inschriften, nicht vor. Keltische Sagen, die vor allem in Irland verbreitet sind, aber auch die Deutung von Götter- und Menschennamen können gewisse Aufschlüsse über den Glauben der Kelten geben.

Der Wiedergeburtsglaube war ihnen nicht fremd. Einige Hinweise darauf bietet die Namensgebung. Sie lässt darauf schließen, dass man in manchen Kindern die Wiedergeburt eines verstorbenen Bruders oder einer Schwester sah. Als Nachklang des keltischen Reinkarnationsglaubens kann eine Bemerkung in dem kymrischen Bardengedicht auf die Schlacht von Godeu im Jahr 1121 gedeutet werden: «Ich war in vielen Gestalten,/bevor ich entstellt wurde.»[28]

Nachrichten antiker Autoren, deren Zuverlässigkeit allerdings teilweise in Zweifel gezogen wird, sprechen von dem Glauben der Kelten an Wiedergeburt. Caesar (100–44 v. Chr.) berichtet:

> Ihre Hauptlehre ist, daß die menschliche Seele unsterblich sei und nach dem Tode aus einem Körper in den anderen übergehe. Durch diese Lehre wollen sie die Todesfurcht bannen und zur Tapferkeit anfeuern.[29]

Diodoros von Sizilien (1. Jh. n. Chr.) erklärte die Todesverachtung der Gallier mit ihrem Glauben an die Wiedergeburt. Wegen Kleinigkeiten würden sie sich zum Zweikampf herausfordern und

> den eigenen Tod für nichts achten. Denn bei ihnen herrscht die Ansicht des Pythagoras vor, daß die Menschenseelen nun einmal unsterblich sind und nach einer bestimmten Zahl von Jahren wieder aufleben, wobei die Seele in einen anderen Körper eintritt.[30]

Dass die Kelten, wie auch die Germanen, recht realistische Jenseitsvorstellungen hatten und ihre Toten für das Jenseits ausstatteten, schließt den Reinkarnationsglauben keineswegs aus, wie verschiedentlich behauptet wird. Beide Sichtweisen können sich durchaus ergänzen.

Es waren germanische Stämme, die später große Teile des keltischen Siedlungsgebietes einnahmen. Auch bei ihnen gab es Wiederverkörperungsvorstellungen. Das bezeugen einige antike Autoren. So berichtet Gaius Asinius Pollio (76 v. Chr.–5 n. Chr.), dass die Todesverachtung der germanischen Krieger Ariovists von ihrer Hoffnung der Wiedergeburt herrühre. Auch Bemerkungen bei Marcus Annaeus Lucanus (39–65 n. Chr.) in seinem Epos *Bellum civile* deuten in diese Richtung:

> … jedenfalls sind die Völker, auf die der Große Bär herniederschaut, glücklich in ihrem Wahn, weil sie der größte aller Schrecken nicht bedrängt, die Todesfurcht. Daher stürzen die Männer mit Begeisterung einem Schwert entgegen, hat der Tod in ihren Herzen Raum und scheint es ihnen feige, ein Leben zu schonen, das doch wiederkommen soll.[31]

Heute wird allerdings auch die Meinung vertreten, bei den Germanen könne nicht von Seelenwanderung oder Reinkarnation gesprochen werden, sondern nur von Partizipation, dem Glauben an die Einheit einer lebenden mit einer toten Person.

Deutliche Hinweise auf germanische Wiedergeburtsvorstellungen finden sich jedoch in der Edda und in den nordischen Sagas. Oft in eine poetische Form gekleidet, leuchtet an mehreren Stellen der Glaube an wiederholte Erdenleben auf. Im jüngeren *Sigurdlied* wird berichtet, wie Hagen über Brunhilde die Verwünschung ausspricht: «Erfüllen mög' sich ihr finstres Geschick! Verleide ihr keiner den langen Weg, und verwehrt sei ihr ewig die Wiedergeburt!»[32] Hier wird nicht nur der Glaube an die Möglichkeit der Wiedergeburt deutlich, sondern, im Gegensatz zum indischen Denken, eine positive Sicht der Reinkarnationsidee. Der Fluch besteht im Ausschluss von der Wiedergeburt, nicht im Zwang zur Wiedergeburt.

Das *Lied von Helgi*, dem Sohne Hjorwards, schließt mit dem Hinweis: «Von Helgi und Swawa heißt es, daß sie wiedergeboren seien.»[33] Bestätigt wird diese Bemerkung dann im zweiten *Lied von Helgi*, dem Hundingstöter: «Ein König hieß Hogni; seine Tochter war Sigrun. Diese war eine Walküre und konnte durch Luft und Meer reiten; sie war die wiedergeborene Swawa.»[34] Die Schlussprosa des Liedes erläutert und erklärt:

Das war in alter Zeit Glaube, daß Menschen wiedergeboren werden könnten, jetzt aber heißt das alter Weiber Wahn. Von Helgi und Sigrun erzählt man, daß sie wiedergeboren seien: er hieß da Helgi, der Haddingenheld, und sie Kara, Halfdans Tochter, wie davon in den Karaliedern gesungen ist; und auch da war sie Walküre.[35]

In der altnordischen Dichtung und Prosa kehrt vielfach der Gedanke der Reinkarnation in der Sippe wieder. Wilhelm Grönbech schreibt in seinem fundierten Werk *Kultur und Religion der Germanen*:

Wenn ein neuer Mensch in die Familie trat, sagten die Nordländer ausdrücklich: Unser Verwandter ist wieder geboren, der und der ist zurückgekommen. Und sie bekräftigten ihre Aussage, indem sie dem Jungen den alten Namen gaben.[36]

Das erklärt auch, warum es üblich war, einen Namen in der Sippe erst nach dem Tod seines bisherigen Trägers wieder zu vergeben. Pippin der Kleine wurde nach seinem gerade gestorbenen Großvater Pippin von Heristal benannt, Karl der Große nach Karl Martell. Das Wiederkommen im Enkel oder Urenkel wird in verschiedenen Geschichten berichtet.

Eine Bestätigung der alten Sitte, für Neugeborene Namen Verstorbener zu wählen, um sie wieder aufleben zu lassen, haben wir in der Erzählung von Thorstein Ochsenfuß. Hier wird berichtet, wie ein riesischer Erdhügelbewohner dem Thorstein verkündet, daß er Christ werden würde, und ihn bittet, dann seinen Sohn nach ihm zu benennen. Er soll «seinen Namen unter die Taufe bringen» und ihm durch diese List den Weg zum ewigen Leben der Christen öffnen, das ihm als Riesen verschlossen war.[37]

In diesen Zusammenhang gehört, was die Legende von dem norwegischen König Olaf dem Heiligen erzählt. Als seine Mutter Asta der Geburt entgegensah, erschien im Traum einem Manne der verstorbene heidnische König Olaf Geirstadalf. Er befahl ihm, aus seinem Grabhügel Waffen und einen Gürtel zu holen. In den Wehen sollten sie der Fürstin umgelegt werden. Der Mann müsse aber darauf bestehen, dass das Kind Olaf genannt werde. Im Volk lebte nun die Überzeugung, Olaf der Heilige sei der wiedergeborene Olaf Geirstadalf. Als der König eines Tages zum Grabhügel seines Vorfahren kam, fragte ihn seine Begleitung, ob er hier begraben liege. Der König verneinte mit dem Hinweis, seine Seele hätte nie zwei Leiber gehabt und würde sie auch nicht haben. Seine Begleitung erinnerte ihn daran, dass er früher anders gesprochen habe. Der König stellte das in Abrede und verließ in großer Erregung den Grabhügel.

Diese Legende zeigt, wie auch der Schluss des zweiten *Liedes von Helgi*, dass die christliche Mission die germanischen, also heidnischen Wiederverkörperungsvorstellungen zurückdrängte. Sie scheinen dennoch weiter gewirkt zu haben. Im Volksglauben, in Sagen und Märchen treten sie, nicht selten in entstellter Form, gelegentlich hervor.

Die Sage vom Kaiser Barbarossa, der im Kyffhäuser schläft und einst als Retter des Reiches wiederkommen wird, kann im Zusammenhang germanischer Wiederkunftserwartungen gesehen werden. In Volksmärchen – diese Überzeugung wird immer wieder und nicht nur von Anthroposophen vertreten – wurde altes Wissen, so auch der Wiederverkörperungsgedanke, verschlüsselt weitergegeben. Neben Märchen wie *Von den zwölf Aposteln* oder die *Altweibermühle* gilt *Frau Holle* als klassisches Beispiel hierfür. Emil Bock meint:

> Das Märchen von «Frau Holle» ist bis in alle Einzelheiten hinein eine Bilddarstellung des Ganges, den verschiedenartige Menschenseelen von einem Erdenleben bis in das nächste zu vollziehen haben. Wenn Frau Holle die Mädchen, die eine Zeitlang in ihrem unterirdischen Reiche geweilt haben, wieder unter das große Tor führt und ihnen die Spule mit dem einst abgerissenen Faden zurückgibt, und wenn dann auf die eine der beiden Schwestern der Goldregen und auf die andere der Pechregen niederfällt, und wenn schließlich der Hahn auf dem Brunnen die Wiederkehr der Goldmarie und der Pechmarie mit dem Rufe des Erwachens verkündet, so prägt sich durch diese Bilder in die für die Märchensubstanz aufgeschlossene Seele etwas ein von der alten Weisheit über das Schicksalsgesetz, das unerbittlich die Schicksale eines Lebens an die Taten und Unterlassungen eines früheren Lebens anknüpft.[38]

Die Überzeugung von der Präexistenz der Seele, eine Grundvoraussetzung des Wiedergeburtsglaubens, findet sich auch im alten deutschen Volksaberglauben. So sollen die Seelen ungeborener Kinder in Bäumen und Teichen, unter der Erde, in Felsen oder Quellen auf ihre Einkörperung warten. Auch gibt es die Vorstellung von der Inkarnation der Seele in Tieren als besondere Form der Strafe. Deshalb galt der Kuckuck als ein verwünschter Bäckergehilfe, der den armen Leuten den Teig gestohlen hatte.

Klare Aussagen über die altgermanischen Wiederverkörperungsvorstellungen und ihren Stellenwert im religiösen Gesamtgefüge liegen allerdings nicht vor. Dennoch spricht vieles dafür, dass der Wiederverkörperungsgedanke, und zwar nicht im Sinne der indischen und griechisch-römischen Seelenwanderungslehre, bei den Germanen bekannt war und dass Nachwirkungen festzustellen sind. Ob sich allerdings auf germanische Wurzeln zurückgehende Reinkarnationsvorstellungen im Verborgenen – so in den Bauhütten – bis ins Mittelalter erhalten haben und schließlich Eingang in religiöse Geheimgesellschaften und esoterische Zirkel gefunden haben, wie gelegentlich behauptet wird, darüber lässt sich nur spekulieren.

IV. Judentum, Islam und verwandte Religionen

Judentum:
Von der Thora zur Kabbala

Der Glaube an eine Wiederverkörperung hat auch in Teilen des Judentums Fuß gefasst, ohne indes zu einer allgemein anerkannten, offiziellen Lehre zu werden. Viele Einzelheiten dieses Prozesses bedürfen noch der Erforschung.

Dem Menschenbild, wie es uns in den früheren kanonischen Schriften des Judentums begegnet, ist der Wiederverkörperungsgedanke fremd. In dem Maße, wie der Glaube an die Existenz der menschlichen Persönlichkeit über den Tod hinaus in die Eschatologie, die Lehre von den letzten Dingen, Einzug hielt und wie sich Israel der Unsterblichkeitssehnsucht seiner Umwelt auf die Dauer nicht verschließen konnte, war – zumindest theoretisch – eine Grundvoraussetzung für die Aufnahme von Präexistenz- und Wiederverkörperungsideen gegeben.[1] Die historisch-kritische Bibelwissenschaft bestreitet das Vorhandensein von Wiederverkörperungsgedanken im Alten Testament. Sie lässt allenfalls die Möglichkeit äußerer Einflüsse am Rande oder im Umfeld späterer Schriften zu. In der Tat finden sich direkte Hinweise auf eine vorgeburtliche Existenz des Menschen und die Möglichkeit einer Wiederverkörperung kaum. Einige wenige sind jedoch zu nennen und nicht zuletzt im Rahmen späterer innerjüdischer Entwicklungen zur Debatte zu stellen.

Weisheit Salomos 8,19–20 heißt es nach der *Vulgata*: «Denn ich war ein Kind guter Art und habe bekommen eine feine Seele. Oder vielmehr, da ich gut war, kam ich in einen unbefleckten Leib.» Der Verfasser der Weisheit Salomos bezeichnet, das ist bemerkenswert, in seiner Polemik gegen die jüdischen philosophischen Freigeister der damaligen Zeit die Ablehnung des Gedan-

kens eines erneuten Lebens als Grund für ungezügelten Lebensgenuss.

> Denn sie sprechen bei sich selbst, verkehrt urteilend: ...
> Denn eines Schattens Vorüberziehen ist unsere Lebenszeit,
> und nicht giebt es eine Wiederholung unseres Endes,
> weil es versiegelt ist und keiner wiederkehrt. ...
> Solche Betrachtungen stellten sie an in ihrem Irrwahn,
> denn es verblendete sie ihre Bosheit.
> Und nicht erkannten sie Gottes Geheimnisse, ...
> (2,1; 2,5; 2,21–22)

Präexistenzvorstellungen, die in der Regel Voraussetzung des Wiederverkörperungsglaubens sind, lässt Jeremia 1,4–5 erkennen. Der
Prophet berichtet über seine Berufung: «Und des Herrn Wort geschah zu mir: Ich kannte dich, ehe ich dich im Mutterleibe bereitete,
und sonderte dich aus, ehe du von der Mutter geboren wurdest, und
bestellte dich zum Propheten für die Völker.»

Vorstellungen von einem vorgeburtlichen Leben waren zur Zeit
Jesu auch im palästinensischen Judentum bekannt. Das gilt auch für
das rabbinische Judentum, das nach der Zerstörung des Tempels
zur beherrschenden Richtung wurde. Von dem berühmten Rabbi
Hillel dem Alten werden Worte überliefert, die ihrer Aussage nach
der Zeit um Christi Geburt angehören, in denen Hillel sich zur
Präexistenz der Seele bekennt. Der Alttestamentler Rudolf Meyer
schreibt:

> In amoräischer Zeit hat der Gedanke vom Vordasein der Seele weiter
> fortgewirkt, kam er doch der Geschichtsauffassung, wie sie die Rab-
> binen als Nachfolger der Pharisäer vertraten, sehr stark entgegen.[2]

Im Sinne des Wiederverkörperungsglaubens lässt sich Maleachi 3,23
verstehen: «Siehe, ich will euch senden den Propheten Elia, ehe der
große und schreckliche Tag des Herrn kommt.» Die traditionelle,
schon zeitgenössisch bezeugte Deutung, Elia werde, da er entrückt
wurde, vom Himmel her und nicht durch die Geburt wiederkommen, war keineswegs die alleinige und unbedingt zwingende. Das
zeigen auch die im Neuen Testament wiedergegebenen Auffassungen. Es handelt sich dabei nicht nur um volkstümliche Vorstellungen. In unserem Zusammenhang ist es außerordentlich bedeutsam,

dass nach Johannes 1,19–21 auch die offiziell von den religiösen Autoritäten des jüdischen Volkes zu Johannes dem Täufer entsandte Jerusalemer Delegation mit der Möglichkeit rechnete, Johannes sei der wiedergekommene Elia, obwohl seine Abstammung von dem Priester Zacharias (Lk 1,5) bekannt sein musste. Das Leugnen des Täufers ist hier zweitrangig, entscheidend bleibt die von der Jerusalemer Abordnung in aller Form gestellte Frage. Sie setzt notwendigerweise die Möglichkeit der Wiedergeburt voraus: «Und dies ist das Zeugnis des Johannes, da die Juden zu ihm sandten von Jerusalem Priester und Leviten, dass sie ihn fragten: Wer bist du? Und sie fragten ihn: Was denn? Bist du Elia? Er sprach: Ich bin's nicht» (Joh 1,19,21).

Dass es sich bei der Frage der Priester und Leviten nicht von vornherein um eine unsinnige Frage gehandelt hat, sondern der Wiedergeburtsglaube in Teilen des damaligen Judentums bekannt war, darauf deuten weitere Aussagen hin. Als Jesus nach Matthäus 16,13–14 seine Jünger fragt: «Wer sagen die Leute, dass des Menschen Sohn sei?», antworten diese: «Etliche sagen, du seiest Johannes der Täufer; andere, du seiest Elia, wieder andere, du seiest Jeremia oder der Propheten einer.» Dieser Bericht findet sich ebenfalls bei Markus (8,27–28) und Lukas (9,18–19). Dass hier ausdrücklich Jeremia mitgenannt wird, der nicht entrückt, sondern nach der Legende gesteinigt wurde, setzt Wiederverkörperungsvorstellungen ebenso voraus wie die Bemerkung: «oder der Propheten einer».

Für das Vorhandensein von Wiedergeburtsvorstellungen im Judentum zur Zeit Jesu spricht auch die Frage seiner Jünger an Jesus angesichts des Blindgeborenen: «Meister, wer hat gesündigt, dieser oder seine Eltern, dass er ist blind geboren?» (Joh 9,2) In diesen Zusammenhang gehört die erstaunliche Feststellung Jesu nach Matthäus 11,13–15: «Denn alle Propheten und das Gesetz haben geweissagt bis zur Zeit des Johannes; und so ihr's wollt annehmen: er ist der Elia, der da kommen soll. Wer Ohren hat, der höre!»

Ebenfalls die Frage des Pharisäers und «Obersten unter den Juden» Nikodemus an Jesus (Joh 3,4): «Wie kann ein Mensch geboren werden, wenn er alt ist? Kann er auch wiederum in seiner Mutter Leib gehen und geboren werden?» zeigt, dass die Problematik in der jüdischen Umgebung Jesu aktuell war oder es aus unmittelbarem Anlass wurde. Eine offizielle Lehraussage, das wird nicht zuletzt an dieser Stelle deutlich, war damit nicht verbunden.

Umstritten unter den Auslegern ist, ob in dem in judenchristlichen Kreisen angesiedelten Jakobusbrief, wo im griechischen Text vom «Rad des Lebens» (Jak 3,6) die Rede ist, Wiederverkörperungsvorstellungen im Hintergrund stehen. Neben Meinungen, dass «von der Seelenwanderungsphilosophie auch nicht die leiseste Spur mehr in der palästinensisch-jakobeischen Sentenz zurückgeblieben sei», gibt es solche, die einen Zusammenhang mit Reinkarnationsvorstellungen einschließenden indischen und orphischen Traditionen annehmen.[3] Der Begriff als solcher spricht dafür.

Außerbiblisches Zeugnis für Wiederverkörperungsvorstellungen im Judentum des 1. Jahrhunderts findet sich bei Flavius Josephus in seiner vermutlich in der Regierungszeit Kaiser Vespasians (69–79 n. Chr.) geschriebenen *Geschichte des Judäischen Krieges*. Josephus, der einer priesterlichen Familie entstammte, hatte nach eigenen Angaben «die Lehren der drei theologischen Richtungen seiner Zeit, der Sadduzäer, der Pharisäer und der Essener», studiert.[4] Nach der Einnahme Jerusalems hielt er sich mit vierzig vornehmen Juden in einer Zisterne versteckt. Von den Römern entdeckt, versuchte er, diese Juden von dem Vorhaben, Selbstmord zu begehen, abzubringen. Unter den Argumenten, die er gegen den Selbstmord und für den natürlichen Tod anführt, spielen mögliche Wiedergeburten nach Äonen eine wichtige positive Rolle. Wäre das ein bisher unbekannter, neuer oder als häretisch angesehener Gedanke gewesen, hätte er dieses Argument den «vornehmen» und vermutlich relativ gebildeten Männern gegenüber kaum angewendet.

Josephus sagt:

> Wißt ihr nicht, daß die, die nach dem Gesetz der Natur aus dem Leben scheiden und die von Gott entliehene Schuld heimzahlen, wenn der Geber sie wieder nehmen will, ewigen Ruhm, lange Dauer ihres Hauses und Geschlechtes erlangen, reine Seelen behalten, die erhört werden, und in dem heiligsten Raume des Himmels wohnen, von wo sie im Verlauf der Äonen wiederum in unbefleckte Körper wandern dürfen; daß aber die Seelen derer, die ihre Hand gegen sich selbst erhoben haben, die finstere Unterwelt aufnimmt, …[5]

Von erheblicher Bedeutung für die Geschichte des Wiederverkörperungsglaubens im Judentum, besonders auch im späteren, könnte sein, was Josephus über die Pharisäer berichtet:

> Sie gelten für besonders kundige Erklärer des Gesetzes, machen alles vom Gott und dem Schicksal abhängig und lehren, daß Recht- und Unrechttun zwar größtenteils den Menschen freistehe, daß aber bei jeder Handlung auch das Schicksal mitwirke. Die Seelen sind nach ihrer Ansicht alle unsterblich, aber die der Guten gehen nach dem Tode in einen anderen Leib über, während die der Bösen ewiger Strafe anheimfallen.[6]

Josephus charakterisiert hier und an anderer Stelle den Wiederverkörperungsglauben, der allerdings positiv als Lohn auf die Gerechten beschränkt wird, als festen Bestandteil pharisäischer Eschatologie. Der Hinweis auf die besondere Rolle des Schicksals kann Assoziationen zur Rolle des Karma für das hinduistische Lebensverständnis wachrufen. An anderer Stelle, in den *Jüdischen Altertümern*, schreibt Josephus von den Pharisäern:

> Sie glauben auch, dass die Seelen unsterblich sind und dass dieselben je nachdem der Mensch tugendhaft oder lasterhaft gewesen, unter der Erde Lohn oder Strafe erhalten, sodass die Lasterhaften in ewiger Kerkerhaft schmachten müssen, während die Tugendhaften die Macht erhalten, ins Leben zurückzukehren. Infolge dieser Lehren besitzen sie beim Volke einen solchen Einfluss, ...[7]

Der Wiederverkörperungsglaube ist, mit eigener Akzentsetzung, im ersten Jahrhundert und danach nicht nur im pharisäischen, sondern auch im hellenistischen Judentum bekannt. Ein wichtiger Zeuge dafür ist Philo von Alexandrien (ca. 20/10 v. Chr.–45 n. Chr.). Dieser bedeutende jüdisch-hellenistische Religionsphilosoph und Führer der alexandrinischen Judenschaft übte mit seinen Schriften erheblichen Einfluss auf Juden- und Christentum aus. Er vertritt die Reinkarnation als Mittel der Läuterung. Über das Schicksal der Seelen sagt er:

> Von diesen Seelen steigen die einen hinab, um sich in sterbliche Körper einsperren zu lassen, und zwar die der Erde nächsten und dem Körper befreundetsten, die anderen wandern hinauf wieder abgeschieden nach den von der Natur festgesetzten Zahlen und Zeiten. Von diesen eilen diejenigen, die sich nach der Verwandtschaft und Vertrautheit mit dem

sterblichen Leben sehnen, wieder zurück, die aber seine ganze Eitel-
keit durchschauten, nannten den Körper einen Kerker und eine Gruft,
entflohen wie aus einem Gefängnis oder einem Grabe und wandeln,
mit leichten Flügeln zum Äther emporgehoben, in Ewigkeit in der
Höhe.[8]

Wie diese Traditionen im Einzelnen weiterwirkten, in welcher
Weise sie ergänzt oder durch gnostische Einflüsse verändert wurden, entzieht sich unserer Kenntnis. Als sicher kann gelten, dass es
Reinkarnationsvorstellungen gab und sie im Judentum und an seinem Rande präsent blieben. Für das 8. bis 10. Jahrhundert gibt es
Zeugnisse über das Vorhandensein von Wiederverkörperungsglauben unter den orientalischen Juden. 'Anan, auf den die Spaltung in
rabbinitische und karäische Juden im 8. Jahrhundert zurückgeht,
hat nach Angaben des im 10. Jahrhundert schreibenden Kirkisani
die Seelenwanderung gelehrt und ein Buch darüber verfasst. Der
jüdische Gelehrte Sad'ia ben Joseph, der im arabischen Raum
wirkte, wandte sich zu Beginn des 10. Jahrhunderts ausführlich gegen Juden, die an die Seelenwanderung glaubten. Islamische Autoren wissen ebenfalls davon zu berichten. Al Bagdadi (gest. 1037)
schreibt, manche Juden würden sich unter Berufung auf Daniel 2
zur Seelenwanderung bekennen. Der Traum des Königs Nebu-
kadnezar wird von ihnen so ausgelegt: Der König ist zur Strafe von
Gott in sieben verschiedene Tiere inkarniert worden, zuletzt aber
als Mensch und Bekenner des wahren Gottes wiedergeboren worden.

Unübersehbar und unbestreitbar finden sich Reinkarnationsvorstellungen in kabbalistischen Texten, die seit dem 12. Jahrhundert
im westlichen Mittelmeerraum niedergeschrieben wurden. Die
Kabbala, die sich auf die mystischen Traditionen des Judentums beruft, ist eng mit diesen Vorstellungen verbunden. Für die älteste
kabbalistische Schrift, das Buch *Bahir* (um 1180), ist der Glaube an
Seelenwanderung eine Selbstverständlichkeit, die nicht verteidigt
werden muss. An welche Traditionen im Judentum die Kabbala
anknüpft, liegt im Dunkeln. Esoterische Überlieferungen sind in
der Regel sehr schwer zurückzuverfolgen, meist jedoch wesentlich
älter als ihre literarische Bezeugung.

Das Buch *Bahir* spricht an mehreren Stellen von der Reinkarnation. Dabei wird das Gleichnis bevorzugt. Eine wichtige Rolle spielt

auch hier als Ausgangspunkt die Frage: Warum geht es manchem Frevler gut und manchem Gerechten schlecht? Um zu wahrer Besserung, zu rechten Früchten des Lebens zu gelangen, wird unter Berufung auf Psalm 105,8 eine Wiederverkörperung bis zu tausend Mal angenommen. Die Bösen können – anders als bei Josephus – so lange geboren werden, bis sie zu Gerechten geworden sind. Eine Reinkarnation in Tierleibern wird nicht vertreten.

Zu den interessantesten Wiederverkörperungsvorstellungen im Buch *Bahir* gehört die Meinung, der Messias, dessen Seele noch nie auf der Erde war, könne erst geboren werden, wenn die anderen Seelen ihre Wanderung durch menschliche Körper beendet haben. Insgesamt ist für das Buch *Bahir*, betont Gershom Scholem, «die Seelenwanderung ein Gesetz von breitester Gültigkeit, mindestens soweit es sich um die Gemeinde Israel handelt». «Nur in seltenen Ausnahmen kommen auch neue Seelen herab, und im großen und ganzen haben wir es jetzt nur mit ‹alten› Seelen zu tun.»[9] Für diese Auffassung wird verschiedentlich auch der Erfahrungsbeweis angeführt. So soll der bekannte provenzalische Kabbalist Isaac der Blinde (um 1200) die Fähigkeit besessen haben, zu sehen, ob die Seele eines Menschen zu den neuen oder zu den alten Seelen gehöre.

Wiederverkörperungsvorstellungen tauchen in dieser Zeit auch außerhalb des Buches *Bahir* in der jüdischen Philosophie auf. Nach Abraham bar Chija, der in der zweiten Hälfte des 12. Jahrhunderts in Barcelona lehrte, wird die Seele des «frommen Toren» solange wiedergeboren, bis sie Weisheit erlangt.

Im 13. Jahrhundert gewinnt die Diskussion von Reinkarnationsvorstellungen vor allem im spanischen kabbalistischen Judentum an Breite. Formal wie inhaltlich lassen sich – ungeachtet der großen Vielfalt im Einzelnen – zwei Grundtendenzen unterscheiden. Ein Teil der Kabbalisten behandelt die Lehre der Wiedergeburt streng esoterisch. Sie gilt als tiefes Mysterium, das sich nur andeuten lässt. Es ist darüber, so sagt der berühmte Mose ben Nachman (ca. 1194–1270), «ausführlich schriftlich zu reden verboten, in Andeutungen zu reden aber nutzlos».[10] Allerdings verzichtet Mose ben Nachman nicht völlig auf Andeutungen. Sein Hiob-Kommentar zeigt, dass sich für ihn die Grundfrage des Hiob-Buches, das Problem des Leidens des Gerechten, nur von der Wiederverkörperung her löst. Der tiefere Sinn des jüdischen Gebotes der Leviratsehe (5 Mose 25), das den Bruder eines kinderlos Verstorbenen verpflichtet, seine Schwägerin zu heiraten und mit ihr dem verstorbenen Bruder Kinder zu zeugen, wird im Licht der Reinkarnation gedeutet. Dem Verstorbenen soll durch die Leviratsehe die Möglichkeit gegeben werden, sich in der Familie neu zu inkarnieren. Eine gewisse Seelenverwandtschaft und -sympathie, das ist für spätere Anschauungen wichtig, wird hier offenbar als notwendig vorausgesetzt.

Anders als Mose ben Nachman und ein Teil der spanischen jüdischen Mystiker behandelt der *Sohar*, das Heilige Buch der Kabbala, die Reinkarnationslehre relativ offen, obwohl in Gleichnissen. Auch hier bleibt sie ein Mysterium, doch darf darüber ausführlich gesprochen werden. Scholem schreibt:

> Von nun an sind der Erörterung der Seelenwanderung, die nun meistens mit dem neuen Terminus Gilgul bezeichnet wird, Tür und Tor geöffnet. Und in dem Maß, in dem sie sich in weiteren Kreisen durchsetzte, erhielten die Kabbalisten immer neuen Antrieb zu ihrer weiteren Ausgestaltung.[11]

In der lehrmäßigen Entwicklung der Reinkarnationsvorstellungen lassen sich zwei entgegengesetzte Tendenzen feststellen. Der *Sohar* schränkt die Wiederverkörperung – im Gegensatz zum Buch *Bahir* – weitgehend ein. Die Notwendigkeit der Wiedergeburt wird an Kinderlosigkeit und sexuelle Vergehen geknüpft. Bei Kinderlosigkeit, vor allem bei schuldhaft herbeigeführter, ist die Wiederverkörperung Strafe und Chance zugleich. Andere Sünden müssen in der Hölle gesühnt werden. Wiedergeboren wird nach dem *Sohar* auch, wer die 36 Verbote der Thora übertritt.

Im Unterschied zum *Sohar* erfährt der Wiedergeburtsgedanke bei einer Reihe von Kabbalisten, vor allem aus der Schule des Mose ben Nachman, eine beachtliche Ausweitung. Die Meinung, der Gerechte unterliege der Wiedergeburt nicht, wird differenziert. In kabbalistischen Schriften des 13. Jahrhunderts taucht die Ansicht auf, Gott könne sogar vollkommen Gerechte mehrfach inkarnieren, damit es ihnen möglich ist, alle Gesetze der Thora zu erfüllen und zum Segen für die Menschen zu werden. Für das Buch *Tikkune Sohar* «ist der Gilgul auf dem besten Wege, allgemeines Weltgesetz zu werden, und die Einschränkungen seines Geltungsbereiches werden immer kleiner».[12] Von elementarer Bedeutung wurde hier die Chance der Reinkarnation für die Frevler. Aber auch für die Mittelmäßigen, bei denen sich Verdienst und Schuld die Waage halten, stellte sie eine Wohltat dar. Für die Ungerechten bedeutete jetzt die Reinkarnation einen Akt des göttlichen Erbarmens. Gott gibt der Seele, «die eigentlich in der Hölle ganz vernichtet werden müßte, eine Chance», «sich auf erneuter, wenn auch ihrer Natur nach leidvoller Wanderung reinzuwaschen».[13] Dass bei dieser Sicht die traditionellen Vorstellungen von Lohn und Strafe im Jenseits neu durchdacht werden mussten und teilweise Spannungen auftraten, versteht sich von selbst.

Insgesamt werden in den nachsoharischen Schriften die Reinkarnationsspekulationen immer bunter, vielgestaltiger und komplizierter. Es sei hier nur auf einige Gedankengänge und Tendenzen verwiesen.

Diente der Glaube an die Wiedergeburt bisher vor allem der Lösung des Theodizeeproblems, der Frage nach der Gerechtigkeit Gottes, so kommt jetzt verstärkt das Motiv hinzu, die Geheimnisse der Heilsgeschichte und der sie prägenden Persönlichkeiten besser zu verstehen. Die Kabbalisten erkennen heilsgeschichtlich bedeutsame Inkarnationsketten. Das geschieht auf dem Weg kabbalistischer Schriftauslegung, aber auch durch direkte Schau verborgener wiedergeburtlicher Zusammenhänge.

Eine zentrale Rolle spielt von Anfang an die Geschichte von Kain und Abel. Die Frage, warum Kain Abel erschlug, wird neu beantwortet. Letzte Ursache ist nun nicht mehr der Neid und – wie die Tradition es sagt – der Streit um Abels Zwillingsschwester, sondern eine unreine und verworrene Vision der göttlichen Herrlichkeit, als Abel sein Opfer darbrachte, die ihn in eine falsche Beziehung zu Gott führte. Deshalb wurde Abel der Wiedergeburt unterworfen. In Mose, dem größten jüdischen Propheten, finden wir ihn wieder. Nun reagiert er auf die Erscheinung der göttlichen Herrlichkeit im brennenden Dornbusch (2 Mose 3) auf rechte Weise. «Und Mose verhüllte sein Angesicht; denn er fürchtete sich, Gott anzuschauen» (2 Mose 3,6). Seine einstige Verfehlung wird jetzt wiedergutgemacht. In Jithro, dem Priester aus Midian, begegnet ihm sein Bruder Kain. Er wird zum Ratgeber des Mose. Jithros Tochter erhält Mose zur Frau. Sie ist seine einstige Zwillingsschwester, die Kain ihm neidete. Einst war sie die Ursache der Entzweiung der Brüder, nun aber verbindet sie beide.

Das Aufzeigen dieser und anderer geheimnisvoller, in der Wiedergeburt begründeter Zusammenhänge wird zu einem wichtigen Bestandteil kabbalistischer Exegese. Auch der Messias, nach früheren Vorstellungen eine «neue», noch nicht auf dieser Erde inkarnierte Seele, wird in die Überlegungen einbezogen. Es kommt unter anderem zu der Wiedergeburtskette: Abel – Mose – David – Messias.

Wie in der neueren innerchristlichen Reinkarnationsdiskussion ergaben sich auch für die Kabbalisten zwischen dem Auferstehungs- und Wiedergeburtsglauben Spannungen. Eine Fülle von Fragen brach auf. Welcher Leib wird auferstehen, denn die Seele ist doch eins und unteilbar? Ist die Auferstehung auf den Leib des letzten Erdenlebens beschränkt? Kann es mit der göttlichen Gerechtigkeit vereinbart werden, wenn Leiber aus früheren Erdenleben, mit denen doch auch gute Taten vollbracht wurden, nicht auferstehen?

Diese und andere Fragen wurden im 13. Jahrhundert von den Kabbalisten mit der Lehre von den Seelenfunken beantwortet. Sie ist in ihren Einzelheiten und Ausformungen kompliziert. Im Kern besagt sie, so Gershom Scholem:

> Die Seele, die ein Licht von Gott ist, wird, wie man von einem Licht andere entzünden kann, Funken ihres Lichtes aussenden, die jene anderen Körper beleben. Man könnte auch sagen, daß die Seele sozusagen schwanger wurde und sich in solchen Funken, die von ihr ausstrahlen, vervielfältigte.[14]

Es entwickelte sich auf dem Hintergrund der nun verbreiteten Anschauung von der Sympathie der Seelenfunken ein die Anthropologie bestimmendes, äußerst diffiziles, philosophisch interessantes Verständnis der Reinkarnation. In einem Fragment aus dem Ende des 13. Jahrhunderts heißt es:

> Wisse, daß nur beim vollendeten Bösewicht seine Seele sich allein wieder verkörpert. Das gilt nur von solchen, die in ihrem leiblichen Leben überhaupt keine guten Taten verrichtet haben. Anders aber steht es bei dem Mittelmäßigen, der ja mit seinem Leibe viele Gebote erfüllt hat. Bei ihm verhält es sich so: Nach Maßgabe der guten Taten und Gebote, die er erfüllt hat, bleiben dort (das heißt wohl im Paradies) Funken seiner Seele

zurück, die übrigen Funken aber treten in den Gilgul [Seelenwanderung] ein. Dabei vermischt sich dieser Teil seiner Seele mit der Seele eines anderen Wiederverkörperten, der in derselben Situation ist wie er, oder gar mit mehreren solcher Seelen. Freilich kommen sie dann (in den neuen Körper) nicht allein, sondern mit einer neuen Seele zusammen. Und das meint das Schriftwort in Hiob (33,29): «All das tut Gott zwei- oder dreimal mit einem Mann», das heißt zwei Seelen oder drei Seelen auf einmal in einer Seele, aber notwendigerweise «mit einem Mann», das heißt mit einer «neuen Seele», die noch nicht gesündigt hat. Aber mehr als drei können nicht zusammenkommen, und darauf bezieht sich Amos 2,6.[15]

Für einige Wiederverkörperungsspekulationen wird Adams Fall zum Ausgangspunkt der Überlegungen. In Adam ist das Urbild des Menschen so tiefgreifend verändert worden, dass es nur auf dem Weg der Reinkarnation wiederhergestellt werden kann. Auch die Ansicht, Unfruchtbarkeit sei die Folge einer Vertauschung von Seelen, wird vertreten. Ursprünglich war die Person (Seele) androgyn, männlich und weiblich. Die Trennung trat erst später ein. Bei den Wiedergeburten kommt es normalerweise nicht zu einem Geschlechtswechsel. Gelangt aber die Seele einer Frau in den Körper eines Mannes und umgekehrt, hat das Unfruchtbarkeit zur Folge.

Auf das seit dem Ende des 13. Jahrhunderts im Anschluss an eine neue Sicht der Seele diskutierte Verhältnis von *Gilgul* (Seelenwanderung) und *Ibbur* (Schwängerung der Seele) kann hier ebenso wie auf das Problem der Seelenfamilien nicht eingegangen werden.

Einen wichtigen Streitpunkt unter den spanischen Kabbalisten bildete die Frage nach der Inkarnation der menschlichen Seele in Tieren und niederen Existenzformen. Traditionell, so im Buch *Bahir*, wird die Reinkarnation in Tieren ausgeschlossen. Bei einem Teil der Kabbalisten setzt sich diese Ansicht dennoch durch, freilich nicht im Sinne einer Entwicklung von Tierseelen zu Menschenseelen, sondern als eine Bestrafung böser Menschen, eines Absinkens ins Tierische. Es ist bemerkenswert, dass die rituellen Schlachtvorschriften, welche das Leiden der Tiere auf ein Minimum reduzieren sollen, damit in Verbindung gebracht werden. Eine besondere Strafe ist es, wenn die Seelen der Ungerechten in unreine Tiere inkarniert werden. Seelenwanderung unter Einschluss der Tierwelt ist jedoch für die Wiederverkörperungsvorstellungen in der jüdischen Mystik insgesamt offenbar nicht typisch.

Die Verbreitung des Wiederverkörperungsglaubens im Judentum nahm trotz Ablehnung durch seine orthodoxen Vertreter im ausgehenden Mittelalter zu. Scholem bemerkt dazu:

> Von der Mitte des 16. Jahrhunderts an und unter dem Einfluß jener tiefgreifenden mystischen Reinterpretation des Judentums, die von der heiligen Stadt der Kabbalisten, dem palästinensischen Safed, ausging, hat dann die Lehre von den Wanderungen der Seele eine Form angenommen, in der sie den denkbar größten Einfluß ausgeübt und bei den Kabbalisten und Moralisten fast kanonisches Ansehen erlangt hat. Sicher ist das leidenschaftliche Interesse, das diese Kreise für die Lehre von der Seelenwanderung bekundet haben, im Zusammenhang mit der historischen Psychologie des jüdischen Volkes in jenen Generationen zu verstehen.[16]

In seinem berühmten Buch *Zur Kabbala und ihrer Symbolik* schreibt er: «Dem Exil der Körper in der äußeren Geschichte entspricht aber das Exil der Seele in ihren Wanderungen von Wiederverkörperung zu Wiederverkörperung, von Seinsform zu Seinsform.»[17]

Bedeutende Kabbalisten wandten sich immer wieder ausführlich dieser Thematik zu. Sie beriefen sich in ihrer Argumentation, wie schon frühere Vertreter dieser Lehre, auch auf visionäre Erkenntnisse, die den Rang von Erfahrungsbeweisen hatten. Erheblichen Einfluss übte etwa Chajim Vital Calabrese aus, der die Erkenntnisse des nur mündlich lehrenden berühmten Isaak Luria (1533–1572), den man den «heiligen Löwen» nannte, aufschrieb. Anzuführen sind das *Buch von den Gilgulim* und die *Pforte der Gilgulim*. Wieder geht es mit Blick auf die Auffassung, in Adam als *der* eigentlichen großen Seele seien alle Seelen gefallen, um die Rückführung der Seelen zu ihrem gottgewollten, dem Schöpfungsplan entsprechenden Zustand auf dem Weg der Reinkarnation. In diesem Sinne führt hier die Wiedergeburt zur Erlösung aller Dinge, an der jeder mitarbeiten kann und muss.

Luria und seine Schüler vertraten im Rahmen eines vielschichtigen, spekulativ religiös-philosophischen Systems auch die Reinkarnation in Tieren und Pflanzen, selbst in Steinen. Einflüsse der lurianischen Kabbala wirkten seit dem 18. Jahrhundert in hohem Maß im osteuropäischen Judentum weiter. Starke Impulse erhielt über Franciscus Mercurius van Helmont (1614–1698) auch die mitteleuropäische Reinkarnationsdebatte. Unter den Chassidim, den frommen osteuropäischen Juden, wurde der Reinkarnationsglaube zu einer Selbstverständlichkeit. Im Mittelpunkt der Spekulationen standen nun nicht mehr die Wanderungen der Seele beziehungsweise der Seelenfunken durch viele Leiber, sondern die Folgerungen, die sich daraus vor dem Hintergrund des chassidischen Interesses an der Kommunio der Menschen mit Gott für das Verhältnis der Menschen zu ihrer Umwelt ergeben. Es wird gleichsam ein «sympathetischer Rapport» mit der Umwelt angenommen. Wir begegnen – ausgehend von der alten Auffassung von der Dreiteilung der Seele – einer Form von Seelenwanderung (Seelenfunken) in die Dinge der Umwelt, die eine bemerkenswerte Abwandlung der ursprünglichen Idee darstellt. Der Glaube an eine personale Wiederverkörperung bleibt ungeachtet dieser besonderen Formen präsent und volkstümlich.

Seelenwanderungsgeschichten waren sehr beliebt. Rückerinnerungen an frühere Leben spielten dabei, wie schon bei Luria und seinen Schülern, eine nicht unbedeutende Rolle. In der ostjüdischen Legende *Seelenwanderung* klärt einer der großen Lehrer des Chassidismus, Baal-Schem-Tob (ca. 1700–1760), einen Talmudgelehrten über die Ursachen seiner Armut und seines Elendes auf. Baal-Schem fragt:

> «Du bist ja ein gottesfürchtiger Mensch und glaubst wohl an die Gemara und die Weisen, die von Seelenwanderungen gelehrt haben, daß ein Mensch verwandelt werden kann, um im neuen Dasein seine Vergehen abzubüßen und das im ersten Dasein nicht Erfüllte – zu erfüllen?»
> Und als der Gelehrte bestätigte, daß er an alle diese Dinge glaube, fuhr der heilige Rabbi Baal-Schem fort: «Wisse, daß du dieser selbe Bösewicht bist, der vor sechzig Jahren gestorben ist und der jede Sünde, die es nur gibt, auf dem Gewissen hatte! Und nun frage ich dich: Willst du wirklich, daß es dir gut gehe und daß du Reichtum und Ansehen genießest, wo du alle die Sünden abbüßen mußt, die du in deinem ersten Dasein getan hast? Denn die Not, die du jetzt leidest, ist nur eine Sühne für die großen Sünden deines früheren Daseins!»[18]

Die uralte Frage nach den Ursachen des Leidens wird so eindeutig durch den Hinweis auf ein früheres Erdenleben beantwortet. Der

Wiederverkörperungsglaube hat ungeachtet komplizierter Spekulationen der «Weisen» im Chassidismus auf volkstümliche Art weite Verbreitung gefunden. Er überlebte auch den Holocaust. Durch Flüchtlinge aus Osteuropa wurde er in Teilen des Judentums, besonders in den USA, neu verbreitet. So bekannte sich, um ein Beispiel zu nennen, der im polnischen Radzymin geborene jüdische Literatur-Nobelpreisträger Isaac Bashevis Singer (1904–1991) zu dem Glauben an den Gilgul, die Wiedergeburt. Helmut Zander schreibt:

> Der Holocaust hat eine weitere, in der Logik der Reinkarnation korrekte, gleichwohl manchmal zynisch klingende Folge nach sich gezogen: seine reinkarnationstherapeutische Bewältigung. Yonanssan Gershom (* 1947) etwa deutet seit den achtziger Jahren Ängste und Verhaltensauffälligkeiten als Folgen einer Ermordung unter den Nationalsozialisten, durch Erschießungskommandos oder in Gaskammern.[19]

Im Sommer 2000 erregten in Israel und weltweit Äußerungen von Rabbi Ovadia Josef großes Aufsehen. Der Rabbi erklärte, die von den Nationalsozialisten vernichteten Juden seien «wiedergeborene Sünder» gewesen. Das bedeutet, ihre schrecklichen Leiden waren nicht unverdient. Doch die reinkarnatorische Schuld der Opfer festzustellen, war gar nicht das Anliegen des Rabbiners. Vor dem Hintergrund der kabbalistischen Wiederverkörperungsvorstellungen kann, schrieb Friedrich Niewöhner in der Frankfurter Allgemeinen,

> was Rabbi Josef in Jerusalem über die Opfer des Holocaust sagte, ...verstanden werden als ein Versuch, Gottes Gerechtigkeit und Güte nicht durch den scheinbar unerklärlichen Völkermord in Frage stellen zu lassen. Der Rabbi redet darum eigentlich gar nicht von den Opfern, sondern von Gott, der nicht ungerecht und willkürlich sein kann.[20]

Reinkarnationsvorstellungen waren und sind im Judentum umstritten. Doch sie begleiten Geschichte und Lehre der jüdischen Gemeinschaft seit Jahrhunderten. Vielfach halfen sie, nicht nur schwere Einzelschicksale zu erklären, sondern auch das Schicksal des jüdischen Volkes seit seiner Vertreibung aus Palästina. Unter dem Eindruck der neueren, in einer breiten Öffentlichkeit geführten Reinkarnationsdebatten hat auch der jüdische Reinkarnationsglaube eine Belebung und Weiterentwicklung erfahren.

Islam:
Reinkarnationsglaube als Häresie

Reinkarnation und Islam scheinen sich auszuschließen. Das Menschenbild des Korans bedarf keiner Wiedergeburt. Die Seele des verstorbenen Menschen befindet sich nach dem Verhör im Grab, wo sie bis zum Jüngsten Gericht in einem schlafartigen Zustand verharrt. Nach der leiblichen Auferstehung und dem Gericht empfängt der Mensch sein Urteil und die Vergeltung im Himmel oder in der Hölle. Ein Weg der Entwicklung oder Vergeltung durch leibliche Wiedergeburt ist nicht vorgesehen.

Dennoch hat der Wiedergeburtsglaube in verschiedenen Formen auch in Teilen des Islam Einzug gehalten. Es sind Randbereiche, die zum häretischen Islam gehören. Dort taucht der Wiedergeburtsgedanke schon sehr früh – in den ersten beiden islamischen Jahrhunderten – auf. Für die sunnitische islamische Orthodoxie sind Reinkarnationsvorstellungen gleichsam ein Markenzeichen der Häresie.

Die Schlüsselrolle für die teilweise Aufnahme des Wiedergeburtsglaubens in den Islam kommt der Gnosis zu. Bei seiner raschen Ausbreitung stieß der Islam auf gnostisches Gedankengut und gnostisch geprägte Gruppen wie zum Beispiel die Manichäer. Die Begegnung mit dem Platonismus könnte bei einzelnen islamischen Gelehrten ebenfalls eine Rolle gespielt haben. Als besonders anfällig für Reinkarnationsvorstellungen erwies sich der schiitische Islam.

Zu den heute noch bestehenden größeren islamischen Gemeinschaften mit Reinkarnationsvorstellungen, die auf dem Boden der extremen Schia entstanden, zählen die Nusairier beziehungsweise Alaviten in Syrien, die Aleviten in der Türkei, die Ismailiten und die von ihnen ausgehenden Drusen im Libanon. Daneben gibt es weitere kleine Gemeinschaften.

Für die Alaviten ist Ali (602–661), der Schwiegersohn Mohammeds (um 570–632), Kalif seit 656, eine Erscheinung Gottes. Erst seit dem 19. Jahrhundert nennen sie sich Alaviten. Ihr Hauptverbreitungsgebiet ist Syrien, wo sie etwa 11 Prozent der Bevölkerung ausmachen. Von aktueller Bedeutung wurde, dass die Präsidentenfamilie Assad zu dieser Glaubensgemeinschaft gehört.

Als Gründer dieser schiitisch-gnostischen Glaubensgemeinschaft gilt Muhammad ibn Nusair (gest. um 880). Er entstammt der Tradition irakischer Ismailiten und will vom elften Imam besondere Offenbarungen empfangen haben. Seine Freunde und Nachfolger vertieften seine Auffassungen. Meist handelt es sich um Geheimlehren. Eine zusammenhängende schriftliche Darstellung des alavitischen Lehrsystems gibt es nicht. Eine wichtige Rolle spielt allerdings das *Buch der Schatten*.

Der Reinkarnationsglaube der Alaviten ist eingebettet in einen komplizierten Schöpfungsmythos vom Fall der ursprünglich reinen Lichtseelen und ihrer Bindung an materielle Leiber. Die Rückkehr der gefallenen Lichtseelen in ihren himmlischen Ausgangszustand erfolgt, wenn auch nicht ausschließlich, über die Wiedergeburt, nachdem die Menschen Aufklärung über ihr Wesen und ihre wahre Herkunft erhalten haben.

Grundsätzlich ist es das Bekenntnis zu Allah als der Gottheit, das von der Reinkarnation befreit und den Gläubigen wieder zu einer Lichtseele werden lässt. Dieses Ziel möchte er möglichst schnell erreichen. So betet er in einem Donnerstagsgebet:

Ich bitte dich bei der Gnade deines Mysteriums, du wollest mich erretten aus den Gewanden fleischlichen Leibes und mich vereinen mit den Tempeln (Gehäusen) der Lichtheit (…), und ich bitte dich bei deinem Erbarmen und tiefem Geheimnis, mich zu entkleiden deines bösen Kreaturfleisches hinein ins Licht deines Erbarmens.[21]

Nach dem *Buch der Schatten* durchläuft der Gläubige sieben Wiedergeburten. Demgegenüber sind die Ungläubigen zur Strafe und zur Besserung einer langen Kette von Wiedergeburten unterworfen. Wir lesen:

Wie oft macht der Ungläubige das Sterben durch? 1000 mal das Sterben, 1000 mal das Töten, 1000 mal das Schlachten, 1000 mal das Ertrinken, 1000 mal das Verbrennen im Menschenzustand und ebenso oft in der masūxīya [Wiedergeburt], wenn sie (immer wieder) in diese geraten.[22]

Aufstieg zu Lichtseelen und Abstieg zu Teufeln verlaufen trotz aller Unterschiede in einer parallelen Entsprechung. Nach unten ist das Tierreich eingeschlossen. Wenn ein Ungläubiger bis zum Teufel herabgekommen ist, so das *Buch der Schatten*:

Dann wird er in die Wiedergeburt versetzt, und die erste Gestaltung, in die er versetzt wird, ist das Schlachttier, das man essen darf. In diesen Gestaltungen bleibt er nun tausend Jahre. Dann wird er daraus (in eine andere Gestalt) versetzt; er verläßt die Gestalt als Schlachttier und geht in eine andere Gestalt ein, bis er wieder tausend Jahre vollendet hat. Dann wird er in eine Gestalt versetzt, die man nicht essen darf, und so geht es fort, bis er in sieben Gestaltungen wiedergeboren worden ist. Entsprechend wird der Gläubige in sieben menschliche Gestalten versetzt; der Wiedergeburt (in tierischer Gestalt ...) unterliegt er überhaupt nicht, sondern er wird lediglich aufgrund von Sünden, die er früher begangen hat, in menschlicher Gestalt wiedergeboren.[23]

Immer ist jedoch, auch bei den Gläubigen, mit der Wiedergeburt ein gerechter Ausgleich für das frühere Tun und Lassen verbunden. Die Frage nach der göttlichen Gerechtigkeit in der Welt löst sich durch die Wiedergeburt.

Der Krüppel und der, welcher gepfählt oder getötet wird, warum sie solches mit Recht notwendig gemacht haben? Den solches trifft, der war in einem früheren Körper (Hemd) Heerführer gewesen, hatte den erhabenen Gott, seine Freunde und Propheten bekämpft, ohne es zu wissen. Er stand damals im Heer der Widersacher; ihm wird daher am jetzigen Körper (Hemd) das Verstümmeln, Kreuzigen und Töten vergolten.[24]

Krankheiten wie Wahnsinn oder Aussatz werden auf den Verrat an Gläubigen in einem früheren Leben zurückgeführt. Krüppel und grausam zu Tode Gekommene haben dereinst gegen Muslime gekämpft. Auch die Wiedergeburt als Frau ist eine Strafe. Ebenso wird die Geburt als Jude, Sunnit oder Christ mit der Seelenwanderung erklärt.

All diese Aussagen und Vorstellungen gehören zur alavitischen Lehre, die nach außen in den Jahrhunderten der Verfolgung durch die sunnitische Mehrheit kaum in Erscheinung traten und Geheimlehre blieben. In welchem Maß der Reinkarnationsglaube unter den heutigen Alaviten noch lebendig ist, lässt sich schwer sagen, da zuverlässige und repräsentative Untersuchungen nicht vorliegen.

Etwa 20 Prozent der türkischen Bevölkerung werden den Aleviten zugerechnet. Ein Drittel davon spricht nicht Türkisch, sondern

Kurdisch. Es ist schwer, von einer Gemeinschaft zu reden, da es keine umfassenden Organisationsformen gibt und die Grenzen fließend sind.

Die Ursprünge dieser religiösen Bewegung liegen im schiitischen Persien des 14./15. Jahrhunderts. Von dort gelangte sie in die Türkei, vor allem nach Anatolien, und verband sich mit anderen mystischen Strömungen, insbesondere dem Derwisch-Orden der Bektaschi. Obwohl 1826 im Osmanischen Reich verboten, pflegten die Bektaschi ihre religiösen Überzeugungen ebenso wie die «klassischen» Aleviten im Untergrund weiter. Heute erleben sie nicht nur in der Türkei, sondern auch in Albanien eine beachtliche Renaissance.

Nach außen fallen die Aleviten durch ihre Liberalität auf. So haben bei ihnen der Koran und die Scharia, das islamische Gesetzessystem, in erster Linie symbolische Bedeutung. Die Frauen sind weitgehend gleichberechtigt, und das Leben spielt sich innerhalb der Gruppe in freieren Formen ab. Jahrhundertlang von der sunnitischen Mehrheit unterdrückt, gehörte äußerliche Anpassung zur Überlebensstrategie. Begünstigt wurde dies durch die mystische Grundeinstellung des Alevitentums. Eine verbindlich festgelegte und schriftlich tradierte Lehre gibt es nicht. Lehrtraditionen wurden mündlich oder durch Lieder weitergegeben. Geheimhaltung war Pflicht.

Grundlagen der Lehrüberlieferung sind auch hier Auffassungen, wie wir sie im Umkreis der extremen Scharia finden. Das Gottes- und Menschenbild unterscheidet sich von dem der Sunniten. Gott ist nicht absolut jenseitig, sondern «offenbart sich vielmehr in der Welt und zeigt sich im Menschen, seiner vollkommensten Schöpfung».[25]

Eine besondere Offenbarung Gottes geschah in der Person Alis, des Schwiegersohns Mohammeds. Man geht – wie in der östlichen und westlichen Mystik – von der Einheit alles Seienden aus. Das verbindet insbesondere die klassischen anatolischen Aleviten mit den Angehörigen des Bektaschi-Ordens. Bei den Bektaschi finden sich die Vorstellungen vom Abstieg von der Einheit mit Gott einerseits und des Aufstiegs bis zum vollkommenen Menschen andererseits. In diesem weitgespannten kosmologischen Rahmen hat die Wiedergeburt einen Platz. An eindeutigen Texten mangelt es. Ob sich das folgende Gedicht auch im Sinne der Seelenwanderung oder nur als Manifestation des Göttlichen interpretieren lässt, ist umstritten.

> Aus den Lenden Adams kam ich als Seth,
> Als der Prophet Noah geriet ich in die Flut.
> Einst wurde ich Abraham in dieser Welt,
> Ich baute das Haus Gottes, ich trug den Stein.
> Einst erschien ich als Ismail, oh Seele,
> Einst wurde ich Isaak, Jakob und Joseph.
> Ich kam als Hiob, ich weinte viel, oh Glaube,
> Würmer fraßen meinen Körper, ich klagte bittere Tränen.
> Zusammen mit Zacharias schnitten sie mich entzwei,
> Zusammen mit Johannes vergossen sie mein Blut auf die Erde.
> Ich kam als David, viele folgten mir,
> Oft trug ich das Siegel des Salomon.
> Den gesegneten Stab gab ich Moses,
> Als der Heilige Geist kam ich zu Maria.
> Ich war der Führer aller Heiligen,
> Ich war die Fledermaus in der Nacht des Wunders des Gabriel.[26]

Im volkstümlichen Glauben, das wird zumindest von sunnitischer Seite behauptet, ist bei Aleviten und Bektaschi der Seelenwanderungsglaube durchaus verwurzelt. Auch die Inkarnation in Tieren werde angenommen. Es handelt sich dann um ein Tier, das dem Charakter des Wiedergeborenen entspricht. Auf der anderen Seite der Möglichkeiten steht die Inkarnation des Göttlichen, Gottes. So wird berichtet, dass Hadschi Bektasch, der Ordensgründer, eine Reinkarnation Alis und damit eine Manifestation Gottes gewesen sei. Neuere Darstellungen des Alevitentums gehen auf Reinkarnationsvorstellungen kaum ein. Das könnte jedoch auch mit dem immer noch aktuellen Geheimhaltungsprinzip des alevitischen Lehrguts zusammenhängen.

Drusen und Jeziden:
Unterschiedliche Vorstellungen

Am deutlichsten und ausgeprägtesten von allen mit dem Islam verwandten Religionsgemeinschaften tritt uns der Glaube an wiederholte Erdenleben unter den Drusen entgegen. Sie gingen im 11. Jahrhundert in Kairo aus den Ismailiten oder Siebenerschiiten hervor. Als ihr eigentlicher Begründer gilt Hamza al-Labbad. Seine Sendschreiben aus den Jahren 1017–1020 bilden den Kern des Kanons der von den Drusen geheimgehaltenen heiligen Schriften. Nach Verfolgungen – Hamza wurde 1021 oder 1022 in Mekka hingerichtet – fanden die Drusen in den Bergen des Libanon Zuflucht. Dort befindet sich auch heute noch das Zentrum dieser etwa 500 000 Angehörige zählenden Gemeinschaft.

In ihrer Lehre haben sich die Drusen von wichtigen Dogmen und Bräuchen des Islam weit entfernt. Zentrale Glaubenslehre ist, dass der Schöpfergott sich in «Perioden der Enthüllung» in Menschengestalt zeigt. Die wahre Religion besteht dann im Bekenntnis der Einheit Gottes, nicht aber in der Erfüllung von Gesetzen und Geboten. Letzteres ist kennzeichnend für «Perioden der Verhüllung», in die Judentum, Christentum und Islam eingeordnet werden. Die abschließende und größte Inkarnation Gottes erfolgte im Kalifen al-Hakim, der im Jahr 1021 verschwand. In seiner Nachfolge sehen sich die Drusen. Das Bekenntnis zur göttlichen Einheit in seiner Person und absolute Unterwerfung unter seinen göttlichen Willen gehören zu den sieben Grundsätzen drusischen Glaubens.

Im Drusentum gibt es zwei Gruppen. Die Mehrheit zählt zu den «Unwissenden», die die Geheimnisse der Lehre nicht kennen. Die andere, kleinere Gruppe bilden die «Verständigen». Den Unwissenden ist der Glaube an die fleischliche Wiedergeburt durchaus vertraut, nicht aber seine Einordnung und Entfaltung in der komplizierten Kosmogonie und Heilsgeschichte. In den letzten 100 Jahren wurden die geheimen Schriften der Drusen zunehmend bekannt, auch publizierten drusische Theologen zu Inhalten und Fragen ihres Glaubens. Deshalb lässt sich heute Näheres über den Reinkarnationsglauben der Drusen sagen.

Das Menschenbild der Drusen – eingebettet in die Gottes- und Schöpfungslehre – erfordert zwingend die Reinkarnation des Menschen. Dieser strebt schöpfungsbedingt nach göttlichem Wissen und Glückseligkeit. Beides lässt sich in einem Leben nicht erreichen, es bedarf dafür vieler Leben. Die Seele ist jedoch, ganz anders als in der Gnosis, stets an einen irdischen Körper gebunden. Ihr Glück findet sie deshalb nur auf der Erde. Ohne Körper kann die Seele nicht existieren. Der Körper ist nicht wie in der Gnosis ihr Gefängnis, sondern ein Teil von ihr. Das Paradies am Ende aller Entwicklungsperioden kann von daher auch nur ein irdisches in einem von Gerechtigkeit und Wahrheit bestimmten Staat sein. Hier hört die Wiederverkörperung auf. Der Gläubige hat dann das göttliche Wissen und mit ihm die Glückseligkeit erlangt. Bis dahin ist es aber noch ein weiter Weg durch verschiedene gute und schlechte heilsgeschichtliche Perioden hindurch.

Für die Seelenwanderungsvorstellung der Drusen ist ihre Uneinheitlichkeit kennzeichnend. Hier seien deshalb nur einige Elemente und Vorstellungen genannt.

Reinkarnation in Tierleiber findet sich im drusischen Volksglauben, wird aber von den Verständigen, den Lehrautoritäten, abgelehnt, ebenso ein Wechsel des Geschlechtes. Einigkeit besteht offenbar darin, dass eine neue Reinkarnation sofort nach dem Tode erfolgt. Es gibt keinen Zwischenzustand, keinen Himmel und keine Hölle im Jenseits. Die sofortige Wiedergeburt der Seele wird so beschrieben:

> Wenn sie wandert, steigt sie herab, und wenn sie sich (vom Körper) trennt, verbindet sie sich, und so ist der neue Körper nah oder fern, denn sie ist ein geistiges Wesen des Lichtes, so wie die Sonne, wenn sie im äußersten Westen aufgeht und ihr Licht in einem Augenblick zum äußersten Osten gelangt.[27]

Ein Problem ergibt sich dadurch, dass die Zahl der Seelen schöpfungsbedingt begrenzt ist. Im Volksglauben hat man es so gelöst:

> In Kriegszeiten, wenn die Zahl der Todesfälle bei den Drusen die Zahl der Geburten übersteigt, werden die überzähligen Seelen in China wiedergeboren, in normalen Zeiten komme die Überzahl der Geburten von dort.[28]

Zu den praktischen Schlussfolgerungen aus dem drusischen Reinkarnationsglauben gehört, dass sich Verfehlungen früherer Leben im neuen Leben unter anderem auch in körperlichen Gebrechen zeigen können. Durch die Wiedergeburt und die jeweiligen Schicksale wird der göttlichen Gerechtigkeit voll Genüge getan. Die Person durchlebt auf dem Weg ihrer Läuterung in den verschiedenen Leben alles menschliche Glück und Leid, Armut und Reichtum, Gesundheit und Krankheit usw. Nur so kann der Mensch zur Selbstverwirklichung und zur Glückseligkeit kommen.

Eine besondere Tradition hat bei den Drusen die Rückerinnerung an frühere Leben. Zur Zeit Hamzas sei diese Fähigkeit allgemein verbreitet gewesen. Nach dem Verschwinden des Kalifen al-Hakim findet sie sich jedoch nur noch bei wenigen Auserwählten. Heute versucht man in westlichen esoterischen Kreisen gern, an die Rückerinnerungstraditionen der Drusen anzuknüpfen. Aber auch schon im 19. Jahrhundert waren drusische Rückerinnerungsgeschichten in Europa bekannt. Petermann berichtet in seinen 1865 in Leipzig erschienenen *Reisen im Orient*:

So behaupten sie [die Drusen], dass vor 50 Jahren ein Kind von ihnen auf dem «hohen Gebirge», el Dschebel el a'la in dem Gebiete von Haleb noch vor seinem fünften Lebensjahre über die ärmliche Lebensweise seiner Eltern sich beklagte, und versicherte, dass es in Überfluss gelebt habe. Als man es fragte, wo es gewesen sei? behauptete es, es habe in Damascus gelebt, Abû Hasan el Qabbânî geheissen, sein Haus habe in der Strasse, dem Stadtviertel der Teimener gelegen, und es habe bei seinem Tode Frau und Kinder hinterlassen.

Als dann sei es in dem Orte N. N. geboren worden, aber schon nach einem halben Jahre gestorben, und darauf zu ihnen gekommen. Da es diese Erzählung mehrmals wiederholte, so suchte man sich endlich darüber Gewissheit zu verschaffen. Man brachte es nach Damascus, und, als es in dessen Nähe kam, sagte es den Eltern, dass es den Weg kenne, so wie die Ortschaften, welche sie berührten. Es sagte ihnen auch die Namen der Flecken, Aecker und Strassen, bis sie nach Damascus kamen. Hier nannte es die Gassen und Märkte, über die sie gingen, ja selbst einige Personen, die ihnen unterwegs begegneten. Als sie darauf in das Stadtviertel der Teimener gelangten, zeigte es ihnen sein Haus. Es klopfte an die Thüre, eine Frau antwortete ihm von innen, und da es ihre Stimme hörte, sagte es zu denen, die bei ihm waren: «dies ist meine Gattin.» Der

Knabe rief sie bei ihrem Namen, und er sagte: «Oeffne.» Sie oeffnete die Thüre, und er erzählte ihr, dass er ihr Gatte sei. Sogleich kamen erstaunt die Drusen, die in der Nähe wohnten, und die Geschichte erfahren hatten, herbei, und es bestätigte sich vollkommen, was er berichtet hatte: 1) dass der Tod des Abû Hasan el Qabbânî in die Zeit fiel, welche er angegeben hatte, 2) von der Zahl seiner Kinder, ihren Namen und ihrem Lebensalter, 3) von dem gemeinschaftlichen Besitz von Pferden, die er mit Andern zusammen gehalten hatte, 4) dass ihn während der Krankheit, an der er gestorben war, ein gewisser Muhammedaner besucht, eine Nargile bei ihm geraucht habe, dass aus derselben eine Kohle auf seine Decke, in die er sich gehüllt habe, gefallen, und ein Loch in dieselbe gebrannt sei; und man fand die Decke noch in demselben Zustand aufbewahrt, 5) von den (ausstehenden) Schulden, die er hinterlassen hatte, wobei ein kleiner Posten von einem Talarbereiter nicht in seinem Rechnungsbuche eingetragen war. Seine Frau und Kinder bestätigten Alles genau nach seiner Angabe mit Ausnahme der Schuld des Schneiders. Man liess ihn kommen, er gestand auf erfolgte Anfrage die Schuld, und sagte, dass er nur aus Noth davon gegen seine (dessen) Kinder geschwiegen habe, 6) dass er an einem geheimen Orte seines Hauses ein irdenes Gefäss mit Geldstücken gefüllt, deren verschiedene Sorten er aufzählte, vergraben hatte. Er fragte sie, ob sie es gefunden haben? Auf ihre verneinende Antwort grub man an der bezeichneten Stelle nach, und fand Alles genau so, wie er es angegeben hatte. Nach dieser Zeit blieb er noch einige Tage bei seiner Frau und Kindern, die älter waren, als er selbst; man gab ihm ein Theil des Vermögens, und dann reiste er mit seinen neuen Eltern wieder ab.[29]

Ähnliche Geschichten über die Rückerinnerung an frühere Erdenleben werden bei den Drusen bis heute erzählt.

Zweifellos spielt unter allen aus der Schia hervorgegangenen größeren häretischen islamischen Religionsgemeinschaften der Gegenwart der Reinkarnationsglaube in unterschiedlichen Facetten bei den Drusen die größte und zentralste Rolle.

Die Jeziden, ursprünglich vor allem im Norden des Irak beheimatet, sind eine Religionsgemeinschaft im Umfeld des Islam, gehören jedoch nicht zum Islam. Heute zählen sie nach eigenen Angaben ca. 500 000 Angehörige in aller Welt, davon 20 000 in Deutschland. Geprägt durch Baba Scheich Adi (gest. 1162), vermischen sich im Jezidentum alte zaroastrisch-gnostische Elemente mit christlichen und islamischen Einflüssen. Teil des jezidischen Glaubens ist nach einer Selbstdarstellung die Überzeugung:

> Neben Gott existieren in der Ezidi Religion die sieben Erzengel. ... Der Tausi Melek, der Engel Pfau, ist das Oberhaupt der sieben Engel und gleichermaßen an der Gestaltung der Welt, wie auch an der Schöpfung der Ureltern Adam und Eva beteiligt. Der Tausi Melek ist nach ezidischem Glauben überall, sorgt für den Schutz der Eziden und herrscht im Auftrag Gottes über die Welt.[30]

Zum Jezidentum gehört auch der Reinkarnationsglaube. Die Jeziden halten die Wiedergeburt in Menschen und in Tieren nach Zwischenaufenthalten im Paradies oder in der Hölle für möglich. Die Art der Reinkarnation wird durch das persönliche Verhalten bestimmt. Man kennt eine «bis zu siebenmalige Reinkarnation des Menschen».[31] Da die Jeziden nur wenige schriftliche Überlieferungen haben und die mündliche Tradition zahlreiche Unterschiede aufweist, kommt es in der Gegenwart offenbar auch zu einem Verblassen des Reinkarnationsglaubens. Das schließt jedoch seine Neubelebung etwa unter westlichen Einflüssen nicht aus.

V. Christentum und Kirchengeschichte

Das Neue Testament:
Umstrittene Anspielungen?

Reinkarnation ist keine Lehre der christlichen Kirchen. Im Gegenteil, der Gedanke wiederholter Erdenleben wurde und wird von ihnen verworfen. Dennoch ist Reinkarnationsglaube im Christentum von Anfang an vorhanden. Er begleitete die Ketzergeschichte des Christentums auf weiten Strecken.

Von großem Gewicht ist die Frage, ob im Neuen Testament, der Grundlage christlicher Lehre, Reinkarnationsvorstellungen nachweisbar sind. Weithin wird diese Frage von maßgeblichen Vertretern der Kirchen und der theologischen Wissenschaft verneint. Andererseits sind Behauptungen, Reinkarnationsvorstellungen seien dem Neuen Testament keineswegs völlig fremd, so alt wie der innerchristliche Streit um die Reinkarnation.

Was sagen die neutestamentlichen Texte, so wie sie uns vorliegen? Von einer klaren Reinkarnations*lehre* kann keine Rede sein. Aber: Es gibt einige wenige Stellen, welche Aussagen und Andeutungen enthalten, die im Sinne der Reinkarnation zu verstehen sind oder entsprechend gedeutet werden können. Zu diesen klassischen, bereits in der Alten Kirche umstrittenen Stellen gehört Johannes 9,1–3. Wussten Jesu Jünger und mit ihnen der Evangelist Johannes um die Möglichkeit einer Wiederverkörperung, zumindest aber um ein bewusstes Leben der Seele (Präexistenz) vor der Geburt, wenn sie Jesus angesichts des Blindgeborenen fragten: «Meister, wer hat gesündigt, dieser oder seine Eltern, dass er ist blind geboren?» Liegt dieser Frage hinsichtlich dessen, was wir über die damalige Verbreitung von Wiederverkörperungs- und Präexistenzvorstellungen wissen, wirklich «ein völlig absurder Gedanke» zugrunde?[1] Lehnt Jesus ihn tatsächlich ab durch seine Antwort: «Es hat weder dieser gesündigt, noch seine Eltern, sondern es sollen die

Werke Gottes offenbar werden an ihm»? Die Antwort geht auf die Möglichkeit oder Unmöglichkeit der von den Jüngern als Erklärung herangezogenen vorgeburtlichen Sünde gar nicht ein, sondern besagt nur: in diesem Fall handelt es sich um etwas ganz anderes.

Die Frage nach einer Wiederverkörperung kommt im Gespräch Jesu mit Nikodemus (Joh 3,1–21) klar zur Sprache. Nikodemus fragt: «Wie kann ein Mensch geboren werden, wenn er alt ist? Kann er auch wiederum in seiner Mutter Leib gehen und geboren werden?» (V. 4) Hier wird die Grundfrage des Reinkarnationsglaubens gestellt! Jesu Antwort ist eher ausweichend als klar ablehnend. Er sagt: «Wahrlich, wahrlich, ich sage dir: Es sei denn, dass jemand geboren werde aus Wasser und Geist, so kann er nicht in das Reich Gottes kommen» (V. 5).

Solche und ähnliche Fragestellungen und Überlegungen wären vielleicht von vornherein unangebracht, gäbe es im zeitgenössischen Judentum keinerlei Reinkarnationsvorstellungen. Doch dem ist nicht so, und die Feststellung in *Meyers Konversationslexikon* von 1907: «Die Juden zur Zeit Christi glaubten ziemlich allgemein an die Seelenwanderung»[2] ist keinesfalls abwegig. Hinzu kommt, dass das Neue Testament eine Stelle enthält, die ihrem Wortlaut nach eine klare Feststellung Jesu zur Reinkarnation in einem besonderen Fall ist: Matthäus 11,7–15.

> Da die [Jünger Johannes des Täufers] hingingen, fing Jesus an, zu reden zu dem Volk von Johannes: … Dieser ist's, von dem geschrieben steht (Mal 3,1): «Siehe, ich sende meinen Boten vor dir her, der deinen Weg vor dir bereiten soll.» Wahrlich, ich sage euch: Unter allen, die vom Weibe geboren [!] sind, ist keiner aufgestanden, der größer sei als Johannes der Täufer; der aber der Kleinste ist im Himmelreich, ist größer als er. Aber von den Tagen Johannes des Täufers bis hierher leidet das Himmelreich Gewalt, und die Gewalt tun, reißen es weg. Denn alle Propheten und das Gesetz haben geweissagt bis zur Zeit des Johannes; und so ihr's wollt annehmen: er ist der Elia, der da kommen soll. Wer Ohren hat, der höre!

Johannes der Täufer *ist* Elia. An dieser von allen Handschriften überlieferten Feststellung Jesu lässt sich vom Wortlaut her nicht deuteln, mag sie der Sache nach auch noch so ungewöhnlich sein. Einige Exegeten akzeptieren das, andere gehen stillschweigend über den harten Kern dieser Aussage hinweg. Der vielgebrauchte Einwand, da Elia entrückt worden sei, habe seine Wiederkunft nichts mit einer Wiederverkörperung im Mutterleib zu tun, ist im vorliegenden Fall nur dann stichhaltig, wenn Johannes der Täufer nicht geboren, sondern vom Himmel kommend «erschienen» wäre. Die biblisch-christliche Überlieferung geht aber klar von seiner menschlichen Geburt aus, berichtet über die Umstände seiner Geburt und nennt die Namen der Eltern (vgl. Lukas 1). Auch das Argument, Johannes der Täufer werde hier als Träger des «Geistes und der Kraft» Elias (Lk 1,17) als Elia bezeichnet, kennzeichnet nur einen Versuch der orthodoxen Interpretation dieser an sich klaren Aussage Jesu.

Freilich, auch das macht der Text deutlich: Diese Eröffnung Jesu, Johannes sei Elia, trägt einen esoterischen Charakter. Der Neutestamentler Julius Schniewind meint:

> Solche Deutung aber ist ein Geheimnis; das zeigt die «Weckformel»: Wer Ohren hat, der höre! Es ist notwendig, daß die Ohren geöffnet sind, wenn man das Wort vom Elia «annehmen» soll.[3]

Eindeutig, wenn auch nicht so direkt, ist die Identifizierung Johannes des Täufers als der wiedergekommene Elia auch im Markus-Evangelium. Hier fragen Petrus, Jakobus und Johannes Jesu nach seiner Verklärung auf dem Berg Tabor, bei der Mose und Elia erschienen, mit Blick auf die Auferstehung des Menschensohnes:

> Die Schriftgelehrten sagen doch, dass zuvor Elia kommen muss. Er aber sprach zu ihnen: Ja, zuvor kommt Elia und bringt alles wieder zurecht. … Aber ich sage euch: Elia ist schon gekommen [… ist wirklich gekommen – Zürcher Bibel], und sie haben an ihm getan, was sie wollten, wie von ihm geschrieben steht. (Mk 9,11–13)

Nach Markus erschien dann der Täufer nach seinem gewaltsamen Tod (Mk 6,14–29) auf dem Berg Tabor wieder als Elia; ein bemerkenswerter Umstand, der aber keinen Gegensatz zu Jesu Gleichsetzung von Elia und Johannes bilden muss. Die Elia-Täufer-Problematik, das braucht nicht weiter betont zu werden, gehört nicht in den Mittelpunkt der neutestamentlichen Botschaft. Sie macht es aber, ganz abgesehen von einigen anderen Stellen, unmöglich zu sagen, das Neue Testament kenne die Reinkarnationsidee überhaupt nicht.

Die Alte Kirche:
Viele heimliche Anhänger?

Der Glaube an die Möglichkeit wiederholter Erdenleben ist offenbar auch außerhalb betont gnostischer Gruppen unter Christen verbreitet gewesen. In der Forschung wird die Meinung vertreten: «Bei einigen Äußerungen der Kirchenväter kann man immerhin annehmen, daß die Widerlegung der Reinkarnationslehre auf innerkirchliche Gruppen zielte.»[4]

Hieronymus (ca. 347–419/20), der den Präexistenz- und Reinkarnationsglauben entschieden bekämpfte, schrieb 414 einen Brief an die aus vornehmer römischer Familie stammende Nonne Demetrias. Ausführlich warnte er Demetrias auch vor solchen, welche die Frage nach den Ursachen von Leid und schwerem irdischen Schicksal mit der Präexistenz der Seele und Reinkarnation erklären. Sie solle, so schreibt er, «keine fremdartige Lehre» annehmen,

> wie klug und verständig sie dir auch selber vorkommen mag. Dergleichen Leute pflegen nämlich in allen Winkeln verstohlen den Menschen ins Ohr zu raunen und gleichsam Gottes Gerechtigkeit ausklügeln zu wollen: «Warum ist jene Seele in dieser Provinz geboren? Welches war der Grund, weßhalb die Einen von christlichen Eltern abstammen, Andere unter wilden und grimmigen Völkern geboren werden, wo keine Erkenntniß Gottes herrscht?» – Und wenn sie gleichsam mit solchem Skorpionenstich einfältige Herzen verwunden und sich dadurch Raum geschaffen haben, dann sickern sie in diese röhrenförmige Wunde ihr Gift hinein: «Meinst du nicht? – Ists nicht ungerecht und grundlos, daß das kleine Kind, welches kaum die Mutter aus ihrem Lächeln und ihrer liebefrohen Miene erkennt und weder etwas Gutes noch etwas Böses gethan hat, vom Teufel besessen ist, von der Gelbsucht getödtet wird und Leiden zu ertragen hat, welche, wie wir sehen, die Gottlosen nicht auszustehen haben, wohl aber die, welche Gott dienen? Wenn aber die Gerichte des Herrn wahr sind», sprechen sie weiter, «und gerechtfertigt in sich selbst [Ps 18,10], und wenn Nichts bei Gott ungerecht ist, so zwingt uns die Vernunft, zu glauben, die Seelen seien im Himmel gewesen und wegen gewisser vordem begangener Sünden zur Innewohnung in menschlichen Körpern verdammt und so zu sagen begraben worden, so daß wir also in diesem Thränenthale Buße leiden für alte Sünden,

weßhalb auch der Prophet sagt: «Bevor ich gedemüthigt wurde, habe ich gesündigt» [Ps 118,67], und: «Führe heraus meine Seele aus dem Kerker» [Ps 141,8], und weiter: «Hat Jener gesündigt, daß er blind geboren wurde vom Mutterleibe an oder seine Eltern?» [Joh 9,2] und dergleichen mehr.» – Diese gottlose und verbrecherische Lehre grassirte ehedem in Ägypten und dem Morgenlande und schleicht jetzt noch verborgen und gleichsam in Natterhöhlen bei Vielen umher, befleckt auch die Reinheit jener Gegenden und pflanzt sich, wie ein Erbübel, in Wenigen fort, um dann Viele anzustecken.[5]

Hieronymus nennt hier wichtige, von Vertretern christlicher Reinkarnationsvorstellungen bis heute immer wieder gebrauchte Argumente, die ausdrücklich an christlich-biblisches Denken anzuknüpfen versuchen. Es sind keine Gnostiker, die so argumentieren, sondern Menschen innerhalb der Kirchen, der Gemeinden. Besonders interessant ist, dass nach Hieronymus, der weit im Römischen Reich herumgekommen war, «verborgen und gleichsam in Natterhöhlen» solche Auffassungen noch viele heimliche Anhänger hatten. Diese Bemerkung ist auch so interpretiert worden, dass es sich bei der Reinkarnation um eine unter Christen von alters her verbreitete Geheimlehre gehandelt habe.[6]

Existiert haben muss der Reinkarnationsglaube unter Christen, das zeigt nicht zuletzt die Polemik des Hieronymus. Bei der Beantwortung der Frage, wie es dazu kam, stößt man immer wieder auch auf Origenes (185/86–254). Dieser wohl bedeutendste und einflussreichste Theologe der Alten Kirche hat nach dem Zeugnis des Hieronymus und anderer die Reinkarnation vertreten. Das ließe auf eine weite Verbreitung von Reinkarnationsvorstellungen oder zumindest Reinkarnationsspekulationen schließen, denn Origenisten nahmen zeitweise fast alle Bischofsstühle im Osten des Römischen Reiches ein.

In der Forschung ist umstritten, ob und bis zu welchem Grad Origenes dem Reinkarnationsglauben nahestand beziehungsweise Reinkarnation eine Konsequenz seines Lehrsystems ist. Erörtert hat er sie auf jeden Fall. In seinem *Johanneskommentar* nennt er zu klärende Fragen. Man sollte, so schreibt er,

aufmerksam und tiefer studieren und sehen, ob es möglich ist oder nicht, daß sie (die Seele) ein zweites Mal in einen Leib eintritt, ob das gemäß dem gleichen Zyklus und der gleichen Einrichtung ist oder nicht, im gleichen Leib oder in einem anderen, und, wenn im gleichen, ob dieser der Substanz nach mit sich identisch bleibt, obwohl er andere Eigenschaften annimmt, oder ob er der Substanz *und* den Eigenschaften nach der gleiche bleibt und ob die Seele sich stets des gleichen Leibes bedient oder ihn wechselt. Diesbezüglich muß man prüfen, was die Reinkarnation eigentlich ist und worin sie sich von der Inkarnation unterscheidet.[7]

Versuche, Origenes – oft zur Erhärtung des eigenen Standpunktes – als Befürworter oder Gegner der Reinkarnation durch Zitate aus seinen Schriften hinzustellen, gibt es seit der Antike. Die Quellenlage begünstigt den Streit. Die altkirchliche Verdammung des Origenes hat zum Verlust des größten Teils seiner Schriften geführt, noch vorhandene wurden korrigiert. Rufinus von Aquilea (345–410), der mehrere Schriften von Origenes ins Lateinische übersetzt hat und mit Hieronymus, der zunächst ebenfalls ein Anhänger des Origenes war, in hartem Streit über den Meister stand, verweist auf Verfälschungen und bemüht sich um Korrekturen. Das wichtigste Werk des Origenes *Peri Archon* (Von den Anfängen der Dinge und des Seins) liegt vollständig nur in der lateinischen Übersetzung des Rufinus vor. Der bekennt in der Vorrede, er habe das, «was den sonstigen Äußerungen des Origenes und unserem Glauben zuwider schien», «nicht übersetzt, sondern als von anderen eingefügt und verfälscht übergangen».[8] Hieronymus hat nachzuweisen versucht, dass Rufinus bei seiner Übersetzung Origenes im rechtgläubigen Sinne korrigierte und Heterodoxien beseitigte. Diese Schrift ist leider verloren. Wie sich Hieronymus in der Frage der Reinkarnation um den Nachweis der Heterodoxie des Origenes aus seinen Schriften bemühte, zeigt sein Brief an Avitus. Das Fazit ist, Origenes lehrte und vertrat die Wiederverkörperung (Metempsychose).

Das wird in neuerer Zeit bestritten. Es gibt in den uns erhaltenen Schriften Stellen, in denen sich Origenes gegen die Reinkarnation wendet, ganz klar gegen eine solche in Tieren. Unbestritten ist aber, dass in der Theologie des Origenes grundlegende Voraussetzungen für eine christlich interpretierte Reinkarnationslehre vorhanden sind. Er lehrte eindeutig die Präexistenz der Seelen. Die Seelen existierten vor dem Körper, sie fielen und können in Menschenkinder inkarniert werden. Vorgeburtliche Verfehlungen der Seelen erklären die verschiedenen menschlichen Schicksale bei Wahrung der Gerechtigkeit Gottes.

In der Schrift *De sectis* (Über die Sekten) fasst Ende des 6. Jahrhunderts Pseudo-Leontius den Standpunkt des Origenes so zusammen:

> Über die Präexistenz war seine Meinung folgende: Vor den Äonen existierten Intelligenzen, die alle rein waren, sowohl die Dämonen wie die Seelen wie die Engel: sie dienten Gott und taten seine Gebote. Einer aber, der Teufel, da er freien Willen hatte, entschloß sich, Gott zu widerstehen und Gott verstieß ihn. Mit ihm fielen alle anderen Mächte ab. … Vielmehr ist es klar, daß er einen jeden nach seiner Verfehlung strafte. … Denn wenn das nicht so wäre und die Seelen (nicht) präexistent wären, warum finden wir dann, daß einige Neugeborene blind sind, ohne gesündigt zu haben, während andere gesund auf die Welt kommen? Offenbar gibt es präexistente Sünden in den Seelen, für die einer jeden nach Verdienst vergolten wird.[9]

Neben dieser Lehre von der Präexistenz der Seelen war es die Überzeugung von der «Wiederbringung aller» (Apokatastasis panton), der endlichen Rückkehr aller gefallenen Geschöpfe zu Gott, die im theologischen System des Origenes grundsätzlich Raum für Reinkarnationsvorstellungen schuf. Der Prozess der Rückkehr zu Gott, ein Entwicklungsprozess auf der Basis der Erlösung durch Jesus Christus, ist ein sehr langer. Er umfasst mehrere Äonen, mehrere Weltzeitalter. In diesen ist prinzipiell auch ein neuer Fall der Seelen möglich. Bedeutet das, so kann man fragen, die Inkarnation einer Persönlichkeit ist nur jeweils in einem Äon möglich? Wäre dem so, könnte man von Reinkarnation nur mit Blick auf mehrere Äonen sprechen. Aber das ist durchaus Reinkarnation, wenn auch in einem spezifischen Verständnis. Der Streit um die Reinkarnationsfrage bei Origenes wird weitergehen.

Seitens der Kirchen ist Origenes nicht deshalb als Ketzer verurteilt worden, weil er angeblich die Reinkarnation lehrte, sondern verurteilt wurden neben seiner subordinatianischen Christologie seine Lehren von der Präexistenz der Seelen und der «Wiederbringung aller». Mit der Ablehnung einer vorgeburtlichen Existenz der Seelen und der Rückkehr aller gefallenen Geschöpfe zu Gott waren grundlegende Vorentscheidungen gegen die Möglichkeit einer Wiederverkörperung getroffen. Der Reinkarnationsglaube fand keinen Platz mehr in der offiziellen Kirche.

Altkirchliche Reinkarnationskritik:
Seelen wandern nicht

Reinkarnationsvorstellungen, wie sie unter Christen, in gnostischen Kreisen und von Vertretern verschiedener philosophischer Richtungen, insbesondere des Neuplatonismus, vertreten wurden, sind bei namhaften Theologen der Alten Kirche schon sehr bald auf Ablehnung und Kritik gestoßen.

Justinus der Märtyrer (gest. 165) kommt in dem *Dialog mit dem Juden Tryphon* auf die platonisch geprägte Seelenwanderungslehre zu sprechen. Justinus, damals noch heidnischer Philosoph, disputiert mit einem ehrwürdigen christlichen Greis über das Schicksal der Seele nach dem Tod. Der Christ fragt den Philosophen: «Wenn sie [die Seele] in den Menschen zurückkehrt, erinnert sie sich dann auch noch an Gott?» Justinus antwortet: «Ich glaube nicht.»[10] Das Gespräch endet mit der Feststellung des Greises: «Also sehen die Seelen Gott nicht und wandern auch nicht in fremde Körper; denn sonst wüßten sie, daß sie damit bestraft werden, und würden sich scheuen, in Zukunft auch nur zufällig sich zu verfehlen.» Justinus entgegnet: «Du hast recht.»[11]

In der altchristlichen Literatur begegnet uns noch an verschiedenen Stellen Polemik gegen gnostische und platonische Wiederverkörperungsvorstellungen. Zu den frühesten Kritikern gehört der erste der Kirchenväter, Irenäus von Lyon (gest. 202). In seinem Hauptwerk *Überführung und Widerlegung der sogenannten Gnosis* geht er auch auf gnostische Reinkarnationsideen ein. Unter den Gründen, die er zu ihrer Widerlegung anführt, nimmt der Hinweis auf fehlende Rückerinnerungen einen wichtigen Platz ein.

> Ihre Lehre von der Seelenwanderung wird dadurch widerlegt, daß sich die Seelen gar nicht mehr an das erinnern, was vordem gewesen ist. Wenn sie nämlich dazu ausgesandt wurden, um alles durchzumachen, dann müßten sie sich auch an das Vergangene erinnern können, um das Fehlende noch nachzuholen und nicht elendiglich immer um dasselbe sich abzumühen.[12]

Irenäus unternahm den Versuch einer umfassenden theologischen Widerlegung gnostischer Reinkarnationsvorstellungen.

Gegen Reinkarnationsvorstellungen wenden sich um 200 n. Chr. auch Theophilus von Antiochien (*Ad Autolycum*), Minucius Felix (*Octavius*) und die *Spottschrift des Hermias*. Am ausführlichsten und tiefgründigsten setzt sich Tertullian (ca. 150–220), der bedeutendste lateinische christliche Theologe vor Augustin, mit der Reinkarnationsproblematik auseinander. Schon in seiner frühen apologetischen Schrift *Ad nationes* betont er, der christliche Auferstehungsglaube sei akzeptabler als die Vorstellung der Wiedergeburt der Seele in fremden Körpern. Am gründlichsten geht er in seiner Schrift *Über die Seele* (*De anima*) auf die Wiedergeburtsfrage ein. Nachdrücklich lehnt er eine Seelenwanderung, das heißt die Wiedergeburt von Menschen in Tieren, ab. Es gibt keine seelische Identität zwischen Mensch und Tier, der Unterschied ist zu groß. Auch könnte bei Seelenwanderung von einer *Re*-Inkarnation gar nicht gesprochen werden. Tertullian konstatiert einen unlösbaren Gegensatz zwischen Auferstehungs- und Reinkarnationsglauben. Das wirkt bis heute fort.

Unter den altchristlichen Schriftstellern und Theologen, die sich gegen Reinkarnationsvorstellungen wandten, sind auch der römische Presbyter und Irenäusschüler Hippolyt (gest. 235), der Apologet Lactantius (um 300), später dann vor allem die Kirchenväter Hieronymus (ca. 347–419/20) und Augustinus (354–430) zu nennen. Augustin fasst viele der altkirchlichen theologischen Einwände gegen die unterschiedlichen Reinkarnationsvorstellungen nochmals zusammen, vertieft und erweitert sie. Am Anfang seiner berühmten *Bekenntnisse* heißt es:

> … so sage mir auf meine kniefälligen Bitten, mein Gott, sage, Erbarmer, deinem Knecht: ist meine Kindheit erst einem anderen entschwundenen Lebensalter gefolgt? Ist es etwa jenes, das ich im Leibe meiner Mutter zugebracht habe? Denn auch davon ist mir einiges mitgeteilt worden, wie ich ja auch selbst schwangere Frauen gesehen habe. Was aber war vor diesem Lebensabschnitte, meine Süßigkeit und mein Gott? War ich damals schon irgendwo und irgendwer? Denn niemanden habe ich, der mich darüber belehren könnte; nicht Vater und Mutter konnten es noch die Erfahrung anderer noch meine Erinnerung. Oder lächelst du über mich, wenn ich solche Fragen stelle, und heißest mich

vielmehr, auf Grund der Dinge, die ich weiß, dich zu loben und zu bekennen?[13]

Augustin stellt sich die Präexistenz- und Wiedergeburtsfrage, beantwortet sie aber eindeutig negativ. Nach Johannes Chrysostomus (354–407) im Osten und Augustinus im Westen sind zu Beginn des Mittelalters die kirchlich-theologischen Positionen gegenüber Reinkarnationsvorstellungen ablehnend.

Unterstrichen und dogmatisch verfestigt wurde das durch einen Beschluss der Synode der konstantinopolitanischen Kirchenprovinz von 543 und Beschlüsse des 5. Ökumenischen Konzils zu Konstantinopel im Jahr 553. Dabei ist nicht von Reinkarnation die Rede, deshalb kann auch von einer altkirchlichen Verwerfung der Reinkarnationsidee nicht gesprochen werden. Klar wurden jedoch zwei ihrer wichtigsten Voraussetzungen verworfen: die Existenz der Seelen schon vor ihrer irdischen Geburt und die Möglichkeit der Rückkehr aller gefallenen Seelen zu Gott. Im Synodenbeschluss von 543 heißt es dazu:

Wenn einer sagt oder dafürhält, die Seelen der Menschen seien präexistent gewesen, insofern sie früher Intelligenzen und heilige Mächte gewesen seien; es habe sie aber Überdruß ergriffen an der Schau Gottes und sie hätten sich zum Schlechteren gewendet, darum seien sie abgekühlt von der Liebe zu Gott, hätten davon den Namen «Seelen» bekommen und seien zur Strafe in Körper hinabgeschickt worden – so sei er im Banne.[14]

Und:

Wenn einer sagt oder dafürhält, die Bestrafung der Dämonen und der gottlosen Menschen sei zeitlich und werde zu irgendeiner Zeit ein Ende haben; oder es werde eine Wiederbringung von Dämonen oder gottlosen Menschen geben – so sei er im Banne.[15]

Das 5. Ökumenische Konzil stellt dann noch einmal verbindlich fest:

Wenn einer sagt: Der Zustand der Intelligenzen werde der gleiche sein wie früher, als sie noch nicht herabgestiegen oder gefallen waren, so daß der Anfang gleich dem Ende ist und das Ende das Maß des Anfangs – so sei er im Banne.[16]

Damit waren einer positiven Diskussion des Reinkarnationsgedankens innerhalb der Kirche in Ost und West grundlegende theologische Voraussetzungen entzogen. Die Reinkarnationsidee wurde, sofern sie überhaupt ins Blickfeld trat, zu einem Thema der Häretiker, der Ketzer. Das zeigen dann für die westliche Kirche die Lehrsätze gegen die Priscillianer, eine asketisch-enthusiastische Bewegung in Spanien, welche die Kirchenversammlung 561 zu Braga (Portugal) verabschiedete.

> Wer sagt, die Menschenseelen hätten zuvor in der himmlischen Wohnung gesündigt und seien dafür in menschliche Körper auf die Erde hinabgeworfen worden, wie es priscillianische Lehre ist, der sei ausgeschlossen.[17]

In der Kirche wurde nach den verschiedenen Konzilsbeschlüssen der Wiedergeburtsglaube endgültig zu einer ketzerischen Vorstellung. Bei den Ketzern des Mittelalters, insbesondere den Katharern, von denen der Name «Ketzer» kommt, finden wir ihn dann wieder.

Katharer:
Die Ketzerei der Reinkarnation

In der zweiten Hälfte des 12. Jahrhunderts breitete sich in Italien, Deutschland und Frankreich eine religiöse Reformbewegung aus, deren Angehörige sich «Arme Christi, gute Menschen, gute Christen» nannten. In der Öffentlichkeit setzte sich die Bezeichnung Katharer, «die Reinen», durch. Aus Katharern wurden schließlich «Ketzer».

Wo im Einzelnen die geistigen Wurzeln der Katharer liegen, ist in der Forschung heftig umstritten. Lange Zeit sah man sie im Manichäismus und bei den Paulikianern und Bogumilen des Balkans. Sicher ist, es handelt sich bei den Katharern um die größte häretische Protest- und Reformbewegung des Mittelalters. Innerhalb von etwa zwei Jahrhunderten wurde die katharische Kirche durch Inquisition und blutige staatliche Verfolgung, etwa die Albigenserkriege (1209–1229) in Südfrankreich, ausgelöscht.

Die Katharer bildeten nach Glaube und Lehre keine einheitliche Größe. Ungeachtet aller Vielfalt sind dennoch zwei Hauptrichtungen festzustellen. Beide gehen von einer überirdischen, von Gott geschaffenen guten Welt und einer vom Teufel geschaffenen irdischen bösen Welt aus. Die Seelen sind von Gott geschaffen, sie werden auch als gefallene Engel angesehen. Der Körper ist eine Schöpfung des Teufels und der Kerker der Seelen. Ziel und Aufgabe der Seelen wird in der Rückkehr in die geistige Welt Gottes, in die himmlische Heimat gesehen. Das setzt die Überwindung der Materie und der bösen Welt auf dem Weg der Wiedergeburt voraus.

Der Bischof des erst 1295 im Kampf gegen die Katharer gegründeten südfranzösischen Bistums Pamiers, Fournier, schildert auf der Grundlage seiner Verhöre der häretischen Katharer ihre Vorstellungen vom Ursprung, dem Fall und der Rückkehr der gefallenen Seelen zu Gott auf dem Weg der Reinkarnation so:

> Alle Seelen der guten Menschen, ... die waren, sind und sein werden, wurden gemacht von Gott, dem Vater im Himmel, und dann vom Teufel verführt. Sie sündigten in der oben genannten Weise und fielen aus dem Himmel in die Welt des bösen Gottes. Und als sie dort waren und sich vom bösen Gott getäuscht sahen, weil er nicht hielt, was er ihnen versprochen hatte, schrien sie zu Gott dem Vater, daß er ihnen vergebe und zum Himmel zurückführe. Dies sehend sagte der böse Gott, daß er ihnen Tuniken mache, das heißt Körper, in denen sie das Gute vergäßen, was sie im Himmel hatten. Und so machte der Teufel die Körper, die die Tuniken des verkehrten Vergessens ... sind. In diesen Tuniken gehen die Seelen von Tunika zu Tunika, das heißt von Körper zu Körper, bis sie in eine Tunika kommen, in der sie gerettet werden (weil sie in dieser in den Stand der Wahrheit und der Gerechtigkeit gesetzt werden), ... Und wenn sie dann aus der genannten Tunika herausgegangen sind, kehren sie zum Himmel zurück. Und wenn ihnen der genannte Geist fehlt, wandern sie von Tunika zu Tunika, bis sie häretisch [Katharer] werden.[18]

Bei den Katharern wurde zwischen zwei Arten von Gläubigen unterschieden. Die «Vollkommenen» (perfecti) bildeten den Kern der katharischen Kirche. Sie war hierarchisch gegliedert und besaß auch Bischöfe. Den größten Teil der Anhänger bildeten die «Glaubenden» (credentes). Sie gingen weltlichen Berufen nach und kannten auch nicht alle Lehren ihrer Kirche. Zu einem Mitglied der wahren Kirche Gottes wurde man durch die «Geisttaufe» (consolamentum) beziehungsweise die «Tröstung». Sie allein ermöglichte die Rückkehr der Seele aus dem Kerker des Körpers in die himmlische Heimat, sofern man nach der Geisttaufe nicht wieder in Sünde verfiel. Um das zu vermeiden, empfing man die Geisttaufe oft erst auf dem Totenbett. Andere erwählten nach der Geisttaufe freiwillig den Hungertod (endura), um sündlos zu bleiben. Mit dem Ritus des Consolamentum ist der Kreislauf der Wiedergeburten durchbrochen. Die Seele des Menschen wird nun wieder mit dem Geist, der beim Fall der Engel im Himmel geblieben war, vereinigt.

Um dahin zu kommen, bedarf es in der Regel vieler Reinkarnationen der Seele. Über Wiedergeburtsvorstellungen im früheren Katharertum ist kaum etwas bekannt. Demgegenüber finden sich in den Inquisitionsprotokollen vom Anfang des 14. Jahrhunderts aus dem Pyrenäengebiet interessante Aussagen und Details zum katharischen Reinkarnationsglauben. Dabei werden Unterschiede und Widersprüche deutlich. Das zeigt sich schon bei der Zahl der Wiedergeburten. Teilweise wird sie auf sieben, neun oder dreizehn Wiedergeburten begrenzt, nach anderen Aussagen ist sie unbegrenzt. Bemerkenswert ist die Vorstellung, die wir auch bei afrikanischen und indianischen Völkern finden, verstorbene Kinder könnten, wenn die Mutter wieder schwanger wird, sofort von ihr erneut geboren werden. Aus den Lebensumständen eines Menschen kann man auf sein Tun und Lassen in einem früheren Leben schließen. Auch Reinkarnation in Tieren ist möglich.

> Die Katharer kleideten diese Vorstellung in eine Geschichte: Ein Katharer war in einem seiner letzten Leben ein Pferd und hatte ein Hufeisen verloren. In seinem jetzigen Leben erinnerte er sich an die Stelle und fand das Hufeisen tatsächlich wieder.[19]

Darüber, in welchen Tieren eine Wiedergeburt möglich ist, gab es offenbar sehr unterschiedliche Ansichten. Mit dem Glauben an die Reinkarnation in Tieren hing auch das Verbot des Tötens von Tieren und der Verzicht auf den Genuss von Fleisch zusammen.

Zu den durch die Inquisitionsakten überlieferten Details katharischer Reinkarnationsvorstellungen gehört der Versuch, den Wiederverkörperungsglauben mit der christlichen Lehre von der Auferstehung der Toten zu vereinen. Dies geschieht durch den bedeutsamen Hinweis, die Auferstehung erfolge mit dem Körper des letzten Erdenlebens. Da bei der Wiederverkörperung ein Geschlechtswechsel möglich ist, findet die letzte entscheidende Erdenexistenz, an deren Ende die Geisttaufe, die Tröstung, empfangen wird, in einem männlichen Körper statt.

Es sind solche und ähnliche Einzelheiten, die aus den Inquisitionsprotokollen zu entnehmen sind. Für eine umfassende und zuverlässige Gesamtdarstellung der katharischen Wiedergeburtsvorstellungen fehlen die Originalquellen. Die vorliegenden Berichte lassen jedoch eindeutig erkennen, dass der Wiederverkörperungsglaube in Lehre und Leben der Katharer eine wichtige Rolle spielte.

Mit den Katharern verschwand der Reinkarnationsglaube in erkennbaren äußeren Formen und organisatorischen Strukturen für längere Zeit aus Europa. Aus welchen Quellen er sich speiste, muss offen bleiben.

Interessant ist die These, dass es sich bei den katharischen Reinkarnationsvorstellungen um «eine Reaktion auf die Etablierung des Fegefeuers in der mittelalterlichen Theologie» handele, um eine Alternative zu dieser Kirchenlehre.[20] In diesem Fall lägen ihre Wurzeln eindeutig im Abendland. Die mittelalterliche katholische Theologie hat der katharische Reinkarnationsglaube nicht beeinflusst. Eine Brückenfunktion für das allmähliche Wiederaufleben des Reinkarnationsgedankens in Europa seit dem 16. Jahrhundert kann man ihm nicht zuschreiben.

Renaissance:
Antike Vorstellungen werden wiederentdeckt

Für die christliche Theologie des Mittelalters ist nach der Vernichtung der Katharer Reinkarnation kein Thema. Das heißt nicht, dass Reinkarnations- und Seelenwanderungsvorstellungen den mittelalterlichen lateinischen Theologen unbekannt waren. Allein schon ihre Kenntnis der Schriften antiker Autoren, vor allem der von Pythagoras und Platon, spricht dagegen. Auch gibt es einzelne kritische Äußerungen zum Reinkarnationsglauben.

Etwas anders ist die Situation in der mittelalterlichen orthodoxen Kirche des Byzantinischen Reiches. Hier waren die Kenntnisse der Antike und der altkirchlichen Theologie einschließlich des Origenes wesentlich besser und verbreiteter als im Abendland. Das hatte auch Folgen für die Präsenz von Reinkarnationsvorstellungen. Gegen einzelne Theologen, etwa Michael Psellos (1018–1078) und Johannes Italos (ca. 1083–1148), wurde der Vorwurf erhoben, Verfechter des Seelenwanderungsglaubens zu sein – vermutlich unbegründet.

Nachweislich vertrat der griechische Philosoph Plethon (1355–1452) Reinkarnationsideen im Sinne des Neuplatonismus, das heißt unter Ausschluss der Pflanzen- und Tierinkarnation von Menschenseelen. Dies tat er im Rahmen seines Anliegens, die Philosophie auf einer vernünftigen Grundlage unter Rückgriff auf die griechische Antike zu erneuern. Plethon, der zu den Vätern der Renaissance und zu den Wegbereitern der platonischen Akademie in Florenz gehörte, ist jedoch mit seinem Eintreten für die Reinkarnationsidee eine Einzelerscheinung. Dennoch hat die Renaissance, ihr Name kommt übrigens von *renasci* – wiedergeboren werden –, die Reinkarnationsfrage im philosophisch-religiösen Diskurs führender Vertreter dieser Epoche (ca. 1350–1630) lebendig werden lassen. Grund dafür ist nicht nur das Anliegen, Christentum und Antike miteinander in Einklang zu bringen, sondern vor allem die intensive Beschäftigung mit dem Menschen und der Unsterblichkeit seiner Seele.

Namhafte Vertreter der italienischen Renaissance wie Marsilio Ficino (1433–1499), Cristoforo Landino (1424–1498), vor allem aber Giovanni Pico della Mirandola (1463–1494) setzten sich mit antiken, in erster Linie platonisch-neuplatonischen Reinkarnationsvorstellungen auseinander. Diese wurden vielfach allegorisch interpretiert oder als poetisch-literarische Ausdrucksmittel angesehen. Klare Bekenntnisse zu Reinkarnationsvorstellungen finden sich nicht, sie hätten auch sofort die Inquisition auf den Plan gerufen.

Bemerkenswert erscheint, dass der große Florentiner Bußprediger Girolamo Savonarola (geb. 1452, gehenkt und verbrannt 1498) in seiner letzten Predigt zwei Monate vor seinem Tod ausführlich auf Seelenwanderungsvorstellungen eingeht, indem er sagt:

> Und einige wandten sich besonders stark und mit der größten Liebe Gott, ihrem Schöpfer, zu, und jene wurden selige Engel und bestätigt in der Gnade und unterschieden in der Glorie. Einige andere kehrten Gott

völlig den Rücken zu und für ihre Sünden wurden sie auf verschiedene Weise verdammt, mehr oder weniger, gemäß der Verschiedenheit der Sünden, für die sie an verschiedene Körper gebunden wurden, mehr oder weniger edel, gemäß dem, ob ihre Sünden weniger schwer oder schwerer gewesen waren; und von diesen traten die einen in ein Tier ein, die anderen in ein anderes, die einen in die Sonne, die anderen in den Mond, die einen in die Sterne und die anderen in menschliche Körper, je nach dem, ob ihre Sünden schwerer oder weniger schwer waren. Der heilige Augustinus belacht diese Ansichten ...[21]

Deutet das Eingehen Savonarolas auf die Seelenwanderung in einer öffentlichen Predigt, so fragt Helmut Zander in seiner *Geschichte der Seelenwanderung*, auf eine «Verbreitung von Reinkarnationsvorstellungen» in Florenz hin? Das lässt sich kaum zwingend daraus schließen.

Gleichwohl ist das Thema der Seelenwanderung in einer öffentlichen Predigt ein Signal für einen – in wie großen oder kleinen Kreisen auch immer – verbreiteten Glauben an die Seelenwanderung, oder zumindest eine populäre Vorstellung, daß Ungleichheit durch Reinkarnation erklärt werden könne. Aber eine solche Annahme bleibt spekulativ.[22]

Selbstverständlich beschränkte sich die wissenschaftliche Diskussion und die Auseinandersetzung mit Reinkarnationsmodellen nicht auf die italienischen Humanisten. In den Schriften vieler europäischer Gelehrter dieser Zeit gibt es dafür entsprechende Belege.

Unter den Reformatoren war Seelenwanderung offenbar nur für die Schweizer Huldrych Zwingli (1484–1531) und Theodor Beza (1519–1605), den Nachfolger Johannes Calvins (1509–1564), ein theologisches Randthema. Zwingli hielt am 29. September 1529 anlässlich des Marburger Religionsgesprächs eine Predigt, die sich Landgraf Philipp von Hessen (1504–1567) in schriftlicher Form erbat. Daraus ging eine kleine, aber für die Theologie Zwinglis bedeutsame Schrift hervor: *Predigt über die Vorsehung Gottes. Aus der Erinnerung.* Zwingli verteidigt darin einige Aspekte der Seelenwanderungslehre des Pythagoras und sagt: «Das ist die Seelenwanderung, das heißt ‹Austausch und Ablösung der Seelen›, aber nicht eine Verwandlung oder der Übergang von der einen Gattung in eine andere!»[23] Nach der Analyse zweier weiterer Äußerungen Zwinglis zur Seelenwanderung kommt Till A. Mohr zu der These,

> dass Zwingli mit seinem Eintreten für die Reinkarnationslehre, wie sie ihm von Pythagoras und Seneca her vertraut war und wie er sie zur Zeit Jesu im Judentum bezeugt fand, in der Reformationszeit wohl einzigartig dasteht.[24]

Das gilt besonders mit Blick auf die Wittenberger Reformatoren. Deutungen jenseits historisch-kritischer Forschung gibt es dennoch auch hier. So wird von verschiedenen Autoren Luther als der dritte Elia und Melanchthon als Elisa genannt. Zeithintergrund ist:

> Die Eliasweissagung erwächst aus dem so weit verbreiteten Antichristmythus. Danach schickt Gott beim Auftreten des Endchrists Elias und Henoch, deren Sterben die Bibel nicht kennt, aus dem Paradiese zur Warnung und zum Trost der bedrohten Christenheit.[25]

Als Erster hat Zwingli Luther als Elia bezeichnet. Nach ihm sehr oft vor allem Melanchthon, der dann seinerseits von Luther Elisa genannt wurde. Das Bild von Luther als Elia fand außerordentlichen Anklang, besonders nach Luthers Tod. Auch unter Lutherschülern und bei Vertretern der lutherischen Orthodoxie finden wir es wieder.

In der lutherischen Orthodoxie lassen sich übrigens, anders als bei den Wittenberger Reformatoren, Versuche der Auseinandersetzung mit der Reinkarnationsproblematik nachweisen. So kommt der Jenaer Theologieprofessor Johann Gerhard (1582–1637) in seinem berühmten Werk *Loci theologici* darauf zu sprechen. Sicherlich ließen sich weitere Beispiele finden.

Es ist aber keineswegs das Vorhandensein von Reinkarnationsvorstellungen in breiten Bevölkerungskreisen, was den im 16. und 17. Jahrhundert unter Gelehrten in allen Teilen Europas festzustellenden Diskurs über Seelenwanderung allmählich belebt, sondern die durch Renaissance und Humanismus geförderte Begegnung mit der Antike. Auch blieb er zunächst auf Gelehrtenkreise beschränkt. Vertreter und Propagandisten von Wiederverkörperungsvorstellungen sind kaum darunter. Ein wichtiger Grund dafür ist allein schon die mangelnde Religionsfreiheit der Zeit. Ketzern drohte der Tod, sowohl in katholischen wie in evangelischen Ländern. Das

Schicksal des Antitrinitariers Michael Servet, seine Verbrennung am 27. Oktober 1553 im calvinistischen Genf, macht dies exemplarisch deutlich.

Ein anderes und weit berühmteres Opfer der Ketzerverfolgung ist der zeitweise an verschiedenen europäischen Universitäten, unter anderem in Wittenberg, lehrende Italiener Giordano Bruno (1548–1600). Zu seinen häretischen Ansichten gehörte der Glaube an die Seelenwanderung. Es waren aber keineswegs in erster Linie die Seelenwanderungsvorstellungen, die Bruno das Leben kosteten. Von der Inquisition wurde er wegen seiner Lehren über Gott und Jesus Christus verurteilt. Seelenwanderung war *nur ein* Element seines damals häretischen Welt- und Menschenbildes. Bruno ging unter Berufung auf Nikolaus Kopernikus (1473–1543) von der Unendlichkeit des Weltalls mit unendlich vielen Weltsystemen aus. Diese Sicht des Universums verband er mit einem pantheistischen Gottesbild. Natur war für ihn Gott in den Dingen. Alles ist von beseelten Kräften durchdrungen. Auch in der Seele erkennt er einen Teil der ewigen Substanz. In ihrer irdischen Existenzform hat die Seele einen Platz zwischen niederen und höheren Dingen. Zu beiden kann sie herabsinken oder aufsteigen. Ob das auch die Notwendigkeit der Reinkarnation in Tieren einschließt, ja erfordert, ist umstritten. Jedenfalls gibt Bruno zu bedenken:

Doch die höchste Gerechtigkeit, welche über und in allen Wesen waltet, fügt es, daß die Seele zufolge unordentlicher sündhafter Begierden entweder in den gleichen oder gar in einen andern qualvolleren und unedleren Körper, als den sie verließ, herabsteigen muß und sich auf die Regierung und Verwaltung eines besseren Wohnsitzes keine Hoffnungen machen darf, wenn sie die Verwaltung des bisherigen schlecht geführt hat. Wenn sie also beispielshalber in demselben ein pferde- oder schweinemäßiges Leben geführt hat, so wird sie, wie viele sehr ausgezeichnete Philosophen gemeint haben, deren Ansicht ich selber wenn auch nicht für unbedingt maßgebend, so doch für immerhin beachtenswert halte, vielleicht von der schicksallenkenden Gerechtigkeit dazu verurteilt, in einen Kerker, der sich für solche Vergehen und solche Sünden schickt und in Organe und Glieder, wie sie sich für einen solchen Arbeiter und Künstler ziemen, sich einspinnen zu lassen. Und so wird sie weiter und weiter das Verhängnis der ewigen Veränderung durchlaufen und je nachdem in andere bessere oder schlechtere Lebensweisen und Schicksale eingehen, als sie sich besser oder schlechter in ihrer nächst vorangegangenen Lebenslage und unter den eben überstandenen Verhängnissen geführt hat.[26]

Das Problem des Vergessens früherer Leben und der damit verbundenen Erlebnisse wird von Bruno gesehen und mythologisch gelöst. Vor der Reinkarnation muss die Seele im Lethestrom, im Wasser des Vergessens, baden und kann sich danach an nichts mehr erinnern. Aber alle ihre Erlebnisse werden in einem himmlischen Buch vermerkt und sind deshalb der Seele später wieder zugänglich. In Brunos Schrift *Die Kabbala des Pegasus mit der Zugabe des Kyllenischen Esels*, 1585 in Paris erschienen, erzählt Onorius in einem unterhaltenden Dialog mit Sebast:

> Wie schon gesagt, während ich so in der himmlischen Region unter dem Titel des Pegasus verweilte, geschah es wiederholt, daß ich wiederum große Hinneigung zur niederen Sphäre empfand – die Ursache solcher hat der Platoniker Plotin trefflich erläutert – und als ein von Nektar Berauschter durch einen Schicksalsspruch zur Erde verwiesen wurde, um hier bald als Philosoph, bald als Dichter oder gar als Schulmeister mich abzuplagen. Kehrte ich dann wieder zu meinem himmlischen Sitze zurück, so trug ich alle meine Erlebnisse dort in ein Buch ein, so daß ich dort eine ganze Bibliothek zustande gebracht habe, die ich dort beließ, sooft ich wieder zeitweilig auf der Erde Wohnung nahm. Besonders bemerkenswert erscheint mir nun von diesen meinen irdischen Erinnerungen mein Leben zur Zeit des Königs Philipp von Mazedonien, unter dessen Regierung ich, wie man meint, durch den Samen eines gewissen Nikomachus wieder verkörpert wurde.[27]

Für Bruno ist nicht die Erde der Endpunkt der Wanderung der Seele. Er hat vielmehr «eine Wanderung auf andere Weltenkörper angenommen. Darauf weist seine Äußerung hin, daß das Wasser der Weisheit und des ewigen Lebens, mit dem die erleuchteten Seelen getauft werden, sich nicht in der Welt befindet, und die andere: der Sitz der Seligen sind die Gestirne.»[28]

Unmittelbare Nachwirkungen haben die eng mit seiner Kosmogonie verbundenen Reinkarnationsvorstellungen Giordano Brunos kaum gehabt, dennoch kommt ihnen für die weitere Entwicklung des Reinkarnationsgedankens bis hin zu Gotthold Ephraim Lessing durchaus Bedeutung zu.

Franciscus Mercurius van Helmont:
Neue Gesichtspunkte

Am 2. August 1696 schrieb Liselotte von der Pfalz (1652–1722), Herzogin von Orleans, an ihre Tante, die Herzogin Sophie von Hannover (1630–1714): «Monsieur Helmonts Meinung will mir nicht recht in Kopf, denn ich kann nicht begreifen, was die Seele ist und wie sie in einen andern Leib kann kommen …»[29]

Die hochgebildete Herzogin von Hannover, eine Freundin und Gesprächspartnerin Gottfried Wilhelm Leibniz' (1646–1716), beschäftigte sich seit längerem schon mit dieser Problematik. Liselotte selbst trat in brieflichen Kontakt mit Leibniz und las einige seiner Abhandlungen. Die Frage der Seelenwanderung tauchte weiterhin im Briefwechsel der beiden Fürstinnen auf. Eine umstrittene Thematik ist hoffähig geworden! Sie bleibt nicht mehr auf den kleinen Kreis der Gelehrten beschränkt.

Wesentlichen Anteil daran haben zwei Männer: Franciscus Mercurius van Helmont (1614–1698) und Gottfried Wilhelm Leibniz. Entscheidend ist zunächst vor allem van Helmont. Er gehört zu den interessantesten Persönlichkeiten seiner Zeit. Bereits sein Vater Jan Baptista van Helmont (1579–1644) erregte als erfolgreicher Arzt und Naturforscher, der auf alchemistischem Weg nach dem Stein der Weisen und damit nach der Möglichkeit der Verwandlung der Elemente suchte, viel Aufsehen. Auf dem Gebiet der Medizin und Chemie gelangen ihm zukunftsweisende Entdeckungen.

Franciscus Mercurius van Helmont knüpfte an das geistige Erbe seines Vaters an, dessen Nachlass er 1648 in Amsterdam herausgab, ging aber unter dem Einfluss der kabbalistischen Lehren Isaak Lurias (1533–1572) eigene Wege. Das betrifft in besonderer Weise seine Überlegungen zur Frage der Seelenwanderung. 1684 erschien anonym, aber aus seiner Feder stammend, die Schrift *Zweihundert Fragen betreffend die Lehre von der «Revolution» der menschlichen Seelen und ihre Übereinstimmungen mit den Wahrheiten des Christentums*. In der Forschung wird das Buch verschiedentlich als «reinkarnatorisches Standardwerk» bezeichnet. Durch die *Zweihundert Fragen* wurde die europäische Reinkarnationsdebatte entscheidend angeregt. Sie erreichte jetzt, wie bereits erwähnt, auch verstärkt Kreise der gebildeten Laien. Das Motiv für den gewagten Schritt van Helmonts, die Reinkarnationsdebatte in die Öffentlichkeit zu tragen, wird in seinem Versuch gesehen, angesichts einer sich in den Führungseliten ausbreitenden Neigung zum Atheismus eine Reform des Christentums herbeizuführen und atheistischen Gedankengängen entgegenzuwirken.

Die Aufnahme des Wiedergeburtsgedankens ins Christentum erschien ihm, wie fast zweihundert Jahre später Vertretern eines christlichen Spiritismus, dabei sehr hilfreich zu sein. Van Helmont spricht allerdings nicht von Seelenwanderung, Transmigration oder Metempsychose, sondern von der «Revolution» der Seelen. Die Belege für seine diesbezüglichen Anschauungen suchte und fand er vor allem – es ging ihm ja um das Christentum – in der Bibel. Unter anderem deutet er die bekannte Frage von Jesu Jüngern angesichts eines Blindgeborenen: «Meister, wer hat gesündigt, dieser oder seine Eltern, dass er ist blind geboren?» (Joh 9,2) im Sinne seiner Vorstellungen.

Liselotte von der Pfalz hat er damit nicht überzeugt, denn sie schrieb in ihrem Brief an Herzogin Sophie von Hannover am 2. August 1696:

> Ich habe die Freiheit genommen und Eurer Liebden schon letzmal meine Meinung über der Jünger Christi Frage wegen des Blindgeborenen gesagt, doch will dies noch hinzusetzen, daß ich nicht finde, daß es ein Beweis ist, daß die Seele in einen andern Leib gehet ...[30]

Die Lehre van Helmonts über die Revolution der Seelen ist schon von Zeitgenossen, offenbar auch von den beiden Fürstinnen, im Sinne klassischer Wiederverkörperungsvorstellungen verstanden worden. Helmut Zander vertritt die Auffassung, van Helmonts Lehre von der Revolution der Seelen «ist durch einen vielleicht schmalen, aber sehr tiefen Graben von Reinkarnationsvorstellungen getrennt». Sachlich gebe es

> eine fundamentale Differenz zu den Reinkarnationstheorien: Eine leiblose Seele und deren Verbindung mit immer wieder neuen Körpern, die elementare Konstitutionsbedingung europäischer Reinkarnationssysteme, ist für van Helmont keine Alternative.[31]

Andere sahen und sehen das nicht so. Einer seiner zeitgenössischen Anhänger, der evangelische Konsistorialrat Georg Christoph Brendel (1668–1722), stellt fest, van Helmont habe gelehrt,

> dass nämlich die heilen und guten Seelen gleich nach dem Tod in die Seeligkeit kommen, die aber Sünden getan, müssen so lange in andere Leiber eingehen und wiedergeboren werden, bis sie recht von Sünden gereiniget worden und göttlicher Gemeinschaft fähig sein können etc.[32]

Bei der Analyse der Anschauungen van Helmonts über die Revolution der Seelen sollte auch die schon von Paracelsus (1493–1541) vertretene Theorie von der unlösbaren Verbindung der Seele mit einem Astralkörper, einem feinstofflichen Körper, mit in Betracht gezogen werden. Jenseits wissenschaftlicher Kontroverse ist unbestreitbar, dass die Gedanken van Helmonts für die Entwicklung der europäischen Reinkarnationssysteme eine bedeutende Rolle gespielt haben. Seine kritische Auseinandersetzung mit antiken Seelenwanderungsvorstellungen, etwa denen des Pythagoras, könnten dabei eher förderlich als hinderlich gewesen sein. Diesen setzte van Helmont seine durch kabbalistische Einsichten wesentlich mitbestimmten Überlegungen von der Revolution der Seelen entgegen. Heinrich Kofink fasst ihre zentralen Gedanken so zusammen:

> Die menschlichen Seelen nehmen ihren Anfang nicht in dieser Welt, sondern sie treten vom Himmel her in dieselbe ein. Sie leben auch nicht bloß einmal in derselben, sondern zwölfmal, und zwar erscheinen sie in Abständen von je $333^1/_3$ Jahren auf der Erde. Sie nehmen jedes Mal den gleichen Körper an sich. Denn sobald der Keim eines Menschen im Mutterleib gelegt wird, zieht er mit einer Art magnetischer Kraft die in der Welt zerstreuten Bestandteile des früheren Körpers an sich, so daß der neue Leib aus diesen gebildet wird. Das ist möglich, weil die materia prima oder substantia der Körper unzerstörbar ist. Die Ansicht also, die Leibniz als die van Helmonts berichtet, daß die Seelen aus den toten Körpern gleich wieder in frische Leiber ziehen und also stets einerlei Seelen auf dieser Erde vorhanden sein sollen, findet sich in Helmonts Schriften nicht. Dieser verteidigt sich ausdrücklich gegen diese Meinung und betont, daß er eine klare und deutliche Ordnung hinsichtlich der körperlichen Wiedergeburt aufstelle, so daß auch die Seelen, die in ihrer 9. oder 10. Revolution sterben, nicht gezwungen werden, unmittelbar wiederzukehren. Wie sich Helmont den Zustand der Seelen nach Ab-

lauf ihrer zwölf Wanderungen denkt, ist nicht ganz deutlich. Das Wahrscheinlichste ist, daß Helmont esoterisch eine immer sich wiederholende Vereinigung der Seelen mit immer feineren Körpern auch auf anderen Welten angenommen hat.[33]

Van Helmont sieht in seiner Lehre von der Wanderung der Seelen – wie viele andere vor ihm und nach ihm auch – die Möglichkeit, die Frage nach der Gerechtigkeit Gottes, eine uralte Anfrage des Atheismus, überzeugend zu beantworten. Der seinem System eigene Entwicklungsgedanke trägt den offensichtlichen inneren und äußeren Unterschieden unter den Menschen Rechnung und ermöglicht die Rückkehr aller zu Gott auf der Grundlage seiner umfassenden Gnade. Es gibt keine ewige Verdammnis. Die Annahme einer neuen Geburt erschließt auch den vor Jesus Christus Lebenden den Zugang zur Erlösung und stellt sie mit Gründen der Vernunft in einen universellen Rahmen. Das Fehlen der Erinnerung an unmittelbar zurückliegende Existenzformen sieht van Helmont übrigens durchaus positiv, denn am Ende ihrer Wanderung wird der Seele ein umfassender Rückblick zuteil.

In dem im Detail sehr komplizierten theologisch-philosophischen System van Helmonts ist die Lehre von der Rückkehr der Seelen keine Randfrage, wie etwa bei Giordano Bruno, sondern steht im Zentrum der Theologie. Hier hat sie eine wichtige Funktion in der als christlich verstandenen Erlösungslehre. Sie dient dem Fortschritt, der positiven Entwicklung der Seelen. Das ist neu und zukunftsweisend.

Von van Helmonts Anschauungen gingen – ganz gleich, ob sie jeweils richtig oder falsch verstanden wurden – entscheidende Impulse für die eigenständige europäische Reinkarnationsdebatte im 18. Jahrhundert aus. Sie gewinnt dadurch an Breite, Vielfalt und Tiefe und bleibt auf dem Boden des Christentums, auch wenn in ihr jüdisch-kabbalistische Einsichten mit zum Tragen kommen. Dass van Helmonts Lehre von der Revolution der Seelen eine so große Wirkung bei Gelehrten, aber auch erstmals in einer breiteren Öffentlichkeit entfalten konnte, ist zunächst vor allem Leibniz zu verdanken.

Auch Liselotte von der Pfalz wurde, wie wir sahen, indirekt durch Leibniz mit den Anschauungen van Helmonts von der Revolution der Seelen bekannt. Sie ist trotz ihrer Distanz zu einem bestimmten Reinkarnationsglauben auch ein Beispiel dafür, welche bleibende Faszination von van Helmonts Überlegungen ausging. Am 20. Juni 1709, Jahre nach van Helmonts Tod, schrieb sie an ihre Tante Sophie, nun Kurfürstin von Hannover:

> … ich wollte, daß es in unsrer Religion erlaubt wäre, die Seelenwanderung zu glauben, denn es wäre ein Trost, wenn man sich fest einbilden könnte, die, so man lieb gehabt, wieder aufs neue leben zu sehen und auch Hoffnung zu haben, wieder kommen zu können.[34]

VI. Auf dem Weg zur Mitte
des europäischen Geisteslebens

Radikale Pietisten:
Am Rande von Theologie und Kirche

Franciscus Mercurius van Helmont sah in seiner Anschauung von der Revolution der Seelen kein antichristliches theologisch-philosophisches Konzept. Er wollte damit vielmehr einen Versuch zur zeitgemäßen Gestaltung und Reform des Christentums unternehmen. Seit dem Ende des 17. Jahrhunderts bot die Theologie der Aufklärung und des Pietismus dazu manche Anhaltspunkte.

Die Frage nach dem Menschen, seiner Herkunft, seiner Zukunft, seines Verhältnisses zur sichtbaren und zur unsichtbaren Schöpfung war ein zentrales Thema der Zeit. Der Gedanke wiederholter Erdenleben schien geeignet, die Diskussion über das Wesen des Menschen, über Gott, Vernunft und Unsterblichkeit zu bereichern. Dem Menschenbild konnten durch die Idee der Reinkarnation neue, bisher ungeahnte Zukunftsdimensionen eröffnet werden. Die kirchliche Lehre von der Ewigkeit der Höllenstrafen – von vielen aufgeklärten, aber auch manchen pietistischen Theologen abgelehnt – musste im Fall der Höherentwicklung durch mehrere Erdenleben ihren Schrecken verlieren. Die Erbsündenlehre, die für theologische Aufklärer ebenso wie für einige radikale Pietisten anstößig war, ließ sich neu deuten, indem man nur das erbte, was man selbst gesät hatte. Das Problem der Gerechtigkeit und Ungerechtigkeit Gottes, mit dem sich unter anderem Leibniz intensiv beschäftigte, konnte entschärft, wenn nicht gar gelöst werden. Das Fortschritts- und Entwicklungsprinzip musste nicht nur in der Natur Gültigkeit haben.

Diese und andere bis heute aktuelle Überlegungen tauchten im 18. Jahrhundert verstärkt auf, oft nur in Form von Gedankensplittern. Sie auszusprechen war zumindest für Theologen noch riskant.

Bereits Einzelüberlegungen riefen scharfe Kritik seitens der kirchlichen Orthodoxie hervor. Die orthodoxe Kritik fand ihren Niederschlag in vielfältigen Publikationen, akademischen Disputationen, aber auch Predigten.

Uns interessieren hier, ohne Vollständigkeit anzustreben, die wenigen positiven oder neutralen theologischen Äußerungen zum Reinkarnationsproblem in der Zeit bis 1780. Bemerkenswerterweise waren es die in Halle, das sich gerade zum Zentrum des Pietismus und der Aufklärung entwickelte, erscheinenden *Observationes Halenses*, die sich 1700 in einem Artikel *Apologia Pythagorae* für eine offene, auch die Theologie einbeziehende Debatte der Reinkarnationsidee einsetzten.[1] Ihre namhaften Herausgeber, der Jurist Christian Thomasius (1655–1728), der Mediziner Georg Ernst Stahl (1660–1734) und der Theologe Johann Franz Buddeus (1667–1729), vertraten keineswegs den Reinkarnationsglauben, setzten aber der Zielstellung ihrer Zeitschrift entsprechend mit dem Artikel ein Zeichen für einen sachlichen und aufgeklärten Umgang mit dieser bislang weithin der Ketzerpolemik überlassenen Randfrage. Zweifellos belebte der Beitrag in den halleschen *Observationes* die akademische Reinkarnationsdebatte in Deutschland, wie zwei Rostocker theologische Dissertationen von 1705 zeigen, die sich kritisch mit dem Artikel auseinandersetzten.

Wenn nicht Zustimmung, so doch Interesse fanden Reinkarnationsspekulationen bei einigen Vertretern des radikalen Pietismus. Es handelt sich dabei um eine in sich sehr bunte Richtung des Pietismus mit Offenheit für Endzeit- und Wiederkunftserwartungen, Offenbarungen durch «Inspirierte», Allversöhnungslehre, aber auch Separatismus. Ob der dem radikalen Pietismus zuzurechnende Theologe und Mediziner Johann Konrad Dippel (1673–1734) im Zusammenhang seiner Anschauungen über die Seele und ihre Unsterblichkeit auch für reinkarnatorische Ideen offen war, ist umstritten, wurde aber mehrfach behauptet. Auf jeden Fall hat er indirekt die Reinkarnationsdebatte angeregt. Auch vertrat er die Meinung, es gäbe nicht wenige Anhänger des Seelenwanderungsglaubens.

Es ist kein Zufall, dass sich das wohl erste klare Bekenntnis eines deutschen Theologen zum Glauben an wiederholte Erdenleben zu Beginn des 18. Jahrhunderts in der *Zueignungs-Schrifft* der Übersetzung von Dippels Buch *Die Kranckheit und Artzney Des Thierisch-Sinnlichen Lebens* befindet. Der Übersetzer und Verfasser der Widmung wählte das Pseudonym Polycarpus Chrysostomos. Dahinter verbarg sich, das war sehr bald kein Geheimnis mehr, Georg Christoph Brendel (1668–1722). Er ist dem radikalen Pietismus zuzurechnen und hatte sich durch mehrere theologische Schriften einen Namen gemacht, so durch die 1714 erschienene Postille *Das Wachstum im Christentum*. Von 1696 bis 1722 war er Pfarrer und Konsistorialrat in der fränkischen Herrschaft Thurnau. Sein Reinkarnationsglaube ist, das verschweigt er nicht, durch van Helmont und die jüdische Kabbala beeinflusst. Begründet findet er seine Anschauung, die eine Rückkehr der menschlichen Seele ins Tierreich ausschließt, in der Natur und der Bibel. In der Natur erkennt Brendel eine Reihe von Beispielen für Seelenwanderung, offenbar unter dem Einfluss des Vitalismus, wie ihn auch Dippel vertrat:

> Was die Transmigration und Revolution der menschlichen Seelen betrifft, wird solche Lehre nicht nur von allen Nationen (die einigen Europäer ausgenommen) behauptet, sondern es bekräftiget dieselbe auch die ganze Natur, denn da ist weder Geist noch Körper, der nicht transmigrire und revolviret werde.[2]

Brendel zieht daraus den Schluss:

> So nun die ganze Natur, alle Elementa, das mineralische und vegetabilische Reich, *in loca et corpora aliena* transmigriren und revolviret werden, was solle es nun hindern, dass nicht auch die Seelen der Menschen und Tiere aus einem Leib in den andern und aus einem Ort in den andern transmigriren.[3]

Noch wichtiger als die gleichsam naturwissenschaftliche Begründung der Möglichkeit von Reinkarnation ist ihm die biblische Begründung. Brendel stellt selbst die Frage: «Ob diese Lehre *de Revolutione animarum* nicht in der Heil. Schrift gegründet?» und beantwortet sie mit dem Verweis auf eine ganze Reihe von Bibelstellen, auf die sich auch heute noch viele Vertreter eines christlichen Reinkarnationsglaubens berufen.[4]

> Ja, ist es nicht klar, dass diese Lehre auch zu des Herrn Christi Zeiten gang und gäbe gewesen und er sie doch niemals als etwas Gottloses oder

Närrisches verworfen, e. g. Matth. 11,14, da er selbsten sagt, Johannes sei Elias, der kommen sollte.[5]

Weitere Bibelstellen, so Markus 8,28, Lukas 9,19, führt Brendel an, um zu beweisen, «dass zu der Zeit die Metempsychosis oder *Revolutio animarum* eine bekannte Sache gewesen».[6] Zu der Frage der Jünger an Jesus in der Geschichte vom Blindgeborenen (Joh 9), ob dieser oder seine Eltern gesündigt hätten, bemerkt Brendel:

> Gleichwohl bestraft sie der Herr nicht, dass sie was Närrisches glauben [der Blindgeborene könne vorgeburtlich gesündigt haben], sondern er sagt nur, weder er noch die Eltern hätten gesündiget etc., und gibt als *tacite* [stillschweigend] zu, dass er zuvor, ehe er blind geboren worden, schon gewesen, nur dass er nicht gesündiget: Gleichwie hingegen Salomo Sap. 8 bekennet, dass, weil er gut war, so seie er auch in einen unbefleckten Leib kommen.[7]

Das Gespräch Jesu mit Nikodemus (Joh 3) ist aus Brendels Sicht ein Gespräch über die geistliche und leibliche Wiedergeburt. Jesus sagt, es wundere ihn,

> dass Nicodemus ein Meister in Israel seie und wisse doch von beiden (ist der Pluralis im Grundtext) nichts, sondern frage V. 4 und 9 als von unbekannten Dingen, da sie doch so gemein wären. Und V. 12 sagt er, glaubt ihr nicht, wenn ich euch von irdischen (Wiedergeburten) sage, wie würdet ihr denn die himmlische (das ist die Restitution der Seelen dahin, wo sie herkommen V. 13) glauben können?[8]

Auch das Verhältnis zum jüdischen Volk sieht Brendel im Lichte seines Wiedergeburtsglaubens neu. Die Verheißungen an Israel nach Hesekiel 36 und 37 und an anderen Stellen des Alten Testaments, dass das Volk wieder in dem von Gott gegebenen Land in Frieden leben wird, ebenso die Verheißungen des Apostels Paulus über die endzeitliche Bekehrung des jüdischen Volkes bedeuten nichts weniger, als «dass alle verstorbene und im Unglauben dahin gefahrene Juden müssen wieder revolviret und restituiret werden».[9] Nach Brendel stimmt die Lehre der Reinkarnation nicht nur mit der Bibel überein, sie festigt und bestätigt zudem auf eine auch den Verstand überzeugende Weise die Wahrheit und Autorität der Bibel.

Endlich fragt sich's: Ob nicht durch diese Lehre *de Revolutione anima-rum* die Heil. Schrift von unendlichen Schwierigkeiten, Unwahrheiten, Contradictionibus etc. auf eine wunderbare leichte Manier kann befreiet werden, denen sie doch sonsten schlechterdings zum Spott vor allen Atheisten müsste unterworfen bleiben?[10]

Ein Nährboden für die positive Aufnahme von Seelenwanderungs-vorstellungen war, wie schon das Beispiel Brendel zeigt, Berleburg, die Residenzstadt der Grafschaft Sayn-Wittgenstein, ein Zentrum des radikalen Pietismus. Hier erschien in den Jahren 1726–1742 die Berleburger Bibel, eine Bibelübersetzung und Kommentierung durch Vertreter des radikalen Pietismus. Der führende Kopf war der Theologe Johann Friedrich Haug (1680–1753). Alle bisherigen Bibelauslegungen, aber auch mögliche neue sollten vorurteilslos aufgenommen und nach dem Pauluswort «Prüfet aber alles, und das Gute behaltet» (1 Thess 5,21) Berücksichtigung finden. Das traf offenbar auch auf die reinkarnatorische Auslegung von Bibelstellen zu. Dabei lassen sich Einflüsse van Helmonts und seiner Anhänger feststellen. Von Seelenwanderung wird nirgends gesprochen, wohl aber von «Revolution und Umwälzung» der Seelen.

Von Befürwortern des Reinkarnationsgedankens wurde offen-sichtlich schon damals Psalm 90,3 und 4 als biblischer Beleg heran-gezogen: «Der du die Menschen lässest sterben und sprichst: Kommt wieder, Menschenkinder! Denn tausend Jahre sind vor dir wie der Tag, der gestern vergangen ist, und wie eine Nachtwache.» Als eine mögliche Erklärung neben anderen verweist der Kommen-tator dieser Bibelstelle auf die «Meinung von der sogenannten Um-wälzung der Seelen».[11] Noch deutlicher wird der Kommentator bei der Auslegung der bekannten Stellen aus dem Prediger Salomo (1, 9): «Was geschehen ist, eben das wird hernach sein. Was man ge-tan hat, eben das tut man hernach wieder, und es geschieht nichts Neues unter der Sonne.» Dazu wird bemerkt:

Der gantze Context und alle dessen Gleichnisse bestärcken zimlich deutlich eine beständige Revolution und Umwältzung. Eben die Sonn, die bei ihrem Untergang aus unserm Gesicht verschwindet, kommet wieder bei ihrem Aufgang. Einerlei Wind drehet sich bald da bald dort-hin, und kommt bei solchem Drehen auch wieder an seinen Ort. Eben die Flüsse so aus dem Meer hervorkommen kehren wieder in dasselbe zurück. So daß man fast nicht weiß, was man zu der Meynung einiger auch frommen Leute sagen soll, die solches auch auf das menschliche Leben und Gebuhrt erstrecken: Ob man dieselbe mit andern verwerffen soll; oder ob man nicht der Bescheidenheit gemäßer handle, wenn man sie zum wenigsten an seinem Orte stehen lässt: und aufs wenigste wird wohl, solches auch nur angezeigt zu haben, und wo diese Leute ihre Gründe herzunehmen trachten, keine Sünde sein.[12]

Von besonderem Interesse ist, wie Matthäus 11,14 interpretiert wird, wo Jesus mit Blick auf Johannes den Täufer betont: «... und so ihr's wollt annehmen: er ist der Elia, der da kommen soll.» Die Auslegung dieser dem Wortlaut nach eindeutigen Feststellung in der Berleburger Bibel lässt die Reinkarnationsfrage offen, schließt die Möglichkeit aber nicht von vornherein aus:

> Ist er der Elias, so muß entweder die Meinung derer wahr sein, die da glauben, dass die Seele mehr als einmal auf die Welt komme und wieder einen neuen Leib bekomme; oder es muß nach dem Geist zu verstehen sein, welches mit mehrer Gewißheit angenommen werden kann.[13]

Recht deutlich wird die auch von «einigen frommen Leuten» vertretene Anschauung von der Umwälzung der Seelen bei der Erklärung von Matthäus 23,34 und 35, wo Jesus die Pharisäer scharf kritisiert, im Kommentar der Berleburger Bibel herangezogen:

> Darum siehe, ich sende zu euch Propheten und Weise und Schriftgelehrte; und deren werdet ihr etliche töten und kreuzigen, und etliche werdet ihr geißeln in euren Synagogen und werdet sie verfolgen von einer Stadt zu der andern, auf dass über euch komme all das gerechte Blut, das vergossen ist auf Erden, von dem Blut des gerechten Abel an bis auf das Blut des Zacharias, des Sohnes Barachjas, welchen ihr getötet habt zwischen Tempel und Altar.

Der Kommentator führt aus:

> Man müßte dann die Meynung derjenigen wollen annehmen oder gelten lassen, die eine Umwältzung der Seelen glauben, dadurch dieselbe mehr als einmal auf dieser Welt zu leben komme, welche eben daher einen Grund nehmen und fragen; wie Christus habe sagen können, welchen ihr getödtet habt, wenn es nicht wahrhaftig so gewesen wäre? Welches aber keineswegs hätte geschehen können, wenn sie nicht in den ehmaligen Zeiten desselben Zachariä auch gelebet hätten.[14]

Bei der Auslegung der von christlichen Vertretern des Reinkarnationsglaubens als Beleg vielfach herangezogenen Bibelstelle Johannes 3, dem Gespräch Jesu mit Nikodemus, findet sich keinerlei Bezug zum Reinkarnationsgedanken. Im Zusammenhang einer anderen für Wiederverkörperungsansichten im Umfeld Jesu gern zitierten Bibelstelle (Joh 9,1–3) von der Heilung des Blindgeborenen stellt der Kommentator nur sachlich mit Blick auf die Jünger dem Text entsprechend fest, «so der Meynung zugetan sind, weil eine Sünde muß gemeinet sein, die vor dessen Geburt vorhergegangen».[15]

Wer jeweils die Kommentatoren waren, ist nicht bekannt. Ihre Bibelauslegungen standen zunehmend unter scharfer Beobachtung ihrer orthodoxen Gegner, die seit dem Erscheinen des ersten Bandes des Berleburger Bibelwerkes alle Abweichungen von der offiziellen Kirchenlehre kritisch registrierten und in Rezensionen und Aufsätzen der Öffentlichkeit bekannt machten. Das betraf nicht zuletzt auch die Spekulationen bezüglich der Revolution und Umwälzung der Seelen. Eine gewisse Offenheit für Reinkarnationsvorstellungen ist bei der Kommentierung einiger Bibelstellen bei den Herausgebern der Berleburger Bibel unübersehbar. Als radikale Pietisten standen sie als eine Art theologischer Exoten aber am Rande der Kirche.

Aufklärung:
Von Edelmann bis zu Lichtenberg

Das 18. Jahrhundert, das Jahrhundert der Aufklärung, bezeichnet man gern auch als das philosophische Jahrhundert. Kritik, insbesondere kritische Hinterfragung des Gottes-, Menschen- und Weltbildes der christlichen, konfessionell geprägten Tradition, gehört zu den Grundprinzipien der Aufklärung. Im Mittelpunkt ihres Denkens und Forschens steht der Mensch. Seine Entwicklung und Vervollkommnung spielen in der Philosophie der Aufklärung eine wichtige Rolle. Dabei nimmt man immer weniger Rücksicht auf kirchliche Dogmen und enttheologisiert das Denken.

Ein anschauliches, gleichsam personalisiertes – wenn auch nicht typisches – Beispiel dafür ist Johann Christian Edelmann (1698–

1767). Er hat sich vom radikalpietistischen Separatisten zum spino-
zistischen aufgeklärten Freidenker entwickelt. Sein Eintreten für
die Seelenwanderung ist Teil dieses Entwicklungsprozesses. Die
Unschuldigen Wahrheiten, die er im Laufe vieler Jahre veröffentlichte, spiegeln diesen Prozess wider. In ihrer letzten Folge von
1743 beschäftigt sich Edelmann eingehend mit der Frage der Seelenwanderung. Er ist sich der Brisanz der Frage wohl bewusst:

> Daher gestehe ich euch rund heraus, werthen Freunde, daß unter alle
> denjenigen Wahrheiten, die mir der Herr in seinem Lichte bißher, theils
> gantz, theils nur zum Theil und annoch Stückweise zu sehen vergönnet
> hat, keine ist, die mir saurer worden andern meiner Brüder wieder zu
> erzehlen, als die Materie von der Wiedergeburth.[16]

Ansatzpunkt der Überlegungen Edelmanns ist die kritische Auseinandersetzung mit der kirchlich-orthodoxen Lehre von den Letzten Dingen, der lutherischen Anschauung vom Seelenschlaf bis zum
Jüngsten Tag und vor allem der Lehre von der ewigen Verdammnis.
Ihr setzt er den Gedanken der Entwicklung und Vervollkommnung
der präexistenten Menschenseele entgegen. Er argumentiert dabei –
noch – mit der Bibel und führt Stellen an (Pred Salomo 3,19; 9,2),
die aus seiner Sicht die orthodoxe Eschatologie widerlegen.

> Diese beyden Sprüche könte man wohl recht das Fege-Feuer, wo nicht
> gar die Hölle der armen verdüsterten Orthodoxen nennen, aus welcher
> in der That keine Erlösung vor sie zu hoffen, so lange sie nicht die unter
> ihnen gäntzlich verfallenen Lehren von dem Daseyn der Geister der
> Menschen vor ihrer fleischlichen Geburth; von den verschiedenen Ursa-
> chen, warum sie sich gegenwärtig im Fleisch befinden, und von der Ver-
> setzung derselben aus einem Cörper in den andern, welches man insge-
> mein die Wanderung der Seelen zu nennen pfleget, (woraus nothwendig
> auch im leiblichen Verstande eine neue oder sogenannte Wiedergeburth
> erfolgen muß,) gantz von vornenwieder zu lernen anfangen, und so wohl
> im leiblichen als geistlichen Verstande wieder Kinder werden.[17]

Edelmann interpretiert die christliche Lehre von der Auferstehung
neu als einen geistlichen Prozess, der viele Wiederverkörperungen
einschließt.

> Wann Gott siehet, daß der Geist des Menschen aus dem Schlafe der Sinn-
> lichkeit, worunter er im Leibe dieses Todes wie in einem Grabe gleich-

sam begraben liegt, vor diese Zeit noch nicht zu ermuntern ist, (wie dann nicht alle, die in diesen Gräbern sich befinden, sogleich wieder leben werden, sondern nur die, so die Stimme des Sohnes Gottes hören), so läßt er ihn schlaffen, versetzt ihn aber durch Hinwegnehmung aus diesem Leibe gleichsam in eine andre Schlaf-Kammer, indem er ihn, als noch gar zu sehr von der Annehmlichkeit dieses Schatten-Lebens berauscht, durch eine abermahlige fleischliche Geburth wieder in einen sinnlichen Cörper einführet, und nach dem Reichthum seiner unermeßlichen Barmhertzigkeit damit so lange continuiret, biß er endlich munter wird, und in dem Grabe seines finstren Cörpers endlich auch die Stimme des Sohnes Gottes höret und aufs neue wieder zu leben anfängt.[18]

Die Hinwendung Edelmanns zum Pantheismus unter dem Einfluss Spinozas verändert in späteren Jahren auch Rahmen und Inhalt seiner Seelenwanderungsvorstellung. Für ein Jenseits oder gar den christlichen Erlösungsgedanken ist jetzt kein Raum mehr. Die Seele ist für ihn nun ein Teil von Gott, und ihre Wanderung durch verschiedene Körper wird pantheistisch gedeutet.

Edelmann ist ein – wenn auch extremes – Beispiel dafür, wie die Reinkarnationsidee im 18. Jahrhundert zunehmend ein Thema von Theologie und Philosophie wird und an Breitenwirkung gewinnt. Längst widmeten die bedeutenden wissenschaftlichen Lexika der Reinkarnationsproblematik informative Beiträge. Johann Heinrich Zedlers (1706–1763) *Grosses vollständiges Universal Lexikon Aller Wissenschafften und Künste* enthält zum Beispiel auch einen Artikel «Seelenwanderung».[19] Darin wird Reinkarnation an sich als möglich, aber als eine eingebildete Möglichkeit ohne Realitätsbezug angesehen.

Betrachtet man die Sache nach der Vernunft, so siehet man die Seelen-Wanderung vor eine leere Einbildung an. Soviel erkennet man wohl, daß sie nichts Unmögliches sei, und also nichts Widersprechendes in sich halte, man mag die Sache auf Seiten der Seelen; oder auf Seiten Gottes ansehen. Denn da die Seele ein Geist ist, so kann sie sich wohl auch mit andern Körpern vereinigen, und da Gott einmal selbige mit einem Leib verknüpfet, so kann er dies noch mehrmal tun. Allein, eine Möglichkeit ist noch keine Wirklichkeit, und wenn man gleich dencken kann, es sei möglich, daß die Seele von einem Körper zu dem andern wandere, so folgt doch noch nicht daraus, daß dieses auch wirklich geschehe.[20]

Die Offenheit der Aufklärung für die Reinkarnationsidee als denkerische Möglichkeit wird in diesem Lexikonartikel ebenso deutlich wie die Distanz gegenüber der Sache selbst. Aber die Idee fasziniert Philosophen in ganz Europa.

Zu den Denkern, welche die Seelenwanderung zumindest als theoretische Möglichkeit mit in Betracht zogen, gehört der Schotte David Hume (1711–1776). Im Zusammenhang von Erörterungen über die Unsterblichkeit der Seele, die er übrigens nicht vertritt, betont er: «Die Metempsychose ist das einzige System dieser Art, dem die Philosophie Gehör geben kann.»[21]

Die Seele, ihre Entstehung, ihr Wesen, ihre Unsterblichkeit, ihre Höherentwicklung, ihr Verhältnis zum Körper, eines der großen Themen der Aufklärungsphilosophie, ließ die Theorie der Seelenwanderung immer wieder in den Blick einzelner Aufklärungsphilosophen treten, die diese Problematik unter verschiedenen Bezeichnungen behandelten. Dazu zählen die Begriffe Metempsychose, Transmigration, Revolution, Palingenese, Transmutatio, Transanimatio und natürlich Seelenwanderung.

Der französische Aufklärer Voltaire (1694–1778) setzt sich mit der Seelenwanderung in ihrer hinduistischen Form auseinander und bezieht dabei auch die europäische philosophische Erörterung mit ein. So hält er die brahmanische Anschauung von der Wanderung der Seelen für sinnreicher als die katholische Lehre von der Schaffung neuer Seelen und die damit zusammenhängende Kontroverse über das Heil oder Unheil totgeborener Kinder. Bekannt ist in diesem Zusammenhang seine Feststellung: «Vor allem die Lehre von der Seelenwanderung ist weder absurd noch unnütz.»[22] Oder auch die Bemerkung, die er auf dem Hintergrund der Metamorphosedebatte in seinem Roman *La Princesse de Babylone* macht: «Es ist nicht überraschender, zweimal geboren zu werden als einmal. Alles ist Wiederauferstehung in der Natur.»[23] Daneben finden sich sehr kritische Anmerkungen Voltaires zur Seelenwanderung. An dieser Stelle sei angemerkt, dass auch einer der bekanntesten Freunde und Förderer Voltaires, Friedrich der Große (1712–1786), kurz vor seinem Tod sagte:

Ich fühle nun, daß es mit meinem irdischen Leben bald aus sein wird. Da ich aber überzeugt bin, daß nichts, was einmal in der Natur existiert, wieder vernichtet werden kann, so weiß ich gewiß, daß der edlere Teil von mir darum nicht aufhören wird zu leben. Zwar werde ich wohl im künftigen Leben nicht König sein, aber desto besser: ich werde doch ein tätiges Leben führen und noch dazu ein mit weniger Undank verknüpftes.[24]

Persönliche Zustimmung zum Wiederverkörperungsglauben findet sich aber unter Vertretern der Aufklärung recht selten. Eine weitere Ausnahme bildet der niederländische Philosoph Franciscus Hemsterhuis (1721–1790). In seiner philosophischen Abhandlung *Simon oder von den Kräften der Seele* schreibt er in der Einleitung unter dem Pseudonym Simon an seine Freundin Diotime, wir haben «uns entschlossen, die Metempsychose des Pythagoras anzunehmen …».[25] Bei Diotime handelt es sich um die seit 1779 in Münster lebende Amalia Fürstin von Gallitzin (1748–1806), die zum Mittelpunkt einer *familia sacra* aus bedeutenden Persönlichkeiten der Zeit wurde, von der wichtige Impulse im Prozess des Überganges von der Aufklärung zur Romantik und katholischen Restauration ausgingen.

Hemsterhuis legt seine Seelenwanderungsvorstellungen nicht ausführlich dar. In der ersten deutschen Übersetzung seiner philosophischen Schriften von 1782 werden sie zudem so wiedergegeben, dass sie schwer zu erkennen sind. Im Zentrum steht der Gedanke, dass einige glückliche Seelen entschieden zur Vollkommenheit streben, alles Irdische und Vergängliche überwinden und so neue seelische Organe der Erkenntnis entwickeln, die sie den Göttern näherbringen und eine vertiefte Erkenntnis des Weltalls ermöglichen. «Das würdigste Geschäft des Menschen ist, der Sonne nachzuahmen, und sich von seinen Hüllen, in so wenig Jahrhunderten, als möglich, los zu machen.»[26] Am Ende dieses Weges gelangt der Mensch in den Bereich des Göttlichen, ohne Gott gleich zu sein: «Die Seele sieht das Weltall nicht, als die Gottheit es sieht, aber doch nach Art der Gottheit.»[27] Nachweisbare Wirkungen auf die Reinkarnationsdebatte seiner Zeit sind von Hemsterhuis offenbar nicht ausgegangen.

Zu den – allerdings heimlichen – Anhängern eines Reinkarnationsglaubens unter den Aufklärern gehört der Göttinger Physikprofessor und als geistreicher Satiriker berühmt gewordene Georg Christoph Lichtenberg (1742–1799). Nur in seinen Tagebüchern, den *Sudelbüchern*, bekennt er sich dazu. Mit acht Jahren, so berichtet er, wurde er bereits mit dem Gedanken der Seelenwanderung bekannt. Er begleitet ihn sein ganzes Leben.

> Ich kann den Gedanken nicht loswerden, daß ich *gestorben* war, ehe ich geboren wurde, und durch den Tod wieder in jenen Zustand zurückkehre. Es ist ein Glück in mancher Rücksicht, daß diese Vorstellung nicht zur Deutlichkeit gebracht werden kann. Wenn auch der Mensch jenes Geheimnis der Natur erraten kann, so wäre es doch sehr gegen ihr Interesse, wenn er es beweisen könnte. Sterben und wieder lebendig werden mit Erinnerung seiner vorigen Existenz, nennen wir ohnmächtig gewesen sein; wiedererwachen mit anderen Organen, die erst wieder gebildet werden müssen, heißt geboren werden ...[28]

Und noch wenige Jahre vor seinem Tod philosophiert Lichtenberg:

> Ein System: Jeder Mensch kömmt durch Seelenwanderung in den Zustand, den er in seinem Leben vorzüglich beneidete und wünschte, so geht alles endlich in einem Zirkel, kein Stand wird ganz leer sein.[29]

In der Öffentlichkeit haben die Reinkarnationsspekulationen Lichtenbergs erst nach seinem Tod Beachtung gefunden. Inzwischen hatte ein kleiner, wenige Fragen umfassender Text eines anderen, bereits zu Lebzeiten berühmten Aufklärers der Reinkarnationsidee zu einer bis dahin nicht gekannten Popularität und Verbreitung verholfen: Gotthold Ephraim Lessing.

Lessing:
Die Reinkarnationsidee

Die Erfolgsgeschichte des westlichen Seelenwanderungsglaubens beginnt anonym. 1780 erschien in Berlin ein Büchlein mit dem Titel *Die Erziehung des Menschengeschlechts*. Als Herausgeber gab sich der sowohl als Dichter wie auch als streitbarer aufklärerischer Philosoph weit über Deutschland hinaus bekannte Wolfenbütteler Bibliothekar Gotthold Ephraim Lessing (1729–1781) zu erkennen. Bald wurde publik, dass Lessing nicht nur der Herausgeber, sondern der Verfasser war.

In der *Erziehungsschrift* nimmt er zu einer damals heiß diskutierten theologisch-philosophischen Frage Stellung, dem Problem der Vernünftigkeit von Religionen. Seine Gesprächspartner sind dabei in erster Linie der Theologe und Religionsphilosoph Hermann Samuel Reimarus (1694–1768) mit seiner *Apologie oder Schutzschrift für die vernünftige Verehrung Gottes* sowie der anglikanische Bischof William Warburton (1698–1779) mit seinem Buch *Göttliche Sendung Moses*. Im Hintergrund des Disputs steht für alle Beteiligten die Auseinandersetzung mit dem englischen Deismus und seinen Unsterblichkeitsvorstellungen.

Lessing entwickelt auf der Grundlage seiner Ansichten über Offenbarung und Unsterblichkeit einen dreistufigen Religionsbegriff. Am Anfang steht die ursprüngliche, natürliche Religion der Vorgeschichte, ihr folgen Judentum und Christentum als positive Religionen und schließlich die vernünftige Religion. Der Unsterblichkeitsgedanke wie auch der Monotheismus sind für Lessing unverzichtbarer Bestandteil der vernünftigen Religion, die im kommenden, aufgeklärten Zeitalter voll zur Entfaltung kommen wird. Daniel Cyranka betont:

> Das Kriterium Unsterblichkeitsvorstellung wird dem entsprechend von Lessing in 44 von 100 Paragraphen *Erziehungsschrift* traktiert und am Ende … als vernünftig transformierte Seelenwanderung in Fragen angedeutet. Und damit befindet sich Lessing nicht etwa in einem alternativreligiösen oder esoterischen Subdiskurs, sondern auf der Höhe der philosophischen und theologischen Auseinandersetzungen der Zeit.[30]

Lessing greift mit der Hoffnung auf ein kommendes, neues Zeitalter und mit der Seelenwanderungsidee zwei vor allem unter Außenseitern am Rande der Kirchen vertretene Gedanken auf. «Diese schwärmerischen, enthusiastischen Spekulationen bietet Lessing in der *Erziehungsschrift* transformiert in vernünftige Spekulationen an», so Cyranka in seiner umfassenden Untersuchung *Lessing im Reinkarnationsdiskurs*.[31] Die neue Zeit und der neue Mensch bedingen sich. Im Mittelpunkt des kommenden aufgeklärten Zeitalters steht der sich durch Erziehung – und Religion ist Erziehung – auf einer hohen moralischen Ebene befindliche aufgeklärte Mensch. Aus der Sicht der ewigen Vorsehung müssen Erziehung und Entwicklung der Welt und des Menschen gemeinsam erfolgen.

§ 91. Geh deinen unmerklichen Schritt, ewige Vorsehung! Nur laß mich dieser Unmerklichkeit wegen an dir nicht verzweifeln. Laß mich an dir nicht verzweifeln, wenn selbst deine Schritte mir scheinen sollten, zurück zu gehen! – Es ist nicht wahr, daß die kürzeste Linie immer die gerade ist.

§ 92. Du hast auf deinem ewigen Wege so viel mitzunehmen! so viel Seitenschritte zu tun! – Und wie? wenn es nun gar so gut als ausgemacht wäre, daß das große langsame Rad, welches das Geschlecht seiner Vollkommenheit näher bringt, nur durch kleinere schnellere Räder in Bewegung gesetzt würde, deren jedes sein Einzelnes eben dahin liefert?

§ 93. Nicht anders! Eben die Bahn, auf welcher das Geschlecht zu seiner Vollkommenheit gelangt, muß jeder einzelne Mensch (der früher, der später) erst durchlaufen haben. – «In einem und eben demselben Leben durchlaufen haben? Kann er in eben demselben Leben ein sinnlicher Jude und ein geistiger Christ gewesen sein? Kann er in eben demselben Leben beide überholet haben?»

§ 94. Das wohl nun nicht! – Aber warum könnte jeder einzelne Mensch auch nicht mehr als einmal auf dieser Welt vorhanden gewesen sein?

§ 95. Ist diese Hypothese darum so lächerlich, weil sie die älteste ist? weil der menschliche Verstand, ehe ihn die Sophisterei der Schule zerstreut und geschwächt hatte, sogleich darauf verfiel?[32]

Lessing stellt deshalb sich und den Lesern seiner *Erziehungsschrift* eine Reihe von Fragen, die seitdem in der Reinkarnationsdebatte unzählige Male wiederholt und auch beantwortet wurden.

§ 96. Warum könnte auch Ich nicht hier bereits einmal alle die Schritte zu meiner Vervollkommnung getan haben, welche bloß zeitliche Strafen und Belohnungen den Menschen bringen können?

§ 97. Und warum nicht ein andermal alle die, welche zu tun, uns die Aussichten in ewige Belohnungen, so mächtig helfen?

§ 98. Warum sollte ich nicht so oft wiederkommen, als ich neue Kenntnisse, neue Fertigkeiten zu erlangen geschickt bin? Bringe ich auf Einmal so viel weg, daß es der Mühe wieder zu kommen etwa nicht lohnet?

§ 99. Darum nicht? – Oder, weil ich es vergesse, daß ich schon da gewesen? Wohl mir, daß ich das vergesse. Die Erinnerung meiner vorigen Zustände, würde mir nur einen schlechten Gebrauch des gegenwärtigen zu machen erlauben. Und was ich auf itzt vergessen *muß*, habe ich denn das auf ewig vergessen?

§ 100. Oder, weil so zu viel Zeit für mich verloren gehen würde? – Verloren? – Und was habe ich denn zu versäumen? Ist nicht die ganze Ewigkeit mein?[33]

Das sind gewichtige Fragen, aber keine Bekenntnisse, auch wenn sie von vielen als Bekenntnisse verstanden wurden. Gleichsam eine Variation seiner Ausführungen zum Thema Seelenwanderung in der *Erziehungsschrift* ist eine Passage in den in Lessings Nachlass gefundenen Anmerkungen zu Joachim Heinrich Campes (1746–1818) 1773 erschienenem Buch *Philosophische Gespräche über die unmittelbare Bekanntmachung der Religion und über einige unzulängliche Beweisarten derselben.* Hier fragt Lessing:

Wie, wenn ich sagte, daß der Mensch oder jede Seele, solange sie als Mensch erscheint, vollkommen zu der nämlichen Ausbildung seiner Fähigkeiten gelange?
Ist es denn schon ausgemacht, daß meine Seele nur einmal Mensch ist?
Ist es denn schlechterdings so ganz unsinnig, daß ich auf meinem Wege der Vervollkommnung wohl durch mehr als eine Hülle der Menschheit durchmüßte?
Vielleicht war auf dieser Wanderung der Seele durch verschiedne menschliche Körper, ein ganz neues eignes System zum Grunde?
Vielleicht war dieses System kein andres, als das ganz älteste –.[34]

Schließlich ist noch auf eine dritte Äußerung Lessings zum Thema Seelenwanderung zu verweisen, die im Rahmen seiner kritischen Beschäftigung mit der *Philosophischen Palingenese* des Schweizer Naturforschers und Philosophen Charles Bonnet (1720–1793) erfolgte. Es handelt sich um eine Notiz, die Lessings Bruder Karl bei der Herausgabe des Nachlasses dem *Fragment über die Sinne* zuordnete.

Dieses mein System ist gewiß das älteste aller philosophischen Systeme. Denn es ist eigentlich nichts als das System von der Seelenpräexistenz und Metempsychose, welches nicht allein schon Pythagoras und Plato, sondern auch vor ihnen Aegyptier und Chaldäer und Perser, kurz alle Weisen des Orients, gedacht haben.
Und schon dieses muß ein gutes Vorurtheil dafür wirken. Die erste und älteste Meinung ist in spekulativen Dingen immer die wahrscheinlichste, weil der gesunde Menschenverstand sofort darauf verfiel.

Es ward nur dieses älteste, und wie ich glaube, einzig wahrscheinliche System durch zwei Dinge verstellt.[35]

Das Thema Seelenwanderung hat Gotthold Ephraim Lessing offenbar nicht mehr losgelassen. Sein Bruder Karl bestätigte das: «In den letzten Jahren seines Lebens war auch eine seiner Lieblingsideen die Seelenwanderung.»[36]

Mit seinen unterschiedlichen Äußerungen zur Seelenwanderung, die im Verhältnis zu seinem literarischen Gesamtwerk minimal sind, vermittelte Lessing der europäischen Reinkarnationsdebatte im Zusammenhang mit theologisch-philosophischen Fragestellungen der Zeit grundlegende Impulse. Im Mittelpunkt stand und steht der Entwicklungsgedanke. «Damit erweisen sich», wie Cyranka betont, «derartige Reinkarnationskonzepte als Teile des westlichen, vom Evolutions- und Fortschrittsparadigma geprägten Denkens.»[37]

Schlosser:
Gespräche über die Seelenwanderung

1773 schrieb der badische Hof- und Regierungsrat Johann Georg Schlosser (1739–1799) an den Schriftsteller Johann Heinrich Merck (1741–1791):

> Wer sich umbringt, kommt mir vor wie ein Junge, der da hinausläuft, und dann, fürcht' ich, kommt er wieder in einem andern in's Leben, und muß wieder von Neuem anfangen, und das ist ein unerträglicher Gedanke. Ueberhaupt, l. M. [lieber Merck], fang' ich an, mir eine Seelenwanderung zu denken, die mir lieb ist. Mich dünkt, wer stirbt, ehe er zur Liebe und zur Reinheit ausgefüllt ist, oder, ehe er alle Freuden und Leiden der Welt getragen hat, muß wieder wandern. – Das letzte aller Leiden ist, hoff' ich, das größte – getrennte Liebe, und dann hat meine Wanderung ein Ende. Leb wohl. –[38]

Merck und Schlosser waren Mitglieder der Helvetischen Gesellschaft. Ihr gehörte auch der mit Schlosser befreundete Züricher Pfarrer und Physiognom Johann Kaspar Lavater (1742–1801) an. Lavater hatte 1769 das Buch *Philosophische Palingenesie oder Gedanken über den vergangenen und künftigen Zustand lebender*

Wesen von Charles Bonnet ins Deutsche übersetzt und herausge-
geben. Von diesem Werk gingen im 18. Jahrhundert immer wieder
Anregungen für unterschiedliche Seelenwanderungsspekulationen
aus. Seelenwanderung war schon Jahre vor dem Erscheinen von
Lessings *Erziehungsschrift* 1780 unter den Mitgliedern der Helvetischen Gesellschaft ein Thema. Die *Erziehungsschrift* dürfte die
Diskussion belebt und mit dazu beigetragen haben, dass Schlosser
1781 ein kleines Büchlein veröffentlichte: *Ueber die Seelen-Wanderung.*

Ausgangspunkt dafür waren Gespräche anlässlich der Sitzung
der Helvetischen Gesellschaft vom 28.–31. Mai 1781 in Olten. Deshalb auch Schlossers Widmung vom Juni 1781:

> An Einige meiner Mitbrüder aus der Helvetischen Gesellschaft.
> Wenn *Ihr Euch* des Abends erinnert, an dem wir neulich in Olten, noch
> warm vom Gesang unsrer Schweizerlieder, uns über die Hypothese von
> der Seelenwanderung unterredeten, so wird's *Euch* freuen, daß ich den
> Gedanken die wir damal einander mittheilten, einen Körper gegeben
> habe. Ich schenke *Euch* dieses kleine Werk: Sey es was es sey, es wird
> *Euch* lieb seyn, weil es von einem Freund kommt, den *Ihr Eurer* Brü-
> derschaft nicht unwürdig achtet, und weil es *Euch* wieder an manche
> gute Stunde erinnert, die wir bey unserer letzten Zusammenkunft mit-
> einander genossen haben. Lebt wohl!»
>
> Schlosser.[39]

Zum Zeitpunkt des Erscheinens der *Gespräche über die Seelenwanderung* war Schlosser schon ein bekannter Mann, und dies keineswegs nur durch seine Eheschließung (1.1.1773) mit Goethes
Schwester Cornelia. Der Frankfurter Patriziersohn hatte sich durch
Platon- und Aristotelesübersetzungen, juristische Abhandlungen
und einen weitverbreiteten *Katechismus der Sittenlehre für das
Landvolk* einen Namen gemacht. Bekannt ist Schlossers streng
rechtliche Gesinnung, die ihn 1794 wegen juristischer Ungleichbe-
handlung von Armen und Reichen veranlasst, als Geheimer Hofrat
aus dem badischen Regierungsdienst auszuscheiden. Im Rahmen
seiner religiösen Überzeugungen scheint ihm der Glaube an ein
ewiges Leben, die Fortdauer der Persönlichkeit über den Tod hinaus, stets besonders wichtig gewesen zu sein, denn schon im Vorwort seiner *Sittenlehre* von 1771 schreibt er:

Wir sterben nicht, liebste Kinder, – am Schlusse, – wir sterben nie! Wir haben noch eine Welt vor uns wo wir hingehen, wenn wir hier sterben, wo wir aus dem Tode und Grabe wieder aufwachen, wo wir ganz glücklich, ohne Krankheit, ohne Schmerzen, ohne allen Mangel ewig leben werden. Das hat uns Gott versprochen wenn wir hier Alles thun, was wir können, um recht gute Menschen zu werden. Die Hoffnung, dahin zu kommen, wär in allen meinen Leiden mein größter Trost; sie wird mein größter Trost im Tode sein: denn ich weiß und habe das gewisse Vertrauen auf meinen und euren Gott, er wird mich in diese selige Welt setzen, wie sein Wort mir zugesagt hat.[40]

Mit Blick auf den Tod seiner Frau 1777 reflektiert er in einem Brief seine Ehe, sein Schicksal und seine Veranlagungen im Lichte der Wiedergeburt. Drei Jahre später stellt Schlosser seine Seelenwanderungshypothese in dem Gespräch *Ueber die Seelen-Wanderung* mehr oder weniger systematisch einer interessierten Öffentlichkeit vor. Er bedient sich, wie damals vielfach üblich, des Dialogs, um seine Gedanken über die Seelenwanderung vorzutragen. Zwei Freunde diskutieren miteinander: Eugenius tritt für die Seelenwanderungshypothese ein, Cleomathus zögert und zweifelt. Ausgelöst wird das Gespräch durch ein Buch, welches, wird nicht gesagt. Dass es sich um Lessings *Erziehungsschrift* handelt, ist Spekulation, aber auch nicht völlig auszuschließen. Es könnte sich auch um Charles Bonnets Buch *Philosophische Palingenesie* gehandelt haben. Bonnet lehnt zwar eine irdische Wiederkunft der Seele ab, doch gibt es streckenweise deutliche Parallelen zwischen Bonnet und Schlosser in der Frage der Vollkommenheit und zukünftigen Glückseligkeit der menschlichen Seele.

Eugenius geht in seinem Dialog mit Cleomathus von dem Grundsatz aus, die Bestimmung des Menschen liege in seiner vollkommenen Glückseligkeit bei Gott. Dazu bedarf es eines langen Entwicklungsweges, einer Reise der Seele, soll sie dieses Ziel erreichen. Die Annahme, der Mensch komme zu seiner ewigen Bestimmung, sei es im Himmel oder in der Hölle, in *einem* irdischen Leben, enthalte sehr viel Unvernünftiges. Sie widerspreche allen Erfahrungen im Bereich der Menschen und der Natur. Die Idee einer Seelenwanderung sei demgegenüber ungleich überzeugender und stimmig. Seelenwanderung bleibt auch für Schlosser eine Hypothese, aber «die wahrscheinlichste Hypothese, die alle Erfahrungen am besten vereinigt».[41] Sie schließt die Wiedergeburt in Tieren von vornherein aus. «Aber die Wanderung in die Thier Gestalten überlaß ich den Dichtern.»[42] Auch von einem Wechsel des Geschlechts ist nicht die Rede. Was er unter Seelenwanderung versteht, definiert Schlosser in Kurzfassung so:

> Das ist offenbar die Theorie der Seelen-Wanderung. Die Seele geht von einem Zustand zum andern, macht überall Erfahrung des Guten, und des Bösen; fühlt, welches Gute dauerhaft ist, welches ein Uebel bey sich führt; fühlt, welches Uebel überhingehend ist, und bleibend Gutes nach sich zieht, und welches selbst bleibend ist; der Verstand lernt alles auf allen Seiten ansehen; der Sinn lernt sich zu allem gewöhnen, und die Einbildung sammelt sich unzählige Bilder, von unzähligen Gegenständen. Der innere Mensch wird auf tausend und tausenderley Art gestossen, getrieben, verwundet, beseeligt, und erwirbt endlich den Instinctmäsigen Geschmack, der ihn allein auf dem Sitz seiner ewigen Glückseeligkeit befestigen kann.[43]

Im Verlauf des Dialogs zwischen Eugenius und Cleomathus werden die Einzelaspekte der Seelenwanderung in ihrem Für und Wider ausgeführt. Sie sollen zeigen, dass die kirchliche Lehre in ihrer herkömmlichen Form weder die Frage der Gerechtigkeit Gottes angesichts des Elends und der Ungerechtigkeit in der Welt noch das Problem der ewigen Verdammnis überzeugend beantworten kann und außerdem dem überall zu beobachtenden Entwicklungs- und Fortschrittsprinzip keinen Raum gibt. Anders die Anschauung von der Seelenwanderung, sie löst diese Probleme «auf eine, der menschlichen Natur gemäßere Art», erklärt «neben her tausend Räthsel tausend Geheimnüsse der moralischen Welt», beruhigt «den der sich daran erwärmt hat, über tausend Dinge …, die uns sonst immer unglücklich machen, den besten am unglücklichsten …». Deshalb wird man

> den Werth dieser Hypothese so weit anerkennen, als der Werth aller Hypothesen reicht; uns in den Augenbliken wohl zu thun wo wir das Bedürfnüß haben durch die Wolken zu schauen die über den Geheimnüssen Gottes liegen. Es ist keine Kleinigkeit wenn wir in diesen Augenbliken dort seelige Gefilde sehen können, ohne durch unsern Verstand und unsere Erfahrung, immer von der Aussicht zurück gerufen zu werden.[44]

Nur viele Erdenleben ermöglichen der Seele, umfassend Erfahrungen zu sammeln und sich zu veredeln. In einem Leben kann der Mensch nur begrenzt Erfahrungen machen. Dem stimmt selbst Cleomathus, der Gegner des Seelenwanderungsglaubens, zu. Eugenius versucht ihm daraufhin anhand wechselnder äußerer Lebensverhältnisse und verschiedenartiger moralischer Erfahrungen deutlich zu machen, dass es zur ewigen Glückseligkeit auch der unterschiedlichsten Erlebnisse auf dem Weg der Wiedergeburt bedarf.

Im Übrigen sind es zwei von Gegnern des Seelenwanderungsgedankens im Bereich des Christentums immer wieder formulierte wesentliche Einwände, die Schlosser durch Cleomathus vorbringen und durch Eugenius beantworten lässt: 1. die fehlende Rückerinnerung und 2. die Unvereinbarkeit mit der christlichen Erlösungslehre. Zum ersten Punkt bemerkt Eugenius:

> Das ist eben der Hauptzug in dieser Hypothese, daß alle die Bilder nur ruhen, schlafen, verdeckt sind, die in einer Form da waren; daß aber alle künftig, wenn die Seele ausgewandert hat, wenn sie durch alle die Erfahrungen durchgegangen ist, vielleicht wieder erwachen, mit ihrer ganzen Lebhaftigkeit erwachen, und daß dann der ausgewanderte Mensch, durch alle seine Erfahrung ganz ist, was er seyn soll, ganz übersehen kann seine weite Reise, überall sich denken kann, wo es ihm, und wodurch es ihm wohl ward, wo, und wodurch übel, was eitel, was bleibend war; u.s.w.[45]

Der zweite Einwand, Christentum und Seelenwanderungsglaube schlössen sich aus, wird von Eugenius ebenfalls als nicht stichhaltig abgelehnt. Um den Glauben an Jesus Christus und die durch ihn geschehene Offenbarung und Erlösung annehmen zu können, muss man dafür erst in mehreren Erdenleben reif werden.

> Sag an; – du nöthigst mirs ab! – wenn alle Menschen nur ein Leben hätten, wenn der sterbende Iroquese, der sterbende Muselmann, der sterbende Heide, der sterbende Gottesläugner, Naturalist, oder wer du willst, der die Offenbarung nicht weiß, oder nicht annimmt, wenn wir hier nur ein Leben hätten, warum wurde ihnen versagt, was uns gegeben ist? Und können sie den ewigen Genuß ihrer selbst anders erhalten, als durch den geoffenbahrten Glauben, warum würde der uns gegeben?[46]

Auf Cleomathus' Entgegnung: «Wer will die geheimen Rath-schlüsse Gottes ergründen!» antwortet Eugenius:

> Ich so wenig als du. Aber streitet das mit seiner Offenbarung, daß die rohe Seele des Hottentotten, wenn sie sich vielleicht in ihrer ersten Aus-flucht erst an die Elemente des Denkens und Empfindens gewöhnt hat, dann ausstiesse, und in anderer Gestalt das unvollendete Geschöpf wei-ter und weiter ausbilde; bis zu dem sich ausbilde, was sie werden muß, um die Geheimnisse der Offenbahrung zu erkennen.[47]

Auf den sachlich berechtigten, in der Form durchaus ironisch-witzigen Einwand des Cleomathus: «Die Iroquesenseele in der Bischofskappe!» reagiert Eugenius ebenfalls mit Witz:

> Mag es! Der innere Mensch trägt keine Kappe – aber wend es auch um; laß auch des Bischofs Seele in des Iroquesen Körper fahren; wie manches wird sie da lernen, was sie in der Kirche nicht gelernt hat.[48]

Doch Cleomathus beharrt auf der christlichen Gretchenfrage: «Und wo bleibt das Verdienst der Erlösung?» Eugenius wiederholt und variiert seinen Standpunkt:

> Immer dringst du weiter in mich. Wenn du ein Doctor Theologiä wärst, so dächte ich du wolltest mich zum Ketzer machen; die Freude sollst du aber nicht haben! – was schadet denn die Lehre von dem Verdienst der Erlösung meiner Hypothese? Wie wenn alle die Seelen, die vor Theut und Astaroth, Jupiter und Osiris sich beugten, in andern Körpern anbe-teten, die Wunden die sie erlösen sollten![49]

Aber Cleomathus ist noch immer nicht überzeugt. Er fragt: «Was brauchts aber der Wanderung, wenn die Wunden allein genug sind?» Nochmals unterstreicht Eugenius die Notwendigkeit, durch Erfahrung so weit kommen zu müssen, Christi Erlösungswerk überhaupt annehmen zu können.

> Vielleicht nur dem Wanderer genug, der die Masse von Erfahrungen ge-sammelt hat, die nöthig sind die Einfalt und Wahrheit der Haushaltung Gottes zu fassen, und die grosse Arzney zu geniessen, die diese Wunden geben sollen. Du weißt: dich hab ich angenommen, und dich verworfen! – Warum verworfen? weil ich wollte? das seye ferne! Weil du noch nicht reif bist, noch nicht ausgewandert hast.[50]

Aus Überzeugung Christ zu werden und durch Christi Wunden der Erlösung teilhaftig zu werden, so muss man schlussfolgern, bildet den Endpunkt der Wanderung. Ihr Ziel ist klar. «Und wo hört denn endlich die Reise auf?» fragt Cleomathus am Schluss des Gesprächs, und Eugenius antwortet: «Im Schoosse Gottes.»[51] Wer ausgewandert hat, muss nicht auf diese Erde zurück. Das ist für Schlosser auch die Erklärung dafür, dass es so wenige vollkommene Menschen gibt. Interessant ist – auch mit Blick auf die spätere Diskussion –, dass die «Christlichkeit» des Reinkarnationsgedankens für Schlosser gar nicht das Hauptproblem ist. Hier sieht er keine unüberwindbaren Gegensätze.

Im Januar 1782 erschien anonym in dem von Christoph Martin Wieland (1733–1813) herausgegebenen *Teutschen Merkur* eine Abhandlung unter dem Titel *Über die Seelenwanderung. Drei Gespräche*. Verfasser war, das blieb nicht lange verborgen, der Weimarer Generalsuperintendent Johann Gottfried Herder (1744–1803). Seelenwanderung war, ob nun von Lessing oder von Schlosser angeregt, ein vielbesprochenes Thema in Weimar. Unmittelbarer Kontrahent Herders ist ganz offensichtlich Schlosser. Die Frage der Seelenwanderung war für Herder nicht neu. Bereits in seiner Jugend beschäftigte er sich mit ihr und stand ihr wahrscheinlich zeitweise sogar positiv gegenüber. Jetzt lehnt er sie entschieden und argumentenreich ab. Sie ist für ihn eine widerliche Hypothese. Die weitere Entwicklung der Persönlichkeit nach dem Tod steht für ihn als Aufklärer allerdings nicht in Frage. Herder, für den es eine körperlose Seele nicht gibt, vertritt an Stelle der Reinkarnation die Palingenese.

> In allen Gestalten und Ständen der Menschheit, dünkt mich, kommt es viel weniger auf Ausbildung unseres Witzes, Scharfsinnes, oder anderer Sprossen menschlicher Seelenkräfte, als auf *Erziehung des Herzens* an; und dies ist bei allen Menschen ein *Menschenherz*. ... *Reinigung des Herzens* also, *Veredlung der Seele mit all ihren Trieben und Begierden,* das dünkt mich, ist die wahre *Palingenesie dieses Lebens,* nach der uns gewiß eine fröhliche, höhere, aber uns unbekannte Metempsychose bevorsteht.[52]

Diese «höhere, aber uns unbekannte Metempsychose» vollzieht sich auf anderen Himmelskörpern und endet, die Anspielung auf Schlosser ist deutlich, im Schoße der Gottheit.

Schlosser antwortet auf die kritische Stellungnahme Herders noch im selben Jahr durch ein zweites Gespräch *Ueber die Seelen-Wanderung*. Es enthält keine wesentlich neuen Aspekte und schließt mit einem indischen Märchen. Schlosser will damit Alter und Seriosität des Seelenwanderungsglaubens unterstreichen. Auch kommt es ihm darauf an, klar zu stellen, dass die Seele nicht alle üblen Erfahrungen, die menschenmöglich sind, machen muss, sie lernt exemplarisch aus Einzelerfahrungen, denn sie muss sich durch Christi Verdienst nicht «selbsterlösen».

Beide Gespräche über die Seelenwanderung, die 1783 in den *Kleinen Schriften* Schlossers nochmals im Druck erschienen, widmete er seinem väterlichen Schweizer Freund Johann Jakob Bodmer (1698–1783), einem damals sehr bekannten Schriftsteller, bei Übersendung mit einem bemerkenswerten Gedicht.

Sage wohin, wo
Wirst Du hin wandlen,
Seele des Weisen!
Seele des Dichters!
Wenn Du einst wandelst?
Wirst Du schon ruh'n im
Schoose der Gottheit,
Oder noch wandlen
Einen der Söhne
Künftiger Zeiten,
Wieder zum Weisen,
Wieder zum Dichter
Neu zu beleben?
Ach, wenn du wandelst,
Seele des Weisen!
Seele des Dichters!
Werde Du künftig,
Werde mein Vater![53]

Johann Georg Schlosser hat durch seine zwei Gespräche über die Seelenwanderung wesentlich dazu beigetragen, die durch Lessings *Erziehungsschrift* angeregte Debatte in breite Kreise zu tragen. Eine

sicherlich nicht unwichtige Rolle dabei spielte neben Johann
Gottfried Herder Schlossers Schwager Johann Wolfgang von Goethe.

Goethe:
«Des Menschen Seele gleicht dem Wasser»

Johann Gottfried Herder schreibt 1782, ein Jahr nach Erscheinen
von Johann Georg Schlossers *Gesprächen über die Seelen-Wanderung*, seinem Freund, dem auch als «Magus aus dem Norden»
bekannten Theologen Johann Georg Hamann (1730–1788), Schlossers Büchlein werde in Weimar sehr gelobt und von Goethe
verbreitet.

Neu war die Auseinandersetzung mit dem Gedanken der Seelen-
wanderung für die damals in Weimar führenden Köpfe freilich
nicht. Schon 1756 hatte Christoph Martin Wieland (1733–1813) den
Gedanken, dass sich liebende, sympathische Seelen bereits in einem
früheren Leben begegneten, in Betracht gezogen. Auch Johann
Wolfgang von Goethe (1749–1831) ist lange vor Erscheinen der
Gespräche über die Seelen-Wanderung seines Schwagers Schlosser
mit Reinkarnationsanschauungen in Berührung gekommen. Im
Konflikt des 23-Jährigen um die Braut seines Freundes Johann
Christian Kestner (1741–1800), Charlotte Buff (1753–1828), tauchte
der Gedanke – vermutlich als Versuch der Erklärung dieses schwie-
rigen Beziehungsgeflechtes – bereits auf. Kestner notiert am 10. September 1772 in seinem Tagebuch:

> Er, Lottchen und ich hatten ein merkwürdiges Gespräch von dem Zu-
> stande nach diesem Leben, vom Weggehen und Wiederkommen etc.,
> etc., welches nicht er, sondern Lottchen anfing.[54]

Einige Jahre später ist es wieder eine unglückliche Liebe, die
Goethe an Wiedergeburt denken lässt: die Liebe zu Charlotte von
Stein (1742–1827). Im April 1776 schreibt er Wieland, bei dem er
Verständnis für derartige Überlegungen voraussetzen konnte:

> Ich kann mir die Bedeutsamkeit – die Macht, die diese Frau über mich
> hat, anders nicht erklären als durch die Seelenwanderung. – Ja, wir wa-
> ren einst Mann und Weib! – Nun wissen wir von uns – verhüllt, in Geis-

terduft. – Ich habe keine Namen für uns – die Vergangenheit – die Zu-kunft – das All.[55]

Auch Frau von Stein gegenüber bringt er diese Überzeugung im Juli 1776 durch ein Gelegenheitsgedicht zum Ausdruck:

> Sag', was will das Schicksal uns bereiten?
> Sag', wie band es uns so rein genau?
> Ach, du warst in abgelebten Zeiten
> Meine Schwester oder meine Frau.
>
> …
>
> Und von allem dem schwebt ein Erinnern
> Nur noch um das ungewisse Herz,
> Fühlt die alte Wahrheit ewig gleich im Innern,
> Und der neue Zustand wird ihm Schmerz.[56]

In poetischer Form, in der Sachaussage aber deutlich, verarbeitet Goethe den Seelenwanderungsgedanken, mit dem er zu diesem Zeitpunkt offenbar sympathisiert, im Oktober 1779 in dem Gedicht *Gesang der Geister über den Wassern*.

> Des Menschen Seele
> Gleicht dem Wasser:
> Vom Himmel kommt es,
> Zum Himmel steigt es,
> Und wieder nieder
> Zur Erde muß es,
> Ewig wechselnd.[57]

In der Kürze und Prägnanz seiner Aussagekraft ist das Gedicht kaum zu übertreffen. Goethe schickte es Charlotte von Stein, ob-wohl er deren Distanz zum Seelenwanderungsglauben kannte.

Es ist interessant und bemerkenswert, dass zu dem Zeitpunkt, als nach Erscheinen von Schlossers *Gesprächen über die Seelen-Wan-derung* diese Thematik im Weimarer Kreis um Goethe heftig dis-kutiert wurde, sich auch im dichterischen Schaffen Friedrich Schil-lers (1759–1805) deutliche Anklänge an Seelenwanderungsgedanken finden. Es handelt sich um zwei Gedichte aus dem Jahr 1781. In dem Gedicht *Das Geheimnis der Reminiszenz. An Laura* heißt es:

> Waren unsre Wesen schon verflochten?
> War es darum, daß die Herzen pochten?

Waren wir im Strahl erloschner Sonnen,
In den Tagen lang verrauschter Wonnen,
Schon in Eins zerronnen?
Ja, wir waren's! – Innig mir verbunden
Warst du in Äonen, die verschwunden;
Meine Muse sah es auf der trüben
Tafel der Vergangenheit geschrieben:
Eins mit deinem Lieben![58]

Und im Gedicht *Die Freundschaft* vom selben Jahr ist zu lesen:

Tote Gruppen sind wir, wenn wir hassen,
Götter, wenn wir liebend uns umfassen,
Lechzen nach dem süßen Fesselzwang.
Aufwärts durch die tausendfachen Stufen
Zahlenloser Geister, die nicht schufen,
Waltet göttlich dieser Drang.
Arm in Arme, höher stets und höher,
Vom Mongolen bis zum griech'schen Seher,
Der sich an den letzten Seraph reiht,
Wallen wir einmüt'gen Ringeltanzes,
Bis sich dort im Meer des ew'gen Glanzes
Sterbend untertauchen Maß und Zeit.[59]

Bekannt sind Vorstellungen von wiederholten Erdenleben bereits dem jungen Schiller. In den *Räubern* fragt Karl Moor in seinem Selbstmordmonolog das namenlose Jenseits: «Oder willst du mich durch immer neue Geburten und immer neue Schauplätze des Elends von Stufe zu Stufe – zur Vernichtung – führen?»[60] Eine lebenslange Beschäftigung mit dem Wiederverkörperungsgedanken ist bei Schiller jedoch nicht nachzuweisen.

Im Unterschied zu Schiller lässt Goethe der Gedanke der Seelenwanderung – später wohl stärker in der spezifischen Form der Planetenwanderung – während seines ganzen Lebens nicht los. Mancherlei Hinweise finden sich in seinem umfangreichen Werk. Von Gegnern und Befürwortern des Reinkarnationsgedankens werden sie bis heute kontrovers gedeutet. Etwa wenn Goethe am 2. Juli 1781 aus Ilmenau an Frau von Stein schreibt: «Wie gut ist's, daß der Mensch sterbe, um nur die Eindrücke auszulöschen und gebadet wiederzukommen.»[61] Oder wenn er zu Beginn seiner Italienreise im Oktober 1786 aus Venedig die Vermutung äußert: «Es ist mir wirklich auch jetzt nicht etwa zumute, als ob ich die Sachen zum erstenmal sähe, sondern als ob ich sie wiedersähe.»[62]

In diesem Zusammenhang ist auch ein Gespräch Goethes mit Sulpice Boisserée (1783–1854) aus Köln zu erwähnen. Anlässlich seines Besuches im Rheinland sprechen beide am 11. August 1815 über römische Altertümer und die Antike. Dabei, so berichtet Boisserée, äußerte Goethe die Vermutung, «er habe gewiß schon einmal unter Hadrian gelebt. Alles Römische ziehe ihn unwillkürlich an.» Boisserée seinerseits, so Goethe, «sei gewiß auch schon einmal dagewesen im 15. Jahrhundert.» Dieser weist das zurück, erinnert sich aber, dass ihm «selbst schon dergleichen Wahn durch den Kopf gefahren» sei, nachdem er auf einer Reise nach Flandern das Gefühl gehabt hatte, bereits einmal in der Gegend von Maastricht gelebt zu haben. Auch einen Freund habe er selbst früher einmal «damit aufgezogen», «daß seine Verliebtheiten in die Stadt (Köln) und in die Agrippina (Mutter des Nero, Gründerin der Stadt Köln) die Folge einer alten Leidenschaft zu dieser Kaiserin sein müsse, die jetzt nach der Seelenwanderung unbewußt in ihm wieder erwache». Boisserée bekennt jedoch: «Ich schäme mich aber dessen als närrischer Einbildungen.» Goethes Antwort ist tiefgründig: «Ja nun lobe ich Euch, – Ihr seid gescheiter als Ihr wißt.»[63]

Beachtung verdient auch, dass Goethe im *Faust II* den Homunkulus das Reich der Mineralien, der Pflanzen, Tiere und Menschen bis hin zur geistigen Welt durchlaufen lässt.

Die umfassendsten Überlegungen Goethes zur Frage zukünftiger Leben sind uns durch die Aufzeichnungen Johannes Daniel Falks (1768–1826) über ein Gespräch anlässlich Wielands Tod am 20. Januar 1813 und des fünf Tage später erfolgten Begräbnisses übermittelt. Thema ist vor allem das Leben nach dem Tod, die nachtodliche Wanderung des Menschen, der Seele oder, wie Goethe in Anlehnung an Leibniz es nennt, der «Monaden». Goethe bekennt sich dabei zum Prinzip des Fortschritts und der Entwicklung. Der Einzelne, die jeweilige Monade, kann und soll sich entwickeln, auf dieser Erde und auf anderen Planeten. Die fehlende Erinnerung an frühere Leben oder Zustände ist für ihn kein Hinderungsgrund, eine solche zurückliegende Entwicklung anzunehmen.

Was uns selbst zunächst betrifft, so scheint es fast, als ob die von uns früher durchgegangenen Zustände dieses Planeten im ganzen zu unbedeutend und zu mittelmäßig seien, als daß vieles daraus in den Augen der Natur einer zweiten Erinnerung wert gewesen wäre.[64]

Für viele jetzt auf Erden Lebende, für «dies niedrige Weltgesindel», das Goethe als «ein wahres Monadenpack» bezeichnet, das sich «pflegt über die Maßen breit zu machen», trifft dies ohnehin zu. Mit ihnen sind wir «in diesem Planetenwinkel zusammengeraten» und mit «dieser Gesellschaft» könnten wir ohnehin «wenig Ehre» einlegen, «wenn sie auf andern Planeten davon hörten».[65] Aber das Interesse Goethes gilt auch nicht dem «Monadenpack», sondern hervorragenden Menschen wie seinem verstorbenen Freund Wieland. Dessen Zukunft sieht er exemplarisch für die anderer herausragender Persönlichkeiten, vermutlich auch für sich selbst.

Ich würde mich so wenig wundern, daß ich es sogar meinen Ansichten völlig gemäß finden müßte, wenn ich einst diesen Wieland als einer Weltmonade, als einem Stern erster Größe, nach Jahrtausenden wieder begegnete und sähe und Zeuge davon wäre, wie er mit seinem lieblichen Lichte alles, was ihm irgend nahe käme, erquickte und aufheiterte.[66]

Und in diesem Zusammenhang folgt der berühmt gewordene, oft zitierte Satz: «Ich bin gewiß, wie Sie mich hier sehen, schon tausendmal dagewesen und hoffe wohl noch tausendmal wiederzukommen.»[67]
Wie sehr Goethe dieser Gedanke im Alter beschäftigt, wie sehr er von der rastlosen Tätigkeit der Seele auch nach diesem Leben überzeugt ist, zeigt eine Äußerung im September 1827 im Gespräch mit dem Kanzler Friedrich von Müller (1779–1849):

Ich muß gestehen, ich wüßte auch nichts mit der ewigen Seligkeit anzufangen, wenn sie mir nicht neue Aufgaben und Schwierigkeiten zu besiegen böte. Aber dafür ist wohl gesorgt, wir dürfen nur die Planeten und Sonnen anblicken, da wird es noch Nüsse genug zu knacken geben.[68]

Das Wirken besonderer Seelen im Verlaufe ihrer Wanderung, diese Überzeugung wird hier zum Ausdruck gebracht, dient nicht nur der eigenen Entwicklung, sondern zugleich der irdischen und kosmischen inneren und äußeren Evolution. Goethe nimmt damit Überlegungen auf, die infolge der Durchsetzung des kopernikanischen

Weltbildes im 18. Jahrhundert viel diskutiert wurden. Leben zu tragen, ist nicht nur ein Privileg dieser Erde, auch andere Planeten können belebt sein. Die Bindung der Seele, der Monade, an diese Erde ist nur eine relative, jeweils zeitlich begrenzte. Die Seelen sind in den großen, göttlichen Plan des ewigen Fortschritts durch irdische und kosmische Wiedergeburt eingebunden. Mit diesen Gedanken reiht sich Goethe in eine vielgestaltige religiös-philosophische Tradition ein.

Kosmische Reinkarnation: Wiedergeburt auf anderen Himmelskörpern

Sollte die unsterbliche Seele wohl in der ganzen Unendlichkeit ihrer künftigen Dauer, die das Grab selber nicht unterbricht, sondern nur verändert, an diesen Punkt des Weltraumes, an unsere Erde, jederzeit geheftet bleiben? Sollte sie niemals von den übrigen Wundern der Schöpfung eines näheren Anschauens theilhaftig werden? Wer weiß, ist es ihr nicht zugedacht, daß sie dereinst jene entfernten Kugeln des Weltgebäudes und die Trefflichkeit ihrer Anstalten, die schon von weitem ihre Neugierde so reizen, von nahem soll kennenlernen? Vielleicht bilden sich darum noch einige Kugeln des Planetensystems aus, um nach vollendetem Ablaufe der Zeit, die unserem Aufenthalte allhier vorgeschrieben ist, uns in anderen Himmeln neue Wohnplätze zu bereiten. Wer weiß, laufen nicht jene Trabanten um den Jupiter, um uns dereinst zu leuchten?[69]

Diese Fragen und Vermutungen äußerte der große Königsberger Philosoph Immanuel Kant (1724–1804) in seiner *Allgemeinen Naturgeschichte und Theorie des Himmels* von 1755. Er bejahte sie schließlich nicht, hielt es aber für förderlich und notwendig, derartige Fragen zu stellen. Damit griff Kant in eine naturwissenschaftlich-philosophische Diskussion ein, die sich parallel zur allgemeinen Durchsetzung des kopernikanischen Weltbildes im 18. Jahrhundert entfaltete. Sie schloss Spekulationen über ein vorgeburtliches Leben auf anderen Himmelskörpern ebenso ein wie Annahmen über Inkarnationen auf anderen Himmelskörpern nach dem Leben auf der Erde.

Eine neue, andersartige Form des Seelenwanderungsglaubens entwickelte sich, oft im Gegensatz zu klassischen Seelenwanderungstheorien. Aktueller Anlass dafür ist der Schock, den die koperni-kanische Wende mit ihrem neuen Weltbild ausgelöst hatte. Die Erde war nun nicht mehr Mittelpunkt der Schöpfung wie im alten ptole-mäischen Weltbild. Sonne, Mond und Sterne, bisher als Leuchten der Erde angesehen, erhielten eine völlig neue Bedeutung. Das Sinngefüge der christlichen Welt war ins Wanken geraten. Daher zunächst auch der Widerstand der christlichen Kirche gegen dieses so ganz andere Weltbild. Ernst Benz charakterisiert die veränderte Situation so:

> Die Erde, vormals einziger Schauplatz der Betätigung Gottes, erschien nun als ein Staubkorn inmitten eines gewaltigen Heeres von Sonnen, die möglicherweise ähnliche Trabanten wie die Planeten unseres Sonnen-systems aufwiesen; der Mensch erschien als Staub auf diesem Staubkorn; die Herabkunft Gottes in Jesus Christus, das Hauptergebnis der gesam-ten Heilsgeschichte, verblaßte zu einer Episode auf einem Nebenschau-platz des Kosmos oder wurde überhaupt fragwürdig; alle Vorstellungen, auf denen das bisherige Sinngefüge der Menschheit, der Grund ihres Selbstbewußtseins und Weltbewußtseins beruhte, brachen zusammen.[70]

Eine neue, den unbestreitbaren naturwissenschaftlichen Erkennt-nissen Rechnung tragende Weltsicht musste entwickelt werden. Zu den damit verbundenen Konsequenzen gehörte es auch, auf der Grundlage des christlichen Schöpfungsglaubens zu überlegen, ob inmitten des riesigen Weltalls tatsächlich nur die kleine Erde belebt sei oder ob Gott nicht auch auf anderen Himmelskörpern Wesen geschaffen habe, die den dortigen Bedingungen angepasst sind.

Spekulationen über die Bewohnbarkeit anderer Himmelskörper entfalteten eine beachtliche Anziehungskraft. Große Wirkung zeigte das Buch des französischen Aufklärers Bernard Le Bovier de Fontenelle (1657–1757) *Dialoge über die Mehrheit der Welten* von 1686. Hatte Fontenelle seine Gedanken über die Bewohnbarkeit des Mondes und von Planeten noch in unterhaltend-literarischer Form vorgetragen, so erhob der niederländische Astronom und Physiker Christian Huygens (1629–1695) in seinem 1698 erschie-nenen Werk *Kosmotheros* unverkennbar wissenschaftliche Ansprü-che für die These von der Belebung anderer Planeten durch Pflan-zen, Tiere und denkende Wesen. Er berief sich dabei auf Autoritäten wie Nikolaus von Kues (1401–1464), Giordano Bruno (1548–1600),

Tycho Brahe (1546–1601) und eben Fontenelle. Die Frage der Bewohnbarkeit anderer Himmelskörper beschäftigte die Gelehrtenwelt während des ganzen 18. Jahrhunderts. Auf Kant wurde schon verwiesen.

Ein weiteres Beispiel ist der Schweizer Philosoph Johann Heinrich Lambert (1728–1777). In seinen *Cosmologischen Briefen über die Einrichtung des Weltbaues*, die 1761 in Berlin erschienen, vertritt auch er die These von der Bewohnbarkeit anderer Himmelskörper. Ausgehend von der Überzeugung, Ziel der göttlichen Schöpfung sei es von Anfang an gewesen, das ganze Universum und nicht nur diese Welt mit Leben zu erfüllen, kommt er zu dem Schluss: «So weit das Weltgebäude reicht, ist es bewohnt.»[71] Anzunehmen, allein diese Erde sei bewohnt, entspreche weder dem Wesen noch der Größe Gottes.

Aus neuen naturwissenschaftlichen Erkenntnissen abgeleitete Theorien sind im 18. Jahrhundert noch eng mit philosophischen und theologischen Überlegungen verbunden. So auch die Hypothese von der Belebung des Weltalls und der Möglichkeit eines Weiterlebens von Menschen nach ihrem Tod auf anderen Himmelskörpern. Sie kann durchaus als eine besondere Form der Reinkarnationsspekulationen angesehen werden und ist unabhängig von konkreten Seelenwanderungstheorien der Zeit, etwa durch Charles Bonnet, vertreten worden. Das zeigt sich exemplarisch in der Auseinandersetzung zwischen Johann Georg Schlosser und Johann Gottfried Herder über die Seelenwanderung.

Herder lehnt die Wiedergeburt des Menschen auf dieser Erde zum Zweck der weiteren Vervollkommnung und Erziehung ab, hält aber im Sinne der Aufklärung am Fortschrittsprinzip und der Weiterentwicklung nach dem Tod fest. Für ihn, der sich eine leiblose Seele nicht vorstellen kann, könnte der Mensch seine Weiterentwicklung auf anderen Planeten fortsetzen. Der Mensch sei ein «Mittelgeschöpf», das sich zwischen dem Uranus als unterstem Ausgangspunkt der Entwicklung und der Sonne als dem Endziel bewege. Ob der Mensch über alle Planeten wandern muss, lässt Herder dahingestellt.

Setzen Sie die Sonne nun als den großen Versammlungsort aller Wesen des Systems, das sie beherrscht, ... sehen Sie die große Leiter; die alles hinaufklimmt, und den weiten Weg, den wir noch zu machen haben, ehe wir zum Mittelpunkt und Vaterland dessen kommen, was wir nur in unserm Sternensystem *Wahrheit, Licht, Liebe* nennen.[72]

Zweck menschlichen Lebens wie einer möglichen Planetenwanderung ist für Herder in der Auseinandersetzung mit Schlosser die Vervollkommnung des Menschen ohne irdische Reinkarnation.

> Reinigung des Herzens, Veredlung der Seele mit allen ihren Trieben und Begierden, das dünkt mich, ist die wahre Palingenesie dieses Lebens, nach der uns gewiß eine fröliche, höhere, aber uns unbekannte Metempsychose bevorsteht.[73]

Zielpunkt dieser Entwicklung liegt für Schlosser und Herder trotz unterschiedlicher Vorstellungen über den Weg im «Schoß der Gottheit». Herder hat später diesen Gedanken nicht weiter verfolgt. Für andere blieb er faszinierend.

1791 erschien aus der Feder des Tübinger Professors für Poetik Karl Philipp Conz (1762–1827) unter dem Titel *Schicksale der Seelenwanderungshypothese unter verschiedenen Völkern und in verschiedenen Zeiten* eine Art Geschichte der Seelenwanderung, die sich mit Bezug auf Lessing in ihrem letzten Kapitel auch der «Seelenwanderungshypothese in neueren Zeiten» zuwandte. Für Conz ist, betont Daniel Cyranka, die «Wiederkehr des Menschen auf diese Erde», im Sinne der Lessingschen Überlegungen, «weniger plausibel als eine psycho-physische Höherentwicklung in ‹einer höheren Schule an einem besseren Orte› – auf anderen Planeten».[74]

Unter den Philosophen, die sich Ende des 18. Jahrhunderts mit dem Gedanken der Planetenwanderung befassten, ist Johann Gottlieb Fichte (1762–1814) während seiner Jenaer Zeit zu nennen. Ausgehend von der ewigen Fortdauer und ständigen Entwicklung des Menschen von Stufe zu Stufe tritt auch die Seelenwanderung als Entwicklungsweg in sein Blickfeld. In dieser Theorie kann er jedoch nicht die Lösung für das Wie und Wo der Entwicklung der Persönlichkeit sehen. Ihm fehlt vor allem die überzeugende Wahrung des Prinzips der Identität des Bewusstseins in den Seelenwanderungssystemen. Für ihn, der die Körperlichkeit des menschlichen Wesens und seine leib-seelische Einheit nicht aufgeben will, liegt die Problemlösung in der Umwandlung des Menschen durch die

Natur. Danach könnte die weitere Entwicklung auf anderen Planeten, insbesondere der Sonne, stattfinden. Fichte fragt:

> Auf unsern Planeten wenigstens fließt die Sonne ein; ob er auf sie einfliesse, läßt sich nicht sagen. Aber wie wenn das Dauernde, durch das unsere Individualität fortgepflanzt wird, etwas dem ganzen Sonnensystem gemeinschaftliches, für das ganze gehöriges, wäre, und wie, wenn wir bei unsrer zweiten Geburt, dem Tode, als Bewohner des ganzen Systems gebohren würden, wie wir es durch die erste als Bewohner dieses ErdPlaneten wurden. – u. so (in eine) Staffel einträten, die unendlich seyn kann?[75]

Interessant ist, wie bereits erwähnt, dass sich auch Goethe im Alter dem Gedanken der Planetenwanderung stärker geöffnet zu haben scheint. In einem Gespräch mit Johannes Daniel Falk (1768–1826) am 25. Januar 1813 bemerkt er, ohne eine Wiederverkörperung auch auf der Erde auszuschließen:

> Gar wohl lassen sich aber, nach meinen Ansichten von der Natur und ihren Gesetzen Planeten denken, aus welchen die höhern Monaden bereits ihren Abzug genommen, oder wo ihnen das Wort noch gar nicht vergönnt ist. Es gehört eine Konstellation dazu, die nicht alle Tage zu haben ist, daß das Wasser weicht und daß die Erde trocken wird. So gut wie es einen Menschenplaneten gibt, kann es auch Fischplaneten oder Vogelplaneten geben. Ich habe in einer unserer früheren Unterhaltungen den Menschen das erste Gespräch genannt, das die Natur mit Gott hält. Ich zweifle gar nicht, daß dies Gespräch auf andern Planeten viel höher, tiefer und verständiger gehalten werden kann.[76]

Zu dem Zeitpunkt, als Goethe diese Ansichten äußert, war die Idee der Planetenwanderung im Kreis der Naturwissenschaftler wie der Philosophen längst kein aktuelles Thema mehr, sondern spielte vor allem in neuen religiösen Welt- und Menschenbildern mit häretischem Charakter eine Rolle. Dort hatte sie seit der Mitte des 18. Jahrhunderts einen festen Platz. Wesentlichen Anteil daran hatten der «nordische Seher» Emanuel Swedenborg (1688–1772) und seine Schüler. Als Sohn eines lutherischen Bischofs und Professors der Theologie am 29. Januar 1688 in Stockholm geboren, erwarb er sich bereits in jungen Jahren den Ruf eines Universalgelehrten von europäischem Rang. Durch ein Berufungserlebnis kam es bei ihm 1744 zu der entscheidenden Lebenswende. «Seitdem», schreibt

Swedenborg, «öffnete mir der Herr recht oft meine leiblichen Augen, so daß ich mitten am Tage in das andere Leben hineinsehen und im wachen Zustande mit Engeln und Geistern reden konnte.»[77] Durch sein umfangreiches, bis heute nachwirkendes Schrifttum wurde er zum bedeutendsten europäischen Visionär des 18. Jahrhunderts.

Die Belebung des gesamten Weltalls ist fester Bestandteil von Swedenborgs Kosmogonie und Menschenbild. Wiedergeburt auf Erden hat darin allerdings keinen Platz, wohl aber die Geburt auf anderen Himmelskörpern. 1758 erschien in London sein zu dieser Frage zentrales Werk unter dem Titel *Von den Erdkörpern in unserem Sonnensystem, die Planeten genannt werden, und einigen Erdkörpern im Fixsternhimmel sowie deren Bewohnern, Geistern und Engeln, nach Gesehenem und Gehörtem.* Das Leben auf vielen Planeten und Sternen hat Swedenborg anschaulich beschrieben. Alle Planetenbewohner sind aus seiner Sicht je nach den speziellen äußeren Bedingungen ihrer dortigen Existenz in Gottes universelles Heilswerk eingebunden.

In Deutschland wurden die Anschauungen Swedenborgs von der Bewohnbarkeit anderer Himmelskörper vor allem durch den schwäbischen pietistischen Prälaten Friedrich Christoph Oetinger (1702–1782) aufgenommen, der verschiedene Werke Swedenborgs auf Deutsch herausgab. Für Oetinger sind die Planeten «Pflanzstätten der Geister». Er versucht sogar, biblische Hinweise für die Bewohnbarkeit der Himmelskörper zu finden. Die kosmische Dimension des Erlösungswerkes Jesu Christi ist diesem frommen Theologen wichtig. Bei ihm, betont Ernst Benz,

> sind die Spekulationen über die Planetenbewohner schon bis zur Aufstellung einer makrokosmischen Allerlösungslehre hin entwickelt. Aber Oetinger gebietet diesen Spekulationen selber Einhalt durch die Feststellung, daß sich in der Bibel keine eindeutigen Aussagen finden, die es erlaubten, die Lehre von den Planetenbewohnern als eine heilsnotwendige Glaubenslehre aufzustellen.[78]

Das ist bei Oetingers bekanntem Zeitgenossen, dem reformierten Züricher Pfarrer und Übersetzer der *Philosophischen Palingenesie* Bonnets (1769) Johann Kaspar Lavater (1741–1801), anders. In seinem dreibändigen Werk *Aussichten in die Ewigkeit* (1768–1778), einem wichtigen Erbauungsbuch der Erweckungsbewegung, beschäftigt er sich ausführlich und im positiven Sinn mit der Bewohnbarkeit der Himmelskörper. Für ihn sind auf dieser Erde verstorbene Menschen mit dazu berufen, an der Ausgestaltung sich im All bildender neuer Welten mitzuwirken. Dies dient der Ehre Gottes wie auch der persönlichen Entwicklung. Lavater hebt hervor:

> Nicht die Erde, die wir izo bewohnen, ist das Gränzort unsers Daseyns; nicht die ungleich schönere Sonne; nicht irgend eine paradiesische Welt, die nie durch keine Uebertretung entheiligt, von einer Schönheit und Vollkommenheit zur andern fortreift, und schon vor Jahrtausenden ausgebildet und reif schien; – nicht eine Stuffenwelt, so unendlich – vollkommener und erhabener als unsre Welt man sie sich auch immer vorstellen, oder nicht vorstellen könnte; sondern der höchste Himmel, *das Urbild der Welten, die Fülle jeder sichtbaren Schönheit.* Alles andere lassen wir zurük, übereilen wir; – eilen zu *dem Jerusalem, das droben, und unser aller Mutter ist.*[79]

Bei Lavater wird beispielhaft deutlich, dass die Anschauung der nachtodlichen Wanderung der Menschen über verschiedene Himmelskörper sich mit dem Seelenwanderungsglauben verbinden kann. 1793 lernte er anlässlich eines Besuchs in Kopenhagen einen geheimen spiritualistischen Zirkel unter der Leitung des dänischen Regenten Prinz Karl von Hessen kennen. In diesem Kreis war man von der Wiederverkörperung auf Erden überzeugt und stellte allerlei Spekulationen über die Wiederverkörperung namhafter Persönlichkeiten an. Lavater, dafür gibt es Hinweise, aber keine Beweise, öffnete sich spätestens zu diesem Zeitpunkt auch dem Reinkarnationsglauben.

Die durchaus naheliegende Verbindung von Reinkarnation auf Erden und Inkarnation auf anderen Himmelskörpern als Zwischenstufe auf dem Weg zur Vollkommenheit veranlasste einen anderen Vertreter der deutschen Erweckungsbewegung um die Wende vom 18. zum 19. Jahrhundert, eine scharfe Trennung zwischen beiden zu ziehen. Es ist der auch als Operateur des schwarzen Stars berühmte Heinrich Jung-Stilling (1740–1817). Er vertritt in seiner 1806 in Nürnberg erschienenen *Theorie der Geisterkunde* die Meinung, eine Wanderung der Menschen über die Gestirne beginne nicht, wie auch viele fromme Leute meinten, bereits nach dem Tod, sondern erst nach der Auferstehung von den Toten am Jüngsten Tag in der neuen Leiblichkeit.

Die Überzeugung von einer Inkarnation auf anderen Himmelskörpern in grobstofflicher und feinstofflicher Form blieb namentlich in religiös-weltanschaulichen Randgruppen seit dem 18. Jahrhundert lebendig. Sie begegnet bis in die Gegenwart hinein, teilweise unter Einschluss irdischer Reinkarnationsmodelle, in vielfältigen Formen und unterschiedlichen Zusammenhängen. Kosmische Inkarnation und Reinkarnation ist bis heute ein immer wieder diskutiertes Thema.

Ein Zwischenruf aus der Buchhandlung der Gelehrten

Im Jahr 1785 erschien in Leipzig ein 219 Seiten umfassendes Buch unter dem Titel *Beyträge zur Lehre von der Seelenwanderung*. Es war «zu finden in der Buchhandlung der Gelehrten», so die Herkunftsangabe. Die philosophischen Reflexionen des Buches weisen seinen anonymen Verfasser als einen sehr gebildeten, in der zeitgenössischen theologisch-philosophischen, aber auch literarischen Diskussion bestens bewanderten Gelehrten aus.

Die anonyme Publikation hat drei Teile. Der erste besteht aus einem umfangreichen Gedicht über die Seelenwanderung, den zweiten bildet ein Gespräch über die Seelenwanderung zwischen einem Befürworter und einem Gegner. Im dritten Teil werden für die Seelenwanderung sprechende Gründe nochmals zusammengefasst und weitere Einwände dagegen widerlegt. Das Titelblatt ziert ein symbolisch-programmatisches Bild.

Der Versuch, den Seelenwanderungsgedanken in Versform zu verbreiten, ist originell und in dieser Weise bis dahin wohl einmalig. Es seien nur wenige Strophen als Kostprobe zitiert. Das Gedicht *Der Metempsychosist* beginnt:

> Wann einst von meinen Tagessonnen
> die letzte her von Osten steigt:
> der Sand der Lebensuhr verronnen,
> auf Mitternacht der Zeiger zeigt:

wann Erd und Himmel mir entschwinden,
die Augen nicht den Freund mehr finden,
der meine Hand in seiner hält;
dann nimm den Geist, den du gegeben,
zurück, führ' ihn ins künftge Leben –
sey's diese Welt – sey's eine andre Welt.
Und sollt' ich auch den Gang des Lebens
noch einmal machen – wohl! vergebens
führst du mich nie in einen Kreis;
kehr ich auf diese Erde wieder,
sind neu mir zugeformte Glieder
mein Eigenthum auf dein Geheiß:
und was sich dann mein Geist erstrebt,
was ich dann seh, hör und erfahre,
das gaben mir zehntausend Jahre
nicht; hätt' ich sie auf einmal hier verlebt.
Vielleicht wall ich in andre Zonen,
leb unter andern Nationen
in ausgedehntrer Wirkungsphär:
brauch mit erhöhten Seelenkräften
den Geist zu wichtigern Geschäften,
nicht so gefesselt, wie bisher,
an blinder Sinnlichkeiten Thron:
ich fülle die gelass'nen Lücken
dann aus, versehn mit schärfern Blicken,
und feinerer Organisation.[80]

Den Schluss bilden folgende Strophen:

«Wie weit?» – Freund, frage nun nicht weiter!
ist denn der Wandrer schon am Ziel?
schau über dich! der Dinge Leiter,
hat sie nicht noch der Sprossen viel?
wirst du die höchste je ersteigen?
wird je Flor dir sich neigen?
nein, Kühner! seliger ist dein Loos!
was wären hunderttausend Leben
wohl ohne ewgem Vorwärtsstreben?
ist ein Genuß, ohn Hofnung grössern groß?
In Dankempfindungs Harmonieen
erheb des Weltenvaters Lob,

der dich schon hier, im Land der Mühen,
zur mittlern Geisterstuf' erhob!
und, ohne dir ein Ziel zu zeigen,
dich ewig, ewig dich läßt steigen:
den jedem Absatz Ruh dir giebt,
dir neue Aussicht zu durchdringen!
dir Kraft giebt, höher dich zu schwingen,
und, – höchster Wonngedank – dich ewig liebt.[81]

Der Verfasser ist sich bewusst, dass Seelenwanderung nicht letztlich beweisbar ist, sondern eine Hypothese bleibt. Er spricht deshalb von einem Traum, betont aber in der Einleitung: «Und – sey sie ein Traum! – Träumen müssen wir ja doch hier alle, die wir eine Seele haben.»[82] Endgültige und «bessere Belehrungen» können nur «von ihm, dem Geist der Wahrheit [Joh 16,13] kommen».[83]

Im zweiten Teil des Buches lässt der Autor deutlich die Absicht erkennen, die von Lessing, Schlosser und Herder in den zurückliegenden fünf Jahren stark belebte Seelenwanderungsdiskussion fortzuführen und zu ergänzen. Wie Schlosser versteht er sich als Christ. Er argumentiert nach zwei Seiten, in Richtung der Aufklärung *und* des mehr oder weniger traditionellen Christentums. Von Seiten einiger Aufklärer könne ihm vorgeworfen werden, «das System von der intellektuellen und moralischen Ausbildung und Erhöhung des Menschen verlassen» und gegen die «trostlose Hypothese der Seelenwanderung» vertauscht zu haben.[84] Dem sei nicht so. Er habe dieses System nicht aufgegeben, sondern «nur dadurch anders modifiziert».[85]

Der Verfasser sieht sich mit seiner Seelenwanderungshypothese fest auf der Grundlage des Christentums und der Aufklärung stehen. Sowohl das Wesen Gottes als auch das des Menschen deuten auf die Notwendigkeit der Seelenwanderung hin. Es gehe darum,

die selige Dreyeinigkeit der drey Hauptbestandtheile des Menschenwesens, des denkenden, wollenden und handelnden Prinzipiums wieder herzustellen; dies ist der grosse Zweck und das Ende der Erziehung des Menschengeschlechts, so wie das Mittel dazu die Seelenwanderung war.[86]

Der bereits in der Natur allgemein erkennbare Grundsatz der Entwicklung erfordere den Aufstieg des Menschen zur Vollkommenheit.

> Soll aber ein Wesen all die Stufen der Erden, Steine, Pflanzen, Thiere mit ihren unüberzähligen Mittelschattierungen durchsteigen, so muß es auch nothwendig die verschiedenen Gradationen der Menschenunvollkommenheit und Vollkommenheit durchschreiten.[87]

Von diesem Prinzip ausgehend, wird eine Synthese zwischen Christentum und Seelenwanderungsglauben angestrebt, denn

> auf diese Art glaub ich auch die letztere [Seelenwanderung] mit dem System des reinen Christenthums zusammenreimen zu können, ohne zu fürchten, ihm weder in der Glaubens- noch Sittenlehre zu nahe zu treten und folglich mir selbst ein Aergerniß zu geben.[88]

In diesem Zusammenhang werden die bekannten, im Sinne der Reinkarnation deutbaren Bibelstellen herangezogen. Es fehlt zudem nicht der Hinweis: «Denn die Metempsychose war wenigstens bey einigen Judensekten Volksglaube.»[89] Trotzdem ergebe sich die Frage: Warum hat Jesus selbst nicht klar die Wiederverkörperung gelehrt? Antwort: Hätte er das getan, wäre dies unweise gewesen, denn die Menschen waren für dieses Geheimnis noch nicht reif.

> Das Stillschweigen der Offenbarung in Ansehung der Natur unsers künftigen Zustands ist gewiß ein Zug ihrer Weisheit. Der göttliche Mann, der die sterblichen Menschen die Auferstehung lehrte, war ein zu guter Philosoph, um mit den Tauben von Musik, und mit den Blinden von Farben zu reden.[90]

Der Haupteinwand gegen eine christliche Seelenwanderungslehre, das weiß der Verfasser auch, betrifft jedoch die Bedeutung Jesu Christi und seines Erlösungswerkes für das Heil. «Was machen Sie aus der Sendung Christi?» lässt er den Kritiker fragen.

> Wozu war Er [Jesus Christus] nöthig, wenn das Menschengeschlecht durch succeßive Wanderungen aus den untersten Tiefen menschenmöglicher Unvollkommenheiten zu den höchsten Höhen menschenmöglicher Vollkommenheiten hinansteigen soll? Wozu dann noch ein Mittler – und zwar aus dem Schooße der Gottheit? Wozu sein Verdienst? sein Tod?[91]

In der Antwort wird zunächst auf das Geheimnis der Erlösung verwiesen. Christi Erlösungswerk sei rational nicht voll erklärbar, selbst für überzeugte Christen bleibt es «ein unbegreiffliches, aber anbetungswürdiges Geheimnis».[92] Der Kern der gestellten Fragen wäre aber bereits von Schlosser beantwortet worden, der bekanntlich argumentiert hatte, für die menschliche Seele seien viele Erdenwanderungen notwendig, um so weit zu kommen, Christi Erlösungswerk im Glauben wirklich annehmen zu können. Einen Punkt fügt unser Autor, darin ganz Aufklärer, noch ausdrücklich hinzu. Er verweist auf die Vorbildfunktion Christi auf dem Weg der Nachfolge bis zur Vollkommenheit. Eine Rolle mag für ihn dabei das Wort Jesu gespielt haben: «Darum sollt ihr vollkommen sein, gleichwie euer Vater im Himmel vollkommen ist» (Mt 5,48). Das bedeute aber keine Werkgerechtigkeit im Gegensatz zur Glaubensgerechtigkeit. Nachfolge, das «heißt denn eigentlich an Christum glauben oder das Verdienst Christi ergreifen».[93] Außerdem bleibe ohnehin alles Gnade, «ganz unverdiente Gnade? Wer gab uns die Anlagen und Fähigkeiten, uns dergleichen Raritäten [Heilsgüter] zu erwerben? War es nicht die Gnade des Allgebers?»[94]

Weitere Einwände gegen die Vereinbarkeit von Seelenwanderungsglauben und Christentum werden aufgegriffen. Widerspricht die Lehre von der Seelenwanderung notwendigerweise dem christlichen Glauben vom endzeitlichen Weltgericht, dem «großen Auferstehungstag», und einer neuen Erde und einem neuen Himmel? Nein! Denn am Tag der Auferstehung werde der Wert oder Unwert der durch verschiedene Erdenexistenzen gegangenen Seele offenbar. Es wird gleichsam ihr «Thagebuch vorgelegt, ihr Verhalten in mehreren Daseynsperioden gemustert, und die ganze Reihe ihrer gemachten Erfahrungen, ihrer erworbenen Tugenden durch abgelegte Fehler, zur anschaulichen Uebersicht vorgestellt».[95] Nach dem Endgericht ist die Erde für die dort vorher inkarnierten Seelen «so gut als abgethan, so gut als zerstört …».[96] Sie erfährt «eine allgemeine Umwandlung aus einem dunklen Planetenkörper zu einer Sonne, zu einem Lichtreiche, einer würdigen Wohnstätte für dergleichen Kinder des Lichts».[97] Damit wird auch der in der Reinkarnationsdebatte anzutreffende Einwand, den Christen sei ja als Lohn der Himmel – nicht die Erde – verheißen, entkräftet.

Der Autor lässt die christliche Lehre von den Letzten Dingen, von Auferstehung und Weltgericht, nicht – wie in einigen anderen Seelenwanderungsmodellen – als entbehrlich beiseite, sondern versucht, sie mit dem Seelenwanderungsglauben in Einklang zu bringen. Er ist sogar der Ansicht: «Die erste Auferstehung ließe sich vielleicht nicht eben zu gewaltsam zum Beweise für die Seelenwanderung anwenden.»[98]

Dass der Seelenwanderungsglaube nicht mit der traditionellen kirchlichen Lehre von der Ewigkeit der Höllenstrafen zu vereinbaren ist, wird demgegenüber nicht bestritten. Denn nur das Gute ist ewig und wird deshalb schließlich über das Böse triumphieren, so dass Gott am Ende alles in allem ist. Die ewige Verdammnis zu behaupten bedeute in der letzten Konsequenz «Gott lästern».[99] Auch die Bibel spreche nur von einer Verdammnis für Äonen von Zeiträumen, aber eben von Zeit, nicht von Ewigkeit.

> Die Höllenstrafen fallen weg, müssen wegfallen, wenn man auf den Zweck derselben, die endliche Besserung und Vollkommenheit des Unvollkommenen oder auf den Ausgang des Ganzen sieht, der jenem Zweck angemessen ist.[100]

Als weiterer möglicher Einwand aus christlicher Sicht gegen die Seelenwanderung wird die Überlegung genannt: Kann dieser Glaube nicht träge und gleichgültig bei der jetzigen, unmittelbaren Lebensbewältigung machen?

> Gut, denk ich, was ich jetzt nicht thue, werd ich schon nachher thun; was ich jetzt übel gemacht habe, will ich schon zu seiner Zeit wieder gut machen; ich komme ja wieder, will schon nachholen, was ich hier nicht vollenden konnte, weil ich's vielleicht nicht wollte, nicht behaglich fand.[101]

Antwort: Wer wirklich an Gott als den «allweisen Weltregierer» glaubt, der alles zum Besten und «zur höchstmöglichen Vollkommenheit und Glückseligkeit» seiner Geschöpfe lenkt, kann so nicht sprechen.[102]

Das oft gebrauchte gewichtige Argument, fehlende Rückerinnerung spreche gegen die Seelenwanderung, wird, wie bereits durch Schlosser, als nicht stichhaltig zurückgewiesen. Erst am Ende der großen Wanderschaft kommen alle Erinnerungen an frühere Leben «in ihrer ganzen Klarheit, wie aufgefrischte Bilder» zurück und geben dem jeweiligen persönlichen «Erfahrungssystem ewiges Leben, und unerschütterliche Dauer».[103]

Schließlich stellt sich der Verfasser der *Beyträge zur Lehre von der Seelenwanderung* dem originellen Einwurf, durch Seelenwanderung würden die Menschen von Gott an die Erde gefesselt, «da wir doch einen Himmel über uns haben, wo Welten glänzen ohne Zahl».[104] Dem wird entgegnet: So kann nur argumentieren, wer in der Erde ein Gefängnis und ein Jammertal sieht und den Himmel betrachtet «als die immer während Ruhestätte, angefüllt mit allen Befriedigungsmitteln seiner sinnlichen Erwartungen». Doch auch die Erde gehört zum Himmel Gottes, zum «System der Welten Gottes».[105] Das Erdenleben und die Erde selbst erfahren hier, auch im Licht ihrer endzeitlichen Verwandlung, eine deutliche Aufwertung gegenüber einem weltflüchtigen Christentum mit vor allem jenseitiger Zielrichtung.

Am Schluss des Büchleins wird der «Nutzen» der Seelenwanderung nochmals zusammengefasst:

Sie giebt mir einen bestimmten und eben deswegen beruhigenden Blick in die Zukunft, wenn ich das Bedürfniß fühle, in jene Dunkelheiten jenseits des Grabes hinaus zu schaun;

sie giebt mir manche deutlichere, und eben deswegen mehr befriedigende Aufschlüsse über manche sonderbare Auftritte dieses Lebens, über die ungleiche, oft ungerecht scheinende Austheilung physischer und moralischer Güter, über so genanntes Glück und Unglück, über Freuden und Leiden, die sie mich als nothwendige, höchstweise und höchstgute Erziehungsmittel betrachten lehret;

sie stärkt und vergrössert meinen Glauben an den allgemeinen Welten- und Menschenvater, und mein kindliches Vertrauen zum unsichtbaren aber nie irreleitenden Führer;

sie bestätigt mich im Glauben an Seelenfortdauer und Unsterblichkeit;

sie treibt mich zur Menschenliebe, Duldsamkeit und zuvorkommende Dienstfertigkeit gegen alle meine Mitwanderer, die zwar auf sehr verschiedenen Wegen doch alle nach Einem Ziele hinstreben, sich wohl gar nicht immer unerkannt begegnen, … sich unterstützen, belehren und ihre Erfahrungen mittheilen.[106]

Diese Schlussfolgerungen sind ein wichtiger, oft übersehener und auch mehr als 200 Jahre nach ihrer Veröffentlichung noch wirkungsvoller Beitrag zur Seelenwanderungs- beziehungsweise Reinkarnationsdebatte, wie sie von Lessing, Schlosser, Herder und anderen angeregt wurde. Ihre Überzeugungen, Spekulationen und «Träume» wirkten weiter und beleben die seit dem 19. Jahrhundert kaum mehr überschaubare Diskussion über das umstrittene Thema Seelenwanderung – Reinkarnation.

Das 19. Jahrhundert:
Neue Möglichkeiten des Denkens und Dichtens

Periodisieren lässt sich die Entwicklung des Seelenwanderungs- und Reinkarnationsglaubens nur schwer und relativ willkürlich. Die Übergänge sind fließend, die Entwicklung ist vielgestaltig. Dennoch ist es unübersehbar, dass sich seit dem Ende des 18. Jahrhunderts für die Verbreitung von Reinkarnationstheorien in Europa neue Möglichkeiten und Horizonte eröffneten. Unter dem Einfluss der Aufklärung und der Französischen Revolution setzte sich der Toleranzgedanke und mit ihm das Prinzip der Religionsfreiheit nach und nach bis in die staatliche Gesetzgebung hinein mehr oder weniger durch. Ketzer waren nun nicht mehr von vornherein Staatsfeinde, auch wenn die Kirchen Staatskirchen blieben und die Religionsgesetzgebung den Dissidenten wenig Spielräume ließ. Religiöse Protestbewegungen traten vor allem seit der Mitte des 19. Jahrhunderts in Form von Vereinen an die Öffentlichkeit, auch solche, bei denen der Reinkarnationsglaube zum Lehrsystem gehört.

Der religiöse Individualismus gewann an Breite und mit ihm der Reinkarnationsgedanke in seinen westlichen und östlichen Varianten. Einzelne Naturwissenschaftler, Philosophen, Dichter und Schriftsteller äußerten sich nicht selten unter Rückbezug auf Lessing mit oft positivem Unterton dazu oder bekannten sich sogar zu eigenen oder fremden Reinkarnationsmodellen. Andere polemisierten, etwa in Anschluss an Herder, dagegen. Angesichts dieser Entwicklung sahen sich auch die christlichen Kirchen zunehmend zu ablehnenden Stellungnahmen veranlasst. Anderslautende Stimmen, man denke an Johann Georg Schlosser und Charles Bonnet, fanden hier kein Gehör. Das begünstigte das Entstehen neuer außerkirchlicher reinkarnationsgläubiger Gruppierungen.

Für die Ausbreitung östlicher Seelenwanderungsvorstellungen ist die wachsende Zahl von Übersetzungen grundlegender hinduistischer und buddhistischer Schriften wichtig. Östliches religiöses Gedankengut fand aus dem kleinen Zirkel der Gebildeten durch Vermittlung von Philosophen und Schriftstellern verstärkt Eingang ins Bewusstsein breiter Bevölkerungskreise. Zeitströmungen universalistisch-liberaler Art und okkultistisch-spiritistischer Prägung begünstigten diese Entwicklung, mit der Synkretismus, Glaubensvermischung, verbunden war. Es beginnt das Zeitalter der religiösen Selbstbedienung des Einzelnen, das im 20./21. Jahrhundert seinen Höhepunkt erreicht.

Der Reinkarnationsglaube gewinnt seit dem 19. Jahrhundert nicht nur Verbreitung, sondern auch Vielfalt. Er begegnet als ernste und wichtige religiöse Überzeugung, als interessantes philosophisches Modell zur Problemlösung oder als dichterisch-spielerisches Motiv, in dem auch für Spaß und Spott Raum ist. Das soll im Folgenden an einer Reihe bekannter und weniger bekannter Beispiele gezeigt werden.

Unter Theologen finden sich zu Beginn des 19. Jahrhunderts – wie auch schon vorher – nur ganz vereinzelte Stimmen, die sich positiv zum Reinkarnationsgedanken äußern. Zu ihnen gehört Christian Wilhelm Flügge (1772–1828). In seiner 1794–1800 in Leipzig erschienenen mehrbändigen *Geschichte des Glaubens an Unsterblichkeit, Auferstehung, Gericht und Vergeltung* nimmt er die aktuelle, durch Namen wie Lessing, Schlosser und Herder geprägte Seelenwanderungsdiskussion auf und knüpft daran an. Ausführlich widmet er sich der Frage nach den Ursprüngen dieser Idee und beschreibt ihre Geschichte. Flügge steht theologisch dem Rationalismus und Naturalismus sehr nahe. Lessings Überlegungen zur Seelenwanderung ordnet er einer legitimen christlich-eschatologischen Bildsprache zu. Er sieht in ihr «jene edlere Art der Seelenwanderung». Sie führt «von unten hinauf; wenn niedrigere Keime von Leben zu höhern verfeinert werden, wenn die Seele der Pflanze Thier und die Seele des Thiers Mensch würde».[107] An die Stelle des Bildes von der Auferstehung des Fleisches tritt für Flügge das Bild der Seelenwanderung.

Ich glaube mit Recht jene edlere Art der Seelenwanderung, die leicht der Bestimmung des Menschen, im unendlichen Progreß zur Bildung und Vollkommenheit fortzuschreiten, conform gemacht werden kann, hieher zählen zu dürfen. Sie ist gewiß eine der schönsten Blumen, der durch Philosophie und Betrachtung der Natur genährten Phantasie, die gewiß tausendmal edler und schöner ist, als die (mit Recht oder Unrecht – Hievon an einem andern Ort) ins christliche System aufgenommene Lehre von Auferstehung des *Fleisches*. Sie entspricht den Wünschen und Hoffnungen des Menschen so ganz; führt ihn, ganz seiner Natur angemessen, von Stufe zu Stufe zu höhrer Bildung, und leitet, wenn man die Hülle abstreift, welche jene Idee hier sinnlich einschließt, auf eben die Resultate, welche die critische Philosophie aufstellt.[108]

Flügge fand mit seinen Überlegungen keine größere Resonanz in Theologie und Kirche. Die Ablösung der Theologie der Aufklärung und des Rationalismus mit ihrem Fortschritts- und Entwicklungsdenken durch konservativere theologische Richtungen ließ für derartige Entwürfe kaum noch Raum, auch wenn einzelne Theologen wie der Jenaer Theologieprofessor Leopold Immanuel Rückert (1797–1871) offen auf die Seelenwanderungsfrage eingingen. Der Reinkarnationsdiskurs verlagerte sich fast vollständig in die Philosophie. Dort wurde er meist in Anschluss an Lessing und Herder beziehungsweise an die bisher vorliegenden westlichen Varianten geführt. Eine Ausnahme bildet einer der bedeutendsten Philosophen des 19. Jahrhunderts, Arthur Schopenhauer (1788–1860). Bereits in seinem 1819 erschienenen Hauptwerk *Die Welt als Wille und Vorstellung* kommt er auf die Reinkarnation zu sprechen:

Wir finden nämlich die Lehre von der Metempsychose, aus den urältesten und edelsten Zeiten des Menschengeschlechts stammend, stets auf der Erde verbreitet als den Glauben der großen Majorität des Menschengeschlechts, ja eigentlich als Lehre aller Religionen mit Ausnahme der jüdischen und der zwei von dieser ausgegangenen; am subtilsten jedoch und der Wahrheit am nächsten kommend, wie schon erwähnt, im Buddhaismus.[109]

Der Buddhismus ist es auch, zu dem sich in seiner Philosophie eine unverkennbare Nähe erkennen lässt. Dennoch ist und bleibt Schopenhauer eigenständig, auch in seinem Reinkarnations- beziehungsweise Palingenesiemodell. Rüdiger Sachau urteilt:

Schopenhauer *bricht mit dem Fortschrittsgedanken*, als einer optimistischen Hoffnung. Folglich ist seine Reinkarnationsvorstellung, anders als in den meisten westlichen Reinkarnationsvorstellungen, vom Entwicklungsgedanken abgekoppelt. Reinkarnation erscheint als ein logischer und notwendiger Gedanke, aber sie ist eingebettet in eine grundsätzlich pessimistische Weltsicht. Diese Auffassung läßt Schopenhauer in die Nähe des Buddhismus rücken, aber es ist eine Verwandtschaft der «Stimmung», nicht der philosophischen Anschauung, denn Schopenhauer lehnt den steuernden Karma-Gedanken ab, für ihn ist *Reinkarnation wesentlich zielblind*. Schopenhauer beendet den Gedanken der individuellen Fortentwicklung nach dem Tod. Erlösung wird bei ihm nicht evolutiv angezielt, sondern asketisch, weltverneinend verwirklicht.[110]

Hinzu kommt: Schopenhauer verneint, ähnlich wie der Buddhismus, einen persönlichen Gott und das Weiterleben des Individuums, einer unsterblichen Seele, über den Tod hinaus. Was lebt dann aber weiter, wenn im Tod die menschliche Individualität und das Bewusstsein erlöschen? Diese Frage drängt sich auf. Schopenhauer antwortet:

> Das Sterbende geht unter: aber ein Keim bleibt übrig, aus welchem ein neues Wesen hervorgeht, welches jetzt ins Dasein tritt, ohne zu wissen, woher es kommt und weshalb es gerade ein solches ist, wie es ist. Dies ist das Mysterium der *Palingenesie*.[111]

Entscheidend für ihn war: Der unbewusste Wille zum Leben bleibt und kommt wieder. Schopenhauer findet den Reinkarnationsgedanken, wie er ihn interpretiert, auch im Neuen Testament und im Christentum wieder und versucht, dies zu belegen.

Unter Reinkarnationsbefürwortern hat sich das Schopenhauersche Modell nicht durchgesetzt, wohl aber gingen vielfältige und bis heute anhaltende Wirkungen von ihm aus. Das trifft auch auf zahlreiche Autoren aus dem spiritistischen und esoterischen Umfeld zu. Selbst Friedrich Nietzsche (1844–1900) mit seinem Gedanken der ewigen Wiederkehr kann in diesem Zusammenhang genannt werden.

In einer ganz anderen, in der ersten Hälfte des 19. Jahrhunderts weit verbreiteten philosophischen Richtung war man gegenüber reinkarnatorischen Spekulationen und Modellen auf dem Hintergrund der westlichen Tradition ebenfalls offen: in der Naturphilosophie. Hier fragte man nach den metaphysischen Anfangsgründen der Naturwissenschaft und ging von der Lebenseinheit von Gott, Seele und Natur aus. Dies wurde aber, so deutet Karl Joel einige naturphilosophische Ansätze im Kontext der Mystik,

> empfindlich dadurch gestört, daß die Seele dem unendlichen Leben der beiden Totalpotenzen Gott und Natur nicht nachkommen kann. Die Gottheit ist als solche unsterblich. Die Natur gibt sich als stete Wiederkehr, aber der beseelte Mensch zeigt in der Sichtbarkeit einmalige kurze Existenz.

Es sei deshalb im Sinne naturphilosophischer Grundsätze, so Joel, «die Anpassung der Seele an die beiden unendlichen Potenzen» erforderlich. Dadurch wird der Seele gegeben, «was die Gottheit hat und was die Natur hat, Unsterblichkeit und ewige Wiederkehr».[112]
Mehrere namhafte Vertreter des spekulativen deutschen Idealismus haben, meist im Zusammenhang ihrer naturphilosophischen Überlegungen, das Problem der Seelenwanderung ernsthaft mit in den Blick genommen. Oft verbindet sich damit auch der Gedanke der Planetenwanderung. Auf Johann Gottlieb Fichte wurde bereits verwiesen. Georg Wilhelm Friedrich Hegel (1770–1831), der führende Kopf des deutschen Idealismus, beschäftigte sich mit dem Gedanken der Seelenwanderung, so in seinen Vorlesungen über «Naturreligion». Ähnliches gilt für Friedrich Wilhelm Joseph von Schelling (1775–1854). Aus dem Jahr 1798 ist der Aphorismus überliefert: «Die Wanderung der Seele von Menschen und Thieren ist nach der wahren Philosophie nicht ungereimt.»[113] Mehrfach ist in seinen Werken die Beschäftigung mit dem Problem der Seelenwanderung nachzuweisen. So schreibt Schelling:

> Da die Selbstheit selber das Producirende des Leibes ist, so schaut jede Seele in dem Mass, in welchem sie mit jener behaftet, den gegenwärtigen Zustand verläßt, sich aufs Neue im Scheinbild an, und bestimmt sich selbst den Ort ihrer Palingenesie, indem sie entweder in den höheren Sphären und auf besseren Sternen ein zweytes weniger der Materie untergeordnetes Leben beginnt, oder an noch tiefere Orten verstoßen wird.[114]

Ob Hegel und Schelling zur Beschäftigung mit der Idee der Seelenwanderung und Planetenwanderung auch durch den mit ihnen befreundeten Dichter Friedrich Hölderlin (1770–1843) angeregt wurden, muss dahingestellt bleiben. Hölderlin werden, obwohl er sich nie konkret dazu äußerte, Sympathien für Reinkarnationsspekulationen nachgesagt.

Neben sehr namhaften Persönlichkeiten stehen weniger bekannte oder sogar solche, welche die Anonymität wählten. 1824 erschien anonym der *Versuch einer Enthüllung der Räthsel des Menschenlebens und Auferstehens*. Im Hintergrund der Überlegungen stehen auch hier Lessings und Schlossers Äußerungen und die durch sie ausgelöste Debatte. Tragend ist der Fortschritts- und Entwicklungsgedanke. Im Endeffekt findet er seine Realisierung im «Schoß der Gottheit», jedoch nicht durch irdische Seelenwanderung, sondern durch Planetenwanderung.

Erstaunlicherweise war es die evangelische *Allgemeine Kirchen-Zeitung*, in der der Arzt Georg Christian Gottlieb Wedekind (1761–1831) seine durch naturphilosophische Überlegungen gestützte positive Sicht der Seelenwanderung erstmals der Öffentlichkeit vortrug. Dabei will er den Seelenwanderungsglauben einschließlich des Gedankens der Planetenwanderung mit einem freien, der Vernunft Rechnung tragenden Christentum verbinden. Das schöpfungsgegebene Entwicklungsziel des Menschen, der ihrem Wesen nach präexistenten Seele ist nur auf dem Weg vieler Leben zu erreichen, wobei ein Abstieg der Seele, eine Rückkehr in Tierleiber, von vornherein ausgeschlossen wird. «Wedekind repräsentiert», urteilt Helmut Zander, «einen eigenständig innerhalb des christlichen Vitalismus verlaufenden naturphilosophischen Reflexionsstrang zum Thema Seelenwanderung.»[115] Wedekinds Auffassungen blieben nicht unwidersprochen.

Im Zusammenhang eines naturphilosophischen Ansatzes nahm in dieser Zeit ein zweiter, wesentlich bekannterer Mediziner den Seelenwanderungsgedanken positiv auf und verteidigte ihn: Professor Ferdinand Franz August Ritgen (1787–1867). Auch er will mit seiner Seelenlehre im Bereich des Christentums bleiben, und auch für sein Seelenwanderungsmodell ist das Fortschritts- und Entwicklungsprinzip im Kontext eines ganzheitlichen Welt- und Menschenbildes konstitutiv. Gegen Ritgens Anschauungen, die er 1835 in Darmstadt unter dem bezeichnenden Titel *Die höchsten Angelegenheiten der Seele nach dem Gesetze des Fortschritts betrachtet* veröffentlicht hatte, polemisierte ein Jahr später kein geringerer als Kants Nachfolger in Königsberg, zu diesem Zeitpunkt Professor der Philosophie in Leipzig, Wilhelm Traugott Krug (1770–1842). Der Titel seines Buches lautete *Kantharos, Der neue Pythagoras Oder Geschichte eines dreimal geborenen Erdenbürgers, mit einem Glaubensbekenntniß über Seelenwanderung und Unsterblichkeit*.

Die philosophische Debatte um die Reinkarnationsfrage belebte Mitte des 19. Jahrhunderts der mährische Unternehmer Maximilian Droßbach (1810–1884) auf ganz eigene Weise, indem er materialistische Theorien der Zeit mit panpsychischen Vorstellungen verband. 1849 wandte er sich mit der Schrift *Wiedergeburt oder: Die Lösung der Unsterblichkeitsfrage auf empirischem Wege nach den bekannten Naturgesetzen* an die Öffentlichkeit. Er versucht, auf materialistischer Grundlage den naturgesetzlichen Beweis für die Unsterblichkeit des Menschen zu erbringen.

> Hat man erkannt, daß die Unsterblichkeit des Individuums auf physischen Gesetzen beruht, so braucht man keine übernatürlichen (die ebendarum unnatürlich sind) anzunehmen oder zu erfinden.[116]

Droßbach kommt zu dem Ergebnis, jede Persönlichkeit habe eine unvergängliche «Zentralkrafteinheit», die jeweils den alten Körper ablegt, um einen neuen zu beziehen. Die Zahl dieser Menschenkeime ist allerdings beschränkt, und ein Wiederkommen ist notwendig, soll nicht das Leben, die Natur, zum Stillstand kommen. Droßbach geht es aber keineswegs vor allem um die Konstruktion einer Seelenwanderungslehre, sondern diese ist nur ein wichtiges Element bei dem Versuch der Konstruktion eines Weltbildes, in dem es keinen Gegensatz zwischen Naturwissenschaft und Metaphysik mehr gibt.

Aber nicht nur durch sein originelles Seelenwanderungsmodell regte Droßbach die Reinkarnationsdebatte an, sondern in erster Linie durch ein außergewöhnliches Preisausschreiben. Am 14. Dezember 1849 erschien in der *Augsburger Allgemeinen Zeitung* eine Annonce, in der eine Prämie von 40 Dukaten für die beste und ausführlichste Arbeit ausgesetzt wurde, die Droßbachs Unsterblichkeitsthesen untermauert. Mehr als anderthalb Jahre später, am 15. September 1851, stand der Preisträger fest. Es war der schwäbische Arzt und damalige Redakteur der *Augsburger Abendzeitung*

Gustav Widenmann (1812–1876). Unter dem Titel *Gedanken über die Unsterblichkeit als Wiederholung des Erdenlebens* erschien die preisgekrönte Arbeit 1851 in Wien. Widenmann, der bereits ein Buch über *Religion und Natur* geschrieben hatte, will den Gegensatz zwischen Natur und Geist überbrücken. In diesem Zusammenhang entwickelt er seine Lehre von der «Individualkraft», die sich vom Kristall bis zum Menschen gestaltet.

Die in der Natur vorhandenen Individualkräfte versteht Widenmann «als die verwirklichten Gedanken Gottes».[117] Im Menschen findet sich die höhere Stufe der Individualkraft. Er verfügt über ein eigenständiges Bewusstsein. Seine Wiedergeburt ist, so fasst C. S. Picht die Argumentation Widenmanns zusammen, aus folgendem Grund nötig:

> Ist nämlich der einzelne Mensch als geistiges Wesen eine eigene Gattung, dann entnimmt er eben seine physische Gestalt dem menschlichen Gattungsstoff durch Vererbung, als geistiges Wesen aber kann er nur die Wiederverkörperung desselben geistigen Menschen sein. Demnach – fährt Widenmann fort – wird der unvergängliche Mensch, dessen Fortleben zur Teilnahme an den verschiedenen Perioden der Geschichte, wenn auch unter ganz verschiedenen Verhältnissen, von dem natürlichen Gefühl unwiderstehlich gefordert wird, von anderen Eltern, vielleicht in einem anderen Volke oder Erdteil wieder hereingeboren ins Dasein; ...[118]

Widenmann beruft sich dabei auf Lessing. Den vielfach gegen frühere Leben ins Feld geführten Umstand, dass der Mensch über keine Erinnerung daran verfügt, wendet Widenmann ins Positive. Vergessen ist notwendig, um zu ermöglichen, dass die Individualkraft bei einem neuen Erdenleben auf den Gattungsstoff wieder völlig neu einwirken kann. Der Individualkraft bleibt «trotz dieses Vergessens», «was sie in der Übung des früheren Lebens, was sie durch die Läuterung während des Zwischenzustandes gewonnen hat»[119]. Die Wiedergeburt der Individualkraft in einem neuen Gattungsstoff, einem neuen Körper, ist für Widenmann geradezu eine naturgesetzliche Notwendigkeit. Die Häufigkeit der Wiederkunft, so vermutet er, hängt von individuellen Voraussetzungen und Umständen ab. Vollkommen gewordene Persönlichkeiten schließlich sind befreit von der Notwendigkeit der Wiedergeburt. Eine Wiederkunft aller wird es dennoch geben, wenn der «große Tag der Wiedergeburt für die Menschheit anbricht»[120], von dem Jesus Christus gesprochen hat und von dem im Alten und im Neuen Testament zu lesen ist.

> Die Zweckmäßigkeit eines allseitigen Wiederkommens in einem solchen Falle wird klar, wenn man sich unter einer solchen Zeit ein siegreiches Gelten der vollen christlichen Wahrheit und der höchsten politischen Weisheit denkt ...[121]

Für den Reinkarnationsglauben, die Ansicht vom Wiederkommen der menschlichen Persönlichkeiten auf diese Erde, macht Widenmann neben seinen naturphilosophischen Überlegungen und Schlussfolgerungen noch Folgendes geltend. Diese Ansicht

> muß bei dem, welcher ihr huldigt, eine tiefe Ruhe hervorbringen gegenüber so manchen Erscheinungen des Lebens, welche ohne diese Ansicht tief quälende Rätsel sind, so die frühe Unterbrechung von Menschenleben, das Schicksal der in vorchristlichen Zeiten und außerchristlichen Ländern Geborenen, die Unvollendung der Entwicklung einer Masse von Menschen und die sonstigen scheinbaren Ungerechtigkeiten dieses Lebens. Sie führt den Menschen zu einer tiefen Ehrfurcht vor dem geordneten Walten der Geschichte, das bei dieser Ansicht trotz aller scheinbaren Wirrnisse denkbar ist, und zur Anerkenntnis der Wichtigkeit dieses Erdenlebens für die menschliche Entwicklung.[122]

Nun kann gerade die Entwertung der Wichtigkeit dieses Erdenlebens angesichts weiterer Wiederverkörperungen, das wusste auch Widenmann, als Argument gegen mehrmalige Erdenleben gebraucht werden. Er kennt den Einwand: «Wenn ich später wiederkomme, so brauche ich mich jetzt nicht so zu mühen oder zur Besserung anzustrengen; ich habe immer noch Zeit.» Ihm hält er entgegen:

> Wer aber so denkt, wäre auch ohne jene Aussicht nicht sittlicher, und überdies muß einem solchen doch auch beifallen, daß er ja gar nicht weiß, in welche Lage er durch solche Gedanken und solches Handeln in der Zeit der Abgeschiedenheit und im späteren Leben kommt, ob er nicht vielleicht zu sich sagen wird, es wäre mir besser, daß mir ein Mühlstein an den Hals gehängt und ich ersäuft worden wäre, als daß ich so gedacht und in diesen Gedanken dies und jenes getan? Der Schlechte

kann also aus unserer Ansicht keine Bestätigung ziehen; dagegen muß sie die bessere Selbstliebe des Menschen zu den edelsten Taten treiben, zum Ausstreuen recht viel guten Samens in die Furchen der Geschichte, damit, wenn er einst als junger Mensch wieder erscheint, auch die dauernden Wirkungen seiner eigenen Taten auf dem neuen Lebenswege ihn schützen und führen.[123]

Mit seinem Bekenntnis zum Reinkarnationsglauben im Rahmen seines naturphilosophischen Systems sieht sich Widenmann dennoch auf dem Boden des Christentums stehen. «Ich halte die Lehre des Christentums in ihrer Ergänzung durch die Anschauung Lessings für die richtige …»[124] Und im Vorwort seines Büchleins betont er: «Mit den positiven Wahrheiten des Christentums glaube ich durch das unten Folgende in keinem Widerspruch zu stehen.»[125] Den Gedanken des irdischen Wiederkommens der Menschen findet er – wenn auch in der bildlichen Form der Auferstehung der Toten – im Alten und Neuen Testament klar zum Ausdruck gebracht. Immerhin räumt er ein:

Wollte man mir dennoch entgegenhalten, daß eben die untenstehende Ansicht vom wiederholten Wiederkommen der Menschen in ihrer Fassung nicht in der Schrift begründet sei, so gebe ich zu, daß außer dem Anspruche Christi, Johannes sei der wiedergekommene Elias, dessen Annahme er zudem den Jüngern freistellt, keine Andeutung eines wiederholten Eintretens der menschlichen Individuen in der Geschichte vorkommt, wenn man von dem Tausendjährigen Reiche absieht.[126]

Aber es sei eben nicht alles, «was über die ewigen Beziehungen des Menschen gedacht wird», in der Heiligen Schrift enthalten.[127]

In seinen späteren Büchern und Arbeiten ist Widenmann auf die Wiedergeburtsfrage nicht mehr eingegangen oder hat sie nur «gestreift». Dennoch leistete er einen originellen Beitrag zur Reinkarnationsdebatte, der später auch im Rahmen der Anthroposophie nachwirkte. In der Philosophie, die sich seit der Mitte des 19. Jahrhunderts ohnehin von naturphilosophischen Spekulationen weithin abwandte, spielte Widenmann keine weitere Rolle. Es waren Einzelne, wie etwa der Philosoph und Sozialreformer Lazarus von Hellenbach (1827–1887), die an das Erbe der Naturphilosophie auch in der Reinkarnationsfrage und immer unter Bezug auf Lessing anknüpften. Sie taten dies meist im Zusammenhang oder unter dem Einfluss der sich in der zweiten Hälfte des 19. Jahrhunderts rasch ausbreitenden religiös-weltanschaulichen Protestbewegungen des Spiritismus, Okkultismus und der Theosophie.

Das Thema Seelenwanderung war stets auch ein in der Literatur bis hin zur Satire vielseitig verwertbares Motiv. Im 19. Jahrhundert fand es im Zuge der sich verbreiternden Reinkarnationsdebatte verstärkt Aufnahme in Prosa und Lyrik. Dennoch blieb es randständig. Literarische Formen erleichterten es allerdings Dichtern und Denkern, die ein positives persönliches Verhältnis – und sei es nur zeitweise – zum Reinkarnationsglauben hatten, die Thematik ins Gespräch zu bringen, ohne sofort heftiger Kritik ausgesetzt zu sein. Die Übergänge vom 18. zum 19. Jahrhundert sind auch hier, wie schon das Beispiel Goethes zeigt, fließend.

Der Erbauungsliteratur zugerechnet werden kann ein Büchlein von Anton Wilhelm Klewitz (1760–1838), das 1789 in Magdeburg erschien: *Ueber Fortdauer und Präexistenz in Briefen an Frau Hofräthin Köpken*. Der Gedanke der Seelenwanderung wird hier zu einem wichtigen Trostgrund angesichts des frühen Verlustes eines Kindes. Der Verfasser ist kein Theologe, sondern Kriegs- und Domänenrat in Magdeburg, später finanzpolitischer Berater der preußischen Reformer Karl vom und zum Stein (1757–1831) sowie Karl August von Hardenberg (1750–1822). Er tröstet die trauernde Mutter mit dem Gedanken des Wiedersehens auf dem Entwicklungsweg des Menschen zur Vollkommenheit. Dieser Weg schließt für ihn sowohl ein Wiederkommen auf die Erde als auch die Planetenwanderung ein, nicht aber die Rückkehr ins Tierreich. Der Hinweis auf Reinkarnation als Trost im Zusammenhang des Verlustes eines geliebten Menschen, wie er uns bei Klewitz begegnet, ist nicht völlig neu. In die christliche Erbauungsliteratur hat er sonst aber keinen Eingang gefunden.

Demgegenüber begegnet das Reinkarnationsmotiv, eingebettet in unterschiedliche weltanschauliche Überzeugungen, in der Literatur seit dem Ende des 18. Jahrhunderts immer häufiger. Ein Beispiel dafür ist die Erzählung von Carl Grosse (1768–1847) *Helim, oder Ueber die Seelenwanderung*. Helmut Zander bezeichnet sie als eine «ernstere Variante der Seelenwanderungspoesie».[128] Das Buch erschien 1789 in Zittau und Leipzig. Im Mittelpunkt der Erzählung stehen Gespräche zwischen Helim, dem Prinzenerzieher am Hof des persischen Königs Alnareschin, und den Kindern des Königs. Dabei spielt die Frage nach dem Sinn des Lebens und der Erlangung des Glücks eine wichtige Rolle.

Der Verfasser behauptet zwar, «nirgends ein Resultat aus dem Ganzen gezogen»[129] zu haben, bekennt aber schon eingangs, dass ihm die «Hauptidee dieses Buches», die Seelenwanderung, angesichts des Verlustes einer geliebten Frau «einen unaussprechlichen Trost» gegeben habe, und das «in der ernsten Stunde, wo die Seele, von einem ununterbrochenen Kampfe ermüdet, sich nach einer fernen, erweiterten Aussicht sehnt».[130] Diese Aussicht «ist mehr als ein Traum, mehr als das luftige Schattenbild, das sich mit keinem Faden an Vernunft und an ein Bild des wirklichen Lebens anknüpft». Grosse legt ein unmissverständliches Bekenntnis ab: «So ist mein Traum kein Traum, sondern die nakteste Wahrheit.»[131] Seine Überzeugungen lässt er durch den Perser Helim aussprechen. «Alles was er sagt, ist mein Glaube.»[132] Auf diesem Hintergrund wirkt die Charakterisierung Helims aufschlussreich: «Helim war Philosoph, Naturforscher und Arzt; drey Dinge, die damahls sich brüderlich liebten, izt aber sich brüderlich hassen.»[133] Grosse verschweigt nicht, dass er mit seinen Überzeugungen an, wie er es nennt, «morgenländische» religiöse Traditionen anknüpft. Letztlich sei es aber die Vernunft, die ihn zu seinen Erkenntnissen bringe. Deshalb kann er sich, auch hier ganz Aufklärer, «frey und kühn … den Pfeilen der Dummheit und des Vorurtheils entgegen» stellen, «ohne andere Waffen, als meine Vernunft und mein Gefühl mitzubringen».[134]

Diese vernünftige Religion Helims will an alle Religionen anbinden. Der Gedanke an die Wiedergeburt steht dabei im Mittelpunkt eines religiös-weltanschaulichen Gesamtkonzepts. Grosse fasst es selbst, «aber nur sehr in der Kürze», so zusammen:

> Ungehorsame, gefallene Geister, … wurden hie her [auf diese Erde] gesezt, um sich wieder von neuem zu bilden. Sie hatten ihre Begriffe von Glückseligkeit verlohren, darum musten sie geniessen lernen. Hierzu gehören nothwendig Erfahrungen. Alle Erfahrungen, deren sie bedürfen, lassen sich aber nur in einer beträchtlichen Reihe von Leben machen und nur in einer Menge solcher Zeiträume läßt sich alles Gute vom Bösen sondern. In jedem Leben lassen sie ihre Kenntnisse zurück und nehmen aus einem jeden nur die erworbenen Seelenfähigkeiten, etwas von

reinen Bildern mit, und die Hauptgabe, als Folge ehemaliger Anstrengung und darauf folgenden Genusses, die Neigung zu einer neuen Anstrengung.[135]

Für das gegenwärtige menschliche Leben ergibt sich aus Helims Sicht der Welt und des Menschen die Konsequenz, tätig zu sein und die Welt nicht als ein «Jammerthal» anzusehen, «wo man nur in Thränenbächen wadet».[136] Vor allem solle man Erfahrungen sammeln. Das ist der «einzige Weg, auf dem wir nur fortkommen können, so laß uns ihn gehen».[137] In diesem Sinn endet auch das Buch mit der Aufforderung: «Doch, meine Kinder, die Sterne erblassen, der Morgen dämmert schon rosenfarbig herauf, laßt uns hinabgehen und arbeiten.»[138]

Formale Parallelen zu Helim lässt die Erzählung Heinrich Daniel Zschokkes (1771–1848) *Harmonius*, die 1801 erschien, erkennen. Auch hier ist es ein weiser alter Mann, der seine nach Wahrheit und Weisheit suchenden Schüler belehrt. Das von ihm vertretene pantheistische Fortschritts- und Entwicklungskonzept beinhaltet Seelenwanderung auf dieser Erde und anderen Planeten. Auch in späteren Werken hat der deutsch-schweizerische Schriftsteller Zschokke den Seelenwanderungsgedanken propagiert. In seiner Arbeit *Vergangenes Seelendasein und dereinstiges* ist zu lesen:

> Vielleicht leb' ich dort auf einer Erde, wie hier; vielleicht lebte ich schon auch einmal in einer andern Welt, wie hier – denn wer tritt auf und widerlegt mich? … Wir sterben; unser Geist verläßt sein Wohnhaus, welches er auf ewig nicht wieder bewohnen wird, weil ein zweites, ein drittes und viertes Leben ihn mit einem andern Schleier, nach den erforderlichen Bedürfnissen jener Welten, überkleiden wird.[139]

Unter den Schriftstellern dieser Zeit, die sich ablehnend oder spöttisch zum Reinkarnationsgedanken äußern, ist als ein bekanntes Beispiel August von Kotzebue (1761–1819) zu nennen. Dessen Ermordung durch den Studenten Karl Ludwig Sand leitete bekanntlich den Beginn einer stark restaurativen politischen Phase in Deutschland ein. Ein «Schwank» von ihm, vermutlich aus dem Jahr 1818, trug den Titel *Die Seelenwanderung, oder: der Schauspieler wider Willen auf eine andere Manier.*

Mit der Restauration gewann in Deutschland die Romantik an Dynamik und literarischer Ausstrahlungskraft. «Die Seelenwanderung wird in der deutschen Romantik zu einem ernsten Thema, in dem philosophische Ansprüche und poetische Deutungen zu Weltanschauungsliteratur par excellence kristallisieren», so Helmut Zander.[140]

Es ist geradezu zeichenhaft, dass Novalis (1772–1801), der durch seinen Roman *Heinrich von Ofterdingen* der romantischen Dichtung mit der «blauen Blume» ihr Symbol gab, mehrfach den Gedanken der Seelenwanderung positiv anklingen lässt. Im Traum durchlebte der Romanheld «ein unendlich buntes Leben; starb und kam wieder, liebte bis zur höchsten Leidenschaft, und war dann wieder auf ewig von seiner Geliebten getrennt».[141] Neben mancherlei anderen Anspielungen taucht der Gedanke der Reinkarnation im zweiten Teil des Romans recht deutlich auf. So in einem Gespräch zwischen dem Pilger Heinrich und dem Mädchen Zyane:

Seit wann bist du hier? Seitdem ich aus dem Grabe gekommen bin? Warst du schon einmal gestorben? Wie könnt' ich denn leben?
…
Woher kennst du mich? O! von alten Zeiten; auch erzählte mir meine ehemalige Mutter zeither immer von dir? Hast du noch eine Mutter? Ja, aber es ist eigentlich dieselbe.[142]

In verschiedenen nachgelassenen Fragmenten setzt sich Novalis ebenfalls mit der Seelenwanderung auseinander.

Pflanzen sind gestorbene Steine.
Thiere – gestorbene Pflanzen. etc.
Theorie der Metempsychose.[143]

Und an anderer Stelle spekuliert er:

Wer hier nicht zur Vollendung gelangt, gelangt vielleicht drüben – oder muß eine abermalige irrdische Laufbahn beginnen.
Sollte es nicht auch drüben einen *Tod geben* – dessen Resultat *irrdische Geburt* wäre.
So wäre das Menschengeschlecht kleiner – an Zahl geringer, als wir dächten. Doch läßt es sich auch noch anders denken.[144]

Bettina von Arnim (1785–1859) denkt ebenfalls über die Möglichkeit eines nächsten Lebens und der irdischen Wiederbegegnung mit geliebten Menschen nach. An Goethe schreibt sie: «… die Welt ist rund, wir kehren zurück mit erhöhten Kräften und doppeltem Reiz;

die Sehnsucht streut gleich beim Abschied schon den Samen der Wiederkehr.»[145] Mit diesen Gedanken kann sie gleichsam an eine Familientradition anknüpfen. Denn, so schreibt sie ihrer Freundin, der Schriftstellerin Caroline von Günderode (1780–1806):

> Die Großmama [Sophie La Roche (1730–1807)] glaubt, die Seele, das Wesen des Menschen gehe aus einem Geistessamen in ein ander Leben über, dieser Same sei was er während einem Leben in sich reife, und dann sich durch allmählige Erkenntnis, durch geübtere Fähigkeiten in immer höhere Sphären erzeuge.[146]

Auch die Idee der Planetenwanderung blieb bei den Romantikern oder in ihrem Umfeld lebendig. Das zeigen zum Beispiel Äußerungen Heinrich von Kleists (1777–1811) und des vielgelesenen Schriftstellers Jean Paul (1763–1825).

Der dem schwäbischen Dichterkreis um Ludwig Uhland (1787–1862) zugehörige Weinsberger Oberamtsarzt Justinus Kerner (1786–1862) bekennt in seinen Kindheits- und Jugenderinnerungen, sehr früh eine Zeit lang dem Seelenwanderungsglauben nahegestanden zu haben. Seine späteren Forschungen zum menschlichen Seelenleben und dem Geisterreich scheinen ihn wieder, wenn auch nur am Rande, mit der Reinkarnationsidee in Verbindung gebracht zu haben. An die Frau seines schwäbischen Dichterfreundes Gustav Schwab (1792–1850) schreibt er am 12. Mai 1836:

> Es waltet ein furchtbar strenges Naturgesetz, dem wir alle anheimfielen ohne die Gnade des Erlösers. Wer diesen nicht erkennt, kommt in dies unerbittliche eiserne Rad der Natur, fällt der Schwere anheim, kann von der Erde nicht kommen, schwebt als Geistersau und muß froh sein, wenn er nach Jahrhunderten wieder Menschengestalt erhält …[147]

Seit der Mitte des 19. Jahrhunderts wird der Kreis der Dichter, die Wiedergeburtsvorstellungen in der einen oder anderen Form in ihre Werke aufnehmen oder sich privat dazu äußern, immer größer und unübersichtlicher. Das gilt nicht nur für Deutschland, sondern auch für Europa und Nordamerika. Aus der Fülle der Belege dafür sei hier nur auf ein wenig bekanntes Beispiel verwiesen. Der ungarische Dichter und Freiheitskämpfer Sándor Petöfi (1823–1849) schreibt in einem 1846 in Pest verfassten Gedicht unter der Überschrift *Unsterblich ist die Seele wohl*:

Unsterblich ist die Seele wohl,
Doch geht sie nicht ins Jenseits ein,
Sie bleibt nur auf der Erde hier,
Da lebt und wandert sie umher.
Ich war, wenn ich mich recht entsinn,
Im alten Rom einst Cassius,
War Wilhelm Tell im Schweizerland,
In Frankreich Camille Demoulins ...
So werd' ich hier auch etwas sein.[148]

Im deutschsprachigen Bereich sind unter den Schriftstellern und Dichtern, die sich mit Reinkarnationsideen auseinandersetzten, Friedrich Rückert (1788–1866), Hermann Fürst von Pückler-Muskau (1785–1871), Franz Grillparzer (1791–1872), Adalbert Stifter (1805–1868) und Friedrich Hebbel (1813–1863) zu nennen. Privat hat sich auch der bekannte Schweizer Dichter und Schriftsteller Conrad Ferdinand Meyer (1825–1898) mehrfach im Sinne eines persönlichen Reinkarnationsglaubens geäußert. An die österreichische Schriftstellerin Betty Paoli schreibt er als Reaktion auf ihre lyrischen Gedichte: Die Ihrigen «führen mich ... in die Tage Herweghs, Lenau's, Becks zurück, welche ich ja auch erlebt habe. Mir ist überhaupt: ich hätte schon mehrmals gelebt.»[149] Friedrich von Wyß gesteht Meyer am 7. August 1889 in einem Brief:

> Durchgemacht in den letzten Jahren habe ich mehr als ich je eingestehen werde. Was mich hielt, war eigentlich ein Seelenwanderungsgedanke. Ich sagte mir, du hast offenbar in einem frühern Dasein irgend etwas Frevles unternomen. Da sprach das Schicksal: Dafür soll mir der Kerl auf die Erde u. ein Meyer werden. Beides muß nun redlich durchgelitten werden, um wieder in eine bessere Lage zu gelangen.[150]

Es ist bemerkenswert, dass auch der geniale Spötter unter den Dichtern dieser Zeit, Heinrich Heine (1797–1856), satirisch, aber doch erkennbar persönlich die Reinkarnationsidee reflektiert. In seinen *Reisebildern* über die Nordsee schreibt er:

> Mag es immerhin lächerlich klingen, ich kann es dennoch nicht verhehlen, das Mißverhältnis zwischen Körper und Seele quält mich einigermaßen, und hier am Meere, in großartiger Naturumgebung, wird es mir

zuweilen recht deutlich, und die Metempsychose ist oft der Gegenstand meines Nachdenkens. Wer kennt die große Gottesironie, die allerlei Widersprüche zwischen Seele und Körper hervorzubringen pflegt! Wer kann wissen, in welchem Schneider jetzt die Seele eines Plato, und in welchem Schulmeister die Seele eines Cäsars wohnt. Wer weiß, ob die Seele Gregors VII. nicht in dem Leibe des Großtürken sitzt, und sich unter tausend hätschelnden Weiberhändchen behaglicher fühlt, als einst in ihrer purpurnen Zölibatskutte. Hingegen wie viele Seelen treuer Moslemim aus Aly's Zeiten mögen sich jetzt in unseren antihellenischen Kabinettern befinden! Die Seelen der beiden Schächer, die zur Seite des Heilands gekreuzigt worden, sitzen vielleicht jetzt in dicken Konsistorialbäuchen und glühen für den orthodoxen Lehrbegriff. Die Seele Dschingischans wohnt vielleicht jetzt in einem Rezensenten, der täglich, ohne es zu wissen, die Seelen seiner treuesten Baschkiren und Kalmücken in einem kritischen Journale niedersäbelt. Wer weiß! wer weiß! Die Seele des Pythagoras ist vielleicht in einen armen Kandidaten gefahren, der durch das Examen fällt, weil er den pythagoräischen Lehrsatz nicht beweisen konnte, während in seinen Herren Eximinatoren die Seelen jener Ochsen wohnen, die einst Pythagoras, aus Freude über die Entdeckung seines Satzes, den ewigen Göttern geopfert hatte. Die Hindus sind so dumm nicht, wie unsere Missionäre glauben, sie ehren die Tiere wegen der menschlichen Seele, die sie in ihnen vermuten, und wenn sie Lazarette für invalide Affen stiften, in der Art unserer Akademien, so kann es wohl möglich sein, daß in jenen Affen die Seelen großer Gelehrten wohnen, da es hingegen bei uns ganz sichtbar ist, daß in einigen großen Gelehrten nur Affenseelen stecken.[151]

Unter den Autoren, die mit ihren positiven Reinkarnationsreflexionen ein breiteres, in diesem Falle recht unterschiedliches Publikum erreichten, sind vor allem der Komponist und Textdichter Richard Wagner (1813–1883) und der Humorist Wilhelm Busch (1832–1908) anzuführen. Beide sind von Schopenhauer beeinflusst. Wagner nähert sich unter dem Eindruck der Lektüre von Schopenhauers Werk *Die Welt als Wille und Vorstellung* der Seelenwanderungslehre des Buddhismus und nimmt Elemente davon in sein literarisches Schaffen auf. Er tut dies auf eine Art und Weise, die er für vereinbar mit dem Christentum hält. Für ihn geht es letztlich – ähnlich wie in östlichen Seelenwanderungsanschauungen – um den Ausstieg aus dem Kreislauf der Wiedergeburten. Ziel ist bei Wagner jedoch nicht das Nirwana, sondern ein nicht näher definierter Himmel. In diesem Sinn dichtet er 1856 den Schluss des *Ring der Nibelungen* neu:

> Aus Wunschheim zieh' ich fort,
> Wahnheim flieh' ich auf immer;
> des ew'gen Werdens
> off'ne Tore
> schließ' ich hinter mir zu:
> nach dem wunsch- und wahnlos
> heiligsten Wahlland,
> der Welt-Wanderung Ziel,
> von Wiedergeburt erlöst,
> zieht nun die Wissende hin.[152]

In seinem Spätwerk *Parsifal* klingt der Gedanke der Seelenwanderung nochmals deutlich und in einem gewissen Maße auch publikumswirksam an. Den Gralsritter Gurnemanz lässt er über Kundry und ihr Schicksal sagen:

> Ja, eine Verwünschte mag sie sein.
> Hier lebt sie heut' –
> vielleicht erneut,
> zu büßen Schuld aus früh'rem Leben,
> die dorten ihr noch nicht vergeben.
> Übt sie nun Buß' in solchen Taten,
> die uns Ritterschaft zum Heil geraten,
> gut tut sie dann und recht sicherlich,
> dienet uns – und hilft auch sich.[153]

Sie ist Herodias, die einst das Haupt Johannes des Täufers forderte und an seinem Tod die Hauptschuld trägt. Das erklärt vieles in ihrem jetzigen Dasein. «Herodias warst du, und was noch? Gundryggia dort, Kundry hier.»[154] Kundry selbst erkennt schließlich diese ihre frühere Erdenexistenz. Parsifal gesteht sie in Verkennung der wirklichen Zusammenhänge:

> Seit Ewigkeiten – harre ich deiner,
> des Heilands, ach! so spät!
> Den einst ich kühn geschmäht. –
> Oh! –[155]

Ob man allerdings so weit gehen kann wie Wolfgang Osthoff, «die Wagnersche Leitmotivik als Kompositionstechnik aus dem Geist der Seelenwanderungsvorstellung zu begreifen», ist fraglich.[156] Unbestreitbar spielt jedoch der Seelenwanderungsgedanke im Leben und Werk Richard Wagners eine nicht nur marginale Rolle.

Das gilt auch für Wilhelm Busch (1832–1908). In einem evangelischen Pfarrhaus aufgewachsen, dem protestantischen Glauben durchaus verbunden, beschäftigt er sich lebenslang unter dem Einfluss Schopenhauers wie auch des Spiritismus mit der Seelenwanderungsfrage, ohne zu eindeutigen Ergebnissen zu kommen. Das ist in seinem literarischen Werk und ebenso in seinen Briefen an mehreren Stellen nachzuweisen. Bekannt ist sein Gedicht *Wiedergeburt*:

> Wer nicht will, wird nie zunichte,
> Kehrt beständig wieder heim.
> Frisch herauf zum alten Lichte
> Dringt der neue Lebenskeim.
> Keiner fürchte zu versinken,
> Der ins tiefe Dunkel fährt.
> Tausend Möglichkeiten winken
> Ihm, der gerne wiederkehrt.
> Dennoch seh ich dich erbeben,
> Eh du in die Urne langst.
> Weil dir bange vor dem Leben,
> Hast du vor dem Tode Angst.[157]

Die Beschäftigung mit dem Tod und dem Danach ist für Busch ein wichtiges Motiv für seine Reflexionen über Wiedergeburt. In seinem sehr persönlichen Briefwechsel mit der niederländischen Schriftstellerin Marie Anderson (1842–1917) findet sich zum Beispiel unter dem 11. Juni 1875 die Feststellung:

> Der Gedanke an den Tod scheint mir deshalb meistens so verdrießlich, weil der Einem die Laterne auspustet und Einen in eine *neue* Haut steckt, von der man nicht weiß, ob sie beßer ist als die, welche man ausgezogen. – Der Glaube an Seelenwanderung kommt mir wirklich recht verständig vor und höchst erbaulich dazu.[158]

Andererseits stellt er genau das auch wieder in Frage. Die Ambivalenz, das Schwanken seines persönlichen Verhältnisses zum Wiederverkörperungsgedanken kommt wohl am besten in dem seinen letzten Lebensjahren zugerechneten Gedicht *Tröstlich* zum Ausdruck.

> Die Lehre von der Wiederkehr
> Ist zweifelhaften Sinns.
> Es fragst sich sehr, ob man nachher
> Noch sagen kann: Ich bin's.
> Allein was tut's, wenn mit der Zeit
> Sich ändert die Gestalt?
> Die Fähigkeit zu Lust und Leid
> Vergeht wohl nicht so bald.[159]

Als Wilhelm Busch diese Zeilen schrieb, war der Gedanke der Reinkarnation längst in den unterschiedlichsten Bereichen des deutschen, europäischen und nordamerikanischen kulturellen Lebens angekommen, und dies nicht nur bei Außenseitern. Ende des 19. Jahrhunderts, vor allem aber im 20. Jahrhundert wird die Aufnahme von Wiederverkörperungsideen in östlichen und westlichen Formen in Literatur und Kunst immer stärker und unübersichtlicher. Sie im Einzelnen darzustellen, würde ein eigenes Buch erfordern. Viele Namen wären zu nennen. Künstlerische und weltanschauliche Anliegen vermischen sich, nicht selten angeregt durch Impulse aus der wachsenden Zahl der sich nun auch organisatorisch formierenden weltanschaulichen Protestbewegungen und religiösen Sondergemeinschaften sowie ihrem Umfeld. Wesentlichen Anteil daran hatten, wie bereits erwähnt, Spiritismus und Theosophie.

VII. Weltanschauliche Protestbewegungen und religiöse Gemeinschaften in der Moderne

Spiritismus:
Die Botschaft höherer Geister

Seit der Mitte des 19. Jahrhunderts sind es vor allem weltanschau-lich-religiöse Protestbewegungen, die zu erfolgreichen Propagandisten von jeweils sehr konkreten Wiederverkörperungsvorstellungen werden und dabei polemische Auseinandersetzungen nicht scheuen. Eine Vorreiterrolle spielt der Spiritismus.

Das Anliegen des Spiritismus, mit der jenseitigen Welt in Kontakt zu treten, ist uralt und in vielen Religionen, auch im Christentum, immer wieder nachweisbar. Von daher hat der Spiritismus zahlreiche Vorläufer. Als Geburtsstunde des neuzeitlichen Spiritismus gilt die Nacht zum 1. April 1848. Damals traten im Haus des methodistischen Farmers John Fox in Hydesville (New York) Klopflaute auf. Eine Kommunikation mit dem «Klopfgeist» wurde mittels einer Art Morsealphabet begonnen. Innerhalb kürzester Zeit verbreiteten sich spiritistische Praktiken in allen Gesellschaftskreisen Amerikas und Europas.

Die spiritistische Grundthese ist, dass – ausgehend von der Unsterblichkeit der Persönlichkeit – ein Kontakt zwischen Persönlichkeiten im Diesseits und Jenseits grundsätzlich möglich ist. Dazu bedarf es in der Regel geeigneter Menschen, die aufgrund einer besonderen Beschaffenheit ihres Nervensystems nach dem Prinzip Sender–Empfänger zu Vermittlern (Medien) werden. Der Spiritismus beruft sich dabei auf das Phänomen der Prophetie in allen Religionen, besonders im Juden- und Christentum, aber auch auf den Erfahrungsbeweis. Von Anfang an sah er sich in einer doppelten Frontstellung. Er kämpfte gegen ein nur diesseits orientiertes materialistisches Weltbild, wollte den im 19. Jahrhundert zunehmenden Anspruch eines wachsenden Teils der Naturwissenschaftler auf eine rein materialistische Welterklärung experimentell widerlegen und wandte sich andererseits gegen ein dogmatisch-konfessionell festgelegtes Christentum. Eine einheitliche Größe war der Spiritismus aber nie.

Grundsätzlich ist zwischen dem Experimentalspiritismus, dem es vor allem um den «Nachweis» der Existenz jenseitiger Wesen und des Fortlebens nach dem Tod geht, und dem Offenbarungsspiritismus beziehungsweise Spiritualismus zu unterscheiden. Für den Offenbarungsspiritismus sind die spiritistischen Praktiken nur Mittel zum Zweck. Er vertritt ein primär religiöses Anliegen. Innerhalb des Offenbarungsspiritismus entwickelte sich eine große Vielfalt. Christlich geprägte Gruppen entstanden besonders in England, wo der Spiritismus von Anfang an eine andere, positivere Akzeptanz und gesellschaftliche Wertung erfuhr als in Deutschland. In der Beurteilung von Person und Werk Jesu Christi liegt die wohl tiefgreifendste Differenz zwischen biblisch orientiertem Christentum und großen Teilen des Offenbarungsspiritismus.

Der bedeutendste Vertreter des europäischen und südamerikanischen Spiritismus war der französische Arzt und Gelehrte Hippolyte Léon Denizard Rivail (1804–1869), bekannt unter dem Pseudonym Allan Kardec. Diesen Namen wollte er in einem früheren Leben als keltischer Priester getragen haben. Am 18. April 1857 erschien aus seiner Feder *Das Buch der Geister und die Grundsätze der Geistlehre*. 1860 folgte eine zweite, überarbeitete Auflage, in der vor allem das Verhältnis von Geist und Seele neu definiert wird. Das Werk gilt als eine Art Dogmatik des kardecischen Spiritismus und wird als «Schlüsselwerk der Reinkarnationsdebatte» bezeichnet.[1] Kardec gebrauchte wohl im Anschluss an Jacques Matter auch als Erster öffentlichkeitswirksam den Begriff Reinkarnation, der sich seitdem als Chiffre für die Idee wiederholter Erdenleben immer stärker durchsetzte.

Das Buch der Geister versteht sich als systematische Zusammenfassung der Belehrungen durch höhere Geister. Mittelpunkt des kardecischen Systems ist die Rückkehr der gefallenen Schöpfung zu Gott auf dem Weg sittlich-moralischer Evolution der Persönlichkeit. Der Reinkarnation kommt in diesem langwierigen Prozess eine Schlüsselrolle zu.

Die Seele, welche während ihres körperlichen Lebens die Vollkommenheit noch nicht erreicht hat, kann ihre Läuterung fortsetzen, indem sie die Prüfung einer neuen Existenz besteht, der Geist also mehrere körperliche Existenzen durchlebt.[2]

Eindeutig wird festgestellt: «Der Zweck der Wiedereinverleibung ist Abbüßung, eine fortschreitende Verbesserung der Menschheit.»[3] Die Wiederverkörperungen finden nicht nur auf der Erde, sondern auch auf anderen materiellen Welten des Universums statt.

Ohne Zweifel haben die Bewohner der verschiedenen Welten diesen angepaßte Körper, weil es notwendig ist, daß der Geist mit Materie bekleidet sei, damit er ihren erziehlich wirkenden Einschränkungen unterworfen werden kann, allein diese Hülle ist mehr oder weniger materiell, je nach der Stufe der Reinheit, auf welcher die Geister angelangt sind, und darin besteht der Unterschied der Welten, welche wir zu durchwandern haben.[4]

Der Mensch kann entsprechend seinem sittlich-moralischen Verhalten die Zahl der Reinkarnationen verringern oder vergrößern. Eine Rückkehr zu früheren, moralisch niedrigeren Stufen wird ausgeschlossen, es gibt nur die Alternativen Stillstand oder Höherentwicklung. «Der Gang der Geister ist fortschreitend und niemals rückgängig.»[5] Während *eines* Erdenlebens zur Vollkommenheit zu gelangen, ist nicht möglich. Unterschiedliche soziale Verhältnisse im Laufe der Wiedergeburten kennenzulernen, gehört zu den Chancen und Notwendigkeiten des Entwicklungsweges der Persönlichkeit. Es kann

die Seele eines Mächtigen der Erde den einfachsten Arbeiter später beleben, und umgekehrt; denn unter den Menschen steht oft der Rang in umgekehrtem Verhältnis zur Erhebung der moralischen Gefühle. Herodes war König und Jesus Zimmermann.[6]

Da die Geister die Merkmale der beiden Geschlechter in sich vereinen, können sie je

nach Bedarf eins oder das andere entwickeln ... Da sie nach allen Richtungen hin fortschreiten müssen, bietet ihnen jedes Geschlecht, sowie jede gesellschaftliche Lage Prüfungen und besondere Pflichten, sowie die Gelegenheit dar, Erfahrungen zu erwerben.[7]

Es kann also bei Wiederverkörperung ein Geschlechtswechsel stattfinden. Die Seelenwanderung im hinduistischen und buddhistischen Sinn bezeichnet Kardec als Aberglauben. Die Geister verwerfen «auf das Bestimmteste die Wanderung der Menschen in die Tiere und umgekehrt».[8]

Im Lichte der Wiederverkörperungslehre werden im *Buch der Geister* auch Betrachtungen über Verwandtschaft und Abstammung, physische und moralische Ähnlichkeiten, angeborene Begriffe und die Vielheit der Existenzen angestellt. Durch die Wiederverkörperungslehre, so betont Kardec immer wieder, finden zentrale Fragen der menschlichen Existenz, der Religion und der Philosophie, insbesondere das Problem der Gerechtigkeit Gottes, eine befriedigende und auch vernünftige Antwort.

> Nehmet aufeinanderfolgende Existenzen an, und alles wird der Gerechtigkeit Gottes gemäß erklärt. Was man in einer Existenz nicht tun konnte, tut man in einer andern; auf diese Art entgeht niemand dem Gesetz des Fortschrittes, wird jedermann nach seinem wahren Verdienste belohnt, und wird keiner von der höchsten Glückseligkeit, welche er beanspruchen kann, was auch die Hindernisse sein mögen, denen er auf seinem Wege begegnete, ausgeschlossen.[9]

Deshalb stellt Kardec fest:

> Gestehen wir also kurz, daß die Lehre von der Vielheit der Existenzen allein das erklärt, was ohne sie unerklärlich ist; daß sie höchst trostbringend und der strengsten Gerechtigkeit angepaßt ist und daß sie für die Menschen der Rettungsanker ist, welchen Gott in seiner Barmherzigkeit ihnen gegeben hat.[10]

Die Gewissheit der Wiedergeburt vermittelt außerdem Trost und Hoffnung.

> Der Mensch, welcher das Bewußtsein seiner Unvollkommenheit hat, schöpft in der Lehre der Wiedereinverleibung eine tröstende Hoffnung. Wenn er an die Gerechtigkeit Gottes glaubt, kann er nicht hoffen, für ewig mit denen gleich zu stehen, welche mehr Verdienst haben, als er selbst. Der Gedanke, daß diese Unvollkommenheit ihn nicht für immer von dem höchsten Gute enterbt und daß er es durch neue Anstrengungen wieder erwerben kann, erhält ihn und belebt seinen Mut aufs neue.[11]

Die Begründung der Reinkarnationsidee nimmt Kardec auf mehreren Ebenen vor. Er betont, die Reinkarnationslehre ist keinesfalls neu, seit «undenklichen Zeiten» sei sie der Menschheit bekannt; verwiesen wird auf indische Philosophen, die alten Ägypter und auf Pythagoras. «Der Begriff der Seelenwanderung war also ein allgemeiner Glaube, der von den erhabensten Männern angenommen wurde.»[12] Ob diese durch Offenbarung oder aus «innerem Bewusstsein» dazu kamen, lässt Kardec offen. Fest steht für ihn, dass Reinkarnationslehre und Christentum nicht unvereinbar sind, da das «Prinzip der Wiedereinverleibung aus mehreren Stellen der Heiligen Schrift» hervorgeht.[13] Im Einzelnen nennt er Matthäus 17,1–13 und Johannes 3,1–12.

> Die Geisterlehre ist im höchsten Grade christlich; sie stützt sich auf die Unsterblichkeit der Seele, auf die künftigen Leiden und Belohnungen, auf die Gerechtigkeit Gottes, auf den freien Willen des Menschen, auf die Moral Christi.[14]

Auch «das Dogma von der Auferstehung des Fleisches ist lediglich die Bestätigung der durch die Geister gelehrten Wiedereinverleibung». Die Bibel bediene sich hierbei nur einer allegorischen Sprache, «die Wiederauferstehung des Fleisches» sei nur als eine «Figur» anzusehen, «welche den Vorgang der Wiedereinverleibung darstellt».[15] Die auf spiritistischem Weg übermittelte Reinkarnationslehre ist also, betont Kardec, keineswegs eine neue Erkenntnis. Die Geister «erneuern» lediglich eine Lehre, die bis in die ersten Zeitalter der Welt zurückgeht. Sie

> stellen sie uns nur unter einem vernünftigeren, dem Fortschritt der Naturerkenntnis mehr angepaßten und mit der Weisheit des Schöpfers besser übereinstimmenden Gesichtspunkte dar, indem sie sie von allen Anhängseln des Aberglaubens (Seelenwanderung) befreien.[16]

Ein weiteres Argument, das Kardec für die Reinkarnationslehre ins Feld führt, ist die Vernunft. Religiöse Systeme, welche die Reinkarnation leugnen, sind mit Blick auf die unterschiedlichsten Schicksale der Menschen nicht nur unvernünftig, sie widerstreiten außerdem der Gerechtigkeit und Liebe Gottes und führen zwangsläufig zu den abscheulichsten und unmoralischsten Lehren. Kardec macht dieses Argument sowohl gegenüber den dogma-

tischen Christen als auch den mechanistischen Materialisten geltend.

In diesem Zusammenhang ist sehr bemerkenswert und zukunftsweisend, dass Kardecs Reinkarnationslehre zur Bestätigung der
darwinschen Evolutionslehre auf seelisch-geistigem Gebiet herangezogen wurde. In seiner *Geschichte des Spiritismus* schreibt Caesar
Baudi Ritter von Vesme:

> Etwas, das sich der spiritistischen Theorie von der Seelenwanderung
> nicht abstreiten läßt …, das ist der Umstand, daß sie so wunderbar mit
> der Theorie von der *Evolution* übereinstimmt, während die christliche
> Theologie sich noch vergebens … abmüht, die Entdeckungen der heuti-
> gen Wissenschaft mit der mosaischen Weltentstehungslehre durch Hilfe
> aller möglichen bildlichen Gleichnisse und Wortplänkeleien in Einklang
> zu bringen, sodaß als selbst der berühmteste Repräsentant der Theorie
> von einer Evolution der Art – Sir Alfred Russel Wallace – sich zum
> Spiritismus bekehrte, dieser nicht notwendig hatte, eine der von ihm
> vorher verkündigten Wahrheiten zurückzunehmen. Er sah sich sogar
> genötigt, diese denkwürdigen Worte zu schreiben:
> «Wir finden, daß die Darwinistische Theorie, selbst wenn sie zu ihrem
> letzten Schlusse gebracht wird, dem Glauben an die geistige Natur des
> Menschen nicht nur *nicht* entgegensteht, sondern daß sie denselben so-
> gar entschieden stützt.»[17]

Das Reinkarnationsmodell Kardecs konnte sich nur in Teilen der
stets wachsenden spiritistischen Weltgemeinschaft durchsetzen.
Das bedeutendste Medium des 19. Jahrhunderts in den USA, An-
drew Jackson Davis (1826–1910), auch als «Swedenborg der neuen
Welt» bekannt, lehnte den Reinkarnationsgedanken ab. Er und
seine ebenfalls zahlreichen Anhänger verlegten die weitere Entwicklung der menschlichen Persönlichkeit nach dem Tod in jenseitige Welten und Sphären.

Anders ist es bei dem bekanntesten Medium der USA im 20. Jahrhundert, Edgar Cayce (1877–1945), dem «Lichtboten» und «schla-
fenden Propheten». In erster Linie wirkte Cayce als paranormaler
Diagnostiker. Etwa 30 000 seiner *Readings*, seiner Diagnosen,
wurden veröffentlicht. Ein Teil der späteren Readings befasst sich
mit dem früheren Leben seiner Klienten, um ihre Belastungen
und Probleme in diesem Leben zu erklären und zu beheben. Neben

ungewöhnlichen Heilungen erregte ein Reading großes öffentliches Aufsehen, in dem Cayce einen Klienten namentlich als Teilnehmer im amerikanischen Sezessionskrieg identifizierte, und später der historische Nachweis für die Existenz der näher beschriebenen Persönlichkeit gelang. Rückführungspraktiken gewannen dadurch sehr an Popularität, eine umfangreiche Literatur entstand.

Das Welt- und Menschenbild von Cayce entsprach in wichtigen Punkten nicht traditionellen christlichen Auffassungen. Den Reinkarnationsglauben bezeichnete er dennoch als christlich und durch die Bibel bestätigt. Reinkarnation steht auch bei Cayce für Fortschritt und Entwicklung der Persönlichkeit. Scheinbare Ungerechtigkeiten, Leid und spezielle Lebensumstände finden ihre Erklärung durch frühere Leben. Das Leben ist eine Schule, und vieles muss wie in der Schule solange wiederholt werden, bis es verinnerlicht ist. Cayce sagt:

> Wir gehen eine Lektion in Mathematik immer wieder durch, bis wir wissen, daß wir sie nicht nur mechanisch beherrschen, sondern auch durch ihre praktische Anwendung eine Lösung erzielen können. Wir müssen das Prinzip der Sache kennen oder ihre Basis. Der Mensch wiederholt seine Lektionen immer wieder und notwendigerweise in verschiedener Umgebung, die ihm das bringt, was ihm fehlt, was ihn daran hindert, seine Beziehung zu seinem Schöpfer zu begreifen.[18]

Doch zurück zum klassischen Spiritismus. In Deutschland behauptete sich im Wesentlichen der kardecische Spiritismus. Neben spiritistischen Zirkeln trug vor allem eine umfangreiche Literatur, nicht zuletzt die Werke Kardecs, zur Verbreitung spiritistischer Anschauungen bei. Anfang der siebziger Jahre wurde in Leipzig der Verlag Oswald Mutze gegründet. Hier erschienen 1872 die *Spiritistisch-rationalistischen Blätter*, von 1874 an die *Psychischen Studien* und von 1926–1934 die *Zeitschrift für Parapsychologie*. In vielen Artikeln dieser Zeitschriften spiegelt sich der interne und externe Kampf um die kardecische Reinkarnationslehre wider. Das Gleiche gilt für die zahlreichen Bücher und Broschüren aus dem Umfeld des Spiritismus.

Auf Einzelheiten kann hier nicht eingegangen werden, nur einige wenige Beispiele seien erwähnt. In den ersten Jahrgängen der *Psy-*

chischen Studien finden sich zahlreiche Beiträge zur Geschichte des Reinkarnationsglaubens. Bemerkenswert sind die Arbeiten des Würzburger Philosophieprofessors Franz Hoffmann (1801–1881). Für ihn ist nicht Kardec, sondern Lessing der wichtigste Vertreter der Reinkarnationslehre. Das ist deshalb so interessant, weil in der Folgezeit Lessing in der spiritistisch-theosophischen Reinkarnationsdebatte zu einem Kronzeugen des Wiederverkörperungsglaubens wird. Deutlich zeigt sich das in einer vielgelesenen Publikation von Carl von Rappard, Vizepräsident der «Wissenschaftlichen Gesellschaft für psychologische Studien» in Paris und Mitglied des Direktoriums der spiritistischen Zeitung *Licht, mehr Licht*. In der 1883 erschienenen Schrift *Der Spiritismus und sein Programm* ruft er seinen Zeitgenossen zu:

> Gehet hin und leset euren Lessing, den wir Spiritisten stolz den unseren nennen! In hoc nomine vincemus! Er hat nicht blos vorahnend alles ausgesprochen, was der Spiritismus jetzt lehrt, sondern er hat vor allem einer andächtig seinen Worten lauschenden Nation das grosse Wort: Toleranz! zugerufen.[19]

Der im Spiritismus verbreitete Anspruch einer rationalen Weltdeutung, in die die real existierende transzendente Welt eingeschlossen ist, zeigt sich bei Rappard mit Blick auf den Reinkarnationsglauben, wenn er hervorhebt: «Allan Kardec adoptirte» die Lehre von der Reinkarnation, «aber nicht, weil Geistermittheilungen ihn darauf hinwiesen und sie gewisser Massen voraussetzten, … sondern einfach darum, weil sie vernünftig ist.»[20]

Die Bedeutung und Ausstrahlungskraft der kardecischen Reinkarnationslehre, wie sie im *Buch der Geister* eingebettet in eine kosmologische Gesamtschau entfaltet wird, hat in der nachfolgenden spiritistischen Literatur kein Reinkarnationsmodell wieder erreicht. Doch sind die Nachwirkungen Kardecs im Spiritismus bis heute präsent. So sammelte Bernhard Forsboom in den Jahren 1890 bis 1897 «Durchgaben» des Geistwesens Emanuel und gab sie als Buch (*Das Buch Emanuel*) heraus. Im «Emanuel-Kreis» wird gelehrt, dass Wiederverkörperung vor allem dem Fortschritt des Menschen dient. Sie ist «ein Hilfsmittel für den Geist». Letztlich ist es der «Wunsch nach geistigem Fortschritt und nach Betätigung erkannter ewiger Gesetze durch opferfreudige Nächstenliebe» und nicht «die

Lust zum Leben», welche die bereits höher entwickelte Persönlichkeit zur Wiedergeburt drängt.[21]

> Wenn der Geist den Menschenkörper abgelegt hat und, im Geistigen stehend, das vergangene Erdenleben durchblickt, erfaßt ihn die Reue über versäumte Gelegenheiten, mißachtete Lehren, über das Gute, das ungetan geblieben, über das Schlechte, das mit Freuden getan wurde. Und dankbar ist er, in einem weiteren Erdenleben etwas erweiterte Erkenntnisse betätigen zu dürfen.[22]

Kundgaben durch «Willigis» (gest. 1965), die in der Tradition von «Emanuel» stehen, führen dessen Anschauungen fort. Willigis hält sogar die Anerkennung des Reinkarnationsgedankens durch die Kirchen für möglich:

> Veranlaßt durch die westlichen geistigen Bewegungen, die auf den Lehren des Ostens basieren beziehungsweise von ihnen den Ausgang nehmen, und weil der Vernunft die öftere Erdenwanderung der Seele aus Gründen der Gerechtigkeit einleuchtet, werden die Kirchen erschüttert und zum Nachdenken bewogen werden.[23]

Noch weitere Beispiele aus diesem Umfeld ließen sich erbringen. In vielen kleinen spiritistischen Zirkeln lehrten und lehren die «Geister» den Reinkarnationsgedanken.

Theosophie:
Reinkarnation als Urwahrheit

Die Theosophie entstand im Umfeld des Spiritismus und Okkultismus sowie auf dem Hintergrund eines wachsenden Interesses an nichtchristlichen Religionen, insbesondere an Buddhismus und Hinduismus. Sie geht von einer Urreligion aus, ist von der Gleichheit der Religionen überzeugt und will alle Teilwahrheiten der Religionen zusammenführen. Als Kernsatz gilt: Keine Religion ist höher als die Wahrheit. Diese Wahrheit möchte die Theosophie durch Erfahrung und Erkenntnis erschließen. Den theosophischen Erkenntnisweg muss jeder allein und auf seine Weise gehen. Erlösung oder Befreiung von außen, wie im Christentum, gibt es dabei nicht. Der Mensch ist in den großen Rückverwandlungsprozess des Stofflichen ins Geistige hineingestellt. Er kann und soll zur Überwindung des Dualismus von Geist und Materie, unsichtbarer und sichtbarer Welt Gottes, beitragen.

Als zentrale Trägerin des theosophischen Anliegens fungierte die Theosophische Gesellschaft. Sie ist 1875 durch die Deutsch-Russin Helena Petrowna Blavatsky, geb. Gräfin Hahn (1831–1891), und den amerikanischen Oberst Henry Steel Olcott (1832–1907) in New York gegründet worden. Blavatsky gilt als die führende Persönlichkeit und geistige Inspiratorin der Bewegung. Selbst medial veranlagt und für Okkultes aufgeschlossen, will sie bereits 1851 dem in Tibet lebenden Mahatma Kut Humi begegnet sein, einem Mitglied der «Großen Weisen Bruderschaft». Durch ihn und andere Angehörige jenes Geheimbundes der wissenden, aus dem Kreislauf der Wiedergeburten zur Vollendung gelangten Meister sei sie belehrt und auf die Aufgabe vorbereitet worden, Initiatorin einer weltweiten Gemeinschaft zu werden. Doch es war zunächst nicht der Buddhismus, der Blavatsky prägte. Die entscheidenden Anstöße für ihr Wirken und ihre Anschauungen empfing sie durch den Spiritismus. Das zeigt deutlich ihr erstes größeres Werk *Die entschleierte Isis* (1877).

Dabei ist auffällig, dass hier von Reinkarnation kaum die Rede ist und sie in dieser Frage große Zurückhaltung zeigt. Das ändert sich unter buddhistischem Einfluss. Er setzt klar erkennbar mit der Verlegung des Sitzes der Theosophischen Gesellschaft von New York nach Adyar bei Madras in Indien im Jahr 1879 ein. Henry St. Olcott und Helena P. Blavatsky traten zum Buddhismus über. Das bedeutendste theosophische Werk Blavatskys, die dreibändige *Geheimlehre* (1888), spiegelt diese Entwicklung wider. Hier finden sich deutlich Bezüge zum Wiedergeburtsglauben, insofern sie jetzt die Anschauung vertritt, die Persönlichkeit habe viele Wiederverkörperungen zu durchlaufen. Im Rahmen ihrer Kosmogonie nennt sie sogar Zahlen. Trotz des buddhistischen und vor allem hinduistischen Einflusses auf das Denken von Helena P. Blavatsky ist für sie die Wiedergeburt nicht Fluch, sondern Chance, obwohl sie auch um die «große Wahrheit» weiß, «daß Reinkarnation etwas zu Fürchtendes ist».[24] Doch die Entwicklung, Entfaltung und Vervollkommnung der Persönlichkeit auf dem Weg der Wiedergeburt stehen im Vordergrund, keinesfalls nur die Befreiung aus dem

Kreislauf der Wiedergeburten. Reinkarnation umschreibt einen Heils- und Erlösungsprozess.

Blavatsky leitet, ohne ein System zu entwickeln, den Wiederverkörperungs- und Karmagedanken aus ihrer Kosmogonie und Anthropologie ab und verknüpft ihn unlösbar damit. Bei ihr finden sich aber auch rationale Argumente für den Reinkarnationsglauben. Dabei ist die Theodizeefrage von besonderem Gewicht.

> Nur das Wissen von den beständigen Wiedergeburten einer und derselben Individualität durch den ganzen Lebenszyklus; ... nur diese Lehre, sagen wir, kann uns das geheimnisvolle Problem von Gut und Böse erklären und den Menschen mit der schrecklichen *scheinbaren* Ungerechtigkeit des Lebens aussöhnen. Nur eine solche Gewißheit kann unsern empörten Gerechtigkeitssinn beruhigen.[25]

Angesichts des schreienden Unrechts in der Welt bewahrt nur das Wissen um Wiedergeburt und Karma davor, «Leben und Menschen, sowie ihren vermuteten Schöpfer zu verfluchen».[26] Helena P. Blavatsky polemisiert in diesem Zusammenhang gegen die kirchliche Erbsündenlehre, die Lehre von der ewigen Verdammnis, die doppelte Prädestination und das dahinterstehende Gottesbild. Für die Wiederverkörperungslehre spreche – auch dieses Argument fehlt nicht – die Erfahrung und das Wissen der Erleuchteten aller Zeiten. Selbst Jesus habe an die Wiederverkörperung geglaubt. Wie andere bedeutende Persönlichkeiten der Religionsgeschichte (Krishna, Buddha) habe auch er sich mehrfach inkarniert. Blavatsky hat über den Kreis ihrer unmittelbaren Anhänger hinaus eine beachtliche literarische und persönliche Ausstrahlungskraft entwickelt. Nach ihrem Tod im Jahr 1891 stand der Theosophischen Gesellschaft zunächst keine vergleichbar prägende Persönlichkeit zur Verfügung.

Es gehört zu den kurios erscheinenden, im Rahmen der spiritistisch-theosophischen Weltsicht aber durchaus möglichen Vorgängen, dass sich Frau Blavatsky nach ihrem Tod durch das Medium Prof. Dr. Petersilea kundgegeben und ihren Reinkarnationsglauben widerrufen hat. Aus dem Jenseits bekennt sie:

> Wie immer mein Glaube auf Erden war, so weiß ich nun, daß mein früherer Glaube an eine *Re-Inkarnation ein Irrtum* war, und ich möchte nun diesen Irrtum allen benehmen, gerade wie jeder, der als Atheist gestorben, bestrebt ist, diesen Irrtum den Sterblichen zu verkünden.[27]

Auf Erden trat jedoch das geistige und seit 1907 auch institutionelle Erbe der Helena P. Blavatsky eine Frau an, die sich klar zum theosophischen Reinkarnationsglauben bekannte: die Engländerin Annie Besant (1847–1933). Die Lektüre der *Geheimlehre* und ein Zusammentreffen mit Blavatsky gewannen sie für die Theosophie. Annie Besant ging 1893 nach Indien und trat zum Hinduismus über. Als energische Verteidigerin des Hinduismus und der nationalen und sozialen Belange Indiens machte sie sich einen Namen. 1918 wurde sie zur Präsidentin des Indischen Nationalkongresses gewählt, verlor jedoch sehr bald ihren politischen Einfluss an Mahatma Gandhi (1869–1948), der selbst durch die Theosophie beeinflusst wurde und zeitweise sogar ein Bild von Annie Besant in seinem Büro hängen hatte. An der Spitze der Theosophischen Gesellschaft Adyar stand sie von 1907–1933. Durch Aufnahme neu interpretierter christlicher Begriffe und Vorstellungen versuchte sie nicht ohne Erfolg, die Theosophie in Europa und Nordamerika stärker zu verbreiten. Das gilt besonders auch für den Reinkarnationsglauben.

In ihrem Buch *Reinkarnation oder die Wiederverkörperungslehre* grenzt sie sich von einigen wichtigen Elementen östlicher Seelenwanderungsvorstellungen, wie etwa der Reinkarnation in Tiere, ab und betont Bezüge zum Christentum. Der deutsche Herausgeber dieses Werkes, Dr. Franz Hartmann (1838–1912), ebenfalls Theosoph und Schlüsselfigur für die Herausbildung des Neu-Rosenkreuzertums, schreibt deshalb im Vorwort:

> Die Lehre der Reinkarnation bildet nicht nur die Grundlage der buddhistischen und brahminischen Weltanschauung, sondern ist auch eines der grössten Religionsgeheimnisse des Christentums und im Neuen Testamente im Leiden Christi sinnbildlich dargestellt.[28]

Bestimmend für die Reinkarnationsvorstellungen von Besant wie Blavatsky ist das Fortschritts- und Entwicklungsdenken im westlichen Sinn trotz und auch entgegen den östlichen Wurzeln der Theosophie. Die komplizierten, für die theosophische Reinkarnationssicht wichtigen Lehren von den Äther- und Astralkörpern der Persönlichkeit lassen sich in östlichen wie westlichen platonisch-neuplatonischen und gnostischen Traditionen verorten.

Ein bekannter und einflussreicher Vertreter theosophischer Reinkarnationsvorstellungen war der ehemalige anglikanische Geistliche Charles Webster Leadbeater (1847–1934), der schließlich zur Spaltung der Theosophischen Gesellschaft beitrug und 1916 in Australien eine Liberal-katholische Kirche gründete. In seinem *Textbuch der Theosophie* führt er aus:

Der für den Menschen des gegenwärtigen Entwicklungsstadiums bestimmte Entwicklungsplan besteht darin, daß er in dichteren Stoff herabsteigen und dann, mit den Resultaten der auf diesem Wege gewonnenen Erfahrungen beladen, wieder zurückkehren soll. Sein wirkliches Leben erstreckt sich daher auf Millionen von Jahren, und das, was wir gewöhnlich sein Leben nennen, ist nur ein Tag seines wahren Lebens. In Wirklichkeit ist es nur ein kleiner Teil eines Tages; denn auf ein vielleicht auf siebzig Jahre sich belaufendes Leben in der physischen Welt folgt meist eine zwanzigmal größere Periode, die in höheren Welten zugebracht wird. Wir alle haben bereits eine lange Reihe physischer Leben hinter uns, und jeder Durchschnittsmensch hat eine ziemlich große Anzahl solcher Leben noch vor sich. Jedes dieser Leben ist einem Schultage zu vergleichen. Das Ego bekleidet sich mit einem physischen Körper und begibt sich in die Schule der physischen Welt, um darin bestimmte Lektionen zu lernen. Es lernt sie, je nach den Umständen, entweder gut, schlecht oder gar nicht, während seines Schultages im irdischen Leben; sodann legt es das Gewand des Fleisches wieder ab und kehrt in seine eigene Welt zurück, um sich auszuruhen und zu erholen. Am Morgen eines jeden neuen Tages nimmt es seine Lektionen an dem Punkte wieder auf, an dem es diese am Abend vorher unterbrach. Manche Lektionen lernt es vielleicht in einem Tage, während es für andere viele Tage benötigt.[29]

Zum Karmagesetz, dem Verhältnis von Ursache und Wirklichkeit, schreibt Leadbeater:

In der Wirksamkeit dieses Gesetzes liegt die Erklärung vieler Probleme des gewöhnlichen Lebens. Es erklärt die verschiedenen Schicksale der Menschen und auch, warum die einzelnen Menschen so voneinander verschieden sind. Wenn der eine in einer gewissen Richtung intelligent und ein anderer dumm ist, so hat das seinen Grund darin, daß der gescheite Mensch in einem früheren Leben eifrig bemüht war, in jeder besonderen Richtung sich zu üben, während der Dumme dies zum erstenmal versucht. Das Genie und das Wunderkind sind Beispiele für die durch eifrigste Tätigkeit in früheren Leben hervorgebrachten Resultate und haben nicht das mindeste zu tun mit einer Begünstigung durch irgendeine Gottheit. Alle die uns umgebenden mannigfaltigen Umstände sind die Wirkung unserer eigenen Taten in der Vergangenheit, ebenso wie die Eigenschaften, die uns anhaften. Wir selbst haben uns zu dem gemacht, was wir sind, und unsere Verhältnisse sind genau diejenigen, die wir verdient haben.[30]

Die Theosophie ist in sich vielschichtig. Das führte zu unterschiedlichen Akzentsetzungen auch in der Reinkarnations- und Karmalehre. Alle Richtungen und eigengeprägten theosophischen Persönlichkeiten trugen jedoch zur Verbreitung des Reinkarnationsgedankens wesentlich bei. Neben Einzelpublikationen sind theosophische Zeitschriften – und das im internationalen Rahmen – zu nennen. Als Beispiel für Deutschland sei auf die ab 1886 erscheinende Zeitschrift *Sphinx. Monatsschrift für Seelen- und Geistesleben,* später *Organ der Theosophischen Vereinigung und der Theosophischen Gesellschaft,* verwiesen. In den zwischen 1886 und 1896 erschienenen 22 Bänden der *Sphinx* finden sich nicht weniger als 100 Artikel zum Thema Reinkarnation und Unsterblichkeit.

Aufsehen erregte 1887 ein Preisausschreiben. Der Dresdner Unternehmer August Jenny (1809–1893) setzte 10 000 Goldmark als Stiftungskapital zur Honorierung zweier Abhandlungen und zweier Erzählungen aus, wie es im Text heißt, «mit der Tendenz der eindringlichen und überzeugenden Verteidigung» der Lessingschen Seelenwanderungshypothese in den §§ 93–100 seiner *Erziehung des Menschengeschlechts.*[31] Die Jury war respektabel zusammengesetzt. Über 60 Arbeiten wurden eingereicht. Die Resonanz auf das Preisausschreiben zeigte, in welcher Breite der Reinkarnationsgedanke auch jenseits von Spiritismus und Theosophie im engeren Sinn Aufnahme gefunden hatte. Spiritismus und Theosophie blieben als Weltanschauungsbewegungen bis in die Gegenwart hinein wichtige Quellen für Reinkarnationsvorstellungen. Auffällig ist das auch auf dem Gebiet von Literatur und Kunst bis hin zu namhaften Wissenschaftlern. In der angelsächsischen Welt spielte sich dieser Prozess offenbar in noch größeren Dimensionen als in Deutschland ab.

Zu einer allgemein anerkannten «Reinkarnationslehre» ist es innerhalb der Theosophie nicht gekommen.

Anthroposophie:
Der Erkenntnisweg zur höchsten Ich-Entfaltung

Die wichtigste, weil wirkungsträchtigste Abspaltung von der Theosophie ist die Anthroposophie. Sie stellte eine Fortführung und Korrektur theosophischer Anschauungen dar. Anlass für die Spaltung in Theosophen und Anthroposophen waren die Vorgänge um den indischen Knaben Krishnamurti (1895–1986). Ein führendes Mitglied der Theosophischen Gesellschaft, Charles Webster Leadbeater, wollte in Krishnamurti den kommenden großen Weltenlehrer, den Bringer eines neuen Zeitalters erkannt haben. Annie Besant teilte diese Auffassung und propagierte sie in der Theosophischen Gesellschaft. Vor allem in Deutschland gab es Widerstand gegen diese Anschauung, die sich später allein schon deshalb als offensichtlich falsch erwies, weil sich Krishnamurti selbst von der Theosophie abwandte. Hinter den vordergründigen Auseinandersetzungen um Krishnamurti stand eine Grunddifferenz bezüglich des Verhältnisses von Theosophie und Christentum. Unter der Führung des Generalsekretärs der deutschen Sektion der Theosophischen Gesellschaft, Dr. Rudolf Steiner (1861–1925), schloss sich 1913 die Mehrheit der deutschen Theosophen zur «Anthroposophischen Gesellschaft» zusammen.

Rudolf Steiner bezeichnete die Anthroposophie als einen «Erkenntnisweg, der das Geistige im Menschenwesen zum Geistigen im Weltenall führen möchte. Sie tritt im Menschen als Herzens- und Gefühlsbedürfnis auf.»[32] Der anthroposophische Erkenntnisweg schließt Meditation, geistige Übungen und rationale Überlegungen ein. Es kommt nicht auf Meinen und Glauben an, sondern auf ein Erleben im Geist, das zu sicherer, gleichsam wissenschaftlicher Erkenntnis führt. Jesus Christus spielt auf dem anthroposophischen Erkenntnis- und Erlösungsweg eine wichtige Rolle. Doch bleibt zwischen christlicher Theologie und Anthroposophie umstritten, ob der Christus des Neuen Testaments mit dem Steinerschen Christus zu identifizieren ist.

Im anthroposophischen System hat die Reinkarnations- und Karmalehre einen festen und zentralen Platz. Ihr kommt für den Entwicklungsweg der Persönlichkeit aus dem Stofflichen ins Rein-

Geistige eine Schlüsselfunktion zu. Im Unterschied zu theosophischen Reinkarnationsmodellen ist in der Steinerschen Anthroposophie eine veränderte Zielstellung auffällig. Strebt die Theosophie letztlich den Verlust der Fähigkeit zur Ich-Bildung an, so will die Anthroposophie zu höchster Ich-Entfaltung führen. Hans-Jürgen Ruppert stellt fest:

> In beiden Fällen dient zwar Reinkarnation als *Heilsweg* – aber bei Besant und Steiner wird das *Heil selbst* völlig unterschiedlich bestimmt: auf der einen Seite von den Vorstellungen der östlichen Religionen her, auf der anderen Seite unter dem Einfluß der christlich-abendländischen Persönlichkeitskultur.[33]

Steiner war schon als junger Mann durch Erfahrungen zum Reinkarnationsglauben gekommen. Erst Jahre später, 1903, tritt er damit an die Öffentlichkeit. Der Aufsatz trägt den programmatischen Titel *Reinkarnation und Karma, vom Standpunkte der modernen Naturwissenschaft notwendige Vorstellungen*. Es wird hier bereits deutlich, dass für Steiner Reinkarnation eine «wissenschaftliche» Erkenntnis ist, zu der jeder gelangen kann. Er entfaltet sie in Auseinandersetzung mit den biologischen Entwicklungslehren Charles Darwins und Ernst Haeckels, ausgehend von der These, dass Seelisches nur aus Seelischem entstehen kann.

Für die Anthroposophie ist, das macht schon der Begriff deutlich, die Frage nach dem Wesen des Menschen von zentraler Bedeutung. Ihre Beantwortung erfolgt im Rahmen des esoterischen Weltbildes mit seiner Entsprechung von Makro- und Mikrokosmos. Steiners Menschenbild ist trichotomisch und bedingt seine Reinkarnations- und Karmavorstellungen. Steiner betont:

> Der Leib unterliegt dem Gesetz der Vererbung; die Seele unterliegt dem selbstgeschaffenen Schicksal ... Und der Geist steht unter dem Gesetz der Wiederverkörperung, der wiederholten Erdenleben.[34]

Wiedergeboren wird das «Ich» als wahre Wesenheit des Menschen. Es ist von drei Leibhüllen (Astral-, Äther- und physischer Leib) umgeben, denen beim Reinkarnationsprozess Bedeutung zukommt. Das Ich lebt innerhalb der Hüllen von Leib und Seele, und

> Leib und Seele geben sich dem «Ich» hin, um ihm zu dienen; das «Ich» aber gibt sich dem Geiste hin, daß er es erfülle. Das «Ich» lebt in Leib

und Seele; der Geist aber lebt im «Ich». Und was vom Geiste im «Ich» ist, das ist ewig.[35]

Mit dem Wesen und vor allem der Entwicklung der Persönlichkeit ist das Gesetz des Karma, das «geistige Ursachengesetz», das «Schicksalsgesetz», unlösbar verbunden. Steiner beschreibt es so:

> Das Gesetz des Karma sagt, daß unser Schicksal, dasjenige, was wir im Leben erfahren, nicht ohne Ursache ist, sondern daß unsere Taten, unsere Erfahrungen, unsere Leiden und Freuden in einem Leben abhängen von den vorhergehenden Leben, daß wir uns in den verflossenen Lebensläufen unser Schicksal selbst gezimmert haben. Und so, wie wir jetzt leben, schaffen wir uns die Ursachen für das Schicksal, das, wenn wir wiederverkörpert werden, uns treffen wird.[36]

Das gilt nicht nur für einzelne Individuen. Auch die Völker, die Menschheit, die ganze Welt ist dieser Kausalität von Ursache und Wirkung unterworfen. Handelt es sich beim Karma um ein unabänderliches Gesetzessystem, stellt sich die Frage nach der menschlichen Freiheit. Nimmt das Karmagesetz dem Menschen die Handlungsfreiheit, determiniert es ihn? Steiner verneint diese Frage:

> Unabänderlich zieht eine Handlung, die ich in den verflossenen Leben begangen habe, in diesem Leben ihre Wirkung nach sich. Aber es steht mir frei, der Wirkung entgegenzuarbeiten, eine andere Handlung zu schaffen, die in gesetzmässiger Weise etwa schädliche Folgen der früheren Handlung aufhebt.[37]

Jeder Mensch kann seinem karmischen Konto einen neuen Posten hinzufügen und es verändern. Das Karmagesetz, diese «schönste Gabe der Geisteswissenschaft», lähmt den Menschen nicht. Im Gegenteil, so Steiner, es beflügelt und aktiviert den, der um dieses Gesetz weiß. Der Mensch braucht geradezu die Herausforderung durch das Karma, das Karmagesetz dient dem Leben.

Eine zweite grundlegende Frage mit Blick auf Steiners Reinkarnations- und Karmavorstellungen wird ebenfalls oft gestellt: Welche Rolle spielen Christus, die Gnade, die Erlösung im anthroposophischen Heils- und Entwicklungsweg? Handelt es sich, ähnlich wie bei Hinduismus und Buddhismus, im Kern um einen Weg der Selbsterlösung? Steiner und seine Anhänger bestreiten das nachdrücklich. Es wird betont, der Mensch müsse nur einen Teil seiner

Schuld karmisch abtragen. Dagegen gibt es viel Widerspruch. Norbert Bischofberger erklärt und analysiert diese Problematik folgendermaßen:

> Steiner unterscheidet die objektiven von den subjektiven Wirkungen der Schuld. Objektive Wirkungen menschlicher Taten sind nicht wieder gutzumachende schädliche Folgen für die Weltentwicklung. Letztere trägt Christus für die Menschen. Christus greift als *«Liebe von Oben»* in die *«Schicksals-Rechnung der Menschheit»* ein. Das *«Karma der Welt»*, mit dem die Menschen bereits antreten mussten, ist ihnen demnach abgenommen. Die Menschen befinden sich sozusagen auf der *«Gnade des Nullpunkts»*. Es bleiben die Folgen der persönlichen Schuld, die sich im Karma niederschlagen. Diese muss der Mensch eigenständig ausgleichen und abtragen. Hier ist sein Engagement gefordert, in einer Entwicklung, die sich nach Ansicht Steiners über mehrere Erdenleben erstreckt.[38]

Anthroposophen unterstreichen dabei immer wieder die Bedeutung von Christus und seinem Opfer einschließlich der Bedeutung der Gnade, ohne die es ungeachtet aller notwendigen menschlichen Bemühungen keine Höherentwicklung gebe. Allerdings ist dem evangelischen Theologen Werner Thiede zuzustimmen, wenn er feststellt: Steiner «reduziert Gnade im Grunde auf göttliche Hilfe zur Selbsthilfe».[39] Und Klaus von Stieglitz hebt hervor: «Nicht Vergebung geschieht, aber Hilfe. Und es bleibt bestehen: Keine Macht der Welt, auch nicht der Christus, kann die Folgen einer Tat wegnehmen.»[40]

Das Gesetz des Karma bestimmt auch den Zeitpunkt der Reinkarnation auf Erden. Ihr geht ein langer Aufenthalt im Geisterreich voraus. Aber wie kommt die Persönlichkeit ins Geisterreich, was geht mit ihr zwischen Tod und Wiedergeburt vor? Steiner unterscheidet vier Stufen, die der Mensch durchlaufen muss. Im Tod lösen sich die drei übermateriellen Wesensglieder der Persönlichkeit – das Ich, der Ätherleib und der Astralleib – vom Körper, der in seine irdischen Bestandteile zerfällt. In der zweiten Stufe hält die Persönlichkeit Rückschau auf ihr vergangenes Leben. Sie erlebt es, nur etwas schneller, in umgekehrter Reihenfolge noch einmal. Diese Erinnerungen beschränken sich jedoch auf objektive Tatsachen, Subjektives ist ausgeblendet. Der Extrakt dieser Erinnerungen geht in das Ich über und bleibt auch in kommenden Erdenleben erhalten. Nach dem Vorgang der Rückschau löst sich der Ätherleib im Weltenäther auf, übrig bleiben der Astralleib und das Ich.

Die dritte Stufe, Steiner nennt sie Kamologa, den Ort der Begierde, ist eine Art Fegefeuer. Hier befreien sich allmählich das Ich und der Astralleib von allen irdischen Einflüssen. Erneut muss die Persönlichkeit ihre frühere Erdenexistenz rückwärts durchleben. Dabei empfindet sie nun alle Freuden und Schmerzen, die sie anderen bereitet hat. Ihr Denken und Tun wird jetzt nach den Maßstäben der Geisteswelt beurteilt. Der Astralleib löst sich am Ende dieses Prozesses in der Astralwelt auf. Übrig bleibt nur das Ich.

In der vierten Stufe betritt das Ich das Geistesland. Es wächst in vielfältigen Erkenntnissen, die vergangene und zukünftige Leben einschließen, und bereitet sich so auf eine weitere Verkörperung vor. Zu seinen Aufgaben gehört auch, inspirierend unter der Menschheit auf Erden zu wirken. In dieser Phase wächst die Erkenntnis in die Notwendigkeit weiterer Entwicklung, der Wunsch, negative karmische Belastungen abzutragen, wieder gutzumachen. Erst wenn die Persönlichkeit auf Erden in diesem Sinn Neues lernen kann, inkarniert sie sich wieder und wählt dabei ihre Eltern.

Das geschieht in der Regel in den großen kulturellen Epochen zweimal, einmal als Mann und einmal als Frau. Durch diesen Geschlechtswechsel erfolgt die Weiterbildung der übergeschlechtlichen Individualität, werden die männlichen und die weiblichen Eigenschaften gleichermaßen ausgebildet. Entwicklungsnotwendig ist nicht nur der Geschlechtswechsel, sondern auch die Inkarnation innerhalb der verschiedenen Rassen. Steiners Anthropologie mit ihrer Betonung der leiblich-seelisch-geistigen Ganzheit des Menschen verbietet ihm von vornherein die Annahme, der Mensch könne als Tier oder gar als Pflanze wiedergeboren werden.

Steiner hat es lange Zeit vermieden, Reinkarnationen einzelner namhafter Persönlichkeiten zu benennen. Kurz vor seinem Tod gab er diese Haltung auf. Vom 25. Januar bis zum 28. September 1924 hielt er 82 Vorträge zum Thema «Esoterische Betrachtungen karmischer Zusammenhänge». Dabei benannte er Inkarnationsreihen, zum Beispiel Elia – Johannes – Raffael – Novalis.

Auf die zentrale Bedeutung des Reinkarnations- und Karmaglaubens für die Anthroposophie hatte Steiner schon 1912 aufmerksam gemacht. Er bemerkt:

Das Neue der anthroposophischen Bewegung liegt darin, daß die zwei Wahrheiten, die sozusagen zu unseren fundamentalsten Dingen gehören, an die Menschenseele in einer immer überzeugenderen Weise herantreten: die beiden Wahrheiten von Reinkarnation und Karma. Man kann sagen: Was der Anthroposoph in erster Linie auf seinem Wege findet, wenn er heute ernstlich strebt, das ist die Notwendigkeit der Erkenntnis von Reinkarnation und Karma.[41]

Durch Rudolf Steiner und die Anthroposophie wurde der Reinkarnationsgedanke in seiner abendländisch-westlichen und damit optimistisch-evolutionistischen Form in breitere Schichten, besonders der Gebildeten, getragen. Als ein Beispiel sei nur an den bekannten Dichter Christian Morgenstern (1871–1914) erinnert. Auf besondere Weise geschah das auch durch die 1922 von dem evangelischen Pfarrer Dr. Friedrich Rittelmeyer (1872–1938) als kultische Erneuerungsbewegung gegründete «Christengemeinschaft». Steiner ist ihr geistiger Vater.

Die Christengemeinschaft will auf dem Hintergrund der anthroposophischen Geisteswissenschaft und auf der Basis der Bibel auf kultischem Weg die dem modernen Menschen verlorengegangene Einheit von Weltdeutung, religiösem Wissen und Glauben wiederherstellen. Das Glaubensbekenntnis erwähnt die Reinkarnation des Menschen nicht, sie gehört aber elementar zum Menschenbild der Christengemeinschaft. Im Kultus wird dies besonders bei der Taufe deutlich. Die «Vorgeburtlichkeit des Menschen», seine Inkarnation oder Reinkarnation gelten als Tatsachen, denen in der Taufhandlung geistlich Rechnung getragen wird.

Die Reinkarnationslehre der Christengemeinschaft gibt es nicht. Maßgebende Vertreter, darunter die Erzoberlenker Friedrich Rittelmeyer, Emil Bock und Rudolf Frieling, haben sich aber immer wieder ausführlich zum Reinkarnationsglauben geäußert. Besondere Bedeutung kommt dem weitverbreiteten Buch von Frieling *Christentum und Wiederverkörperung* zu. Er will am Beispiel der Wiederverkörperungslehre zeigen,

> wie das Christentum, wenn es sich seiner spirituellen Grundlagen bewußt wird, nicht nur dem Materialismus, sondern auch der alten Geistigkeit des Ostens eine eigene überlegene Weltanschauung entgegenzusetzen hat. ... Wir möchten ... zeigen, wie sich die Wiederverkörperungs-Anschauung in ihrer anthroposophischen Gestalt in das Welt-

bild des Christentums nicht nur widerspruchslos einfügen läßt, sondern wie sie dieses Weltbild erst in befriedigender Weise vervollständigt.[42]

Dabei ist das von allen Vertretern der Christengemeinschaft geteilte Anliegen Frielings hervorzuheben, dass der Reinkarnationsglaube nicht notwendigerweise die Heilsbedeutung Christi und seines Erlösungswerkes schmälern muss, dass es keine Selbsterlösung gibt. In diesem Sinn gehört die Christengemeinschaft zu den religiösen Gemeinschaften, die den Reinkarnationsgedanken durch ein umfangreiches Schrifttum und durch Vorträge seit Jahrzehnten als eine mit dem Christentum zu vereinbarende Anschauung vortragen. Die geistige Nähe zu Steiner wird dabei nicht verschwiegen. Er ist für die meisten Vertreter der Christengemeinschaft «der größte Lehrmeister ... auf dem Gebiet der Schicksals- und Wiederverkörperungserkenntnis»[43].

Dennoch gilt: Es herrscht Lehrfreiheit, und nur die kultischen Texte haben verbindlichen Charakter. Das ermöglicht einen differenzierten Umgang auch mit der Karma- und Reinkarnationslehre Rudolf Steiners. Dessen ungeachtet haben Angehörige der Christengemeinschaft, die vielfach den künstlerischen und intellektuellen Eliten zuzurechnen sind, den Gedanken der Reinkarnation als solchen auf vielfältige Weise popularisiert. Zwischen Christentum und Reinkarnation sehen sie keinen Gegensatz.

Propheten:
Wiedergeburt als Teil göttlicher Offenbarungen

Die Traditionen des Prophetentums sind uralt. Männer, aber auch Frauen wussten sich von Gott direkt oder durch die himmlische Engelwelt indirekt berufen, der gefallenen Welt eine zeitgemäße Heilsbotschaft zu überbringen, alte, längst gegebene Verheißungen zu erneuern oder zu vertiefen. Alle berufen sich dabei auf die großen Vorbilder alttestamentlicher und neutestamentlicher Prophetie, auf das unmittelbare Wirken Gottes zu allen Zeiten. Offenheit für ihre Botschaften fanden sie, von der Gesellschaft und den Kirchen meist verfemt, nur in kleinen Kreisen. Wenige wurden zu Gründern eigenständiger, mittel- und langfristig stabiler Religionsgemeinschaften. In anderen Fällen entstanden Freundeskreise, die sich in der zweiten und dritten Generation wieder auflösten oder doch nur als Gesinnungs- und Weltanschauungsgemeinschaften, nicht aber als Kultgemeinschaften, als «Kirchen», weiter wirkten und wirken. Die Abgrenzung zu den religiösen Sondergemeinschaften im klassischen Sinn, früher als Sekten bezeichnet, ist schwierig und fließend. Es bleibt eine breite Grauzone.

Seit dem 19. Jahrhundert nimmt die Zahl neuer Propheten und Prophetinnen, der Neuoffenbarer, ständig zu. Ihr ältester und bis heute bekanntester Vorläufer in Europa ist der schwedische Bergrat und Universalgelehrte Emanuel Swedenborg (1688–1772). Einige der neuen Seher und Propheten nahmen auch den Reinkarnationsglauben in ihre Lehre auf. Nur um diese soll es hier zunächst gehen.

Der bedeutendste europäische Neuoffenbarer nach Emanuel Swedenborg ist zweifellos der Grazer Musiker Jakob Lorber (1800–1864). Durch seine von 1840–1864 empfangenen Offenbarungen wurde er zum Ausgangspunkt einer überkonfessionellen Bewegung (Lorber-Gesellschaft) und zum geistigen Vater vieler «Träger des Inneren Wortes». Im Lehrsystem Lorbers hat die vorgeburtliche Existenz des Menschen, sei es als Sternenseele oder als sich aus dem Naturreich, «von unten», entwickelnde Seele, ihren festen Platz. Die Entfaltung der Persönlichkeit vollzieht sich normalerweise im Jenseits oder auf anderen Himmelskörpern. Wiederholte Erdenleben sind im Lorberschen System die Ausnahme, etwa in folgenden Fällen: Persönlichkeiten, die bereits auf Erden lebten, diese «Hochschule Gottes» aber nicht recht nutzten und gleichsam durchfielen, können Gott bitten, sie noch einmal auf dieser Erde zu inkarnieren. Als Beispiel dafür wird in Lorbers *Großem Evangelium Johannes* auf das Schicksal eines herrschsüchtigen Königs verwiesen, der im Jenseits aufgrund seiner bösen Gesinnung Schreckliches erlebte, aber dadurch zur Reue kam. In einem solchen Fall «wird es dann gewöhnlich zugelassen, daß sie [die Seele] zu einer bessern Gesellschaft kommt, oder sie wird wieder in ein Fleisch eingezeugt»[44]. Das bedeutet, die Seele

kommt nun in einem ganz andern Welttheile auf dem gewöhnlichen Fleischeswege in eines Kindes Leibe zur Welt, natürlich geboren aus irgend einem armen Weibe; da ist eine solche Seele dann wieder ganz

Kind, und weiß von ihrem Vorzustande nicht das Mindeste, und es wäre hochgefehlt, so sie nur die leiseste Erinnerung davon hätte.

Das Kind, wieder wie zuvor des männlichen Geschlechts, wächst nun in der Armuth zum Manne heran, und wird mit dürftiger Erziehung und anderer Ausbildung ein ganz ehrlicher und tüchtiger Taglöhner in was immer für einer Haus- und Landarbeit; erkennt Gott und betet zu Ihm, und dankt Ihm für das tägliche Brod. Er findet am Ende eine rechte Lust den andern Menschen um einen kargen Lohn zu dienen und nützlich zu sein. Am Ende wird unser Arbeiter alt, schwach, mühselig und krank, und stirbt wie alle Menschen auf Erden.

Was geschieht nun mit seiner Seele? Sie kommt jenseits eben wieder zu den recht guten arbeitsamen und thätigen Seelen, und hat ihre Freude recht niedrig zu stehen und Allen nach Bedarf zu dienen. Solch' eine gute Richtung ihres Gemüthes bewirkt die baldige Erweckung ihres Geistes aus Gott, der ihr jenseitiges alter ego (anderes, besseres Ich) ist.

Ist das einmal der sichere Fall, so wird die volle Vereinigung mit ihm auch nicht lange auf sich warten lassen. Ist diese (die volle Wiedergeburt des Geistes in die Seele) erfolgt, so kehrt in solch' einer Seele erst das volle Bewußtsein wieder zurück, und mit ihm die klare Erinnerung an alle ihre Vorzustände und sie lobt da Gottes Weisheit, Macht und Liebe, die sie sogar aus den jammervollsten Zuständen wieder zum *wahren ewigen Leben* zurückgeführt hat.[45]

Zu den Ausnahmen gehört auch die Möglichkeit für Engel beziehungsweise hochentwickelte Geister, sich wiederholt auf Erden zu inkarnieren, um eine besondere Mission durchzuführen. So verkörperte sich der Erzengel Michael als Sehel, Elia und Johannes der Täufer. Lorber schließt bei Reinkarnationen den Geschlechtswechsel aus. Bemerkenswert ist auch, dass er gegen die indische Seelenwanderungslehre polemisiert, sie sei eine selbstsüchtige Erfindung habgieriger Priester. Der Lorbersche Jesus betont:

Aber rückwärts wandert keine noch so unvollendete Menschenseele mehr, außer im geistigen Mittelreiche der äußern Erscheinlichkeit nach, zum Behufe ihrer Demüthigung und der daraus möglich hervorgehenden Besserung.[46]

Jakob Lorber fand zahlreiche Nachfolger, unter ihnen nicht wenige Frauen. Sie alle verstanden sich ebenfalls als Empfänger des Inneren Wortes, und einige von ihnen nahmen den Reinkarnationsglauben in ihre Botschaft auf. So der Kreis um den Görlitzer Kaufmann Fedor Mühle, der sich 1923 als «Gottesbund – Loge Tanatra» bis zu seinem Verbot durch die Nationalsozialisten eine feste Organisation gab. Zu den Besonderheiten gehört hier, dass der in der Wiedergeburt mögliche Geschlechtertausch als Erklärung für gleichgeschlechtliche Liebe herangezogen wird. Diese versteht man nicht nur als Strafe, sondern auch als Chance und Aufgabe. In einer «Kundgebung» des *Herold* vom 4. Juli 1924 heißt es:

> So manches Rätsel wäre nun gelöst. Brüder und Schwestern, ihr wißt ja, daß ihr aus dem Jenseits kommt in einen Erdenkörper, der eine als Mann, der andere vielleicht als Frau, ein anderer vielleicht wieder in einer Mischform durch das Gesetz der Karmalehre, vielleicht durch das frühere Erdenleben, das sündhaft war, nun als Buße, wie ich schon oft erwähnt habe, als männliche Seele in einen weiblichen Körper einverleibt oder umgedreht. Dieses wird euch heute klarer bei dem Augenblick der Erkenntnis, daß das eben so vor sich gehen muß, denn wo sollte eine Erlösung der anders gearteten Menschen vor sich gegangen sein, ist das doch nicht ein Auswuchs, ist das doch eine Zulassung Gottes und sogar eine berechtigte, große.[47]

Der Reinkarnationsgedanke findet sich auch unter den Anhängern des 1967 um Frieda Marija Lämmle und Gerhard Johannes Lehofer entstandenen «Lichtzentrums Bethanien». Schon nach ihrer vermeintlichen Berufung durch Christus 1953 hatte F. M. Lämmle, die sich in der Tradition der Empfänger des Inneren Wortes sieht, Rückerinnerungen an frühere Erdenleben. Mancherlei Offenbarungen folgten, so sagt Jesus am 2. Oktober 1988:

> O Meine Marija, die köstliche Narde, mit der du Mich eingerieben hast, gilt heute noch, denn sie umgibt Mein ganzes Sein. O Mein Kind, du ahntest damals nicht, was du an Mir getan hast, … heute soll es dir bewusst sein …[48]

Weitaus zentraler als für Frieda Marija Lämmle ist der Reinkarnationsglaube für den ebenfalls auf Lorberschen Traditionen aufbauenden «Lichtkreis Christi». Neue Erdenleben sind hier die Voraussetzung, um früher begangene Schuld abtragen zu können. Der Gründer des Lichtkreises Christi, Harald Stössel, hält sich selbst für die Reinkarnation des Apostels Petrus, seine Schwester gilt als

Inkarnation von Maria. Im Lichtkreis Christi finden sich zweifellos einige der extremsten und abwegigsten Ausformungen des Reinkarnationsgedankens unter den Trägern des Inneren Wortes in der Nachfolge Lorbers.

Nicht als Träger des Inneren Wortes, sondern als Seher des von Jesus Christus verheißenen «Geistes der Wahrheit» (Joh 14,16–17; 15,26; 16,12–15) verstand sich Emil Adolf Bergmann (1861–1931). Um ihn bildete sich 1899 ein Freundeskreis, aus dem 1920 der «Bund der Kämpfer für Glaube und Wahrheit» hervorging, der 1935 wegen antinationalsozialistischer Einstellung verboten wurde. Herausragende Persönlichkeit in dem Kreis um Bergmann war der Kaufmann und Schriftsteller Max Däbritz (1874–1947). Er hat das Gedankengut des Bundes, dessen Mitglieder Angehörige ihrer jeweiligen Kirchen blieben, durch mehrere Publikationen recht erfolgreich verbreitet. Anfang der dreißiger Jahre erschien sein Buch *Schicksalsgesetz der Wiedereinkörperung*. Dem Werk ist – gleichsam als Motto – die Grundthese des Verfassers vorangestellt:

> Es gibt ein göttliches Naturgesetz, ein für die Lebewesen bestimmtes göttliches Schicksalsgesetz der Fügung und Vergeltung, der Erblichkeit, Anpassung und Auslese, der Erhaltung der Lebenskräfte und des Wachsens der Personalkräfte, wodurch der Mensch vielmals auf Erden und anderen Himmelskörpern im grob- und feinstofflichen Körper lebt, um sein Ziel höchster Entwicklung zu erreichen und einzutreten ins ewige Sein schöpferischer Glückseligkeit.[49]

Dieses Gesetz der Wiedereinkörperung ist Teil der Schöpfungswirklichkeit und wurde von Gott aus Liebe zu seinen Geschöpfen gegeben.

> Die Menschheit, gleichend und entstammend dem Tier bezüglich ihres Körpers und ihrer Seele, obwohl verwandt der Gottheit hinsichtlich ihres Geistes, diese Menschheit wäre ein Ding nicht zu denken, verloren für immer, wenn nicht vielmalige Wiedereinkörperungen ihr gäben die Möglichkeit der Vervollkommnung.[50]

Dem Gesetz der Wiederverkörperung ist die Persönlichkeit so lange unterworfen, bis sie ins Paradies, hier als Reich der Liebe und Weisheit verstanden, eingehen kann. Das ist nur auf der Basis der Erlösungstat Christi möglich. Alle religiösen Lehren müssen deshalb zwangsläufig «nach und nach ins Christentum» übergehen.[51] Reinkarnation kann Menschen aller Religionen und Völker auf individuelle Weise den Zugang zum Christentum und damit zur Erlösung erschließen. Die Möglichkeit der Reinkarnation auf der Erde oder auf anderen «fein- und grobstofflichen» Himmelskörpern bleibt für jede Persönlichkeit, die freiwillig besondere Missionen auf sich nehmen will, bestehen.

Über viele Reinkarnationen erfolgt auch die Entwicklung der Pflanzen- und Tierseelen zu immer höheren Formen.

> Die Wiedereinkörperungslehre auf die Pflanzen- und Tierwelt übertragen, befestigt und vervollkommnet also die Darwinsche Entwicklungslehre, indem diese sich dadurch deckt mit der Vernunft, mit der Gerechtigkeit und Liebe und auch mit der Mosaischen Schöpfungsgeschichte …[52]

Für die menschliche Persönlichkeit ist die Reinkarnation im Pflanzen- und Tierreich aber ebenso ausgeschlossen wie der Geschlechtswechsel. Die Geschlechtsproblematik wird durch den Hinweis auf die Erschaffung des Menschen als Vollpersönlichkeit gelöst (Adam und Eva). Der männliche und der weibliche Teil einer Persönlichkeit gehen ihren Entwicklungsweg getrennt, im Paradies bilden sie dann eine Vollpersönlichkeit (Engel), und es kommt zu einem Austausch der jeweiligen Erfahrungen beziehungsweise zur absoluten Teilhabe an den Erfahrungen des Anderen. Erst zu diesem Zeitpunkt kann die Persönlichkeit alle ihre Verkörperungen überblicken.

Die Begründung des Reinkarnationsglaubens erfolgt auf mehreren Ebenen. Der schöpfungstheologischen Begründung korrespondiert der immer wieder auftauchende Hinweis auf die Lösung des Theodizee-Problems. Viele Beispiele werden genannt. Däbritz betont: «Klar und scharf werden dadurch beleuchtet die verschiedenen sozialen Unterschiede, Gesundheitszustände, geistigen Fähigkeiten, Charakterveranlagungen, überhaupt alles.»[53] Einen klaren Gegensatz zur damaligen nationalsozialistischen Rassenideologie markiert der Gedanke:

> Jeder einzelne Mensch geht durch verschiedene Völker oder Nationen, um das Fühlen und Handeln in den verschiedensten Menschenkörpern und Völkern kennenzulernen und seinem Unterschwellen- oder Zen-

tralbewußtsein anzukristallisieren. Sobald die Menschheit sich das *rechte Wissen* und das *volle* Erkennen des Gesetzes der Wiedereinkörperung errungen hat, dann ist aller Nationalhaß verschwunden, dann wird sich das Wort der Heiligen Schrift erfüllen Jesaia 2,4: «… Da werden sie ihre Schwerter zu Pflugscharen und ihre Spieße zu Sicheln machen …»[54]

Däbritz hebt immer wieder hervor, Erfahrung und Vernunft, aber auch die biblische Offenbarung sprächen für und nicht gegen die Tatsache der Reinkarnation. «Die Bibel ist nicht gegen, sondern für das Gesetz der Wiedereinkörperung.»[55] Auch zu einer wesentlich vertieften Sicht der biblischen Heilsgeschichte könne es im Licht des Wiederverkörperungsglaubens kommen, so durch das Wissen um die Identität von Eva – Sarah – Maria, von Adam – Abraham – Joseph oder von Elia – Johannes dem Täufer. Interessant ist das Bemühen, den Reinkarnationsglauben ins Christentum zu integrieren, ohne – wie in vielen anderen Fällen – zentrale christliche Lehren von vornherein aufzugeben. Das zeigt sich auch am Festhalten an der Lehre von der Auferstehung des Fleisches, die von den Anhängern der Reinkarnation in der Regel im Sinne des Weiterlebens nach dem Tod umgedeutet wird. Demgegenüber schreibt Däbritz:

> Die Lehre von der Wiedereinkörperung bringt die Geistlehre vom Fortleben nach dem Tode und die Lehre von der Auferstehung des Fleisches in Einklang. Die Auferstehung des Fleisches – nach der alle Menschen in einem fleischlichen Körper wieder auferstehen – ist die Wiedereinkörperung der geistigen Persönlichkeit auf Grund eines Naturgesetzes, das uns heute noch unbekannt ist; es scheidet hier also eine Geburt durch die Mutter aus. Jenes unbekannte Naturgesetz ist bis jetzt nur bei der Auferstehung unseres Herrn und Heilandes in Wirksamkeit getreten, indem Christus nach seinem Tode und nach seiner Höllenfahrt in seinen toten Körper zurückkehrte, ihn abermals belebte und verfeinstofflichte, um ihn dann nach vierzig Tagen feinstofflichen Seins bei seiner Himmelfahrt zu vergeistigen.[56]

Besonders scharf verwahrte man sich gegen den Vorwurf, man lehre die Selbsterlösung auf dem Weg der Wiedergeburt, lehne die Rechtfertigung aus dem Glauben ab und mindere die zentrale Heilsbedeutung Jesu Christi. «So können Erlösung und Wiedereinkörperung nicht nur nebeneinander bestehen, sondern sie ergänzen sich gegenseitig, wie sich göttliche Gnade und Gerechtigkeit ergänzen.»[57] Die Wiedereinkörperungen dienten der Vervollkommnung, nicht aber der Erlösung der Persönlichkeit.

Der katholische Publizist Gerhard Adler bezeichnet in seinem Buch *Wiedergeboren nach dem Tode* Däbritz' «Synthese zwischen christlicher Erlösungslehre und Reinkarnation» als «theologisch bedeutsam».[58] Auf jeden Fall deutet sich hier eine Entwicklung an, die seitdem in den Randbereichen der großen Kirchen zugenommen hat.

Religiöse Sondergemeinschaften: Neue Lehrsysteme

Um die Wende vom 19. zum 20. Jahrhundert bildeten sich im Unterschied zu den Kreisen um die Träger des Inneren Wortes und zu einzelnen Sehern einige reinkarnationsgläubige Gruppen, die eigene Kultformen entwickelten und bald Charakteristika verfasster Religionsgemeinschaften aufwiesen. Zum geistigen Hintergrund zählten neben Spiritismus, Theosophie und Okkultismus auch christliche Traditionen.

Von Amerika ausgehend entstanden auf dem Boden der Theosophie mehrere Rosenkreuzerorganisationen, die den Reinkarnationsglauben in ihr Welt- und Menschenbild aufnahmen. Sie beriefen sich auf Traditionen des Rosenkreuzertums des 17./18. Jahrhunderts, ohne eine historische Kontinuität dazu aufweisen zu können. Eine der auch in Deutschland bekanntesten Gruppen ist der «Antiquus Mysticus Ordo Rosae Crucis» (AMORC). Er wurde 1915 in New York von Harvey Spencer Lewis (1883–1939) gegründet und versteht sich als eine Mysterienschule in altägyptischer Tradition. Die Ordenslehre unterliegt der Arkandisziplin und wird in neun Tempelgraden stufenweise durch Lehrbriefe übermittelt. Ein wesentlicher Bestandteil ist die Reinkarnationslehre. Harald Lamprecht charakterisiert sie in seiner profunden Monographie *Neue Rosenkreuzer* so:

> Die Notwendigkeit der Wiedergeburt wird beim AMORC in erster Linie pädagogisch begründet. Weil es mehr zu lernen gibt, als in einem einzelnen Leben jemals zu schaffen ist, muß der Mensch mehrfach auf die Erde zurückkehren. Diese Auffassung markiert zugleich das Ende des

Kreislaufes der Wiedergeburten: wenn das pädagogische Ziel erreicht ist, wenn die Seelenpersönlichkeit «die Größe und Reinheit der allesumfassenden Liebe erfaßt hat und danach handelt», dann sind keine weiteren Inkarnationen notwendig. Als Beispiel für solch eine vollendete Entwicklung wird Jesus angeführt. Er habe genügend Reinkarnationen hinter sich gehabt, so daß er nach seiner letzten Inkarnation in das Bewußtsein Gottes einging und zu einem der göttlichen Elemente der Gottheit wurde.[59]

Nicht die Seele als solche, die Teil der kosmischen Allseele ist, entwickelt sich, sondern die von der Seele ausgebildete Persönlichkeit, die Individualität. Sie gelangt nach dem Tod des Menschen in den Bereich des Kosmos, der ihrem Entwicklungsstand entspricht. Nach 144 Jahren wird sie wieder inkarniert. Dabei sind zeitliche Unterschiede, je nach früheren Lebensumständen, möglich. Die Gegebenheiten und Umstände ihrer Wiedergeburt und ihres neuen irdischen Daseins kann die Persönlichkeit mitbestimmen.

Grundlegend ist in jedem Fall das Gesetz des karmischen Ausgleichs. Überwindung von Egoismus, Hass usw. und ein Handeln nach den Gesetzen der Liebe in einem Leben führt im nächsten Leben zu innerer und äußerer Freiheit, zu Reichtum und Glück. Eine Hilfe zur Bewältigung des jetzigen Lebens unter karmischen Gesichtspunkten kann die Rückerinnerung sein. Sie zu erlangen wird angestrebt. Dafür gibt es bestimmte Übungen, die eine Besonderheit des Reinkarnationsglaubens von AMORC darstellen.

Wichtig ist der Wiedergeburtsglaube auch für die international und in Deutschland verbreitete «Rosicrucian Fellowship». Ihr Gründer Max Heindel (1865–1919) war Vizepräsident der Theosophischen Gesellschaft von Kalifornien, lernte anlässlich einer Deutschlandreise 1907 Rudolf Steiner kennen und gründete 1909 die Rosicrucian Fellowship. Entscheidende Erkenntnisse seiner Lehre – ungeachtet von Parallelen – will er jedoch nicht von Steiner, sondern von «Älteren Brüdern» des Rosenkreuzerordens auf übernatürliche Weise empfangen haben. Im Mittelpunkt seines Lehrsystems steht ebenfalls die kosmische Entwicklung aller Wesen in einem gewaltigen kosmischen Entwicklungszyklus, in dem die Reinkarnationslehre eingebettet ist. Heindel schreibt:

Die Theorie der Wiederverkörperung lehrt, daß jede Seele ein Wesens-bestandteil Gottes ist, der alle göttlichen Möglichkeiten umfaßt, so wie der Same die Pflanze umschließt. Durch wiederholtes Leben in einem zunehmend qualitativ verbesserten Erdenkörper werden die verborge-nen Möglichkeiten langsam zu dynamischen Kräften entwickelt. Durch diesen Vorgang geht nichts verloren. Zu guter Letzt wird die gesamte Menschheit das Ziel der Vollkommenheit und die Wiedervereinigung mit Gott erreichen.[60]

Bis dahin ist es ein weiter Weg, der ohne Reinkarnation nicht gang-bar wäre. Wiederverkörperung erscheint hier, so Harald Lamprecht, als

ein selbstverständlicher Bestandteil der Entwicklung. Sie betrifft alle Le-bewesen in gleicher Weise. Die verschiedenen Arten des Lebens Mine-ral (!) – Pflanze – Tier – Mensch stehen lediglich auf verschiedenen Ent-wicklungsstufen. Die gegenwärtige Menschheit hat die vorgenannten Zustände in vorangegangenen Entwicklungszyklen durchlaufen, wäh-rend z. B. die Pflanzenwelt die Tier- und Menschenstufe noch vor sich hat. Mit dem Menschsein ist die Entwicklung keineswegs abgeschlossen. Aufgabe der Menschen ist es, sich zu höheren Daseinsformen zu entwi-ckeln. So wie derzeit Engel und andere Geistwesen die Evolution der Menschheit leiten und lenken, so sollen dereinst die jetzigen Menschen von höheren Sphären aus die jetzige Tierwelt unterstützen, wenn diese die Stufe des Menschseins erreicht hat. Dabei findet eine ständige Hö-herentwicklung statt. Die zukünftige Menschheit der gegenwärtigen Tiere wird darum besser, intelligenter und geistiger sein als die momen-tane. Ebenso werden die jetzigen Menschen als Geistwesen die gegen-wärtigen Engel übertreffen.[61]

Die Einzelheiten dieses Entwicklungsweges werden von Heindel detailreich geschildert und umfassen auch die Wahl der Eltern und den Vorgang der Geburt. Der übliche Reinkarnationszyklus wird mit 1000 Jahren angegeben.

Aus der Rosicrucian Fellowship ging 1935 in den Niederlanden das «Lectorium Rosicrucianum» hervor, das ebenfalls international verbreitet ist. Prägende Persönlichkeit und Großmeister wurde Jan Leene (1886–1968), bekannt unter dem Pseudonym Jan van Rij-ckenborgh. Reinkarnation wird hier innerhalb eines sehr kompli-zierten Welt- und Menschenbildes ganz anders als bei Max Heindel und anderen Rosenkreuzerorganisationen verstanden. Das Heil ist nicht in dieser unserer Welt, die das Jenseits einschließt, auf dem Weg der Entwicklung und Wiedergeburt zu finden, sondern nur in der göttlichen Lichtwelt außerhalb unserer Lebenswirklichkeit. Wiedergeburt kann demgemäß nicht in die göttliche Lichtwelt führen, vielmehr muss der Mensch schrittweise die irdischen und sterblichen Persönlichkeitsanteile durch himmlische austauschen. Nur so kann sein gefallener Mikrokosmos in die göttliche Lichtwelt zurückkehren. Wiedergeburten sind auf diesem Weg eine Last. Sie fesseln den Menschen an das Irdische und müssen mittels der eigenen Transfiguration überwunden werden. Dennoch gibt es sie zunächst noch, wobei allerdings nicht die Persönlichkeit wiedergeboren wird. Harald Lamprecht erläutert diesen Prozess folgendermaßen:

> Die Kontinuität über den Tod hinaus besteht nicht in der Persönlichkeit, sondern im Mikrokosmos, speziell in dem aurischen Wesen, das die Erfahrungsernte (das Karma) dieses und der vorangegangenen Leben der verschiedenen menschlichen Persönlichkeiten in seinem Mikrokosmos sammelt. Das Karma als «Summe der Naturvergangenheit» hat nach der Inkarnation eines neuen Menschen auch einen organischen Sitz: es liegt eingeschlossen am unteren Ende des Rückgrats in der eingerollten Kundalinischlange. Nach etwa 700 Jahren findet eine neue Inkarnation des Mikrokosmos, also die Aufnahme einer neuen menschlichen Persönlichkeit als Ersatz für das verlorene Atom, statt.
> Der Mikrokosmos wählt dabei schon vor der Geburt ein Kind im Mutterleib aus, das zu seiner Erfahrungsernte paßt. Meist erfolgt darum eine Inkarnation im gleichen Land und der gleichen Konfession.
> Solange der Mensch nicht den Weg der Befreiung geht, wie ihn das Lectorium Rosicrucianum lehrt, wird sein Mikrokosmos immer wieder entleert, er irrt «wie in einer Radumdrehung in der Todesnatur umher» und muß eine neue sterbliche Seele in sein System aufnehmen. In diesem Sinn spricht das Lectorium Rosicrucianum vom «Rad der Geburt und des Todes», von dem der Mensch erlöst werden muß.[62]

Diese im Grunde östliche Variante des Wiederverkörperungsglaubens findet sich unter den in der westlichen Hemisphäre entstandenen eigenständigen Religionsgemeinschaften sehr selten. Die meisten sehen Reinkarnation positiv im Rahmen eines sich christlich verstehenden Entwicklungs- und Heilsweges der Persönlichkeit.

Eine der zeitweise mitgliederstärksten unter diesen Gemeinschaften – Anfang der dreißiger Jahre des 20. Jahrhunderts hatte sie ca. 100 000 Anhänger – ist die «Evangelisch-Johannische Kirche nach der Offenbarung St. Johannis», heute «Johannische Kirche». Gründer und prägende Persönlichkeit war Joseph Weißenberg (1855–1941). In Versammlungen ließ Weißenberg jenseitige «Geistfreunde» sprechen. Er sah darin eine Fortsetzung des Pfingstgeschehens und verwahrte sich entschieden gegen den Vorwurf des Spiritismus.

Auf dem Hintergrund einer eigenen Schau der kosmischen Heilsgeschichte lassen sich im Lehrsystem Weißenbergs drei Schwerpunkte feststellen: die Errichtung der Urkirche im Zeitalter des Heiligen Geistes, das Fortleben nach dem Tod und die Reinkarnation. Dominierend ist auch bei ihm der Entwicklungsgedanke, der für das Diesseits und das Jenseits gilt. Reinkarnation ist eine besondere Gnade Gottes im Prozess der Erlösung des Menschen. Der Mensch oder die Persönlichkeit kann in jedem neuen Erdenleben «zurückliegende Schuld» abtragen und «für ein Leben in der Gottesnähe» reifen.[63]

> Kommt zum Beispiel ein Reicher, der sein Leben lang nichts Gutes getan hat und nur an seinen irdischen Schätzen und Genüssen hing, nach seines Leibes Tode in der Geisterwelt zufolge dem unabänderlichen göttlich-geistigen Naturgesetz von seinem Luxus hinweg in die tiefste Finsternis, so wird er sich auf die Erde zurücksehnen und mit aller Gewalt den Wunsch haben, ganz reich zu sein. So aber dieser eine Wunsch alle anderen übersteigt und sie sich im Jenseits nicht belehren lassen, so wird er ihnen gewährt. Doch werden sie so geführt, daß sie die Vergänglichkeit alles Irdischen genügend kennenlernen. Daher so manche Schicksalsschläge, die den Menschen scheinbar unschuldig treffen.[64]

Es entspricht dem Selbstverständnis der Johannischen Kirche als «geist-christlicher Kirche» der Endzeit, dass die Reinkarnation biblisch legitimiert wird (zum Beispiel durch Jeremia 1,5; Maleachi 3,23–24; Matthäus 11,14). In Joseph Weißenberg sehen seine Anhänger eine Inkarnation des Heiligen Geistes. Seine Lehren, auch die Reinkarnationslehre, erhalten vor diesem Hintergrund ihr besonderes Gewicht.

Mit vergleichbarer Autorität als Gottmensch wie Weißenberg fühlte sich auch der Gründer der «Gralsbewegung» Oskar Ernst Bernhardt (1875–1941) ausgestattet. Die Gralsbewegung tritt nach einer Spaltung heute in Form der «Internationalen Gralsbewegung» und der «Grals-Siedlung Vomperberg» in Erscheinung. Im Lehrsystem Bernhardts hat die Reinkarnation ihren festen Platz. Bereits Jesus wusste um das Gesetz der Reinkarnation, lehrte es aber mit Rücksicht auf die Unreife seiner Zeitgenossen noch nicht. Bernhardt, der sich Abd-ru-shin (Sohn des Lichtes) nannte, gilt als der letzte Gottgesandte nach Jesus, dem «Gottessohn», er ist der «Menschensohn», Verkörperung des Gotteswillen, und ruft die Menschen zur letzten Entscheidung. Sie müssen im Licht der Botschaft Abd-ru-shins über Sein oder Nichtsein in der Schöpfung Gottes entscheiden. Ausgangspunkt der Schöpfung ist Gott, das «Urlicht». Von ihm gehen Strahlungen aus, durch deren Veränderung, Differenzierung und Verdichtung das Weltall entstand und erhalten wird.

Aufgaben und Ziele des Menschen in der Schöpfung ergeben sich von seinem innersten Wesen her. Im geistigen Teil der Schöpfung existierten sich selbst unbewusste Geistkeime, die sich nach Bewusstsein sehnten und dieses nur durch das Eintauchen in die Stofflichkeit erhalten konnten. Diese Geistkeime sanken schließlich in den Stoff hinab und wurden dabei mit stofflichen Hüllen und einem Astralleib ausgestattet. Nur so konnten sie als Mensch inkarniert werden. Ziel des Menschen auf Erden ist es von daher, zum «Sich-Selbst-Bewusstsein» zu kommen, die göttlichen Gesetze zu erkennen, nach ihnen zu leben und schließlich vollbewusst aus der Stofflichkeit über verschiedene Zwischenstufen in den geistigen Teil der Schöpfung zurückzugelangen. Dazu sind in der Regel mehrere Erdenleben nötig, denn die Schöpfung beruht auf dem «Gesetz der Wechselwirkung», das lautet: «Was der Mensch säet, das wird er ernten!»[65] Bereits die menschliche Geburt in armen oder reichen Verhältnissen erfolgt nach diesem Gesetz. Die Rahmenbedingungen des Lebens lassen sich nicht mit den «unerforschlichen Wegen Gottes, die alles zum Besten führen», erklären.[66] Nur zu Beginn ihres irdischen Entwicklungsweges war die Persönlichkeit unbelastet.

Beginnt der Mensch als solcher seinen Lauf in der Schöpfung, so steht er frei, ohne Schicksalsfäden, die dann erst durch sein Wollen von ihm ausgehend hinausziehen in die feinstoffliche Welt, ... sich mit anderen kreuzen, ineinanderweben und zurückwirken auf den Urheber, mit dem sie verbunden blieben, so das Schicksal oder Karma mit sich führend.[67]

Die heute auf der Erde lebenden Menschen sind alle bereits inkarniert gewesen. Im Leben der Menschen gibt es deshalb keine Ungerechtigkeit, nichts geschieht willkürlich. «Der Mensch formt sich also stets sein zukünftiges Leben selbst.»[68]

In Familien, in denen erbliche Krankheiten sind, kommen Seelen zur Inkarnation, die diese Krankheiten durch Wechselwirkung zur Ablösung, Läuterung oder zum Vorwärtskommen brauchen.[69]

Für Persönlichkeiten, die sich freiwillig inkarnieren, um eine besondere Mission auf Erden zu übernehmen, hat das Gesetz der «Anziehungskraft der geistigen Gleichart» und der Wechselwirkungen keine Bedeutung mehr, sie entscheiden selbstständig, welche erschwerenden Lebensumstände sie, um anderen zu helfen, auf sich nehmen. Auch in der Elternwahl sind sie frei.

In jedem Fall gilt auch für die Gralsbewegung, dass die Möglichkeit der Reinkarnation eine Gnade und Chance darstellt, um Schuld abzulösen und in der Entwicklung fortzuschreiten. Die Erlösung des Menschen durch das stellvertretende Leiden und Sterben Christi wird nachdrücklich ausgeschlossen. Sie widerspräche der Gerechtigkeit Gottes und dem Schöpfungsgesetz. Bei der Gralsbewegung wird nicht – wie in fast allen anderen neueren Reinkarnationsmodellen – die Rückkehr aller Seelen ins Reich des Geistes und damit zu Gott gelehrt, vielmehr werden diejenigen Menschen, welche die Angebote der Rückkehr auf dem Weg der Wiedergeburt ausschlagen, schließlich vernichtet.

Das Lehrgebäude Bernhardts, in das der Reinkarnationsglaube eingebaut ist, weicht allein schon durch die Christologie und Heilslehre ganz erheblich von der christlich-kirchlichen Tradition ab.

Der Anspruch, spiritistische Erkenntnisse einschließlich des Wiederverkörperungsglaubens und Christentum zu vereinen, findet sich demgegenüber im Lehrgebäude der «Johannes-Greber-Memorial-Foundation» (Deutsche-Greber-Zentrale Berlin). Sie geht zurück auf den ehemaligen katholischen Priester Johannes Greber

(1879–1944). Die Reinkarnation hat im Lehrsystem Grebers ihren Platz im Zusammenhang mit dem diesseitigen und jenseitigen Entwicklungsweg des Menschen.

> Der Geist des Menschen war, bevor er *zum erstenmal* in einem menschlichen Leib verkörpert wurde, in einem Tierleibe. Es ist daher derselbe Geist, der durch die verschiedenen Naturstufen in stets vollkommenerer Gestalt emporsteigt.[70]

Eine Rückwärtsentwicklung gibt es nicht, allenfalls Stillstand auf einer Stufe.

> Hat sich sein Geist im irdischen Leben auf dem Weg zu Gott nicht vervollkommnet, so wird er wieder Mensch. Jedes Leben ist ein Examen. Wer durchfällt, muß es so oft machen, bis er es besteht.[71]

Die Zeit, die die einzelne noch unvollkommene Persönlichkeit im Jenseits bis zur nächsten Verkörperung zu warten hat, ist verschieden. «Sie richtet sich auch nach dem, was der einzelne als Strafe für sein letztes irdisches Leben zu verbüßen hat.»[72]

Breiter und differenzierter als im Werk Johannes Grebers, dem man sich ebenso wie Allan Kardec verpflichtet weiß, wird der Wiederverkörperungsgedanke von der «Geistigen Loge Zürich», heute «Pro Beatrice», und der «Geistchristlichen Gemeinschaft/Interessengemeinschaft Geistige Loge» entfaltet. Beide berufen sich auf die durch Beatrice Brunner (gest. 1983) in Tieftrance von dem Geistlehrer Josef und anderen Geistwesen erhaltenen Botschaften. Nach diesen Lehren der Geistigen Loge ergibt sich die Notwendigkeit der Reinkarnation im Rahmen einer detailliert entwickelten Kosmogonie aus dem Fall Luzifers und eines Teils der Engelwelt. Alle Menschen sind inkarnierte gefallene Engel. Ihre endliche Rückkehr zu Gott schließt auf der Basis der Erlösungstat Christi Reinkarnation als unerlässlich ein. Christus, hier im arianischen Sinn erstes Geschöpf Gottes, begab sich durch seine Menschwerdung in den Machtbereich Luzifers und öffnete durch seine Erlösungstat allen bis dahin im teuflischen Reich unentrinnbar gefangenen Wesenheiten den Rückweg ins Vaterhaus. Betreten muss der Einzelne diese von Christus gebaute Brücke selbst. Wer zurückkehren will, muss an sich arbeiten, sich läutern, das Böse überwinden und ablegen.

Du hast selber wieder einzukassieren, was du sündigst; du hast selber die Ernte davon einzubringen. Christus hat die Erlösung für alle Wesen gebracht, indem er den Weg in das Haus Gottes freigemacht hat.[73]

Innerhalb eines Erdenlebens ist es nicht möglich, «wieder einzukassieren», was man falsch gemacht hat. Das Auslöschen von Karma gilt als schwieriger und langwieriger Weg. Für stellvertretende Erlösung ist kein Platz. Die auf dem Rückweg zu Gott befindlichen Wesen arbeiten, unterstützt von helfenden Engeln, an ihrer karmischen und persönlichen Reinigung. Inkarnationen erfolgen durchschnittlich alle 300–500 Jahre.

Es gibt aber Wesen, bei denen es viel schneller geht. Ein Wesen kann in der geistigen Welt z. B. nicht besonders hoch gestiegen sein und nur immer den Drang haben, zurück zu dieser Erde, zurück! Es bittet, und es wird ihm erlaubt werden. Auch dort ist ein bestimmter freier Wille. Wenn die Aussicht besteht, daß durch diese Inkarnation die Entwicklung schneller vor sich geht, so wird man die Erlaubnis geben. Jedes Wesen ist im Jenseits in seine Arbeit eingereiht. Diejenigen, die willens sind, diese geistige Arbeit zu verrichten, geistig zu schaffen, sie lassen sich auch belehren und schulen und wollen durch diese vielen Schulen gehen, damit sie dann, wenn sie wieder zur Erde gehen müssen, auch wirklich gestärkt sind und von dieser Gotteskraft auch Gebrauch machen können. Wenn Wesen so rasch wie möglich wieder zurückkehren müssen, so sind sie nicht durch diese vielen geistigen Schulen gegangen.[74]

Immer wieder wird betont, dass es angesichts der Vielfalt der Schicksale auch bei den Inkarnationen Ausnahmen gibt. Für eine Reinkarnation im Pflanzen- oder Tierreich fehlen in der Lehre der Geistigen Loge jedoch alle Voraussetzungen. Ein erneuter Abfall von Wesen, die auf dem Rückweg zu Gott sind, wird ebenfalls ausgeschlossen. Nur Stillstand in der Entwicklung ist möglich, kein Rückschritt. Obwohl die schöpfungsmäßige Dualität der Wesenheiten und ihre Wiederherstellung nach der Rückkehr zu Gott gelehrt wird, ist der Geschlechtswechsel zugelassen. In der Regel bleibt man aber etwa siebenmal nacheinander innerhalb des gleichen Geschlechts. Je höher die Entwicklung, desto seltener ein Geschlechtswechsel, denn dieser bedeutet «einen gewissen Stillstand in der Entwicklung»[75].

In den Kundgaben durch Beatrice Brunner wurden auf Befragen wiederholt Aufschlüsse über frühere Inkarnationen noch Lebender gegeben. Das gilt auch für hervorragende Persönlichkeiten der Geistesgeschichte, etwa für Immanuel Kant. Er lebte in seiner vorletzten Inkarnation in Griechenland und «wird sich wieder verkörpern. Auch er hatte gewissermaßen durch eine Sphäre der Läuterung hindurchzugehen. Er befindet sich aber schon in einem geistigen Lichtparadies.»[76]

Begründet wird die Reinkarnationslehre bei der Geistigen Loge schöpfungstheologisch und heilsgeschichtlich, sie dient zur Lösung der Frage nach der Gerechtigkeit Gottes. Aber auch die «Urbibel», die unverfälschte Vorgängerin der heutigen Bibel, habe klare Hinweise auf die Reinkarnation enthalten. Bemerkenswert ist, dass der die Anschauungen der Geistigen Loge wesentlich prägende «Geistlehrer Josef» schon Ende der vierziger Jahre des 20. Jahrhunderts eine allmähliche Annahme der Reinkarnationslehre durch die katholische Kirche voraussagte.

Die Geistige Loge war in den sechziger und siebziger Jahren des vorigen Jahrhunderts die dynamischste und ausstrahlungskräftigste spiritualistische Gemeinschaft im deutschsprachigen Raum mit einem aktiven Offenbarungsmedium. Diese Rolle ging spätestens in den achtziger Jahren an das seit 1975 um Gabriele Wittek (geb. 1933) entstandene «Heimholungswerk Christi – Universelles Leben» über. Sein Zentrum befindet sich mit mehreren Betrieben und sozialen Einrichtungen in der Nähe von Würzburg.

Das von Gabriele Wittek in der geistigen Tradition der Träger des Inneren Wortes mit der absoluten Autorität des Sprachrohres Gottes übermittelte komplizierte Lehrsystem des Universellen Lebens enthält den Reinkarnationsgedanken als unabweisbare systemimmanente Notwendigkeit. Er ist ein wichtiges Element in der scharfen Polemik gegen die Konfessionskirchen. Folgende, hier nur andeutbare Kosmogonie ist der Hintergrund der Reinkarnationslehre.

Aus dem ewigen, unpersönlichen Allgeist (Urkraft allen Seins) entstand Gott, der Vater, und sein weibliches Dual, Satana. Mit ihr zeugte Gottvater als ersten Sohn Christus, der – im Unterschied zu Satana – Mitregent der Schöpfung ist. Aus Missgunst und Machtstreben wurde Satana zum Ausgangspunkt einer Revolte gegen

Gott. Satana (Luzifer) fiel, ebenso eine große Anzahl Engel; sie mussten das göttliche Lichtreich verlassen. Es entstanden sieben satanische Fallebenen, in deren letzter sich unser Sonnensystem und die Erde befinden. Um den Menschen, die alle gefallene Engel sind, den Rückweg ins Vaterhaus zu zeigen, inkarnierte sich Christus. Seit seinem Tod am Kreuz besitzen alle gefallenen Wesen einen göttlichen Erlösungsfunken und damit die Kraft zur eigenen geistigen Entwicklung. Diese ist ohne Reinkarnation nicht möglich, denn alle Menschen stehen unter dem Kausalgesetz von Ursache und Wirkung (Karma). Durch das von der Seele

> verschuldete Karma bleibt sie so lange an die Materie, an das Rad der Wiedergeburt, gebunden, bis sie durch den Läuterungsprozeß der Selbsterkenntnis und Verwirklichung frei wird von dem, was sie sich selbst im Laufe vieler Inkarnationen auferlegt hat.[77]

Doch gilt das Gesetz von Ursache und Wirkung nicht uneingeschränkt, es gibt noch das Gesetz der Vergebung und Gnade.

> Je mehr wir uns durch ein gerechtes Leben, ein Leben der zunehmenden Selbstlosigkeit, für die Kraft Gottes, die in uns ist, öffnen, um so mehr kann Er uns Seine Gnade schenken. … Wir können uns jederzeit Christus zuwenden, dessen erlösender Geist, der Erlöserfunke, in uns ist. Wir können Ihm alles übergeben, denn Er will mit uns tragen und uns unsere Lasten ganz oder teilweise abnehmen – so, wie es gut für die Seele ist.[78]

Alles den Menschen dennoch widerfahrende Leid, alle Krankheit, alle seelischen und körperlichen Belastungen sind notwendig, um sich in der Lebensschule dieser Welt zu bewähren, zu reinigen, sich wieder nach oben zu entwickeln. Auch im Universellen Leben wird das Theodizeeproblem durch den Reinkarnationsglauben gelöst. Jedes Leid ist erklärbar und gerecht. Die Reinkarnation erfolgt nach einem geistigen Gravitationsgesetz, das zwischen der zu inkarnierenden Seele und der werdenden Mutter wirkt. Die Gesetze der Einverleibung und die möglichen Konsequenzen einer Inkarnation teilen der zu inkarnierenden Seele Lehrengel mit. Ichbezogene Seelen wollen sich inkarnieren, um die vermeintlichen materiellen Freuden dieser Erde zu genießen. Sie werden nach dem Gesetz, dass Gleiches Gleiches anzieht, meist in Leid und Siechtum hineingeboren. Heute erfolgt ihre Inkarnation oft in Entwicklungsländern, denn durch die Geburtenkontrolle in den Industrieländern sind hier die Reinkarnationsmöglichkeiten eingeschränkt. So kommt es zur Bevölkerungsexplosion in der Dritten Welt. Auch andere, ebenfalls belastete Seelen wollen von vornherein die Chancen eines neuen Erdenlebens nutzen.

> Sie möchten die Seelenbelastung, die sie erkannt haben, in der Kürze von Raum und Zeit abtragen und das durchleiden, was sie in den Seelenbereichen nur in sehr langen Zeitabläufen würden abtragen können. Eine dritte Gruppe von Seelen geht in der sogenannten Dritten Welt zur Einverleibung, um ihren Mitgeschwistern zu helfen, um ihnen in selbstloser Liebe zu dienen und gleichzeitig ihre eigene, selbsterkannte Belastung zu tilgen.[79]

Das Ziel des Entwicklungsweges zurück zu Gott, wie er im Universellen Leben gelehrt wird, beinhaltet auch die Befreiung von der Notwendigkeit der Reinkarnation. Um das zu erreichen, glaubt man von dem Selbstverständnis als wiederhergestellte endzeitliche Urkirche her, der heutigen Menschheit ein einmaliges Angebot machen zu können: den siebenstufigen «Inneren Weg».

> Das Ziel der Erdenschule ist es, durch die Reinigung von Seele und Mensch dem Gesetz von Ursache und Wirkung zu entwachsen – hinein in das Absolute Gesetz; es ist die unpersönliche, selbstlose Liebe, die kraftvoll wirkt, sobald die ersten vier Bewußtseinsebenen erschlossen sind. Dann ist auch die Christuskraft voll aktiv; Christus kann uns direkt und unmittelbar über das sogenannte Innere Wort oder die gereinigten Empfindungen zurück zum Absoluten Bewußtsein führen.[80]

Hat man diese vierte Stufe des Inneren Weges erreicht, steht «die Seele nicht mehr unter dem Kausalgesetz; das sogenannte ‹Rad der Wiedergeburt› ist verlassen. Die Seele braucht nicht mehr zu inkarnieren …»[81] Die weitere Entwicklung vollzieht sich im geistigen Bereich.

Das Universelle Leben vertritt im Rahmen des Kampfes für die Errichtung des «Christus-Staates» seine Reinkarnationslehre offensiv gegenüber den Kirchen und kritisiert die großkirchliche Eschatologie scharf. Die Lehre von der Auferstehung des Fleisches wird abgelehnt. Großer Wert wird darauf gelegt, «daß das Wissen um die Wiederverkörperung der Seele urchristliches Gedankengut und ein wesentlicher Bestandteil des christlichen Glaubens ist».[82] Jesus habe die Reinkarnation gelehrt, in der Bibel fänden sich Hinweise darauf: Matthäus 16,14; 17,10–13; Lukas 9,19 u. a. Für viele Kirchenväter sei die Reinkarnation eine Selbstverständlichkeit gewesen. Mit der Verwerfung des Origenes 543 n. Chr. (Präexistenz der Seele, Apokatastasis) sei die Reinkarnationslehre zugunsten neuer anthropologischer Dogmen (Erbsünde, Kreationismus, Jüngstes Gericht, Fegefeuer, ewige Verdammnis) verdrängt worden. Von diesen Dogmen her könnten die christlichen Kirchen heute keine zufriedenstellenden Antworten auf elementare Fragen menschlicher Existenz nach Herkunft und Zukunft sowie nach Ursache des Leides geben, was auch der Grund für ihren offensichtlichen Niedergang sei. Das Leugnen der Reinkarnation sei die größte Lüge der Kirchen.

In dem 1980 durch Erika Bertschinger-Eicke (geb. 1929) gegründeten Orden «Fiat Lux», der sich als Träger des wahren Geistchristentums versteht, spielt der Reinkarnationsglaube ebenfalls eine wichtige Rolle. Die nur einige hundert Mitglieder umfassende Vereinigung mit Sitz im Südschwarzwald erregte durch die religiös-apokalyptische Exotik der durch Bertschinger-Eicke (Uriella) als göttliches Sprachrohr übermittelten Botschaften immer wieder öffentliches Aufsehen.

Ziel des Heilsplanes Gottes ist nach Uriella die Rückführung der gefallenen Schöpfung in ihre Lichtheimat. Das beinhaltet auch die Befreiung vom Rad der Wiedergeburten. Um wieder zum Lichtträger werden zu können, muss die Persönlichkeit einerseits ihr Karma abarbeiten, bedarf aber andererseits der Geistschulung durch Jesus Christus. Darin wird das Erlösungswerk Christi gesehen, nicht in seinem Sühnetod am Kreuz. Das Lehrsystem von Fiat Lux lässt in Einzelheiten manche Parallele zu dem der Geistigen Loge, aber auch des Universellen Lebens erkennen.

Seit dem 19. Jahrhundert hat die Zahl der religiösen Sondergemeinschaften, die sich selbst als christlich verstehen, ja als die wahre christliche Kirche ansehen, zugenommen. Das gilt auch für ihre Öffentlichkeitswirkung, selbst wenn einige dieser Gruppierungen sich in der zweiten und dritten Generation wieder aufgelöst haben oder bedeutungslos wurden. Stets traten neben reinkarnationsgläubige Gemeinschaften oder an deren Stelle neue. Dieser

Prozess ist sicherlich noch nicht abgeschlossen und bringt immer wieder Überraschungen mit sich.

Gurus:
Östliche Lehren für westliche Sinnsucher

In den sechziger Jahren des 20. Jahrhunderts erhielten die christlich-westlichen religiösen Protestbewegungen eine unerwartete Konkurrenz. Neue, durch östliche Religiosität geprägte Bewegungen etablierten sich in Nordamerika und Westeuropa. Sie missionierten meist sehr aggressiv und wandten sich dabei – das gab es bis dahin so nicht – vor allem an die Jugend. Schnell bezeichnete man sie deshalb als «Jugendreligionen». Das war der Versuch, für ein außerordentlich vielschichtiges, schwer überschaubares Phänomen einen Oberbegriff zu finden. Vier gemeinsame Merkmale wollte man entdeckt haben: das Selbstverständnis als gerettete Familie, ein rettendes Heilskonzept, die Führung durch einen heiligen Meister und die internationale Verbreitung durch intensive Mission. Viele dieser Gruppen kamen aus dem Hinduismus, genauer aus dem Neohinduismus. Durch sie wurde auch der östliche Seelenwanderungsglaube – wenn auch in ganz spezifischen Formen – verstärkt in den Westen, insbesondere in Teile der damaligen Jugend, getragen.

Der Neohinduismus ist eine Art Gegenbewegung, Gegenmission zu Kolonialisierung und christlicher Mission. Unter dem Einfluss westlichen Denkens wurden Hinduismus, aber auch Buddhismus neu interpretiert. 1893 fand anlässlich der Chicagoer Weltausstellung ein «Parlament der Religionen» statt. Als bedeutendster Vertreter des Hinduismus nahm Swami Vivekananda (1863–1902) daran teil, dessen Lehrer, der bengalische Heilige Sri Ramakrishna (1834–1886), zu den maßgeblichen Erneuerern hinduistischen Selbstbewusstseins gehört. Der Erfolg Vivekanandas in Chicago war so groß, dass er sich zu einer vierjährigen Vortragsreise durch die USA entschloss. Nach Indien zurückgekehrt, gründete er 1897 die «Ramakrishna Mission Association», von der wichtige Impulse für die Ausbreitung des Neohinduismus ausgingen.

Vivekananda versuchte, auch den Seelenwanderungsglauben im Westen zu verbreiten. Eine klare Linie bezüglich der Bedeutung und des Abtragens von Karma ließ er dabei nicht erkennen. Das verwundert nicht. Bereits sein Lehrer Ramakrishna setzte sich kritisch mit herkömmlichen Karmavorstellungen auseinander. Der Karmagedanke solle nicht zur Verzweiflung führen, Karma könne durch Freiheit besiegt werden. Die Karten im Spiel des Lebens werden durch das Karma vorgegeben; sie richtig oder falsch zu spielen, liegt aber bei jedem selbst. Vivekananda war es, der wesentlich zu einer neuen Sicht von Karma und Wiedergeburt im Neohinduismus beitrug. Reinhart Hummel schreibt dazu:

> Hier klingen wichtige Motive des Neohinduismus zum erstenmal an: Das traditionelle Kreislaufdenken wird durch Aufnahme des modernen Evolutionismus nach vorn aufgebrochen – wenngleich nicht grundsätzlich ausgeschlossen bleibt, daß sich der gesamte Weltprozeß, den Vivekananda beschreibt, ständig wiederholen wird. Aus der Synthese des östlichen Kreises und des westlichen Pfeils entsteht das Modell der Spirale. Befreiung, Moksha, wird zum Ziel der gesamten Schöpfung, und die Wiedergeburt wird zum Mittel des evolutionären Aufstiegs vom pflanzlichen über den tierischen und menschlichen Bereich hin zur Vergöttlichung. Das traditionelle Verständnis der Karma-Lehre erwies sich dabei als Hindernis, und das hat am deutlichsten Sri Aurobindo Ghosh gesehen.[83]

Aurobindo (1872–1950) wendet sich gegen die Gnadenlosigkeit des Karmagesetzes, ebenso gegen die Belastung des gegenwärtigen Lebens durch die Erinnerung an frühere. Ihm geht es darum, dass unser Selbst die eigene Evolution bestimmen kann. Das eigene Selbst steht aber über, nicht bedingungslos unter dem Karma.

Neohinduistische Wiederverkörperungs- und Karmavorstellungen in all ihrer Differenziertheit finden sich dann auch in Gurubewegungen, die den Jugendreligionen zugerechnet wurden, und darüber hinaus in vielen neuen und neuesten Gurubewegungen. Bisweilen tritt der Gedanke der Wiedergeburt auch in den Hintergrund, wie zum Beispiel bei der «Transzendentalen Meditation».

Ganz anders ist es bei der in einer breiteren Öffentlichkeit bekannten «Hare-Krishna-Bewegung», der «Internationalen Gesellschaft für Krishna-Bewußtsein» (ISKON). Sie wurde 1966 durch den Inder Abhay Charan De (1896–1977) in New York gegründet. Bekannt wurde er mit seinem geistlichen Namen A. C. Bhaktivedanta Swami Prabhupada. Er und die auf ihn zurückgehende Gemeinschaft sind tief in der hinduistischen Bhakti-Tradition verwurzelt. Theologische Grundlage der Bhakti-Frömmigkeit ist vor allem die *Bhagavadgita*. Für die Befreiung des Menschen aus dem Kreislauf der Wiedergeburten kennt sie drei Heilswege: Wissen (jana), Handeln (karma) und liebende Hingabe (bhakti) an den einen Gott. Diese selbstlose Hingabe an den einen, persönlichen Gott findet ihren besonderen Ausdruck im Singen des Gottesnamens. Durch die dadurch ausgelöste Ekstase gelangt das Göttliche im Menschen zu Gott zurück, nimmt Kontakt zu ihm auf und erlangt im Zusammenhang mit anderen Bedingungserfüllungen Erlösung. Bhakti-Frömmigkeit kennt also durchaus den Erlösungsgedanken.

Auf der Grundlage der Bhakti-Tradition entwickelt Prabhupada seine Karma- und Seelenwanderungslehre. Sie ist im Rahmen des Hinduismus nicht neu, setzt aber durchaus neue, auf westliches Denken abgestimmte Akzente. Wiederverkörperung wird nach Ronald Zürrer so definiert:

> Reinkarnation ist die fortgesetzte Wanderung der spirituellen Seele, gemeinsam mit ihrem feinstofflichen Körper, von einem grobstofflichen Körper zum nächsten, und zwar gemäß ihrem individuellen Karma.[84]

Es werden zwei Arten von Reinkarnation unterschieden. Die interne, kontinuierliche, erfolgt in diesem Leben dadurch, dass wir bedingt durch biologische Vorgänge (Jugend, Alter) mehrmals unseren Körper wechseln, erneuern, obwohl es scheinbar immer der gleiche Körper ist. Dieser Wechsel wird der Persönlichkeit in der Regel nicht bewusst.

Bei der externen Reinkarnation verlässt die Seele mit dem feinstofflichen Körper den grobstofflichen Körper im Tod. Danach wird sie im Tierreich, in der Menschenwelt oder unter Halbgöttern wiedergeboren. Die Möglichkeit der Wiedergeburt als Tier verbietet das Töten von Tieren und erfordert vegetarische Ernährung. Der Eintritt der Seele in einen neuen Körper erfolgt durch den Zeugungsakt, die Annahme des Körpers durch die Seele in der Geburt. An frühere Leben kann sich die Seele, mit gelegentlichen Ausnahmen im Traum, nicht zurückerinnern. Da die Seele an sich weder weiblich noch männlich ist, richtet sich das Geschlecht des nächsten Lebens nach ihren Wünschen zum Zeitpunkt des Todes. Reinkarnation ist nicht nur auf der Erde, sondern auch auf anderen Planeten möglich.

Von grundsätzlicher Bedeutung für die Art und Weise der Wiedergeburt wird das Karma angesehen, das ins Geistige übertragene Gesetz von Ursache und Wirkung. Es schließt jedoch den freien Willen nicht von vornherein aus. Freier Wille und Vorherbestimmung durch das Karma laufen parallel. Das Karmagesetz gewährleistet jedoch, dass jedes Lebewesen immer genau das erhält, was ihm zusteht. Garant dafür ist Gott, die alles durchdringende Überseele. Ronald Zürrer, selbst Anhänger Prabhupadas, betont:

> Die Funktion der Überseele besteht also darin, die zahllosen Wünsche jedes einzelnen individuellen Lebewesens zu registrieren und gegebenenfalls deren Erfüllung zu veranlassen sowie auch die Tätigkeiten der Lebewesen zu beobachten und ihnen die entsprechenden Reaktionen zukommen zu lassen. Diese ordnende Hand Gottes wird als das Gesetz des Karma bezeichnet.[85]

Wie kommt aber nun die Seele, der Mensch, aus dem Kreislauf der Wiedergeburten heraus? Welchen neuen Heilsweg hat Prabhupada anzubieten? Erst durch die überzeugende Beantwortung dieser Frage erhalten er und seine Gemeinschaft ihre spirituelle Legitimation unter so vielen anderen Angeboten.

Zunächst muss die Seele die Ursache ihrer Bindung an den Kreislauf der Wiedergeburten erkennen. Es ist die Verstrickung in die materielle Welt durch Unwissenheit und Illusion. Sie gilt es zu überwinden. Mehrere Befreiungswege sind möglich, so wird betont. Aber Prabhupada zeigt einen «verkürzten» Befreiungsweg (Akarma) auf, der vor allem auch für westlich geprägte Menschen gangbar ist. Darin besteht seine Besonderheit und Einzigartigkeit als Guru, als erleuchteter Seelenführer; er gibt konkrete Anweisungen zum Handeln. Denn ohne einen Guru, einen spirituellen Meister, durch den der Schüler eine Initiation (Einführung) empfängt, kann er das große Ziel nicht erreichen und in die Nähe Krishnas kommen. Im Dienst der liebenden Hingabe an Krishna ist das *Chanten*, das Singen seines heiligen Namens, von großer Bedeutung. 1728-mal am Tag soll das heilige Krishna-Mantra gechantet werden. Zürrer beschreibt im Sinne seines Meisters Prabhupada die Wirkung folgendermaßen:

Indem wir die Heiligen Namen Śrī Kŗṣṇas anrufen, so erklären die Veden, können wir sehr schnell unser ursprüngliches spirituelles Bewußtsein wiedererwecken und von der Bindung an die Materie freiwerden. Und wenn es uns gelingt, uns sogar in der Todesstunde – jenem entscheidenden Augenblick des Lebens – an Gott und Seine Heiligen Namen zu erinnern, werden wir nicht mehr innerhalb der materiellen Welt geboren werden müssen. Es wird uns erlaubt sein, in Sein ewiges Königreich zurückzukehren und damit das letztliche Ziel des Daseins zu erreichen:[86]

«Jeder, der sich am Ende seines Lebens, wenn er seinen Körper verläßt, an Mich allein erinnert, erreicht sogleich Mein Reich. Darüber besteht kein Zweifel.»[87]

Dann ist der Kreislauf der Wiedergeburten durchbrochen, die Seele vom Dasein in stofflichen Welten erlöst, das Ziel des Heilsweges erreicht. Das Besondere dieses Weges ist zweifellos die Verheißung, sehr schnell, noch in diesem Leben, die Fesseln des Karma und mit ihnen den Zwang zur Wiedergeburt überwinden zu können.

Es ließen sich noch weitere Beispiele von Karma- und Reinkarnationsmodellen hinduistischer Gurubewegungen, die in der zweiten Hälfte des 20. Jahrhunderts im Rahmen der Jugendreligionen große öffentliche Aufmerksamkeit fanden, aufzeigen. Das gilt auch für die große, kaum noch überschaubare Zahl neuer Gurubewegungen und mehr oder weniger neohinduistischer Religionsgemeinschaften im Westen.

Wir wollen uns hier jedoch noch einer anderen, zu Beginn ihres Auftretens ebenfalls den Jugendreligionen zugerechneten, seit Jahrzehnten stark umstrittenen Gruppe zuwenden: der Scientology-Organisation. Sie wurde von dem amerikanischen Science-Fiction-Autor Lafayette Ronald Hubbard (1911–1986) auf der Grundlage seines 1950 erschienenen Buches *Dianetik. Eine neue Wissenschaft vom Verstand* ins Leben gerufen. Man hat Scientology als eine psychotherapeutische Technik mit philosophisch-religiösem Hintergrund charakterisiert. Ihr Selbstverständnis formuliert die Organisation allerdings so:

Scientology versteht sich als gnostische Erlösungsreligion in der Tradition des Früh-Buddhismus und sucht die Erlösung des Menschen durch Erkenntnis seiner selbst und seiner Verbundenheit mit Gott.[88]

Reinkarnation hat in dieser «Religion» ihren festen Platz. Hubbard stellt lapidar fest: «Bizarr ist die Idee, daß man nur einmal lebt.» Er fährt dann fort:

> Vergangene Leben sind als Thema abstoßend gemacht worden, möglicherweise absichtlich von denjenigen, die fürchten, ein Niemand gewesen zu sein und einen Status suchten und laut davon erzählten, Napoleon, Julius Cäsar und Brutus gewesen zu sein, und das alles zur selben Zeit.[89]

Im Mittelpunkt der scientologischen Weltanschauung steht nicht die Frage nach Gott, sondern nach dem Menschen, nach dem Leben und dem Heil seiner unsterblichen Seele. Der Mensch wird als eine Dreiheit verstanden, bestehend aus Körper (body), Verstand (mind) und Geist oder Geistseele (thetan). Das Wesen der Persönlichkeit, ihre Identität und Individualität, machen den Thetan aus. Dies ist eine scientologische Schlüsselaussage. Der Thetan gilt als unsterblich und unzerstörbar, seine Existenz ist nicht an Geburt oder Tod gebunden. Als ein «ursprüngliches Lebensstatik» ohne Masse, ohne Bewegung, ohne Wellenlänge, ohne Position in Raum und Zeit besaß der Thetan die Fähigkeit zu postulieren und wahrzunehmen. Ergebnisse seiner Postulate und Betrachtungen waren Materie (matter), Energie (energy), Raum (space) und Zeit (time), von Hubbard als MEST bezeichnet. Der Thetan wurde so zum Schöpfer von Universen. Davon werden drei unterschieden: das physikalische Universum, das Universum des Nächsten und das eigene Universum.

Die Thetanen, diese freien Geistwesen und Schöpfer ihrer Welten, fielen. Wie es dazu kam, wird in kosmisch-mythologischer Form, die an Science-Fiction-Romane erinnert, geschildert. Hubbard will auch erkannt haben, dass ursprünglich Thetanen im Reich des Fürsten Xenn auf dem Planeten Helotrobus lebten, der zu einer fernen Galaxis gehört. Vor 35 Billionen Jahren (1 US-Billion = 1 Milliarde) löste Xenn das Problem der Überbevölkerung seines Planeten dadurch, dass er zwei Billionen Thetanen auf die Erde brachte, sie durch Belastungen (Engramme) in den Kreislauf irdischer Wiederverkörperungen band und sie so ihrer früheren Freiheit und Möglichkeit der Selbstverwirklichung beraubte. Die philosophische Erklärung besagt, die Thetanen verloren das Wissen um Ursache und Wirkung, sie gerieten in Abhängigkeit von ihrer eigenen Schöpfung. An die Stelle von Wissen traten bei ihnen nun Unwissen und Verwirrung. Praktisch war dies dadurch möglich, dass jeder Thetan neben der Fähigkeit zu schaffen, zu postulieren und wahrzunehmen auch die Fähigkeit hat, geistige Eindrucksbilder wahrzunehmen, aufzuzeichnen und festzuhalten. So können Engramme entstehen.

Diese Engramme, das heißt diese inneren geistigen Verletzungen und Belastungen, müssen gelöst und beseitigt werden, ganz gleich, ob sie aus früheren Leben stammen oder aus diesem, einschließlich vorgeburtlicher Engramme im Mutterleib. Das außerordentlich umfangreiche und sehr kostspielige Kursprogramm von Scientology dient der Lösung dieser Belastungen durch Gespräche zwischen dem Kursteilnehmer und einem scientologischen Auditor unter Zuhilfenahme eines von Hubbard entwickelten E-Meters, einer Art Lügendetektors. Am Ende ist der Mensch, der Thetan, wieder «klar» *(clear)*, befreit von aller Unwissenheit und allen Bindungen und verfügt erneut über sein volles geistiges Potential, das ihm vorher nur zu etwa zehn Prozent zur Verfügung steht.

Scientology will nicht nur zum wahren Wissen führen, sondern versteht sich selbst auch als wahre Wissenschaft. Das schließt das Wissen um die Wahrheit der Reinkarnation ein. Es wird der Anspruch erhoben, Scientology habe die Existenz früherer Leben wissenschaftlich nachgewiesen. Der Anspruch der Wissenschaftlichkeit für den Reinkarnationsglauben ist nicht neu, tritt aber im Rahmen der diffusen religiös-weltanschaulichen Bewegung, die durch den Begriff *New Age* charakterisiert wurde, gegen Ende des 20. Jahrhunderts im Zusammenhang mit einem holistischen Wissenschaftsbegriff verstärkt auf. Einige der sogenannten Jugendreligionen haben dafür den Boden mit vorbereitet.

New Age:
Reinkarnation als Erfahrungstatsache

«New Age» wurde zum Oberbegriff für eine neue religiös-weltanschauliche Szene, die sich zuerst in der angelsächsischen Welt, seit den achtziger Jahren des 20. Jahrhunderts auch in Deutschland mit großer Geschwindigkeit ausbreitete. New Age bringt, so Christoph

Bochinger, «in seiner Vieldeutigkeit einen allgemeinen Veränderungsprozess der Religion in der Gegenwart zum Ausdruck» und ist letztlich «nicht mehr und nicht weniger als ein Sammelbegriff für Religion im Abendland unter den Bedingungen der Moderne, die sich aus dem kirchlichen Rahmen gelöst hat»[90]. Heute ordnet man New Age vielfach dem noch umfassenderen, aber ebenso diffusen Sammelbegriff «Esoterik» zu. Die New Age-Bewegung ist jedoch historisch relativ konkret fassbar. Sie entwickelte sich teilweise parallel zum Siegeszug der Jugendreligionen, teilweise trat sie aber auch deren Erbe an. Es war die Hippiekultur, die nicht nur einen entscheidenden Nährboden für die Jugendreligionen, sondern auch für die New Age-Bewegung unter jungen Menschen und in breiten Bevölkerungsschichten bot.

Ein bekanntes Beispiel dafür ist das auf dem Hintergrund des Vietnamkriegs 1967 in den USA entstandene Musical *Hair*. Vor seiner Einschiffung nach Vietnam findet ein junger Mann Anschluss an eine Hippiekommune. Ihm drängt sich die Frage nach dem Lebenssinn auf, er sucht grundsätzliche Neuorientierung:

> Wo geh ich hin?
> Folg ich den Wolken?
> Wo ist der Weg, den ich nicht seh?
> Wer weiß die Antwort auf meine Frage,
> warum ich lebe und vergeh?

Die Antwort erfolgt im Zeichen des Wassermanns, Symbolfigur und Hoffnungsträger bei New Age:

> Wenn der Mond im siebten Hause steht
> und Jupiter auf Mars zugeht,
> herrscht Friede unter den Planeten,
> lenkt Liebe ihre Bahn.
> Genau ab dann regiert die Erde der Wassermann.

Das Zeitalter des Wassermanns wird als nachchristliches Zeitalter verstanden, als die neue Epoche einer umfassenden postchristlichen Evolution. Die Grundprinzipien dieser Epoche werden in *Hair* vom Wassermann so formuliert:

> Harmonie und Recht und Klarheit,
> Sympathie und Licht und Wahrheit.

Niemand wird die Freiheit knebeln,
niemand mehr den Geist umnebeln.
Mystik wird uns Einsicht schenken,
und der Mensch lernt wieder denken,
dank dem Wassermann, dem Wassermann.[91]

Nichts weniger als ein neues, ganzheitliches Weltbild wird verkündet, nachdem die alte kartesianisch-newtonsche Weltanschauung gescheitert sei. In ihm dominiert das Fortschrittsprinzip in Verbindung mit einer optimistischen Zukunftssicht. Grundlage der holistischen Weltsicht im Umfeld von New Age ist die Einheit von Geist und Materie, von Seele und Körper, von Geist und Verstand, aber auch von östlichem und westlichem Denken. Der Beschäftigung mit dem eigenen Körper kommt dabei eine wichtige Rolle zu. Hier liegt der Ansatzpunkt für die Auseinandersetzung mit der Reinkarnationsfrage, obgleich Reinkarnation kein notwendiger oder gar unverzichtbarer Bestandteil von New Age ist.

Bei einigen wichtigen Vordenkern und Vertretern von New Age wie Ken Wilber, Peter Russell, Fritjof Capra und Marilyn Ferguson spielt Reinkarnation keine Rolle. Allerdings war die Frau, die als «Mutter» des Begriffs «New Age» in seinem heutigen Verständnis gilt, die amerikanische Theosophin Alice A. Bailey (1880–1949), eine Verfechterin des Reinkarnationsglaubens. In ihrem Buch *Initiation – Menschliche und solare Einweihung* (1922) kündigt sie ein neues, geistiges Zeitalter, das des Wassermannes, an, in dem Reinkarnation eine wichtige Voraussetzung für die Entwicklung des Einzelnen wie der Menschheit ist. Die Verbindung von kosmischer und individueller Entwicklung steht dann auch im Zentrum des Modells von Sir George Trevelyan (1906–1996), einem der Pioniere und führenden Vertreter der englischen New Age-Bewegung und Träger des alternativen Nobelpreises. Der Kern des Menschen ist für ihn der Geist, ein Tropfen aus der göttlichen Quelle. Durch den Abstieg in die Materie kam es zum Fall, und die Erde wurde zum Übungsplatz für die Evolution der Einzelpersönlichkeit und der ganzen Menschheit. Trevelyan betont:

> Wir steigen hinab, nicht nur um Erfahrungen zugunsten unserer eigenen Seele zu sammeln, sondern um auf schöpferische Weise die große Aufgabe der menschlichen Entwicklung anzugehen.[92]

Ziel der Reinkarnation des Individuums ist die Wiedererlangung des «höheren Selbst». Dazu steigt nach Trevelyan der Kern des Menschen

> in eine Reihe erdgebundener Leben hinab und baut so eine Persönlichkeit auf, mit deren Hilfe er den Forderungen der Welt entgegentritt. Der Zweck dieser Übung ist es, durch lange Erfahrung und Leiden Herr zu werden über dieses niedere Selbst, es aufzulösen und die Seele in ein Organ zu verwandeln, in dem das höhere Selbst, das wahre spirituelle Wesen des Menschen, tätig sein kann.[93]

Trevelyan versteht in der Tradition westlichen Wiederverkörperungsdenkens Reinkarnation als «Wendeltreppe» nach oben und lehnt das östliche Bild vom Rad der Wiedergeburten ab.

Im Bereich von New Age und seinem Umfeld findet sich eine ganze Reihe von Autorinnen und Autoren, die sich zum Reinkarnationsglauben bekennen und ihn mehr oder weniger spektakulär verbreiten. Zu Bestsellern wurden in den achtziger Jahren des 20. Jahrhunderts Bücher der Schauspielerin Shirley MacLaine (geb. 1934), in denen sie sich positiv und populär mit dem Wiederverkörperungsglauben auseinandersetzt. Der Begriff Seelenwanderung wird hier wie in den meisten ähnlichen Veröffentlichungen weithin vermieden. MacLaine behauptet in ihrem Roman *Zwischenleben*:

> Seit die Reinkarnation verbannt wurde, träumen die Menschen vom Himmel und von der Hölle, wo sich die unerfüllten Wirkungen vollziehen. Aber warum, zum Teufel, ist es leichter, an einen hypothetischen Himmel oder eine Hölle zu glauben als an die Gerechtigkeit der Wiedergeburt auf Erden? Was erscheint dir denn vernünftiger?[94]

Auch das Gesetz von Ursache und Wirkung ist für sie eine Selbstverständlichkeit.

> Was immer man tut, irgendwann kommt es auf die eigene Person zurück – im Guten oder Bösen –, vielleicht nicht in dieser Daseinsform, aber irgendwann in der Zukunft und keiner ist davon ausgenommen.[95]

Durch ihre Beschäftigung mit Sterbe- und Nahtod-Erlebnissen öffnete sich auch die Schweizer Ärztin Elisabeth Kübler-Ross (1926–2004) Reinkarnationsvorstellungen und trug in ihren weitverbreiteten Büchern zu deren Popularisierung bei. Sie selbst will, ähnlich

wie MacLaine, Rückerinnerungserlebnisse gehabt haben. Für Kübler-Ross ist Reinkarnation allerdings nicht zwingend; wo sie stattfindet, dient sie der Entwicklung der Persönlichkeit durch Lernen
in der Schule des Erdenlebens.

> Die Wiedergeburt hat nur einen einzigen Sinn: Sie ist ein Geschenk Got
> tes an uns. Sie ist unsere Chance zu lernen, was wir nach eigener Erkennt
> nis noch lernen müssen, und uns zur Vollendung zu entfalten, damit wir
> «nach Hause» zurückkehren können.[96]

Auf dem Hintergrund und im Umfeld von New Age erfuhr die
Rückführung in frühere Leben als Therapieform zur Bewältigung
gegenwärtiger Lebensprobleme, aber auch als Beweis für die Faktizität der Wiederverkörperung bis hin zu einem wissenschaftlichen
Anspruch einen bis heute anhaltenden Aufschwung. Erinnert sei
auch an Scientology. Die Praxis der Rückführung in frühere Leben
ist nicht neu. Schon unter dem Einfluss des Spiritismus war sie
bekannt und wurde praktiziert. Der französische Oberst Albert
de Rochas (1837–1914) führte im «magnetischen Schlaf» zahlreiche
Rückführungsexperimente durch und veröffentlichte die Ergebnisse in dem Buch *Die aufeinanderfolgenden Leben* (Leipzig 1914).
Die zunehmende Anerkennung und Anwendung der Hypnose in
der Psychotherapie und Medizin trug Jahrzehnte später wesentlich
zur Entstehung der Reinkarnationstherapie und ihrer Beliebtheit
unter den Sympathisanten der New Age-Bewegung und weit darüber hinaus bei.

Rückführungen in frühere Leben wurden, wie es ein zeitgenössischer Beobachter ausdrückte, zu einem beliebten Partyspiel.
Wesentliche Anregungen dazu gingen von dem Buch des amerikanischen Geschäftsmannes Morey Bernstein *Protokoll einer Wiedergeburt – Der Fall Bridey Murphy* (1965) aus. Es erschien 1973
auch auf Deutsch und erreichte weltweit eine Millionenauflage. Bernstein unternahm mit seiner Bekannten Ruth Simmons
1952/53 Hypnoseversuche, in deren Verlauf er auch das Experiment der Rückführung in ein früheres Leben durchführte. Nachdem er Simmons auf hypnotischem Weg bis in ihre frühe Kindheit
zurückgeführt hatte, drängte er sie, noch weiter zurückzugehen.
Das Experiment nahm nach dem Bericht Bernsteins folgenden Verlauf:

«Jetzt berichten Sie mir. Berichten Sie, was Sie sehen und hören», drängte ich. «Was sehen Sie? Was sehen Sie?»

«... alle Farbe von meinem Bett abgekratzt!»

Ich verstand nicht. Nach einigem Zögern stellte ich die einzige logische Frage, die sich in dieser Lage anbot: «Warum hast du das getan?»

Und nun erzählt die Frau, sie habe einst als kleines Mädchen Prügel bekommen und sich dadurch gerächt, dass sie die Farbe von ihrem Bett abkratzte, das erst neu angestrichen worden war.

Das kleine Mädchen schien an einen andern Ort und in eine andere Zeit zu gehören. Als ich es nach seinem Namen fragte, antwortete mein Medium:

«Friday ... Friday Murphy.»[97]

In vielen Sitzungen wurde das Leben der Bauerntochter und späteren Buchhaltersfrau Bridget Kathleen Murphy, 1798 in Irland geboren und 1864 dort verstorben, protokollarisch rekonstruiert. Historische Nachforschungen erfolgten, und ein heftiger Streit um die Fakten entstand. Hunderttausende wollten – angeregt durch eine immer zahlreicher werdende reinkarnationstherapeutische Literatur – mittels hypnotischer Rückführung ebenfalls Auskunft über ihre früheren Leben haben. Etwas bis dahin nicht Dagewesenes war in Gang gekommen.

1974, ein Jahr nach Erscheinen der deutschen Ausgabe von Bernsteins Buch über das Leben der Bridey Murphy, veröffentlichte der Psychologe und Hypnotiseur Thorwald Dethlefsen im deutschen Sprachraum sein Buch *Das Leben nach dem Leben – Gespräche mit Wiedergeborenen*. Dethlefsen war 1968, wie er berichtet, zum ersten Mal die Rückführung eines jungen Ingenieurs in ein früheres Leben geglückt. Bernsteins Buch, so schreibt er, «ermutigte mich, meine Experimente fortzusetzen. Es war eine Offenbarung.»[98] Das Ziel seiner unzähligen Experimente bestand nicht darin, die Tatsache der Wiedergeburt nachzuweisen. Reinkarnation war für ihn ein objektives zyklisches Geschehen, wie wir es vielfach in der Natur finden. Auch auf Hypnose verzichtete Dethlefsen schließlich und führte bei vollem Bewusstsein in frühere Leben zurück. Für ihn stand der therapeutische Gesichtspunkt im Vordergrund. Darauf legte er großen Wert.

Reinkarnationstherapie befriedigt nicht die Neugierde nach früheren Leben, noch ist sie Opium für das Volk, indem sie mit dem Versprechen eines neuen Lebens die Menschen tröstet. Reinkarnationstherapie ist ein harter Weg der Läuterung. In den ständigen Reinkarnationen sehen wir keinen Trost, sondern die Aufforderung, durch Entwicklung zur Vollkommenheit frei zu werden vom Rad der Wiedergeburt.[99]

Auch Dethlefsen veranschaulicht sein pädagogisch ausgerichtetes Reinkarnationsmodell durch das Bild der Schule. Der menschliche Lernweg ist ein langer und umfasst viele Reinkarnationen. Nur wer das jeweilige Klassenziel erreicht, kommt in die nächste Klasse, wer nicht, muss die Klasse wiederholen. Das Karmagesetz garantiert, dass dieser Lernprozess erfolgreich vonstatten gehen kann, denn die Defizite und Lernfortschritte des vergangenen Lebens bilden das Fundament des kommenden Lebens. Das Ziel der Reinkarnationstherapie ist, den Patienten mit seiner karmischen Schuld zu konfrontieren und ihn zu motivieren, sie zu überwinden. Am Ende der individuellen Evolution steht die Vollkommenheit. In diesem Sinn will Reinkarnationstherapie heilen und zur Lösung der Probleme und Schwierigkeiten des menschlichen Lebens beitragen.

Anders ist es bei der empirischen Reinkarnationsforschung. Auch sie erlebte im Umfeld von New Age und begünstigt durch das publizistische Interesse an Reinkarnation einen erheblichen Aufschwung. Ihre Wurzeln reichen allerdings weiter zurück. Verwiesen sei auf die bereits genannten Experimente von Albert de Rochas und die 1882 in London gegründete «Gesellschaft für psychische Forschungen».

Die empirische Reinkarnationsforschung will mit wissenschaftlichen Methoden Phänomene der spontanen Rückerinnerung, Rückführungen auf hypnotischem oder medialem Weg, Déjà-vu-Erlebnisse, Träume und Ähnliches erörtern und erforschen. Sie versteht sich verschiedentlich als Teil der Parapsychologie, obwohl manche Parapsychologen aus methodischen Gründen dies bestreiten und die empirische Reinkarnationsforschung in den Bereich der Religion verweisen.

Der bekannteste und populärste Forscher auf diesem Gebiet ist der amerikanische Psychiater Ian Stevenson (1918–2007). In umfangreichen Feldforschungen stellte er schließlich eine Sammlung von ca. 2600 Fällen von Rückerinnerung aus aller Welt zusammen.

Als Schwerpunkte erwiesen sich dabei Berichte aus Ländern, in denen der Seelenwanderungsglaube allgemein verbreitet ist, aber auch aus dem europäischen Raum wurden «Erfahrungsberichte» vorgelegt. In mehreren Büchern, die weltweit zu Bestsellern wurden, legte Stevenson die Ergebnisse seiner Forschungen vor. Im Mittelpunkt seiner Fallstudien stehen Kinder, die sich an frühere Leben erinnerten. Als Beispiel sei hier ein von ihm ausführlich dokumentierter Fall in der Zusammenfassung des Freiburger Parapsychologen Eberhard Bauer wiedergegeben.

Ravi Shankar wurde 1951 mit einem geradlinigen Muttermal am Hals geboren. Im Alter zwischen zwei und drei Jahren begann er von einem früheren Leben zu erzählen, daß er ermordet worden sei, und zwar sei ihm die Kehle durchgeschnitten worden. Die Narbe an seinem Hals rühre von der Wunde her, die ihm sein Mörder beigebracht habe. Im Laufe der nächsten Jahre erzählte er seiner Familie, den Nachbarn und seinem Lehrer immer wieder Einzelheiten aus seinem Leben und von seinen Todesumständen. Er sagte ihnen zum Beispiel, er sei der Sohn von Sri Jageshwar Prasad, eines Friseurs, der im Distrikt Chhipatti der Stadt Kanauj im Bundesstaat Uttar Pradesh gelebt habe, einer Stadt, in der er ebenfalls lebte. Er nannte die Namen seiner Mörder und gab an, der eine sei ein Friseur, der andere ein Wäscher gewesen. Er sagte weiter aus, er sei unter dem Vorwand von zu Hause weggelockt worden, man wolle mit ihm Geri (ein indisches Spiel) spielen; dann sei er zum Flußufer in der Nähe des Chintamini-Tempels gebracht worden, wo ihm seine Mörder den Hals durchgeschnitten und ihn im Sand vergraben hätten.

Ravi Shankar sagte weiter aus, daß er die Volksschule des Distrikts Chhipatti besucht habe und fragte nach Spielsachen, die er in seinem früheren Leben besessen habe. Darunter waren eine hölzerne Schreibtafel (Patti), eine Büchertasche, ein Tintenfaß, eine Spielzeugpistole, eine Spielzeugnachbildung des Gottes Krishna, ein an einem elastischen Band befestigter Ball, eine Armbanduhr sowie ein Ring, den ihm sein Vater geschenkt und der sich in seinem Pult befunden habe. Wiederholt verlangte er nach «seinen» Spielsachen und beklagte sich, daß das Haus, in dem er wohnte, nicht «sein» Haus sei. Wenigstens einmal lief er, nachdem man ihn gescholten hatte, mit den Worten aus dem Haus, er gehe jetzt zu seiner früheren Wohnung. Seine Mutter gab an, er sei von einer furchtbaren Angst gepackt worden, als er einen der Mörder das erste Mal sah und wiedererkannte.

Einige Jahre später gelangte die Kunde von Ravi Shankars Aussagen über sein «früheres Leben» zu Jageshwar Prasad vom Distrikt Chhipatti. Dieser hatte einen vierjährigen Sohn, genannt Munna, auf die Art und unter den Umständen verloren, die Ravi Shankar beschrieben hatte, und zwar sechs Monate *bevor* dieser – R.S. – geboren worden war. Die des Mordes Verdächtigten waren zwei Männer gewesen, die Ravi Shankar beschrieben hatte. Einer von diesen hatte tatsächlich die Tat gestanden, später aber sein Geständnis widerrufen und war, da es keine Zeugen für das Verbrechen gab, wieder auf freien Fuß gesetzt worden.

Diese Männer waren mit Munna bekannt gewesen, der oft Geri mit ihnen gespielt hatte. Einer der Verdächtigen war mit Jageshwar Prasad verwandt, und das Motiv des Verbrechens scheint der Wunsch gewesen zu sein, durch die Beseitigung des einzigen Erben sich den späteren Besitz des Vermögens zu sichern. Als Jageshwar Prasad von den Angaben des Jungen hörte, besuchte er das Haus von Ravi Shankar, um sich genau zu informieren, aber dessen Vater (Babu Ram Gupta) wollte nicht mit ihm sprechen. Mit Hilfe von Ravi Shankars Mutter gelang es ihm aber später, den Jungen zu sprechen, und dieser erkannte ihn nach einiger Zeit als Vater aus seinem «früheren Leben» wieder. Ravi Shankar gab Jageshwar Prasad einen Bericht über die Ermordung Munnas, der sehr genau mit dem übereinstimmte, was dieser selbst über den Hergang des Verbrechens kombiniert hatte, und machte noch weitere Angaben über das Leben Munnas. Jageshwar Prasad versucht daraufhin, das Strafverfahren gegen die mutmaßlichen Mörder seines Sohnes wieder zu eröffnen, was sich aber offenbar als nicht durchführbar erwies.

Ravi Shankars Vater, aus der Furcht heraus, sein Sohn könnte ihm weggenommen werden, widersetzte sich nach wie vor einer Diskussion dieses Falles und verprügelte den Jungen sogar schwer, um ihn davon abzubringen, weiter über sein «früheres Leben» zu reden; schließlich ging er so weit, daß er Ravi Shankar für ein ganzes Jahr aus dem Distrikt wegschickte. Er geriet in Streit mit seinen Nachbarn und arbeitete hartnäckig darauf hin, daß jedermann die ganze Sache vergesse. Schließlich hatte Ravi Shankar Angst davor, über seine das frühere Leben betreffenden Äußerungen zu sprechen, obwohl er dies ab und zu noch mit seinem Schullehrer tat. Dieser informierte in einem Brief den indischen Philosophieprofessor Atreya über den Fall, der mit einer gründlichen Untersuchung begann, die dann von Ian Stevenson über mehrere Jahre hinweg fortgesetzt wurde.[100]

Zu eindeutigen Schlussfolgerungen im Sinne einer tatsächlichen Wiedergeburt kam Stevenson hier wie in vielen anderen seiner Einzeluntersuchungen nicht. Fragen bleiben in jedem Fall offen, kritische Einwände sind stets möglich, wurden und werden auch von Parapsychologen reichlich gemacht. Sein in Deutschland weit verbreitetes Buch *Wiedergeburt. Kinder erinnern sich an frühere Erdenleben* schließt Stevenson mit der Feststellung:

> Obwohl das Studium der Kinder, die behaupten, ein früheres Leben zu erinnern, mich überzeugt hat, daß einige unter ihnen in der Tat reinkarniert haben mögen, so hat es mir doch auch die Gewißheit verschafft, daß wir nahezu nichts über die Reinkarnation wissen.[101]

Dennoch bemerkt er am Schluss seines 2003 (auf Deutsch 2005) erschienenen Buches *Reinkarnation in Europa:* «Gleichwohl schließe ich, dass für einige dieser Fälle Reinkarnation die beste Interpretation ist, wenn auch nicht die einzige.»[102] Der Freiburger Parapsychologe Johannes Mischo kommt zu dem Ergebnis:

> Eine überzeugende empirische Belegbasis für die Reinkarnation gibt es nach meiner persönlichen Einschätzung derzeit nicht. Die zentralen Fragen der menschlichen Existenz, Beweise für ein Überleben des persönlichen Todes können von der empirischen Wissenschaft nicht geliefert werden, bestenfalls Hinweise, die weiterer Nachforschungen bedürfen. Die Diskussion wird weitergehen.[103]

Bemühungen, Reinkarnation «wissenschaftlich» zu beweisen, gibt es neben der empirischen Reinkarnationsforschung in großer Zahl. Die Ansätze sind unterschiedlich, gehen aber meist von einem ganzheitlichen Weltbild und einem über den Bereich der Materie hinausreichenden Wissenschaftsbegriff aus. Beispielhaft dafür sei das Buch *Naturwissenschaftler bestätigen Re-Inkarnation* von Werner Trautmann genannt, wo «ein Erklärungsansatz zur Re-Inkarnation von seiten der Kernteilchenphysik» angeboten wird.[104]

Die Vertreter der New Age-Bewegung verbindet die Überzeugung von einem Epochenwechsel, verbunden mit einem Paradigmenwechsel auch im wissenschaftlichen Denken. Einige von ihnen sehen im Reinkarnationsglauben und seiner schließlichen Beweisbarkeit im Rahmen eines neuen Weltbildes einen Bestandteil dieses Paradigmenwechsels. Netzwerke eines neuen Denkens sollen entstehen. Sie knüpfen an alte an, nehmen unterschiedliche Traditionen auf und verbinden sie selektiv neu. Durch die New Age-Bewegung, vor allem aber durch ihr Umfeld, hat der Reinkarnationsgedanke in der westlichen Kultur eine außerordentliche Popularisierung erfahren, daran sei nochmals erinnert.

Das Gleiche gilt, bei fließenden Grenzen, für die Esoterik. Es ist zu einfach, zu behaupten, wie das Jens Schnabel tut:

> … die Vorstellung von Reinkarnation und Karma verbindet am offensichtlichsten die verschiedenen esoterischen Strömungen von der Anthroposophie über die neuen Hexen bis zur Theosophie. Sie ist so etwas wie das Grunddogma der Esoterik und steht auch im Mittelpunkt des esoterischen Menschenbildes.[105]

Esoterik ist vielfältiger, selbst wenn in nicht wenig esoterischen Richtungen Reinkarnation zum festen Bestandteil des Welt- und Menschenbildes gehört.

VIII. Kirchliche Reaktionen und theologische Neuansätze

Kirchliche Alternativmodelle:
Auferstehung der Toten und ewiges Leben

Es ist ein Alarmzeichen, eine Herausforderung der Konfessions- und Freikirchen, dass seit dem 19. Jahrhundert Reinkarnations- ideen in allen Bevölkerungsgruppen der durch das Christentum geprägten westlichen Kultur zunehmend auf Sympathie stoßen. In der zentralen Frage nach dem Woher und Wohin des Men- schen, nach Leben und Tod, haben die traditionellen kirchlichen Lehren ständig an Plausibilität und Anziehungskraft verloren. Das verstärkte auch innerhalb der Kirchen und ihrer Theologie die Sprachlosigkeit über das, was den Menschen nach seinem Tod konkret erwartet, wie sich seine Zukunft jenseits des Grabes ge- stalten wird. Wo man es nicht vorzieht – unter Hinweis auf die gebotene Wahrhaftigkeit – zu schweigen, nimmt man Zuflucht zu allgemeinen plakativen Aussagen, die meist nichtssagend oder unverständlich bleiben. Dabei sind die traditionellen Lehren der christlichen Kirchen über die Letzten Dinge, über die Zukunft nach dem Tod, durchaus konkret und in den Grundstrukturen klar. Konfessionelle Unterschiede bestehen zwar, sie sind jedoch für den Plausibilitätsverlust der kirchlichen Lehren von den Letzten Dingen, der Eschatologie, nur von gradueller Bedeutung. Das jeweilige Grundschema wurde im Laufe der dogmengeschicht- lichen Entwicklung ausgeformt, oft bis in Einzelheiten hinein. Letztere können hier nicht dargestellt werden, wohl aber die Kern- aussagen.

Die Lehren von der Gegenwart und der Zukunft der Menschen sind eingebettet in die heilsgeschichtliche Schau des Christentums. Sie beginnt mit der Schöpfung und findet ihr Ziel in der Wieder- kunft Christi zum Gericht am Ende der Tage, in einer neuen Erde und einem neuen Himmel unter der Herrschaft Jesu Christi, in ewiger Seligkeit oder ewiger Verdammnis.

Im ältesten, von allen Konfessionskirchen und vielen Freikirchen anerkannten Tauf- und Glaubensbekenntnis, dem Apostolischen Glaubensbekenntnis, wird festgehalten, dass Jesus Christus vom Himmel wiederkommen wird, «zu richten die Lebenden und die Toten». Am Schluss heißt es: Ich glaube an die «Vergebung der Sünden, Auferstehung des Fleisches [der Toten] und das ewige Leben».[1]

Die morgenländisch-orthodoxen Kirchen nehmen für sich in Anspruch, die Lehre und Tradition der alten, apostolischen Kirche am reinsten bewahrt zu haben. Bei ihnen ist bis heute die Lehrentwicklung mit den ersten sieben großen Konzilien der Christenheit, das heißt mit dem 8. Jahrhundert, abgeschlossen. Eine allgemein verbindliche Darstellung der Lehre von den Letzen Dingen gibt es nicht. Die Grundlinien sind jedoch deutlich. In einem *Orthodoxen Glaubensbuch für erwachsene und heranwachsende Gläubige* werden sie im Zusammenhang mit der Lehre von der Wiederkunft Christi so zusammengefasst: Es findet

im Tod eine Trennung von Körper und Seele statt, wonach der Leib in Staub zerfällt, die Seele jedoch befreit und ins göttliche Licht der Wahrheit getaucht, sich am Ort der Erquickung und Ruhe einfindet und gemeinsam mit den Engeln und den Heiligen den himmlischen Gottesdienst vollzieht. Oder aber sie wird vom Leben der Heiligen getrennt, den Qualen der Gottesferne unterworfen.

Weiter heißt es:

Bei der Wiederkunft Christi aber wird die Seele wieder vereinigt mit ihrem auferstandenen, erneuerten und verklärten Leibe. Denn erst dann kommt die Erlösung in Christus zu ihrer letzten Erfüllung. An dieser aber hat der ganze Mensch mit Seele, Geist und Leib, ja die ganze Schöpfung, Anteil, und nichts wird verloren sein, was zu uns gehört. Die Leiblichkeit aber gehört durch Gottes Schöpfungsakt zu uns. … Doch wie der auferstandene Leib aussehen wird, wenn er sich wieder mit der Seele vereinigt, davon vermögen wir nur in Gleichnissen zu reden …[2]

Zu dem nach Auferstehung und Endgericht verheißenen neuen Äon wird angemerkt: «Es geht um die Erwartung eines vollkommenen und unvergänglichen Lebens in einer erneuerten Schöpfung.» Und: «Um dieses Reich des wahren Lebens herbeizuführen, können wir nichts tun, außer daß wir uns selbst innerlich verwandeln lassen, damit wir zur Teilnahme an diesem Reiche bereit und fähig werden.»[3]

In der römisch-katholischen Eschatologie kommt es durch die Lehre vom Fegefeuer nach dem Tod gegenüber der morgenländischen Orthodoxie zu neuen Akzentsetzungen. Einig ist man sich in der Überzeugung von der Unsterblichkeit der Seele. Wir lesen im *Katechismus der Katholischen Kirche:*

> Durch den Tod wird die Seele vom Leibe getrennt; in der Auferstehung aber wird Gott unserem verwandelten Leib das unvergängliche Leben geben, indem er ihn wieder mit unserer Seele vereint. Wie Christus auferstanden ist und immerdar lebt, so werden wir alle am Letzten Tag auferstehen.[4]

In den Urkunden der Lehrverkündigung der römisch-katholischen Kirche findet sich – kurz zusammengefasst – für den Menschen folgendes Zukunftsbild:

> Die Seelen, die ohne Sünde und Sündenstrafen aus dem Leben scheiden, gehen ein in die *ewige Seligkeit*. Die Seligkeit des Himmels besteht in der unmittelbaren *Schau Gottes*. Zu dieser Schau, einem dem Menschen ungeschuldeten Ziel, bedarf der Mensch des Glorienlichtes.
> Die Seele, die noch zeitliche Sündenstrafen abzubüßen hat, kommt in den *Reinigungsort*. Die Gläubigen können den armen Seelen durch Gebete und gute Werke helfen.
> Die Seelen, die in schwerer Sünde aus dem Leben scheiden, kommen in die *Hölle*. Sie ist *ewig*. Sie besteht für die Seelen, die nur mit der Erbsünde behaftet waren, im Verlust der Anschauung Gottes, für die Seelen mit persönlichen Sünden außerdem in der Höllenqual.
> Am Ende der Weltzeit vereinen sich die Seelen mit ihren wiedererweckten *Leibern*, nach Christi Vorbild. Dann wird Christus sein letztes *Urteil* sprechen, und sein Reich *dem Vater* übergeben.[5]

Die Einzelheiten dieser Zukunftsschau werden durch das kirchliche Lehramt erläutert und auch in Einzelaspekten beleuchtet. In der Lehre vom Fegefeuer, die nach dem Lehrentscheid Papst Benedikts XII. 1336 erst relativ spät durch die Konzilien von Florenz (1439) und Trient (1543–1563) dogmatisiert wurde, nahm die römisch-katholische Kirche ansatzweise den Entwicklungsgedanken im Gewand des Reinigungsgedankens in ihre individuelle Eschatologie auf. Der *Katechismus der Katholischen Kirche* stellt fest:

> Wer in der Gnade und Freundschaft Gottes stirbt, aber noch nicht vollkommen geläutert ist, ist zwar seines ewigen Heiles sicher, macht aber nach dem Tod eine Läuterung durch, um die Heiligkeit zu erlangen, die notwendig ist, in die Freude des Himmels eingehen zu können.
> Die Kirche nennt diese abschließende Läuterung der Auserwählten, die von der Bestrafung der Verdammten völlig verschieden ist, *Purgatorium* (Fegefeuer).[6]

Für die große abendländische Kirchenspaltung des 16. Jahrhunderts, die Reformation, spielte die Eschatologie keine Rolle. Das gilt für Lutheraner, Reformierte und Anglikaner. Sie kritisierten in diesem Zusammenhang nur die römisch-katholische Lehre vom Fegefeuer und die damit verbundenen Missbräuche wie den Ablass. Das anglikanische Glaubensbekenntnis – die 39 Artikel von 1563 – konstatiert in Artikel 22:

> Die Lehre der Römischen vom Fegefeuer, vom Ablaß, von der Verehrung und Anbetung der Bilder und Reliquien sowie von der Anrufung der Heiligen, ist etwas Nichtiges und leere Erdichtung und beruht auf keinen Zeugnissen der Schrift, ja, sie widerspricht dem Worte Gottes.[7]

Von den lutherischen Bekenntnisschriften geht die *Augsburgische Konfession* von 1530 im Artikel XVII «Von der Wiederkunft Christi zum Gericht» auf die Zukunfts- und Enderwartung ein. Grunddifferenzen in dieser Frage zur katholischen Kirche sieht man nicht, Abgrenzungen erfolgen gegen einige Täufergruppen und Chiliasten.

> Auch wird gelehrt, daß unser Herr Jesus Christus am Jüngsten Tag kommen wird, um zu richten und alle Toten aufzuerwecken, den Gläubigen und Auserwählten ewiges Leben und ewige Freude zu geben, die gottlosen Menschen aber und die Teufel in die Hölle und zur ewigen Strafe verdammen (wird).
> Deshalb werden die Wiedertäufer verworfen, die lehren, daß die Teufel und die verdammten Menschen nicht ewige Pein und Qual haben werden.

Ebenso werden hier einige jüdische Lehren verworfen, die sich auch gegenwärtig ausbreiten, nach denen vor der Auferstehung der Toten eitel (reine) Heilige, Fromme ein weltliches Reich aufrichten und alle Gottlosen vertilgen werden.[8]

Auch die wichtigste und verbreitetste Bekenntnisschrift der reformierten Kirchen, der *Heidelberger Katechismus* von 1563, bewegt sich im Rahmen traditioneller christlicher Zukunftserwartungen. Er bekennt sich dabei aber, deutlicher als im Luthertum, zum sofortigen bewussten Weiterleben nach dem Tod. Frage 57 lautet:

> Welchen Trost gibt dir die Auferstehung des Fleisches?
> Meine Seele wird gleich nach diesem Leben zu Christus, ihrem Haupte, kommen. Auch mein Leib wird, durch die Kraft Christi auferweckt, wieder mit meiner Seele vereinigt und dem Leibe Christi in seiner Herrlichkeit gleichgestaltet werden.[9]

In der nächsten Frage wird nochmals unterstrichen: «Nach diesem Leben aber werde ich vollkommene Seligkeit besitzen ...»[10] Am doppelten Ausgang der Heilsgeschichte lässt auch der *Heidelberger Katechismus* keinen Zweifel. In Frage 52 heißt es: Jesus Christus «wird alle seine und meine Feinde in die ewige Verdammnis werfen, mich aber mit allen Auserwählten zu sich in die himmlische Freude und Herrlichkeit nehmen».[11]

Soweit einige Grundzüge der traditionellen kirchlichen Lehren über die eschatologische Zukunft des Menschen und der Welt. Sie bilden, wenn auch keineswegs darauf ausgerichtet, die Substanz der kirchlichen Kontrastprogramme zu den verschiedenen reinkarnatorischen Zukunftsvisionen und wurden in den jeweiligen Theologien zeitgemäß entfaltet oder auch verändert. Letzteres trifft besonders auf den protestantischen Bereich zu. Hier bildeten sich neben der herkömmlichen Vorstellung von einem Zwischenzustand des Menschen beziehungsweise der menschlichen Seele zwei weitere Anschauungen heraus.

Unter Bezugnahme auf einige – es gibt auch andere – Äußerungen Luthers wird die Lehre vom Seelenschlaf vertreten. Im Tod schlafen die Seelen ein, am Jüngsten Tag wachen sie wieder auf und haben dann, wie beim natürlichen Schlaf, keinerlei Erinnerung an die Länge der verflossenen Zeit. Tausend Jahre sind wie eine halbe Stunde Schlaf. Bei heutigen Theologen verbindet sich die Anschauung vom Seelenschlaf, wohl besser vom Todesschlaf, mit der Ablehnung des herkömmlichen Seelenbegriffes, der Unsterblichkeit der Seele. Leiblichkeit und Leben gehören danach unlösbar zusammen. Der bekannte und bis heute vielfach prägende lutherische Theologe Paul Althaus (1888–1966) schreibt:

> Wir haben keinen Grund, über das Schicksal der «Seele», das heißt unserer geistigen Lebendigkeit, im Tode anders zu denken als über das Schicksal des Leibes, dessen Auflösung wir wahrnehmen. Die Theologie muß den Ernst und die Schwere des Todes-Geschickes betonen gegenüber aller philosophischen und theologischen Abschwächung des Todes durch den Gedanken, daß das geistige Ich durch den Tod hindurch als lebendig erhalten bleibe, daß also die «Seele» unsterblich sei.[12]

Althaus behauptet, der Glaube an die Unsterblichkeit der Seele und ein Weiterleben in einem Zwischenzustand nach dem Tod sei unchristlich. Der christliche Glaube weise Unsterblichkeitsgedanken «streng ab»,

> er glaubt vielmehr an das Wunder Gottes, das den Menschen, der als ganzer hin ist zum Tode in dieser seiner Ganzheit, als Seele und Leib, aus dem Tode zu neuer Lebendigkeit ruft – das ist, in der Sprache des Neuen Testamentes und der Kirche, die *Auferweckung* oder *Auferstehung*.[13]

Lehnt es Althaus noch ab, den «Tod dem Nichtsein» gleichzusetzen, so tun dies andere evangelische Theologen sehr wohl. Sie vertreten die Ganztod-Theorie. Hierin sind sie sich mit Vertretern der Humanwissenschaften und Atheisten einig. Mit dem Tod hört die Identität des Menschen auf, gibt es keinen Identitätsträger mehr. Die einzige Hoffnung, die bleibt, ist die Neuschöpfung durch Gott in der Auferstehung, wobei sich massiv die Frage nach der Identität stellt, wenn diese im Tod vollständig erlischt. Das ist zweifellos eine Extremposition.

Die kirchlichen Lehren vom Leben nach dem Tod, von Auferstehung und ewigem Leben in einer neuen Welt haben es heute schwer, sich im religiösen Horizont der westlichen Welt zu behaupten. Das gilt nicht nur für ihre klassische konfessionelle Ausprägung in den Lehrtexten, von denen einige zitiert wurden. Es gibt viele Versuche, sie neu und zeitgemäßer zu formulieren, manches stillschweigend wegzulassen, darauf zu verweisen, dass konkrete Aussagen kaum möglich sind. Als wirksame Gegenmodelle zu dem wachsenden Interesse an oft sehr konkreten Reinkarnationsvorstellungen erweisen sich die Neuinterpretationen der herkömmlichen kirchlichen Eschatologien in der Regel nicht. Dennoch bleiben die Kirchen und der allergrößte Teil ihrer Theologen beim Nein zum Gedanken einer Reinkarnation, in welcher Form auch immer.

Christentum ohne Reinkarnation: Das Nein der Kirchen

Eine ausdrückliche feierliche Verurteilung des Reinkarnationsgedankens durch die christlichen Kirchen gibt es nicht. Doch kann kein Zweifel bestehen, dass er in direkten und indirekten Stellungnahmen sowie in einer großen Zahl von Veröffentlichungen ihrer Theologen abgelehnt wird.

In den orthodoxen Kirchen ist der Wiederverkörperungsidee wegen der Verurteilung der Ansicht von der Präexistenz der Seele, einem Leben vor dem Leben, durch das 2. Konzil von Konstantinopel 553 von vornherein der Boden entzogen. Auch die anderen großen christlichen Kirchen erkennen dieses Konzil an. Die lange Geschichte der Ketzerbekämpfung ist, wie wir sahen, zumindest teilweise auch die Geschichte des Kampfes der Kirchen gegen den Reinkarnationsglauben. Unter dem Eindruck seines neuzeitlichen Erfolgs wuchs auch die Zahl kritischer und ablehnender Meinungsäußerungen seitens der Kirchen und zahlreicher Theologen. Im Einzelnen kann und soll hier nicht darauf eingegangen werden, nur einige Beispiele seien genannt.

Unter den bekannten und einflussreichen neueren römisch-katholischen Theologen, die sich ablehnend mit Reinkarnationsvorstellungen auseinandergesetzt haben, sind Karl Rahner, Hans Urs von Balthasar und Joseph Ratzinger, der spätere Papst Benedikt XVI., anzuführen. Unter Ratzingers Vorsitz – er stand damals an der Spitze der «Glaubenskongregation» – hat sich 1992 die «Internationale Theologenkommission» in einem Dokument mit Reinkarnationslehren kritisch befasst, nachdem die Glaubenskongregation dies 1979 schon einmal getan hatte. Kritisiert wird die Leichtfertigkeit, mit der viele, auch römisch-katholische Christen, Reinkarnationsideen auf- und annähmen. Oft geschähe das als instinktive Reaktion auf den wachsenden Materialismus, aber auch aus der Meinung heraus, ein Leben sei zu kurz, um alle Möglichkeiten des Menschseins ausschöpfen und begangene Fehler überwinden und korrigieren zu können. Solche Überlegungen werden von der Internationalen Theologenkommission zurückgewiesen. Sie verteidigt die traditionellen kirchlichen Lehren von den Letzten Dingen und wendet sich gegen modernistische Umdeutungen und Verwässerungen.

Das Menschenbild, wie es in reinkarnatorischen Lehren zutage tritt, widerspreche zentralen Aussagen der christlichen Offenbarung. Hauptirrtum sei aber die Ablehnung der christlichen Erlösungslehre zugunsten einer Selbsterlösung auf dem Weg vieler Wiedergeburten. Fazit ist: Der Reinkarnationsgedanke steht im Widerspruch zur Botschaft des Evangeliums. Diesen Standpunkt vertritt auch der weltweit gültige *Katechismus der Katholischen Kirche* von 1993, nachdem sich schon der *Katholische Erwachsenen-Katechismus* von 1985 ablehnend mit dem Reinkarnationsglauben auseinandergesetzt hatte. Im *Katechismus* von 1993 heißt es:

Der Tod ist das Ende der irdischen Pilgerschaft des Menschen, der Zeit der Gnade und des Erbarmens, die Gott ihm bietet, um sein Erdenleben nach dem Plane Gottes zu leben und über sein letztes Schicksal zu entscheiden. «Wenn unser einmaliger irdischer Lebenslauf erfüllt ist», kehren wir nicht mehr zurück, um noch weitere Male auf Erden zu leben. Es ist «dem Menschen bestimmt», «ein einziges Mal zu sterben» (Hebr 9,27). Nach dem Tod gibt es keine «Reinkarnation».[14]

Einer der Mitverfasser, der spätere Wiener Erzbischof Kardinal Christoph Schönborn, stellt an anderer Stelle fest:

Die Reinkarnation hat im Christentum keinen Platz, weil das *Leben in Christus* bereits das Endziel ist. «Christus aber ist das Ende», sagt Hölderlin im späten Hymnus «Der Einzige». Was gäbe es noch zu suchen, wenn man *Ihn* gefunden hat? Haben wir in ihm nicht *alles* gefunden? In ihm ist kein Raum mehr für die endlose Suche, von Leben zu Leben, nach einem fernen, unnahbaren Ziel, nach einer in Äonen nicht zu erreichenden Vollendung. Das Ende ist zu uns gekommen, es ist schon da (vgl. 1 Kor 10,11). Die lange Suche des Menschen ist zu Ende. Was wir durch endlose Wiedergeburten nicht finden könnten, ist uns geschenkt worden. «Denn nicht wir *haben* gesucht, wir *wurden* gesucht.» Gott hat den Menschen gefunden. «… wie ja auch nicht das Schaf den Hirten und die Drachme die Hausfrau suchte (Lk 15,4–9). Er selber bückte sich zur Erde nieder und fand sein Ebenbild, er selber begab sich in die Gegend, wohin das Schaf sich verirrt hatte. Er hob es auf *und machte dem Irren ein Ende*.» Über diese Heimkehr hinaus gibt es kein Wandern mehr.[15]

Der katholische Religionswissenschaftler und Theologe Hans Waldenfels kommt zu dem Urteil: «Es gibt keine Versöhnung zwischen dem christlichen Glauben und einer konsequent verstandenen Reinkarnationslehre.»[16] Die gleichen oder ähnlichen Argumente gegen den Reinkarnationsglauben finden wir bis in die unmittelbare Gegenwart hinein in zahlreichen Veröffentlichungen römisch-katholischer Theologen.

Ein entsprechendes Bild bietet sich auf evangelischer Seite. Allerdings gibt es hier bekanntlich keine lehramtlichen Entscheidungen. Für Paul Althaus ist das mit der Reinkarnationsidee verbundene Prinzip, «durch Entwicklung … zur Vollkommenheit zu gelangen … unverträglich mit den evangelischen Grunderkenntnissen».[17] Wolfgang Trillhaas bezeichnet Reinkarnation als eine «außerchristliche Lehre». Durch sie werde «die Einmaligkeit und Unwiederholbarkeit» des irdischen Lebens ebenso aufgegeben wie «die Erlösung durch Christus und die Hoffnung der Seligkeit bei ihm und in ihm».[18] Gerhard Ebeling hebt in seiner *Dogmatik* hervor, die Reinkarnation stelle die Unumkehrbarkeit des Todes, seine Einmaligkeit und Endgültigkeit in Frage. Sie sei eine außerchristliche Vorstellung, die «den weiten Weg einer Wanderung … zur Erlösung vom Sein» zum Ausdruck bringt.[19] Wolfhart Pannenberg meint in der Reinkarnationsvorstellung eine säkulare Alternative zum biblischen Vollendungsglauben, die bereits von Lessing diskutiert wurde, erkennen zu können. Allerdings werde weder «das Problem der ungerechten Ungleichheit individueller Daseinsbedingungen» durch Reinkarnationslehren gelöst werden noch die Frage «nach dem Fortbestehen von persönlicher Identität»[20]. Gerade an Letzterem scheiterten alle Reinkarnationsvorstellungen. Auch die christliche Überzeugung von der Einmaligkeit individueller Lebensgeschichten und ihres Gewichts vor Gott finde keine angemessene Beachtung.

Wilfried Joest sieht im Reinkarnationsgedanken den Versuch des Menschen, aus sich selbst die ihm gesetzte Grenze des Wissens über den Tod und das «Danach» zu überschreiten, obwohl es sich dabei um ein bleibendes Geheimnis handele. «Christen können eine Antwort auf solchen Wegen ... nicht suchen wollen.»[21] Hans Schwarz kommt in seiner *Einführung in die christliche Eschatologie* zu dem Ergebnis, die Reinkarnationsidee zähle zu den «Sackgassen des eschatologischen Denkens»[22]. Und Ulrich Dehn betont:

> Dem christlichen Glauben kann kein Alternativkonzept darüber entnommen werden, was und in welcher Form nach dem Tod kommt. Jedoch ist es nicht ein weiteres Leben, das dazu dienen müsste, Defizite des vorherigen abzuarbeiten. Das eine unter Gottes Liebe, Zuspruch und Anspruch stehende Leben kann und soll nicht durch ein nächstes fortgesetzt oder ausgeglichen werden. Allerdings bietet der Glaube gemäß der hebräischen und griechischen Bibel auch keine Gewissheit über das, was nach dem Tode kommt und wo wir vor der Geburt waren – ein Feld des Glaubens, für die einen wie für die anderen.[23]

In zahlreichen Veröffentlichungen hat sich Werner Thiede mit der Problematik Esoterik, Reinkarnation und Theologie auseinandergesetzt. Er kommt zu der These:

> Christliche Theologie hat gegenüber der Esoterik die biblisch legitime und noch kurz vor der Reformation dogmatisierte Lehre von der Unsterblichkeit der Seele im Sinne einer personalen Kontinuität über den Tod hinaus neu ins Gespräch zu bringen, um gleichzeitig die Funktionalisierung solch urmenschlicher Hoffnung zu Gunsten der immer beliebter werdenden Seelenwanderungs- und Karma-Theorie argumentativ abzuweisen – nicht zuletzt mit Blick auf einschlägige «Sondererfahrungen» reinkarnatorischen Anscheins.[24]

Eine große Zahl weiterer Wortmeldungen von Vertretern der römisch-katholischen, evangelischen und freikirchlichen Theologie liegt vor. In ihren Ansätzen unterscheiden sie sich, vielfach widersprechen sie sich auch in ihren Argumenten. Aber ob nun die Unsterblichkeit der Seele abgelehnt oder bejaht wird, der Ganztod, ein Todesschlaf, das Fegefeuer oder nur ein Zwischenzustand angenommen wird, die Lehre von der ewigen Verdammnis oder ewigen Seligkeit als unverzichtbar Anerkennung findet oder doch eine schließliche Rückkehr aller zu Gott, die Allversöhnung, für wahrscheinlich gehalten wird, in der Ablehnung des Reinkarnationsgedankens in seinen unterschiedlichen Spielarten ist man sich einig.

Das gilt für die meisten, aber eben nicht für alle Theologen der christlichen Kirchen, für die Gemeindeglieder noch viel weniger. In den letzten Jahren sind – oft unter Anknüpfung an frühere Versuche – Bemühungen um einen offenen theologischen Dialog gegenüber Reinkarnationsmodellen zu erkennen.

Dialogversuche:
Alte Differenzen und neue Möglichkeiten

Versuche, jenseits vordergründiger Apologie einen Dialog zwischen kirchlicher Theologie und außerkirchlichem Reinkarnationsglauben zustande zu bringen, sind nicht neu. Die Notwendigkeit dazu wird heute aber durch die intensive Begegnung der Weltreligionen vor Ort und außerhalb ihrer klassischen Verbreitungsgebiete immer dringlicher. Hinzu kommt die synkretistische, unterschiedliche Elemente der Religionen vermischende Grundhaltung vieler Menschen in der westlichen Welt. Schließlich ist die Tatsache zu erwähnen, dass sich eine wachsende Zahl praktizierender Christen östlichen oder westlichen Reinkarnationsideen öffnet, mit ihnen sympathisiert. Angesichts dieser Sachlage gibt es verstärkte Bemühungen um einen interreligiösen Dialog über den Reinkarnationsglauben. Nur einige Beispiele seien genannt.

Schon 1957 hob der Marburger evangelische Theologe und Religionshistoriker Ernst Benz in seiner vielgelesenen Studie *Reinkarnation. Die Lehre von der Seelenwanderung in der philosophischen und religiösen Diskussion heute* die wachsende Aktualität des interreligiösen Dialogs über die Seelenwanderung hervor. In Anbetracht der Krise der christlichen Eschatologie und der missionarischen Dynamik der fernöstlichen Religionen sei die Reinkarnationsidee geradezu in den Mittelpunkt der Begegnung der Weltreligionen gerückt.

Jahre später ist es der durch seine Kritik am päpstlichen Unfehlbarkeitsdogma weltweit bekannt gewordene Tübinger katholische Theologe Hans Küng, der im Rahmen seiner Bemühungen um einen Dialog der Religionen auf die Reinkarnationsidee eingeht. Der Reinkarnationsfrage auszuweichen, sie nicht ernst zu nehmen, sie «als kurios und skurril, als Aberglauben schlechthin» zu bezeichnen, wie das christliche Theologen gewöhnlich tun, hält er für nicht vertretbar. Allein die Tatsache, dass «ein *großer Teil der Menschheit* seit Jahrtausenden an Reinkarnation oder Wiedergeburt» glaubt und heute diese Ansicht auch in Europa und Amerika von ungezählten Menschen vertreten werde, spreche gegen eine solche theologische Geisteshaltung.[25] Vielmehr gelte es, «sachlich zu argumentieren und die Argumente pro und kontra abzuwägen»[26]. Küng selbst macht eine Reihe von Gegenargumenten geltend, nachdem er wichtige Argumente pro Reinkarnation genannt hat. Letztere überzeugen ihn nicht, darüber hinaus hält er die Reinkarnationsidee für eine unbeweisbare Glaubensüberzeugung. Dennoch: «Eine Integration neuer Lehren in die christliche Tradition kann in der Tat auf keinen Fall von vornherein ausgeschlossen werden.»[27] Hans Küng hat zweifellos einen wichtigen, weiterwirkenden Impuls für den interreligiösen Dialog über die Reinkarnationsfrage gegeben.

Doch die Reinkarnationsidee ist nicht nur Gegenstand des interreligiösen, sondern auch des interkulturellen Dialogs. Deshalb, so betont der Theologe und Religionswissenschaftler Perry Schmidt-Leukel, bedarf es

> im Rahmen des Christentums ... einer offenen theologischen Auseinandersetzung mit ihr. Es zählt mit Recht zu den großen kulturellen Errungenschaften des Christentums, daß es seine Theologie als eine Wissenschaft konzipiert und sich damit verpflichtet hat, die Frage nach der Wahrheit religiöser Glaubensvorstellungen gemäß wissenschaftlicher Maßstäbe zu stellen. Für eine sich so verstehende christliche Theologie stellt die mögliche Wahrheit des Reinkarnationsglaubens eine Herausforderung dar.[28]

Zu denen, die diese Herausforderung annehmen – mehrere wären zu nennen – gehört auch der evangelische Theologe und Religionswissenschaftler Michael von Brück. Ausgehend vom hinduistisch-christlichen Dialog und der Einheit der Wirklichkeit tritt er dafür ein, die christliche Theologie in der Begegnung mit den anderen Religionen neu zu interpretieren. Es gelte zu suchen, welche Vorstellungen in den christlichen Glauben integriert werden können. Dazu gehöre die Reinkarnationsidee. Die herkömmliche christliche Reinkarnationskritik hält er für «weitgehend unzutreffend»[29]. Von Brück macht den Versuch des Entwurfs einer christlichen Reinkarnationsvorstellung, die er mit Grundintentionen der Bibel im Einklang sieht. Für ihn ist die oft behauptete Unvereinbarkeit der christlichen Erlösungslehre mit der Reinkarnationsidee eine Interpretationsfrage. Das Heilswirken Christi muss «nicht auf einen zeitlich begrenzten Lebensablauf beschränkt sein», sondern umfasst «den gesamten Kreislauf der Geburten (samsara)»[30]. Auch den Läuterungs- und Entwicklungsgedanken nimmt er in diesem Zusammenhang auf. «Wenn Gott Liebe ist und gleichzeitig Ungerechtigkeit seinem Willen widerstrebt, muß es eine über den Tod hinausgehende Möglichkeit zur Läuterung geben.»[31] In diesem Fall hätte die Persönlichkeit bei bleibender Identität die Möglichkeit, ihren «Reifungsprozeß zu vollenden»[32].

Auch in Indien selbst, wo sich hinduistische Seelenwanderungsvorstellungen und Christentum unmittelbar begegnen, gibt es, wenn auch noch selten, Dialogversuche. Vorherrschend ist auf christlicher Seite jedoch Abgrenzung, eine Tradition, die schon Mitte des 17. Jahrhunderts mit der Schrift *Widerlegung der Wiedergeburt* durch den erfolgreichen jesuitischen Missionar Roberto de Nobili (1577–1656) begann. Einen demgegenüber ganz ungewöhnlichen Dialogversuch unternimmt der Rektor des United Theological College in Bangalore, O. V. Jathanna. Ihn beschäftigt die Frage, wie den Menschen, die vor Jesus lebten und die das Christentum nie kennengelernt haben, der Zugang zum Heil eröffnet werden kann. Der Heidelberger Religions- und Missionswissenschaftler Michael Bergunder bemerkt dazu:

> Zur Lösung dieser Frage schlägt Jathanna nun vor, für diese Menschen die Möglichkeit einer Reinkarnation in Betracht zu ziehen, um ihnen in einem neuen Leben die Chance zu geben, sich zum Christentum zu bekehren. Allerdings muss ihm zufolge ein solches Reinkarnationskonzept ganz auf christlichen Prämissen beruhen und sich scharf von Vorstellungen abgrenzen, die mit dem Christentum unvereinbar sind (Karmalehre, Evolution, ewiger Kreislauf etc.).[33]

Einen ganz anderen Ansatz hat der Schweizer katholische Theologe und Dominikaner Richard Friedli. Ausgehend von gegenwärtigen tiefgreifenden soziologischen und weltanschaulichen Wandlungsprozessen westlicher Prägung stellt er die Reinkarnationsidee dem christlichen Glauben dialogisch gegenüber. Er sieht auf der Grundlage seiner kulturanthropologischen und religionswissenschaftlichen Untersuchungen übereinstimmende Anliegen von Reinkarnationsvorstellungen und christlichem Glauben. Sie betreffen die Erklärung der menschlichen Lebensbedingungen, die sinngebende Daseinsbewältigung und die soziale Verantwortlichkeit. Friedli kommt zu der These: «Das Dogma der ‹Reinkarnation› ist ein fruchtbarer Beitrag zum anthropologischen Bemühen, den Sinn der Welt zu erhalten und den Wider-Sinn zu besiegen.»[34] Der Gedanke wiederholter Erdenleben und die christliche Vorstellung von der Einmaligkeit des Lebens bereicherten und korrigierten sich gegenseitig.

> Die Vorstellung von der «Einmaligkeit des Lebens» bewahrt vor fatalistischen Formen der Schicksalsmeisterung und hebt die persönliche Verantwortung im Hier und Jetzt in den Vordergrund. Die verschiedenen «Reinkarnationsmodelle» unterstreichen vor allem die soziale Schicksalsverkettung und die Verantwortung für das Leben, welches die eigene Existenz und den individuellen Tod überschreitet. In beiden Modellen ringen die Menschen mit der persönlichen und sozialen Gebrochenheit, die es hoffnungsstark zu tragen gilt.[35]

Dialogmöglichkeiten mit hinduistischen Reinkarnationsvorstellungen, bei denen die personale Identität gewahrt ist, sieht auch der in Rom lehrende Jesuit Andreas Resch. In Anschluss an Karl Rahner fragt er, ob unter der Voraussetzung personaler Entscheidungsmöglichkeiten «von der Fegefeuer-Lehre her eine Seelenwanderung in Betracht gezogen werden könnte». Resch will hier «Aussagemöglichkeiten» offen halten.[36]

Ähnlich der katholische Theologe Norbert Bischofberger. Er fordert, einerseits die eschatologischen Aussagen des Christentums neu einsichtig zu machen, andererseits eine mögliche Integration der Reinkarnationslehre in den christlichen Glauben ernsthaft zu prüfen. Christliche Theologie müsse «der Tatsache Rechnung tragen, dass ein großer Teil der konfessionell gebundenen Christen zur Annahme mehrmaliger Erdenleben neigt»[37]. In dem mit der römisch-katholischen Fegefeuerlehre verbundenen Läuterungsprozess sieht er einen Ansatzpunkt für eine «christlich denkbare Reinkarnationsvorstellung», will man sich tatsächlich dialogisch mit dieser Problematik befassen.

> Der Reinkarnationsgedanke ergänzt oder ersetzt das Läuterungsmodell. Die Reinkarnation kommt nur für Menschen in Frage, die nach ihrer ersten irdischen Existenz der Läuterung bedürfen. Damit steht fest, dass das christliche Modell der drei möglichen Schicksale im oder «nach» dem Tod bestehen bleibt. Es umfasst die Vollendung bereits nach einer irdischen Existenz (Himmel), die Läuterung in Form einer Rückbindung an die Materie und die Möglichkeit der endgültigen Verlorenheit (Hölle). Die Möglichkeit endgültigen Scheiterns wird beibehalten, weil der in der vorliegenden Hypothese entworfene *christliche Reinkarnationsgedanke* nur die Läuterungsvorstellung ergänzt.[38]

Bischofberger versucht, mit diesen und weiteren Überlegungen im Rahmen des Dialogs zwischen christlicher Eschatologie und westlichem Reinkarnationsglauben einen Beitrag zur entwicklungsorientierten Interpretation des christlichen Glaubens zu leisten und im Bewusstsein der damit verbundenen Problematik einen Dialog mit den Christen zu führen, die zur Annahme mehrmaliger Erdenleben neigen. Das verdient Beachtung.

Einen intensiven Dialog zwischen westlichen Reinkarnationsvorstellungen und kirchlichem Christentum erklärt auch der evangelische Theologe Rüdiger Sachau auf der Grundlage umfangreicher Untersuchungen für notwendig und unverzichtbar. Er gibt dafür eine ganz Reihe von Anregungen und betont, dieser Dialog müsse in Freiheit partnerschaftlich und fair geführt werden. Dabei geht er davon aus, dass «sich in den Reinkarnationsvorstellungen eine andere Einstellung gegenüber dem Leben, als sie im christlichen Glauben überliefert wird», findet. Aber gerade deshalb hält er den offenen Dialog für geboten. Denn:

> Zahlreiche Kirchenmitglieder glauben an Reinkarnation, und wo Kirchen und Theologie vor dieser offenkundigen Realität die Augen schließen, trennen sie sich auch von den Menschen, ihren Sehnsüchten und Fragen.[39]

Und:

> Man kann die Verbreitung der westlichen Reinkarnationsvorstellungen als eine chancenreiche Herausforderung zur Kreativität und Beweglichkeit im Denken der Theologie, zur Frömmigkeit im Sinne der Selbstbesinnung und zur Offenheit in der Begegnung in den Kirchen ansehen.[40]

Diese Herausforderung gelte es anzunehmen, weil der Reinkarnationsglaube längst zu einem weitverbreiteten festen Bestandteil der nach wie vor durch christliche Traditionen geprägten und beeinflussten «Moderne» in der westlichen Welt geworden sei. Grenzen und Möglichkeiten der Annäherung seien auszuloten. Zu Letzterem gehört für Sachau etwa:

> Der Gedanke der Reinkarnation wäre dann christlich zu akzeptieren, wenn er von seinen «Nebenwirkungen» befreit würde und die zentrale Botschaft des christlichen Glaubens, Gott liebt diese Welt so sehr, daß er sich in Jesus Christus opfert, dadurch nicht eingeschränkt würde.[41]

Auch meint er: «Zum Konflikt mit der Reinkarnationsvorstellung kommt es erst dann, wenn diese dogmatisiert und zum bewiesenen und alles erklärenden Prinzip gemacht wird.»[42]

Ob es sich nun um den innerchristlichen Dialog oder um den interreligiösen Dialog über die Reinkarnationsfrage handelt, stets stellt sich dabei, wie Michael Bergunder betont, «auch ... die Wahrheitsfrage: ‹Gibt es Reinkarnation?›» Er schreibt, entscheidender sei die Frage:

> «Welche Bedeutung hat Reinkarnation?» Insofern kann man vielerorts geäußerten Ansprüchen, wie etwa aus dem Bereich der Esoterik, das tatsächliche Vorhandensein von Reinkarnation zu beweisen, mit der Gelassenheit angehen, die bereits Immanuel Kant vorgeschlagen hat, indem er von sich schrieb, «daß ich mich nicht unterstehe, so gänzlich alle Wahrheit an den mancherlei Geistererzählungen abzuläugnen, doch mit dem gewöhnlichen obgleich wunderlichen Vorbehalt, eine jede einzelne derselben in Zweifel zu ziehen, allen zusammen genommen aber einigen Glauben beizumessen».[43]

Als weitere unter vielen möglichen Beispielen für den interreligiösen Dialog – über in diesem Fall vor allem fernöstliche Seelenwanderungsvorstellungen – seien noch zwei Thesen des Marburger evangelischen Dogmatikers Hans-Martin Barth zitiert:

Der Gedanke der Wiedergeburt in seiner hinduistischen Fassung macht auf die Einbettung des einzelnen Menschen in den Strom alles Lebendigen und damit auf seine Zusammengehörigkeit mit der ganzen Schöpfung aufmerksam: Auch die christliche Auferstehungshoffnung darf nicht auf vereinzelte menschliche Individuen begrenzt gedacht werden. In seiner buddhistischen Fassung transzendiert und entgrenzt der Gedanke der Wiedergeburt die traditionelle christliche Vorstellung von personaler Identität.[44]

Der innerchristliche und interreligiöse Dialog über unterschiedliche Reinkarnationsmodelle muss weitergehen. Er kann zum gegenseitigen Verstehen im Rahmen der theologischen und weltanschaulichen Systeme beitragen. Die grundsätzlichen Kontroversen über das Verhältnis der Religionen zueinander, speziell über die Vereinbarkeit von Reinkarnation und Christentum, können dadurch versachlicht, aber nicht gegenstandslos gemacht werden.

Integrationsversuche: Ein neues Element christlichen Glaubens

Versuche, die Wiederverkörperungsidee mit dem Christentum in Einklang zu bringen, ja als Bestandteil des Christentums anzusehen, begleiten, wie wir sahen, die Geschichte des Christentums von Anfang an. Meist endeten sie in der Häresie, der Ketzerei, in der Trennung von der verfassten Kirche. Es gab aber auch einzelne Fachtheologen und Laien, die Glieder ihrer Kirche bleiben wollten und in der Aufnahme des Reinkarnationsgedankens in das Christentum eine Bereicherung sahen. Erinnert sei an Goethes Schwager Johann Georg Schlosser oder an einige weitere, der Aufklärung oder dem radikalen Pietismus zuzurechnende Theologen des 18. Jahrhunderts. Doch es waren immer nur Einzelne, die man in der Theologie und Religionsgeschichte mit der Lupe suchen muss. Spätestens seit dem Ende des 19. Jahrhunderts wächst jedoch ihre Zahl.

Ein prominentes Beispiel dafür, wie zumindest Annäherungen möglich wurden, ist Ernst Troeltsch (1865–1923), einer der bedeutendsten Vertreter liberaler protestantischer Theologie und ein einflussreicher Kulturwissenschaftler. Ausgehend von dem Erlösungsglauben als dem Wesen des Christentums sieht er nur zwei Antworten auf die

> schwere Frage ..., wie wir die Anteilnahme des Individuums an diesen höchsten Lebenswerten [den durch den Erlösungsglauben bestimmten Wahrheiten des Christentums] zu denken haben, ob es allen Individuen bestimmt ist, oder ob es nur einer Auswahl bestimmt ist.

Troeltsch formuliert sie so:

> Es bleibt also nur die Prädestination, das heißt eine von Gott gewollte und in Veranlagung und Weltverhältnissen sich auswirkende ungleiche Beteiligung der Individuen am höchsten absoluten Weltzwecke, oder etwa die Wiederverkörperung bis zum Emporwachsen aller in das Heil oder ein Werden nach dem Leibestode oder vielleicht die beiden letzteren Sachverhalte zusammen. Ich leugne nicht, daß ich der letzteren Lehre sehr geneigt bin, ähnlich wie Lessing.[45]

Mit diesen Überlegungen und seinem persönlichen Bekenntnis steht Troeltsch unter den führenden Theologen seiner Zeit einsam da.

Nicht in der Theologie, sondern unter den Mitgliedern der christlichen Kirchen hat der Reinkarnationsglaube – vor allem in seiner westlichen Form – seit dem 20. Jahrhundert weltweit geradezu einen Siegeszug angetreten. An Reinkarnation zu glauben, wird oft nicht mehr als Widerspruch zum christlichen Glauben angesehen. «Darum», so Rüdiger Sachau,

> überrascht es nicht, daß die Zustimmung zur Reinkarnation unter evangelischen und katholischen Kirchenmitgliedern zumindest durchschnittlich ist, zum Teil sogar darüber liegt. Eine inhaltliche Differenz wird selten gesehen, die nicht hinterfragte Übereinstimmung von Kirchenzugehörigkeit und Reinkarnationsbejahung als Jenseitshoffnung deutet auf eine synkretistische Praxis im Alltag hin, die ein Kennzeichen der Religiosität in der Moderne ist.[46]

Zahlreiche Umfragen belegen das immer wieder.

Man macht es sich freilich zu einfach, hier nur einen unreflektierten Synkretismus zu sehen, obwohl es den auch gibt. Die zunehmende Offenheit für Reinkarnationsideen durch Kirchenmitglieder hat unterschiedliche Ursachen. Das zeigen auch die publizistischen Wortmeldungen christlicher Laien mit dem Ziel,

Christentum und Reinkarnation miteinander in Einklang zu bringen, ohne eine neue Gemeinschaft zu bilden oder sich einer der bereits bestehenden reinkarnatorischen anzuschließen.

Als ein Beispiel dafür sei auf das Büchlein des evangelischen Kaufmanns Ernst Sehringer *Reinkarnation und Erlösung* verwiesen. Er sieht in der generellen Ablehnung des Wiederverkörperungsgedankens durch die Kirchen eine verhängnisvolle Fehlentwicklung, die den Kirchen und ihrer Botschaft schade und sie in eine bedenkliche Rückständigkeit geraten lasse. Diese Ablehnung wäre

> nur dann berechtigt, wenn es *nur* Vertreter der Reinkarnationslehre gäbe, die in der Christologie Positionen einnehmen, mit denen der christliche Glaube nicht einverstanden sein kann; das ist aber nicht der Fall.[47]

Sehringer meint:

> Die *bejahende* Einstellung zur Wiederverkörperungslehre, wie sie ja auch im Christentum nicht unbekannt ist, ergibt durchaus christliche Auffassungen, in welche die Christologie und die Erlösung nicht nur eingeschlossen sind, sondern in ihrem Verständnis eine Vertiefung erfahren; auch biblische Hinweise auf die Wiederverkörperungslehre finden dadurch Begründung. Die Notwendigkeit wiederholter Erdenleben ergibt sich dann nicht aus dem Zwang zur Selbsterlösung, sondern *aus dem von Gott der Schöpfung eingefügten Prinzip der Entwicklung, das nicht nur auf biologischer Ebene, sondern auch auf seelisch-geistiger gültig ist.* Die Erreichung der Gottebenbildlichkeit des Menschen – die Theologie der Ostkirchen spricht bekanntlich von Vergottung – war und ist ein echt christlich-biblisches Grundanliegen. Nicht das «Daß», sondern das «Wie» kann hier strittig sein![48]

Aus dieser Sicht bedingen Erlösung und Wiederverkörperungslehre einander.

Jedem Laientheologen ist zugute zu halten, dass er unbefangener argumentiert als der Fachtheologe. Es eröffnen sich ihm ohne umfassende Fachkenntnisse bisweilen ungewöhnliche und neuartige Sichtweisen. Das zeigt sich immer wieder in der laientheologischen, meist in Form von Kleinschrifttum geführten Diskussion über die Vereinbarkeit von Christentum und Reinkarnation. Theologen tun sich hier weit schwerer.

Immerhin kommt der katholische Theologe Norbert Bischofberger im Rahmen seines Dialogversuches zwischen christlicher
Eschatologie und westlichem Reinkarnationsglauben zu der inter-
essanten «Hypothese», Reinkarnation sei aus christlicher Sicht
nicht notwendig, aber möglich.

> Die Hypothese einer christlichen Reinkarnationslehre ermöglicht die
> Vorstellung von einer läuternden Weiterentwicklung des Menschen un-
> ter materiellen Bedingungen in bestimmten sozialen und historischen
> Verhältnissen. Menschliches Leben, das nach der ersten irdischen Exis-
> tenz der Läuterung bedarf, kann diese auf der Erde vollziehen. Diese
> Weiterentwicklung geschieht nicht losgelöst von der materiellen Wirk-
> lichkeit, sondern in einer erneuten Verleiblichung.[49]

Für Bischofberger ist Reinkarnationsglaube im Rahmen des kirchlichen Traditionen verpflichteten Christentums nicht mehr als eine
denkerische Möglichkeit. Nur ganz wenige kirchliche Theologen
gehen weiter. Unter ihnen, das sei nur am Rande erwähnt, ist auch
ein römisch-katholischer Erzbischof. Beeinflusst durch den polnischen Mystiker Andrzej Towianski (1799–1878) bekannte sich der
italienische Erzbischof L. Puecher Passavalli (1820–1897) zur Präexistenz der menschlichen Persönlichkeit und zur Reinkarnation,
ohne einen Gegensatz zum kirchlichen Dogma zu sehen. Damit
soll er einen beachtlichen Einfluss auf italienische und polnische
Priester ausgeübt haben.

Aus dem anglikanischen und evangelischen Raum sollen zwei
weitere Beispiele etwas ausführlicher vorgestellt werden. Der anglikanische Priester und Philosophieprofessor Geddes MacGregor
widmete sich der «Christianisierung der Karmalehre» und ging dabei über einen rein dialogischen Ansatz hinaus. Die Vorstellung von
wiederholten Erdenleben sei für viele Menschen aus moralischer
und intellektueller Sicht überzeugender als der Gedanke an ein
göttliches Endgericht im traditionell christlichen Sinn. Überall dort,
wo sich westliche christliche Denker von toten kirchlichen Dogmen befreien, finde die Reinkarnationsidee Eingang auch in den
kirchlichen Bereich. Dass die Zustimmung zur Wiedergeburts- und
Karmaidee an einigen wichtigen Punkten den Bruch mit herkömmlichen kirchlichen Vorstellungen bedeutet, ist MacGregor durchaus
bewusst. Hierzu gehört die Lehre von der ewigen Verdammnis.

Sicher sind zahllose Wiedergeburten als Bettler, im Elend und Staub der Straßen Kalkuttas, mit dem christlichen Konzept von Gott eher vereinbar als die traditionelle Lehre von ewigen Höllenqualen. Die Anziehungskraft der Reinkarnationslehre auf diejenigen, die mit Höllenfeuerpredigten und entsprechenden Traktaten aufwuchsen, ist folglich nicht schwer zu verstehen.[50]

Die gegenwärtige christliche Eschatologie, so urteilt MacGregor, sei der unbefriedigendste Teil der kirchlichen Lehre. Sie biete Gegnern des Christentums ideale Angriffsziele und rufe bei den Gläubigen anstelle von Klarheit Verwirrung hervor. Das traditionelle Bild vom Himmel mit goldenen Gassen und harfenspielenden Gläubigen um Gott als Mittelpunkt erwecke bei vielen Menschen keine Sehnsucht nach dem Jenseits, sondern eher das Gegenteil. Allerdings sieht er in der kirchlichen Auferstehungslehre zumindest Anknüpfungspunkte für den Reinkarnationsgedanken.

> Warum sollte es sich dabei nicht um eine weitere Inkarnation auf diesem Planeten oder auf einem anderen Planeten weit draußen im Weltraum handeln? Reinkarnation, oder was man auch sonst darunter verstehen mag, bedeutet in gewisser Weise Auferstehung. Die Erlangung eines «herrlichen» Körpers mag sich in einem allmählichen Prozeß vollziehen.[51]

Und an anderer Stelle betont MacGregor:

> Jede Reinkarnation ist eine Auferstehung. Die Auferstehung, die allen versprochen wurde, die an der Auferstehung in Christi teilhaben, bleibt nicht allein christlicher Hoffnung vorbehalten, sie darf vielmehr als fortlaufender Prozeß betrachtet werden, bei dem jede Wiedergeburt mich Gott näherbringt. Am Ende jedes Äons mag es zu einem «Evolutionssprung» kommen, einem einzigartigen Ereignis auf dem unendlichen Weg zu Gott.[52]

In der Tatsache, dass die Bibel nicht explizit die Reinkarnation lehrt, sieht er keinen entscheidenden Hinderungsgrund für deren Annahme. Auch die Trinitätslehre, die in ihrer dogmatischen Ausformung von Christen heute kaum noch verstanden werde, sei in der Bibel nur in Andeutungen vorhanden und doch zu einer allgemein anerkannten christlichen Lehre geworden. Wichtige Bezugspunkte für eine christliche Reinkarnationslehre werden von ihm im Läuterungsgedanken gesehen, wie er in der römisch-katholischen Fegefeuerauffassung enthalten ist. MacGregor denkt an eine «moralische Evolution» im Laufe vieler Leben, denn ein Leben reicht «ganz sicher nicht aus, um Erlösung zu erlangen; folglich passen die Reinkarnationslehre und das Karmagesetz sehr gut in das Erlösungskonzept»[53]. Selbsterlösung und Verzicht auf die stets vorlaufende göttliche Gnade will er ausschließen und fragt deshalb:

> Wozu ist dann Christus für mich gut? Die Antwort ist für Christen bestimmt einfach. Laut der Aussage der Evangelisten bewirkt er folgendes: er nimmt von mir die Last meiner Sünden, die Schuld, die meinen Fortschritt hemmen würde. Dadurch erlange ich die Fähigkeit zu größerer Gottesliebe. Kurz gesagt, Christus ist derjenige – die Christen sahen ihn schon immer unter diesem Aspekt, der mir zu meiner Befreiung verhilft.[54]

MacGregor

> vermag keinen vernünftigen Grund zu erkennen, warum die Reinkarnationslehre, sei es auf historischer oder theologischer Basis, mit einer orthodoxen christlichen Auffassung der Erlösung durch Jesus unvereinbar sein sollte.[55]

Er ist überzeugt,

> daß es eine Form der Reinkarnationslehre gibt, die mit der zentralen christlichen Tradition in Einklang zu bringen ist und nicht im Gegensatz zur Bibel steht ... Dies bedeutet, daß damit Christen geholfen ist, ihrem eigenen Glauben Sinn abzugewinnen und sich nicht von philosophischen und wissenschaftlichen Einwänden ... abschrecken zu lassen. Sie brauchen keine Zweifel zu hegen, die Reinkarnationslehre als Alternative zu akzeptieren. Anstatt den christlichen Glauben in irgendeiner Form abzuschwächen, vermag sie ihn zu beleben, christliche Hoffnung zu stärken, die christliche Liebe zu vertiefen und den menschlichen Geist zu klären.[56]

Ähnlich nachdrücklich wie MacGregor tritt der Schweizer Theologe und reformierte Pfarrer Till A. Mohr für die Vereinbarkeit von Christentum und Reinkarnationsglauben ein. Seine umfangreiche Monographie *Kehret zurück, ihr Menschenkinder!* versteht sich als «Grundlegung der christlichen Reinkarnationslehre». Eine solche hält er um der Wahrheit und um der universalen einzigartigen Bedeutung des Christentums willen für unverzichtbar, denn:

> Der Reinkarnationsgedanke ermöglicht eine von zahlreichen Widersprüchen befreite, kritisch gereinigte christliche Lehre, die mit der Liebe, Gerechtigkeit und Vollkommenheit Gottes übereinstimmt, in sich klar und einsichtig ist und somit als wirklich glaubwürdig und wahr erkennbar wird.[57]

Notwendige Kriterien einer christlichen Reinkarnationslehre sind für Mohr:

> Sie muss ihre Wahrheit am *Zeugnis der Bibel*, insbesondere der *Lehre Jesu*, sowie an der grundsätzlichen *Übereinstimmung mit Gottes Vollkommenheit* (Hiob 11,7; Mt 5,48), *Liebe* (Jer 31,3; 1 Joh 4,16) und *Gerechtigkeit* (Ps 36,7; 2 Kor 9,9) ausweisen. Als *christliche* Reinkarnationslehre muss sie sich vor allem der «*Gretchenfrage*» stellen, *wie sie es mit Christus und der von ihm vollbrachten Erlösung hält*. Sie muss dem *Kriterium innerer Widerspruchsfreiheit* standhalten und die Bestätigung ihrer Richtigkeit und *Wirklichkeitsbezogenheit* durch *wissenschaftlich erforschte Erfahrungstatsachen* liefern. Nur so kann meines Erachtens der christliche Glaube an die Reinkarnation auf ein festes Fundament gestellt werden, auf dem in Zukunft weitergebaut werden kann.[58]

Voraussetzung und Rahmen seiner Überlegungen ist ein durch die Prinzipien von Liebe und Gerechtigkeit bestimmtes Gottesbild. Der göttliche Heilsplan gipfelt im Sieg der Liebe, in der Rückkehr aller zu Gott. Er hat keinen doppelten Ausgang. Ewige Verdammnis für einen Teil der Geschöpfe widerspricht dem Wesen Gottes und ist mit dem universalen Erlösungswerk Christi unvereinbar. Gott bleibt auch Richter, aber er verhängt keine ewigen Strafen. Die meisten Vertreter des Glaubens an die Allversöhnung gehen von einem Entwicklungsweg im Jenseits durch Läuterung aus. Mohr verbindet diese traditionelle Sicht mit dem Reinkarnationsgedanken, wenn er hervorhebt:

> Durch die Belohnung und sinnvolle, heilsame Bestrafung sowie die Läuterung aller Abgeschiedenen gemäß ihrer Gesinnung und Werke werden sie gereinigt und in allem Guten gestärkt mit dem Ziel, in einem oder mehreren neuen Erdenleben zu reifen und zu beweisen, dass sie nun an Gott glauben, Christus treu bleiben, die Prüfungen bestehen und ihre

Verfehlungen wiedergutmachen, bis die Gottesebenbildlichkeit in allen vollkommen wiederhergestellt ist und alle Kinder Gottes im Hause des Vaters für immer bleiben dürfen.[59]

Ein Weg der Selbsterlösung, verbunden mit der Entwertung des Erlösungswerkes Jesu Christi, sei dieser jenseitige und diesseitige Weg zu Gott aber nicht. Mohr setzt sich mit diesem klassischen Vorwurf immer wieder auseinander und weist ihn zurück. Er unterstreicht:

> Die christliche Reinkarnationslehre räumt dem *Erlösungswerk Christi* zentrale Bedeutung ein; denn ohne diese Erlösung wäre Reinkarnation ein ewiger Kreislauf, ohne die Möglichkeit, der Macht des Todes und der Finsternis für immer zu entfliehen. Der Erlösung Christi allein ist es zu verdanken, dass die von Gott trennende Schuld des Abfalls, diese Urschuld oder Todsünde, der Welt vergeben und der Friede mit Gott grundsätzlich wiederhergestellt wurde. Christus allein hat in Verbundenheit mit der Macht Gottes und den Heerscharen der heiligen Engel die Mächte der Finsternis ein für alle Mal besiegt und ihre Macht eingeschränkt. Er hat den «Starken» (Satan, vgl. Mk 3,27) gebunden und gerichtet. Er hat uns den Weg zu Gott, den Aufstieg in die himmlischen Höhen freigekämpft. Er allein ist dieser Weg, der in Wahrheit zum Leben im Reich Gottes führt. Er allein hat es möglich gemacht, dass die Seelen der Verstorbenen nach dem irdischen Leben in der Regel nicht mehr in die Finsternis des Totenreiches zurückkehren müssen, sondern in den neuen Himmeln oder Aufstiegsstufen des Reiches Gottes gereinigt, gestärkt, belehrt und so für die Bewährungen auf Erden besser vorbereitet von oben her wiedergeboren werden können. Durch sein Erlösungswerk wurde es möglich, dass alle, die sich im Glauben Christus zuwenden und im Leben bewähren, durch den Trost, die Kraft und die Erleuchtung der Heiligen des Himmels auf dem Weg zu Gott mächtig gefördert werden und die Prüfungen auf Erden viel leichter bestehen.[60]

Auch die von vielen Theologen erhobenen Einwände, der Reinkarnationsglaube führe zu falscher Heilssicherheit, zu ethischer Gleichgültigkeit und Lauheit im Hoffen auf spätere Leben, weist Mohr zurück und dreht dabei den Spieß gleichsam um. Nicht ein christlicher Reinkarnationsglaube führe zu falscher Heilssicherheit, sondern ein falsches Gnadenverständnis, die Predigt von der billigen Gnade. Denn, wenn alles an Gottes Gnade liegt, kommt es auf mein Tun nicht an, muss ich mich um nichts kümmern, mich nicht um mein Heil mühen. Man dürfe nicht übersehen, dass Gottes Gnade seine Gerechtigkeit nicht aufhebt. Deshalb gibt es auch in der gesamten Schöpfung, der sichtbaren und unsichtbaren, das Gesetz von Ursache und Wirkung (Karma). Es ist auf die Höherentwicklung alles Lebens angelegt und

> stellt auf Grund der Gnade der Erlösung durch Christus und der dadurch möglich gewordenen Wiederverkörperung von oben sowie des mächtigen Beistandes durch den Geist der Wahrheit die Überwindung jedes pessimistischen oder fatalistischen Weltbildes dar.[61]

Grundlage und Ausgangspunkt einer christlichen Reinkarnationslehre muss nach Mohr die Bibel sein. Dass diese Grundlage gegeben ist, versucht er ausführlich und mit teilweise originellen Gedankenführungen zu belegen. Hinzu kommt für ihn der in Tausenden von Zeugnissen aus allen Zeiten und Kulturen vorliegende Erfahrungsbeweis. Wiederholte Erdenleben sind gemäß dieser Perspektive keine Theorie, sondern Wahrheit und eine Tatsache, die für alle Menschen gilt. Eine christliche Form des Reinkarnationsglaubens stehe in keinem unüberbrückbaren Gegensatz zur Kernbotschaft des Christentums, es sei denn, man klammert sich an überlebte Dogmen wie das von der ewigen Verdammnis, der Erbsünde und andere. Erst dann ergeben sich grundlegende Differenzen. Die Kirchen müssten sich um der Wahrheit willen, aber auch wegen der zunehmenden Zahl von Kirchenchristen, die an Reinkarnation glauben, mit dem Gedanken wiederholter Erdenleben auseinandersetzen. «Dadurch kann auch all den vielen Reinkarnationsanhängern in der christlichen Kirche volles Heimatrecht gegeben werden.»[62]

Ein die Grundbotschaft des Christentums nicht verfälschender Reinkarnationsglaube, davon ist Mohr überzeugt, führt zu einer «inneren Erneuerung des christlichen Glaubens». Der christliche Glaube werde den Naturwissenschaften und den anderen Weltreligionen gegenüber «dialogfähiger, überzeugender, glaubwürdiger und gewinnender».[63]

Christentum und Reinkarnation:
Eine revolutionäre Synthese

Christentum *oder* Reinkarnation, Christentum *und* Reinkarnation, beide Grundpositionen stehen sich seit Jahrhunderten scheinbar unversöhnlich gegenüber. Sie werden jeweils mit zahlreichen Argumenten und oft mit großer Emotion verteidigt.

In den letzten Jahrzehnten hat diese alte Kontroverse an Breite, jedoch nicht unbedingt an Tiefe gewonnen. Das gilt vor allem für die Medien und das apologetische Schrifttum, das auf beiden Seiten in Fülle vorliegt. Gegenseitige Verteufelung hat dabei eine lange Geschichte. Dort, wo der Standpunkt vertreten wird, Christentum *und* Reinkarnation schließen sich von vornherein aus, kann man an die Ketzergeschichte anknüpfen. Auf der anderen Seite, bei den reinkarnatorischen Christen, ist die Versuchung groß, die eigene Position mit von Wunschdenken geprägten Interpretationen der Bibel sowie einiger christlicher Traditionen zu verteidigen. Deshalb leidet der Streit über die Vereinbarkeit oder Unvereinbarkeit von Christentum und Reinkarnationsglauben unter argumentativer Einseitigkeit, oft auch unter begrifflicher Unschärfe.

Zunächst bedarf die pauschal benutzte Bezeichnung Christentum wie auch das Verständnis von Reinkarnation der Klärung. In der Regel wird Christentum mit der Kirche oder den Kirchen gleichgesetzt. Die Kirchen sind die äußeren Repräsentanten des Christentums. Aber die *eine* Kirche gibt es nicht sichtbar. Unterschiedliche Kirchen haben über Jahrhunderte die Deutung darüber beansprucht, was Christentum ist und was nicht. Sie tun es mehr oder weniger deutlich noch heute. So begegnen sich in der zentralen Frage nach der wahren Kirche, nach dem authentischen Christentum trotz ökumenischer Bewegung sehr gegensätzliche Positionen.

Doch ist auch zu bedenken, dass Reinkarnation, Seelenwanderung und Wiederverkörperung alles andere als klare Begriffe sind. Was wird wie, wann, wo und unter welchen Bedingungen wiedergeboren? Wie sieht das weltanschaulich-religiöse Gesamtkonzept, das Gottes-, Welt- und Menschenbild, in das der jeweilige Reinkarnationsglaube eingebettet wurde, aus? Erst wenn diese und weitere

Fragen beantwortet sind, kann von einem konkreten Wiederver-
körperungsverständnis her der Dialog mit dem Christentum oder
den Christentümern geführt werden.

Die Fragen nach Christentum *oder* Reinkarnation und Christentum *und* Reinkarnation sind in ihrer Pauschalität letztlich kaum be-
antwortbar. Sie haben lediglich den Charakter von Schlagworten.
Als solche sind sie in den breitenwirksamen Diskurs eingegangen
und werden deshalb auch dort verhandelt. Die Reinkarnationsmodelle der Vergangenheit und der Gegenwart, des Ostens und
des Westens erscheinen in ihren Ausformungen unterschiedlicher
als das Christentum in seiner Vielfalt. Einige erweisen sich schon
auf den ersten Blick als unvereinbar mit dem Christentum, mag
man diesen Begriff noch so weit fassen.

Die östlichen Reinkarnationsmodelle des Hinduismus und
Buddhismus mit ihrer Möglichkeit der Rückkehr ins Tier- und
Pflanzenreich sind Teil eines religiösen Gefüges, welches den Gedanken der Fremderlösung nur ansatzweise zulässt. Damit sind wir,
ganz abgesehen von vielen weiteren Gesichtspunkten, beim Kern
der Sache: Selbsterlösung *oder* Fremderlösung, das ist die Grundfrage: Reinkarnationsglaube *und* Erlösungsglaube, Reinkarnation
oder Erlösung?

Das Christentum ist eine Erlösungsreligion. Verlässt man diese
Basis, verlässt man das Christentum. Der christliche Erlösungs-
weg, die frohe Botschaft des Christentums sind untrennbar an die
Person und das Werk Jesu Christi, an seinen Kreuzestod und seine
Auferstehung gebunden. «Ich bin der Weg und die Wahrheit und
das Leben; niemand kommt zum Vater denn durch mich.» (Joh 14,6)
Das schließt, zumindest aus der Sicht des Neuen Testaments, ein
pluralistisches, multireligiöses Heilsverständnis der vielen Wege,
die alle zum gleichen Ziel führen, aus. Es gibt keine automatische
Erlösung für alle Menschen. Die Erlösung und das Heil sind an den
Glauben an Gott und seine Menschwerdung in Jesus Christus ge-
bunden. Auf die Frage des Kerkermeisters von Philippi an Paulus:
«Was soll ich tun, dass ich selig werde?» antwortet dieser: «Glaube
an den Herrn Jesus Christus, so wirst du und dein Haus selig.»
(Apg 16,30–31) Eine einfache Antwort auf eine einfache Frage.
Nicht die Werke des Menschen garantieren das Heil, sondern der
Glaube. Dabei ist Glaube jedoch nicht als Idee, als ein Für-wahr-

Halten, zu verstehen, sondern, wie es Luther in seiner Vorrede des Römerbriefes sagt, als eine lebendige, tätige und menschenverändernde Kraft Gottes.

Wenn dem Glauben diese zentrale Rolle zufällt, ergibt sich die wichtige Frage: Wie komme ich zum Glauben? Die traditionell kirchliche Antwort, im Protestantismus besonders zugespitzt, lautet: Der Glaube kommt aus der Predigt des Wortes Gottes. (Röm 10,17) Er ist ein Geschenk Gottes! Du kannst nichts, gar nichts tun. Aber warum glauben so viele, ja die überwältigende Mehrheit der Menschen, nicht im christlichen Sinn? Liegt das an Gott, will er den erlösenden, rettenden Glauben nur einigen wenigen schenken? Wird der größte Teil der Menschen für ein irdisches Leben im Nichtglauben und in Abwendung von Gott auf ewig verdammt, ist er einer Zukunft nie endender Qual ausgeliefert?

Von dem Genfer Reformator Johannes Calvin und den in seiner Tradition stehenden strenggläubigen reformierten Kirchen wird das mit der Lehre von der doppelten Vorherbestimmung der Menschen (Prädestination) bejaht. Gott hat in seiner göttlichen Souveränität und letztlich zu seiner Ehre den einen Teil der Menschen zur ewigen Seligkeit und den anderen zur ewigen Verdammnis vorherbestimmt. Und auch dort, wo diese spezielle Lehre nicht vertreten wird, was für die überwiegende Mehrheit der christlichen Kirchen zutrifft, wird an der Tatsache der ewigen Verdammnis eines Teils der Menschen – durchaus mit biblischen Bezügen – festgehalten, selbst wenn dies heute in der Verkündigung kaum erwähnt wird. Von diesen Lehr- und Glaubenspositionen her ist verständlicherweise der Gedanke an die Reinkarnation von Menschen abwegig.

Unter Anhängern eines christlichen Reinkarnationsverständnisses wird es demgegenüber als unverzichtbar angesehen, Alternativen zur Erwählungslehre, zum Glauben an eine ewige Verdammnis und der Begrenzung der Erlösungsmöglichkeit auf *ein* Leben zu finden. Die Lösungsangebote sind stets mit der Wiederverkörperungsidee verbunden. Wir lernten bereits entsprechende Beispiele kennen, wollen aber einige Grundgedanken nochmals betrachten.

Da das Angebot des Glaubens von vielen Menschen in diesem Leben nicht angenommen werde, bedürfe es weiterer Leben, denn Gott wolle ja, «dass allen Menschen geholfen werde und sie zur Erkenntnis der Wahrheit kommen.» (1 Tim 2,4) Darin liege die universelle Größe des Erlösungswerkes Jesu Christi. Dem Wesen Gottes, «denn Gott ist Liebe» (1 Joh 4,8), widerspreche ein doppelter Ausgang der Heilsgeschichte mit ewig Seligen und ewig Verdammten. Gott sei aber nicht nur Liebe, zu seinem Wesen und den ihn leitenden Prinzipien gehöre auch die Gerechtigkeit.

Zur Kernbotschaft des Christentums zählt deshalb, dass die Übertretung der göttlichen Gebote nach gerechter Bestrafung verlangt. Um gerecht zu handeln und doch dem Prinzip der Liebe Rechnung zu tragen, wurde Gott in Jesus Christus Mensch und nahm die Schuld der Menschen auf sich. Paulus formuliert dies so: Gott «hat den, der von keiner Sünde wusste, für uns zur Sünde gemacht, auf dass wir würden in ihm die Gerechtigkeit, die vor Gott gilt.» (2 Kor 5,21) Martin Luther spricht von einem «seligen Tausch»: Gott wird ein Knecht, der Mensch ein Herr. Für den einzelnen Menschen erschließt sich dieser selige Tausch, auch wenn er als objektiv bestehend angesehen wird, individuell nur durch und über den Glauben. Das ist die traditionelle christliche Lehre. Ihr stimmen auch die Vertreter eines christlichen Reinkarnationsglaubens in der Regel zu.

Aber ist der Mensch nach diesem Tausch, nach dem Zuspruch der Vergebung auf Dauer sündlos? Nein, werden beide Parteien antworten. Soll der «ohne des Gesetzes Werke» durch den Glauben vor Gott gerechtfertigte Mensch die Sünde mit Hilfe des Heiligen Geistes ablegen und sein sündiges Leben bessern? Von beiden Seiten wird ein «Ja» kommen. Die durch die Sünde – exemplarisch im Sündenfall – verlorengegangene Gottesebenbildlichkeit des Menschen bedarf der Wiederherstellung. Doch wie hat das zu geschehen und bis zu welchem Maß? Bei der Beantwortung dieser Frage brechen erneut tiefgreifende Gegensätze auf. Nach kirchlicher Lehre gibt es nach dem Tod, sieht man vom Fegefeuer ab, keine Entwicklungs- und Besserungsmöglichkeiten mehr.

Zwei Fragen sind zu stellen: Fällt alles Böse von dem, der an die Erlösung durch Jesus Christus glaubt, mit dem Tod oder bei der Auferstehung ab? Muss der Mensch selbst dazu beitragen, die Gottesebenbildlichkeit wiederzuerlangen, muss er sich dahin entwickeln? Eine dritte Möglichkeit ist, dass sich die Person nach dem Tod in jenseitigen Bereichen vervollkommnen kann. Anhänger christlicher Wiederverkörperungsmodelle sind von der Notwendigkeit der Überwindung der Sünde und der Wiedererlangung der Gottesebenbildlichkeit in mehreren Erdenleben wie auch im Jenseits überzeugt.

Also doch Selbsterlösung? Keine Selbsterlösung, sagen christliche Reinkarnationsverfechter. Sie argumentieren zum Beispiel damit, dass der Mensch nicht in der Lage ist, selbst die *Folgen* seiner Versäumnisse und Sünden abzutragen und so zu einem Verdienst vor Gott zu kommen. Denn Jesus stellt fest: «Wenn ihr alles getan habt, was euch befohlen ist, so sprechet: Wir sind unnütze Knechte; wir haben getan, was wir zu tun schuldig waren.» (Lk 17,10)

Ohne Erlösung und die Gnade Gottes wären alle Menschen verloren, das geben auch die meisten Vertreter einer christlichen Wiederverkörperungsanschauung zu. Aber, und das ist der entscheidende, vor allem von der westlichen kirchlichen Tradition abweichende Gesichtspunkt: der Mensch muss mitwirken (Synergismus). Gott hält als Erster die Hand hin (Gnade), der Mensch muss sie ergreifen und sich nach oben ziehen lassen. Da aber *ein* Leben dafür in der Regel nicht ausreicht, sind mehrere Leben und Aufenthalte im Jenseits notwendig. Dass Gott letztlich immer der Handelnde bleibt, wird nicht bestritten. Die Aktivität des Menschen ist begründet in der Aktivität Gottes. In diesem Sinn wird die Aufforderung des Apostels Paulus an die Philipper verstanden: «Schaffet, dass ihr selig werdet, mit Furcht und Zittern. Denn Gott ist's, der in euch wirkt beides, das Wollen und das Vollbringen, nach seinem Wohlgefallen.» (Phil 2,12–13)

Hinter den beiden hier angedeuteten Grundpositionen, der traditionellen christlichen antireinkarnatorischen und der mit dem Anspruch der Christlichkeit versehenen proreinkarnatorischen, steht, das wurde schon mehrfach deutlich, ein tiefer Gegensatz in der Frage: Neuschöpfung, Verwandlung durch Gott oder Entwicklung mit Hilfe Gottes?

Kirchliches Christentum hat sich weitgehend dem Entwicklungsgedanken verschlossen. Nur unter heftigen Kämpfen fand schließlich die naturwissenschaftliche Entwicklungs- und Evolutionstheorie in den meisten Kirchen prinzipielle Anerkennung. Auf geistlichem und theologischem Gebiet verhält es sich anders, obwohl der Glaube an eine unsichtbare Schöpfung, für die auch eine Schöpfungsordnung vorauszusetzen ist, zum klassischen kirchlichen Lehrgut gehört. Schon im Nizäischen Glaubensbekenntnis wird von Gott dem Vater bekannt, dass er «alles geschaffen hat, Himmel und Erde, die sichtbare und die unsichtbare Welt».

Es stellt sich nun vor dem Hintergrund der neuzeitlichen Erforschung der Naturgesetzlichkeit der sichtbaren Schöpfung die Frage: Wird auch die unsichtbare Schöpfung Gottes durch ihr innewohnende Naturgesetze, sozusagen Naturgesetze höherer, transzendenter Ordnung, bestimmt und erhalten, oder haben wir es in diesem Fall mit einem grundsätzlich anderen System zu tun? Ist zum Beispiel in der unsichtbaren Schöpfung, falls sie ebenfalls auf göttlichen Gesetzen beruht, die Möglichkeit vorhanden, unter bestimmten Bedingungen ein Gesetz durch ein anderes, übergreifendes zu ersetzen oder auszuschalten? Lassen sich dadurch vielleicht Wunder erklären, weil sich sichtbare und unsichtbare Schöpfung berühren? Können der Glaube an Gott und Jesus Christus, das Gebet usw. in diesem Zusammenhang eine wichtige Rolle spielen?

Solche Fragen und Überlegungen sind kirchlichen Theologien meist fremd. Nicht so in Kreisen christlicher Reinkarnationsgläubiger. Hier hält man Wiederverkörperung für ein in der sichtbaren und unsichtbaren Schöpfung allgemein gültiges Gesetzesprinzip. Mit dem Christentum hat das zunächst nichts zu tun. Bezüge zum Christentum ergeben sich erst, wenn die christliche Erlösungsbotschaft zentraler Teil dieses Systems und damit auch von Reinkarnation wird. Nur durch Erlösung kann dann, ungeachtet des erforderlichen Zusammenwirkens von Gott und Mensch, der Weg nach oben, in den Schoß Gottes, wie es Johann Georg Schlosser nannte, gegangen werden. Die Devise lautet hier: Erlösung *und* Entwicklung, nicht: Erlösung *ohne* Entwicklung.

Der Preis für solche in sich durchaus variantenreiche christliche Wiederverkörperungsmodelle ist die Ablehnung einer ganzen Reihe kirchlicher Lehrsätze. Das sollte klar gesehen werden. Übrigens muss dazu nicht unbedingt die christliche Lehre von der Auferstehung des Fleisches zählen, wie verschiedene Reinkarnationsentwürfe zeigen. Die oft gehörte Alternative Auferstehung *oder* Reinkarnation ist nicht zwingend, vielmehr kommt es auf die jeweilige Deutung an.

Eine von vielen weiteren Fragen, die wir in diesem Rahmen nicht ausführlicher diskutieren können, ist die nach der möglichen oder unmöglichen Begründung von Wiederverkörperung durch die Bibel, die Offenbarungsurkunde des Christentums. Die Meinungen gehen hier – oft unter Berufung auf sich als wissenschaftlich verstehende exegetische und geschichtliche Argumente – weit auseinander. Den Vertretern eines christlichen Wiederverkörperungsglaubens muss dabei in Erinnerung gerufen werden, dass sich in der Bibel keine *Lehre* von der Reinkarnation findet. Auf der anderen Seite sollte nicht übersehen werden, dass Anknüpfungspunkte vorhanden sind. Dies führt im Horizont der Kontroverse Christentum *oder* Reinkarnation – Christentum *und* Reinkarnation zu einer weiteren wichtigen Feststellung: Heilsnotwendig ist ein christlicher Reinkarnationsglaube nicht, heilsnotwendig ist nur der Glaube an Jesus Christus und sein Evangelium. Der Frage, ob der Reinkarnationsglaube im Kontext des Christentums individuell heilsförderlich werden kann, muss man sich dessen ungeachtet stellen.

Christentum *und* Reinkarnation! Ist das wirklich unmöglich? Hat das Christentum im Laufe seiner Geschichte nicht eine erstaunliche Integrationskraft bewiesen? Hinzu kommt: Gibt es nicht innerhalb der Kirchen seit langem mehr oder weniger stillschweigend erhebliche Lehrveränderungen? Oft nicht einmal in Anlehnung, sondern in Ablehnung von biblischen Bezügen. Das ist zweifellos der Fall. Man denke nur an die Rolle der Frau und an eine ganze Reihe ethischer Wertmaßstäbe. Die liberale Theologie, besonders im Protestantismus, distanziert sich seit der Aufklärung von einigen grundlegenden biblischen Aussagen und kirchlichen Dogmen. Das beginnt bereits bei der historisch-kritischen Bibelauslegung. Der Bogen spannt sich von der Erbsündenlehre über die Leugnung der Gottheit Jesu bis zur Leugnung der Auferstehung.

In der Beurteilung dieser Entwicklung verbietet sich Einseitigkeit, Liberalität nach links und Dogmatismus nach rechts. Die bei einigen namhaften Theologen und kirchlichen Amtsträgern anzutreffende Ablehnung der Lehre vom Sühneopfer Jesu Christi und der Heilsbedeutung des Abendmahls ist ein tieferer Eingriff in die biblische Kernbotschaft und das Evangelium Jesu als ein diese christlichen Zentrallehren nicht in Frage stellender «christlicher» Reinkarnationsglaube. Unbestreitbar kommen theologische Fronten in Bewegung, neue bilden sich, alte Glaubenspositionen werden revidiert. Die Christenheit, die Kirchen und ihre Theologen sind voll in den geistig-kulturellen Wandel unserer Zeit einbezogen. Wie könnte es auch anders sein! Die Kontroversen über den Reinkarnationsglauben mit ihren alten und neuen Positionen sind nur *ein* Zeichen dafür. Das letzte Wort über die Frage Christentum *und* Reinkarnation ist noch nicht gesprochen. Christentum und Wiederverkörperungsglaube müssen sich nicht unüberbrückbar gegenüberstehen.

Epilog:
Die Globalisierung der Reinkarnationsidee

Die Globalisierung der Reinkarnationsidee ist heute eine Tatsache. *Der* Reinkarnationsidee? Richtiger ist wohl, von der Globalisierung von Reinkarnationsideen unterschiedlichster Herkunft und Ausrichtung zu sprechen. Die Geschichte der Reinkarnationsidee hat gezeigt, in wie vielen Varianten sie, eingebettet in östliche und westliche religiös-weltanschauliche Systeme, philosophische und kulturelle Traditionen, auftritt. Aber auch als rein spekulative Idee, als Möglichkeit, als Wunschvorstellung durchzieht der Reinkarnationsglaube in unterschiedlichen Ausprägungen die gesamte Kulturgeschichte.

Im 20. Jahrhundert erreichte die weltweite Verbreitung und Aufnahme von Reinkarnationsideen ihren vorläufigen Höhepunkt. Im 21. Jahrhundert wird diese Entwicklung noch zunehmen. Das hat viele Ursachen und vielfältige kulturelle Auswirkungen. Eine offensichtliche und simple Ursache ist die wachsende Verbreitung östlicher Religionen, für die Reinkarnation in Form von Seelenwanderung ein wichtiger Bestandteil ihrer Glaubenssysteme und damit ihres Welt- und Menschenbildes ist. Auch die Besinnung indigener Völker auf ihre religiösen Traditionen, die vielfach den Gedanken der Wiedergeburt mehr oder weniger deutlich einschließen, ist in diesem Zusammenhang zu nennen. Die Migration von Menschen und die Transmigration von religiösen Ideen im Weltmaßstab sind heute eng miteinander verbunden. Dadurch wird auch der Reinkarnationsgedanke in seinen östlichen Formen in einem bisher nicht gekannten Maße weltweit verbreitet. Als noch erfolgreicher erweisen sich in den durch das Christentum geprägten Kulturen Europas, Amerikas und Australiens aber die westlichen Formen des Reinkarnationsglaubens. Hier ist Wiederverkörperung eine Gnade und nicht ein Fluch, eine Chance, keine abzuwerfende Last. Diese Überzeugung knüpft, wie wir sahen, an alte, bis in die

Antike zurückreichende Traditionen an und hat sich in jüdischen, christlichen und islamischen Variationen seit über 2000 Jahren entfaltet.

Das war allerdings nur am Rand der jeweiligen Religionen als Ketzerei mit geringer kultureller Prägekraft möglich. Erst die Aufklärung brachte im Westen die entscheidende Wende. In dem Maß, wie der Entwicklungsgedanke an Bedeutung und Anerkennung gewann, wuchs auch die Faszination der Idee wiederholter Erdenleben zum Zweck der Entwicklung und Vervollkommnung der menschlichen Persönlichkeit. Der Entwicklungsgedanke wurde für viele Menschen zur Tür zum Reinkarnationsglauben.

Die berühmt gewordenen Fragen Lessings in seiner *Erziehung des Menschengeschlechts* haben auch nach über 200 Jahren nichts von ihrer Aktualität verloren. Erinnern wir uns:

> § 92. Du hast auf deinem ewigen Wege so viel mitzunehmen! so viel Seitenschritte zu tun! – Und wie? wenn es nun gar so gut als ausgemacht wäre, daß das große langsame Rad, welches das Geschlecht seiner Vollkommenheit näher bringt, nur durch kleinere schnellere Räder in Bewegung gesetzt würde, deren jedes sein Einzelnes eben dahin liefert?
>
> § 93. Nicht anders! Eben die Bahn, auf welcher das Geschlecht zu seiner Vollkommenheit gelangt, muß jeder einzelne Mensch (der früher, der später) erst durchlaufen haben. – «In einem und eben demselben Leben durchlaufen haben? Kann er in eben demselben Leben ein sinnlicher Jude und ein geistiger Christ gewesen sein? Kann er in eben demselben Leben beide überholet haben?»
>
> § 94. Das wohl nun nicht! – Aber warum könnte jeder einzelne Mensch auch nicht mehr als einmal auf dieser Welt vorhanden gewesen sein?[1]

Diese Fragen, zugespitzt in der letzten Frage, beschäftigen Menschen mit oder ohne religiös-weltanschauliche Bindungen gerade in unserer Zeit.

Der Reinkarnationsglaube, so Perry Schmidt-Leukel,

> präsentiert sich dabei sozusagen als eine dritte Alternative zwischen dem jüdisch-christlich-islamischen Auferstehungsglauben einerseits und dem atheistisch-materialistischen Nihilismus andererseits – als eine Alternative, die sich allein schon durch ihre lange menschheitsgeschichtliche Tradition zu empfehlen scheint.[2]

Weit erstaunlicher als die Zunahme des Reinkarnationsglaubens unter Christen ist dabei, dass die Wiederverkörperungsvorstellung nicht wenige Anhänger und Sympathisanten auch unter Menschen findet, die vom Nihilismus, Agnostizismus und sogar Atheismus geprägt sind. Für sie verbindet sich damit allerdings ein mehr oder weniger starker Bruch mit ihrem Welt- und Menschenbild, wenn dessen Grundlage allein die Materie und der materielle Kosmos waren. Brücken zum Reinkarnationsglauben können hier empirische Untersuchungen, persönliche Rückführungen in frühere Leben und sogenannte Tatsachenbeweise bilden.

Mancherlei Berichte von bekannten Sportlern, Künstlern und Politikern über ihre Bekehrung zum Reinkarnationsglauben tauchen in diesem Zusammenhang in der einschlägigen Literatur und in den Medien immer wieder auf. Es ist die Logik des Reinkarnationsgedankens, die Erklärungsmöglichkeit für so viele Probleme der Welt und des Menschen, die faszinieren. Der Reinkarnationsglaube scheint ein vernünftiger Glaube zu sein. Er kommt ohne Gott aus, wie schon der Buddhismus zeigt. Religionen, ob nun das Christentum oder andere, müssen nicht beachtet werden, können belanglos bleiben. Lediglich ein neues Weltbild muss anerkannt werden, das von zwei Bereichen des Daseins ausgeht und durch ein Weltgesetz, durch kosmische Naturgesetze, regiert wird. Viele Varianten dieser Form des Reinkarnationsglaubens sind möglich und existieren. In jedem Fall bringt dabei das Reinkarnationsprinzip Sinn und Ordnung in die verwirrenden Phänomene des Lebens und der Welt. Außerdem eröffnet Reinkarnation eine Zukunft über den Tod hinaus, wo bisher keine war.

Eine wesentlich größere Gruppe von Menschen als die eben skizzierte entwickelt Sympathien für Reinkarnationsideen im Rahmen einer weit verbreiteten so genannten Patchwork-Religiosität. Diese speist sich aus vielen Quellen und unterschiedlichen religiösen Traditionen. Sie vermeidet letzte Festlegungen. Deshalb können von ihr traditionelle Religionssysteme und klar strukturierte alternativweltanschauliche Protestbewegungen kaum profitieren. Man stellt sich sein Menü im Supermarkt der Religionen und Weltanschauungen, der in jeder größeren Stadt und im Internet zu finden ist, selbst zusammen. Reinkarnation ist dabei eine oft gewählte anziehende Ingredienz. Spirituelle Erfahrungsangebote spielen hier meist eine wichtige Rolle. Sie werden vermittelt durch lockere Netzwerke, im Rahmen von Kursen oder auch durch Literatur. Es handelt sich hier nicht nur um ein religiöses, sondern auch um ein kulturelles Phänomen, das weiter an Bedeutung gewinnen wird. Reinhard Hempelmann bemerkt dazu:

> Erst eine Lebenswelt, die durch weltanschaulich-religiöse Vielfalt gekennzeichnet ist, hat Patchwork-Glauben möglich gemacht. Religionsfreiheit, Migrationsprozesse, moderne Kommunikationsmedien, religiöser Tourismus, ein neu erwachtes Sendungsbewusstsein nichtchristlicher Religionen und neuer religiöser Bewegungen verstärken den kulturellen Austausch und tragen zur Pluralisierung religiöser Orientierungen bei.[3]

Dass nach religiöser Orientierung gefragt wird, ist ein Zeichen des Widerspruchs gegen die anscheinende Rationalitätsdominanz in der westlichen Kultur und in vielen Kirchen. Reinkarnationsmodelle können Rationalität und religiösen Glauben verbinden, ohne zwingend ein geschlossenes Lehrsystem oder gar einen Kultus vorauszusetzen. Bei genauem Hinsehen entdeckt man freilich auch hier jeweils ein System, denn völlig frei im Raum schwebt auch der Reinkarnationsglaube, sofern er als solcher anzusprechen ist, in der Regel nicht. Anders kann es bei eher schlichten Reinkarnationsideen sein, die gleichsam in atomisierter Form hier und da auftauchen.

Schon die Geschichte des Reinkarnationsgedankens im Westen zeigt, wie oft in Literatur und Kunst die Reinkarnationsidee als interessante Hypothese aufgenommen und verarbeitet wurde. In breiteren Bevölkerungskreisen tragen heute vor allem die Medien zur spielerisch-hypothetischen Popularisierung des Themas Wiederverkörperung bei. Nicht wenige Zuschauer und Zuhörer finden den Gedanken auf den ersten Blick anziehend oder – auch das darf nicht übersehen werden – abschreckend. Auf geringe Resonanz stößt die östliche Version des Seelenwanderungsglaubens mit der möglichen Rückkehr ins Tier- und Pflanzenreich.

Ist Sympathie für den Reinkarnationsgedanken zur persönlichen Überzeugung geworden, die klar bekannt wird, hat das jedoch auch in der christlich geprägten westlichen Welt längst den Charakter des Ketzerischen verloren. Diese Tatsache signalisiert eine weitreichende Veränderung der religiös-weltanschaulichen Gegenwartskultur. Dazu gehört, dass die Diskussion der Reinkarnationsidee nicht mehr vom interreligiösen Dialog in seiner ganzen Breite zu trennen ist. «Das Konzept der Reinkarnation», so Schmidt-Leukel,

> erscheint hier als thematisches Musterbeispiel für einen interkulturellen Dialog, der mehr ist als ein Austausch von Informationen, sondern zu einem erweiterten und vertieften Diskurs hinsichtlich der Grundfragen menschlicher Existenz führt.[4]

Ihre Beantwortung, das zeigt auch die Geschichte des Reinkarnationsglaubens, dürfte allerdings letztlich nur im Rahmen von Religion möglich sein, nicht im Bereich von Wissenschaft, es sei denn, man geht wie der Marxismus von der Existenz einer wissenschaftlichen Weltanschauung aus. Die Grundfragen menschlichen Lebens und mit ihnen die Frage nach der Möglichkeit oder Unmöglichkeit wiederholter Erdenleben sind im Kern Fragen nach letzten Wahrheiten, nach Gott, nach seinem Schöpfungs- und Heilsplan, nach dem Woher und Wohin allen Seins, nach Sinn oder Sinnlosigkeit des Daseins. Unanfechtbare objektive Beweise gibt es nicht. Das gilt auch für die Reinkarnationsfrage. Jesus sagte bekanntlich zu der Frage, ob Johannes der Täufer mit Elia identisch ist (Mt 11,14–15):

> Und so ihr's *wollt* annehmen: er ist Elia, der da kommen soll. Wer Ohren hat, der höre!

Anmerkungen

Einleitung

1 Gotthold Ephraim Lessing, Werke und Briefe in 12 Bänden, hrsg. v. Wilfried Barner zusammen mit Klaus Bohnen u. a., Frankfurt a. M. 1985 ff., Bd. 10, 2001, S. 97.

2 Ebd., S. 98 f.

3 Allan Kardec, Das Buch der Geister und die Grundsätze der Geistlehre betreffend das gegenwärtige und zukünftige Leben im Diesseits und Jenseits, Leipzig 1922, S. 30.

I. Asiatische Religionen

1 Bṛhadāranyaka-Upaniṣad 4,4, S. 3 f. Zitiert nach: Weisheit des alten Indien, Bd. 1. Vorbuddhistische und nichtbuddhistische Texte, hrsg. v. Johannes Mehlig, Leipzig/Weimar 1987, S. 286.

2 Ebd., 4,4, S. 5. Zitiert nach: Weisheit des alten Indien, s. Anm. 1, S. 286 f.

3 Carl-A. Keller, Hinduistische Lehren vom Wesen und Wirken des Karman. In: Reinkarnation–Wiedergeburt – aus christlicher Sicht, hrsg. v. Otto Bischofberger, Oswald Eggenberger, Carl-A. Keller, Joachim Müller, Freiburg (Schweiz) 1987, S. 11 f.

4 Gesetzbuch des Manu, XII, 53–81. Zitiert nach Louis Renou, Der Hinduismus, Stuttgart 1981, S. 140.

5 Zitiert nach ebd., S. 139.

6 Heinrich von Stietencron, Hinduistische Perspektiven. In: Hans Küng, Josef van Ess, Heinrich von Stietencron, Heinz Bechert, Christentum und Weltreligionen. Hinführung zum Dialog mit Islam, Hinduismus und Buddhismus, München 1984, S. 319.

7 Zitiert nach Hubert Hänggi, Reinkarnation und Ahnenverehrung im Glauben der Hindus. In: Reinkarnation–Wiedergeburt – aus christlicher Sicht, s. Anm. 3, S. 25 f.

8 Ronald Zürrer, Reinkarnation. Die umfassende Wissenschaft der Seelenwanderung, Zürich 1989, S. 321.

9 Ebd.

10 Ebd.

11 Hinduistische Perspektiven, s. Anm. 6, S. 318.

12 Mahāvagga I, 6, 20. Zitiert nach: Weisheit des alten Indien, Bd. 2, Buddhistische Texte, s. Anm. 1, S. 119.

13 Zitiert nach Reinhart Hummel, Reinkarnation. Weltbilder des Reinkarnationsglaubens und das Christentum, Mainz/Stuttgart 1988, S. 57.

14 Zitiert nach: Weisheit des alten Indien, Bd. 2, s. Anm. 12, S. 409.

15 Ernst Windisch, Buddha's Geburt und die Lehre von der Seelenwanderung, XXVI. Bd. der Abhandlungen der philologisch-historischen Klasse der Königl. Sächsischen Gesellschaft der Wissenschaften, Nr. II, Leipzig 1908, S. 29 f.

16 Der Weg zur Reinheit. Visuddhi Magga, übersetzt v. Nyanatiloka, Konstanz ³1975, S. 349. Zitiert nach Perry Schmidt-Leukel, Sterblichkeit und ihre Überwindung. In: Münchener Theologische Zeitschrift, 39. Jg., Heft 4, 1988, S. 301, Anm. 85.

17 Christentum und Weltreligionen, s. Anm. 6, S. 424 f.

18 Dhammapāda, S. 153 f. Zitiert nach Friedrich Heiler, Die Religionen der Menschheit in Vergangenheit und Gegenwart, Stuttgart 1959, S. 258. [Das Dhammapāda ist das am häufigsten in europäische Sprachen übersetzte Werk der buddhistischen Literatur und hat erheblichen Einfluss ausgeübt.]

19 Mahāvagga I, 6, 21–22. Zitiert nach: Weisheit des alten Indien, Bd. 2, s. Anm. 12, S. 119.

20 Ulrich Dehn, Suche nach der eigenen Mitte – östliche Religiosität im Westen. In: Panorama der *neuen* Religiosität. Sinnsuche und Heilsversprechen zu Beginn des 21. Jahrhunderts, hrsg. im Auftrag der Evangelischen Zentralstelle für Weltanschauungsfragen (EZW), Gütersloh 2001, S. 326.

21 Vgl. Walther Schubring, Die Lehre der Jainas nach den alten Quellen dargestellt, Berlin/Leipzig 1935, S. 113.

22 Monika Thiel-Horstmann, Leben aus der Wahrheit. Texte aus der heiligen Schrift der Sikhs, Zürich 1988, S. 128.

23 Ebd., S. 67 f.

24 Vgl. ebd., S. 66.

25 Ebd., S. 95.

II. Indigene Völker

1 Waldemar Jochelson, The Korjak. Religion and Myths, New York 1908, S. 100. Zitiert nach Michael Bergunder, Wiedergeburt der Ahnen. Eine religionsethnographische und religionsphänomenologische Untersuchung zur Reinkarnationsvorstellung, Münster/Hamburg 1994, S. 207.

2 Charles Kingsley Meek, Tribal Studies in Northern Nigeria, London 1931, Bd. I, S. 165. Zitiert nach: Wiedergeburt der Ahnen, s. Anm. 1, S. 301.

III. Antike Vorstellungen

1 Herodot, Historien, hrsg. v. Josef Feix, München/Zürich ⁴1988, Bd. II, S. 123.

2 Ägyptisches Totenbuch, übersetzt u. kommentiert v. Gregoire Kolpakt-chy, München 1955, S. 103. Zitiert nach Johannes Hemleben, Jenseits. Ideen der Menschheit über das Leben nach dem Tode vom Ägyptischen Totenbuch bis zur Anthroposophie Rudolf Steiners, Hamburg 1975, S. 24.

3 Ebd., S. 115. Zitiert nach: Jenseits, s. Anm. 2, S. 24.

4 Empedokles, Fragment 127. Zitiert nach Hermann Diels, Die Fragmente der Vorsokratiker, hrsg. v. Walter Kranz, Bd. 1, Berlin 1934, S. 362.

5 Ebd., Fragmente 146–147. Zitiert nach: Die Fragmente der Vorsokratiker, s. Anm. 4, S. 370.

6 Platon, Phaidon 83 d, e. Zitiert nach Plato, Werke, hrsg. v. Gunther Eigler, Bd. 3, Darmstadt ³1990, S. 93.

7 Platon, Phaidros, 248 e, 249 a-c. Zitiert nach Plato, Werke, hrsg. v. Gunther Eigler, Bd. 5, Darmstadt ²1990, S. 83, 85.

8 Platon, Phaidon 82 b. Zitiert nach Werke, Bd. 3, s. Anm. 6, S. 87.

9 Platon, Timaios 90 e. Zitiert nach Plato, Werke, hrsg. v. Gunther Eigler, Bd. 7, Darmstadt ²1990, S. 205.

10 Ovid, Metamorphosen XV, 154–173. Zitiert nach Michael von Albrecht, Ovid. Metamorphosen, München ³1987, S. 351.

11 Lucius Annäus Seneca, Brief 36, 10 f. Zitiert nach Lucius Annäus Seneca, Ausgewählte Schriften, übersetzt u. durch Anmerkungen erläutert v. Albert Forbiger, Bd. I, Stuttgart 1866, S. 127.

12 P. Vergilius Marco, Aeneis, Buch VI, erklärt v. Eduard Norden, Leipzig/Berlin ²1916, S. 93.

13 Walter Stettner, Die Seelenwanderung bei Griechen und Römern. In: Tübinger Beiträge zur Altertumswissenschaft, XXII. Heft, Stuttgart/Berlin 1934, S. 67.

14 Ebd., S. 78 f.

15 Helmut Zander, Geschichte der Seelenwanderung in Europa. Alternative religiöse Traditionen von der Antike bis heute, Darmstadt 1999, S. 119.

16 Kurt Rudolph, Die Gnosis, Leipzig ²1980, S. 202.

17 Irenaeus, adv. haer. I 23,2. Zitiert nach: Die Gnosis, Bd. I, Zeugnisse der Kirchenväter, unter Mitwirkung v. Ernst Haenchen u. Martin Krause, eingeleitet, übersetzt u. erläutert v. Werner Foerster, Zürich/Stuttgart 1969, S. 42.

18 Ebd., I 25,4. Zitiert nach: Die Gnosis, s. Anm. 17, S. 52.

19 Fragment 5 Origenes. In: Rom V 1. Zitiert nach: Die Gnosis, s. Anm. 17, S. 104 f.

20 Clemens Alex., Excerpta ex Theodoto § 1,28. Zitiert nach: Die Gnosis, s. Anm. 17, S. 292.

21 Epiphanius, Panarion XXVI 9,5. Zitiert nach: Die Gnosis, s. Anm. 17, S. 411.

22 Hippolyt, Ref. VIII 10, 1–2. Zitiert nach: Die Gnosis, s. Anm. 17, S. 397.

23 Hermetica, hrsg. v. Walter Scott, Bd. I, Oxford 1924, S. 154, 8 b.

24 Alexander Böhlig u. Peter Asmussen, Die Gnosis, Bd. 3, Der Manichäismus, Zürich/München 1980, S. 281.

25 Ebd., S. 126 f.

26 Ebd., S. 269.

27 Geheime Schriften mittelalterlicher Sekten, ausgewählt, eingefügt u. hrsg. v. Petra Seifert. Übersetzt aus dem Lateinischen v. Manfred Pawlik, Augsburg 1997, S. 136.

28 Wolfgang Krause, Die Kelten. In: Religionsgeschichtliches Lesebuch, hrsg. v. Alfred Bertholet, Tübingen [2]1929, S. 37.

29 Gaius Julius Caesar, Bellum Gallicum, VI, 14, 5. Zitiert nach Gaius Julius Caesar, Sämtliche Werke, Der Gallische Krieg, nach der Übersetzung u. mit den Kommentaren v. Karl Blümel, Essen [3]1990, S. 166.

30 Diodoros, Griechische Weltgeschichte, Buch I–X, 2. Teil, übersetzt v. Gerhard Wirth u. Otto Veh, eingeleitet u. kommentiert v. Thomas Nothers, Stuttgart 1993, Buch V, 28, Sp. 5–6.

31 Marcus Annaeus Lucanus, Bellum civile, hrsg. u. übersetzt v. Wilhelm Ehlers, München [2]1978, I, Sp. 458–462.

32 Die Edda. Die Lieder der sogenannten älteren Edda nebst einem Anhang, übersetzt u. erläutert v. Hugo Gering, Leipzig/Wien o. J., S. 234.

33 Ebd., S. 159.

34 Ebd., S. 173.

35 Ebd., S. 182.

36 Wilhelm Grönbech, Kultur und Religion der Germanen, Bd. I, Darmstadt [11]1991, S. 294 f.

37 Hilko Wiardo Schomerus, Der Seelenwanderungsgedanke im Glauben der Völker. In: Zeitschrift für systematische Theologie, 6. Jg., 2. Vierteljahrsheft, Gütersloh 1928, S. 222 f.

38 Emil Bock, Wiederholte Erdenleben, Stuttgart 1961, S. 17.

IV. Judentum, Islam und verwandte Religionen

1 Herbert Vorgrimler, Hoffnung auf Vollendung. Aufriß der Eschatologie, Freiburg/Basel/Wien 1980, S. 25.

2 Rudolf Meyer, Hellenistisches in der rabbinischen Anthropologie. Rabbinische Vorstellungen vom Werden des Menschen, Stuttgart 1937. In: Beiträge zur Wissenschaft vom Alten und Neuen Testament, Vierte Folge, Heft 22, S. 61.

3 Gerhard Kittel, Die Probleme des palästinensischen Spätjudentums und des Urchristentums, Stuttgart 1926, S. 164, vgl. auch ebd., S. 141 f.

4 Flavius Josephus, Geschichte des Judäischen Krieges. Übersetzung v. Heinrich Clementz, Durchsicht der Übersetzung, Einleitung u. Anmerkungen v. Heinz Kreissig, Leipzig 1970, Einleitung, S. 6.

5 Ebd., Drittes Buch, 8. Kap., 5. Abs., S. 269.

6 Ebd., Zweites Buch, 8. Kap., 14. Abs., S. 164.

7 Flavius Josephus, Jüdische Altertümer, übersetzt u. mit Einleitung u. Anmerkungen versehen v. Heinrich Clementz, Bd. II, Berlin o. J., XVIII, 1, § 3, S. 506.

8 Philo von Alexandrien, Über die Träume I, 138, 139. In: Die Werke Philos von Alexandria, 6. Teil, hrsg. v. I. Heinemann u. M. Adler, Breslau 1938, S. 201.

9 Gershom Scholem, Seelenwanderung und Sympathie der Seelen in der jüdischen Mystik. In: Eranos-Jahrbuch 1955, Bd. XXIV, Zürich 1956, S. 66 f.

10 Ebd., S. 67.

11 Ebd., S. 70.

12 Ebd., S. 74.

13 Ebd., S. 72.

14 Ebd., S. 79.

15 Ebd., S. 80.

16 Ebd., S. 94.

17 Ders., Zur Kabbala und ihrer Symbolik, Zürich 1973, S. 156.

18 Ostjüdische Legenden, aus dem Jiddischen übertragen v. Alexander Eliasberg, Leipzig/Weimar 1983, S. 8 f.

19 Helmut Zander, Geschichte der Seelenwanderung in Europa. Alternative religiöse Traditionen von der Antike bis heute, Darmstadt 1999, S. 198.

20 Strafrecht im Jenseits. Rabbi Ovadia Josef und die Lehre der Wiedergeburt, F. A. Z., 23. 8. 2000, Nr. 195, S. N5.

21 Rudolf Strothmann, Seelenwanderung bei den Nusairi. In: Oriens (Zeitschrift der Internationalen Gesellschaft für Orientforschung) 12/1959, S. 95.

22 Zitiert nach ebd., S. 101.

23 Zitiert nach Heinz Halm, Die islamische Gnosis. Die extreme Schia und die Alaviten, Zürich/München 1982, S. 263 f.

24 Zitiert nach: Seelenwanderung bei den Nusairi, s. Anm. 21, S. 100 f.

25 Markus Dressler, Die Alevitische Religion. Traditionslinien und Neubestimmungen, Würzburg 2002, S. 105.

26 Rainer Freitag, Seelenwanderung in der islamischen Häresie, Berlin 1985, S. 209 f.

27 Ebd., S. 135.

28 Ebd., S. 140.

29 Ebd., S. 152 f.

30 Ein historischer Überblick über Ezidische Religion und Kultur, hrsg. v. der Förderation der Eziden aus Kurdistan in Deutschland, o. O., o. J., S. 16.

31 Ursula Spuler-Stegemann, Der Engel Pfau. Zum Selbstverständnis der Yezidi. In: Zeitschrift für Religionswissenschaft, 5. Jg., 1997, S. 9.

V. Christentum und Kirchengeschichte

1 Johannes Schneider, Das Evangelium nach Johannes, Berlin ²1978, S. 188.

2 Meyers Konversationslexikon, 1907, Bd. 18, S. 263.

3 Julius Schniewind, Das Evangelium nach Matthäus, Göttingen ¹¹1964, S. 145.

4 Helmut Zander, Geschichte der Seelenwanderung in Europa. Alternative religiöse Traditionen von der Antike bis heute, Darmstadt 1999, S. 132.

5 Hieronymus, An Demetrias. Über die Bewahrung d. Jungfrauschaft, Brief 130, übersetzt v. Peter Leipelt. In: Bibliothek der Kirchenväter, Kempten 1872, S. 578 f.

6 Vgl. Eduard Bertholet, La réincarnation, Lausanne 1978, S. 274.

7 Zitiert nach: Geschichte der Seelenwanderung in Europa, s. Anm. 4, S. 140.

8 Origenes, De principiis III, Praefatio Rufini 194. Zitiert nach Herwig Görgemanns u. Heinrich Karpp (Hg.), Vier Bücher von den Prinzipien, Texte zur Forschung Bd. 24, Darmstadt 1976, S. 459 f.

9 Pseudo-Leontius von Byzanz, De sectis 10,5. Zitiert nach: Vier Bücher von den Prinzipien, s. Anm. 8, S. 273.

10 Justinus, Dialog mit dem Juden Tryphon, IV, 5. In: Bibliothek der Kirchenväter, hrsg. v. O. Bardenhewer u. a., übersetzt v. P. Haluser, Bd. 33, Kempten/München 1917, S. 8.

11 Ebd., IV, 7. In: Bibliothek der Kirchenväter, s. Anm. 10, S. 9.

12 Irenäus, Überführung und Widerlegung der sogenannten Gnosis, Buch II, 33, 1. In: Bibliothek der Kirchenväter, hrsg. v. O. Bardenhewer u. a., übersetzt v. E. Klebba, Bd. 3, Kempten/München 1912, S. 200.

13 Augustinus, Bekenntnisse, I, 6. In: Bibliothek der Kirchenväter, hrsg. v. O. Bardenhewer u. a., übersetzt v. A. Hoffmann, Bd. 18, Kempten/München 1914, S. 7.

14 Origenes, Vier Bücher von den Prinzipien, hrsg. v. Herwig Görgemanns u. Heinrich Karpp, Darmstadt [3]1992, S. 823 f.

15 Ebd. S. 825.

16 Ebd., S. 831.

17 Josef Neuner u. Heinrich Roos, Der Glaube der Kirche in den Urkunden der Lehrverkündigung, Leipzig 1982, S. 200.

18 Zitiert nach: Geschichte der Seelenwanderung in Europa, s. Anm. 4, S. 202.

19 Geheime Schriften mittelalterlicher Sekten, ausgewählt, eingefügt und hrsg. von Petra Seifert. Übersetzt aus dem Lateinischen v. Manfred Pawlik, Augsburg 1997, S. 204.

20 Geschichte der Seelenwanderung in Europa, s. Anm. 4, S. 212.

21 Zitiert nach ebd., S. 240.

22 Ebd., S. 241.

23 Till A. Mohr, Kehret zurück, ihr Menschenkinder! Die Grundlegung der christlichen Reinkarnationslehre, Grafing 2004, S. 105.

24 Ebd., S. 117.

25 Hans Preuß, Martin Luther. Der Prophet, Gütersloh 1933, S. 49.

26 Giordano Bruno, Die Vertreibung der triumphierenden Bestie, übersetzt v. Ludwig Kuhlenbeck. In: Giordano Bruno, Gesammelte Werke, Bd. 2, Leipzig 1904, S. 23.

27 Giordano Bruno, Kabbala, Kyllenischer Esel, Reden, Inquisitionsakten, ins Deutsche übertragen v. Ludwig Kuhlenbeck. In: Giordano Bruno, Gesammelte Werke, Bd. 6, Leipzig 1909, S. 46 f.

28 Heinrich Kofink, Lessings Anschauungen über die Unsterblichkeit und Seelenwanderung, Straßburg 1912, S. 171.

29 Die Briefe der Liselotte von der Pfalz, Herzogin von Orleans, ausgewählt u. biographisch verbunden v. C. Künzel, Ebenhausen b. München 1912, S. 180.

30 Ebd., S. 181.

31 Geschichte der Seelenwanderung in Europa, s. Anm. 4, S. 269.

32 Polycarpus Chrisostomos (Georg Christoph Brendel), Zueignungs-Schrifft, S. 21. In: Christian Democritus (Konrad Dippel), Die Kranckheit und Artzney Des Thierisch-Sinnlichen Lebens, Frankfurt/Leipzig [2]1727.

33 Lessings Anschauungen über die Unsterblichkeit und Seelenwanderung, s. Anm. 28, S. 173 f.

34 Die Briefe der Liselotte von der Pfalz, s. Anm. 29, S. 314 f.

VI. Auf dem Weg ins Zentrum
des europäischen Geisteslebens

1 Apologia Pythagorae, praesertim contra episcopum Worcestriensem. In: Observationum Selectorum, Bd. 2, Halle/Magdeburg 1700, S. 199–231.

2 Polycarpus Chrisostomos (Georg Christoph Brendel), Zueignungs-Schrifft, S. 11. In: Christian Democritus (Konrad Dippel), Die Kranckheit und Artzney Des Thierisch-Sinnlichen Lebens, Frankfurt/Leipzig ²1727.

3 Ebd., S. 15 f.

4 Ebd., S. 16.

5 Ebd., S. 17.

6 Ebd., S. 18.

7 Ebd., S. 18 f.

8 Ebd., S. 36 f.

9 Ebd., S. 19.

10 Ebd., S. 23 f.

11 Der Heiligen Schrifft/und zwar Alten Testaments/ Dritter Theil, Berlenburg 1730, S. 433.

12 Ebd., S. 689.

13 Der Heiligen Schrifft Fünfter Theil, oder des Neuen Testaments Erster Theil, Berlenburg 1735, S. 111.

14 Ebd., S. 243.

15 Ebd., S. 743.

16 Johann Christian Edelmann, Unschuldiger Wahrheiten Funfzehendes und Letztes Stück, o. O., 1743, S. 45.

17 Ebd., S. 44 f.

18 Ebd., S. 50 f.

19 Johann Heinrich Zedler, Grosses vollständiges Universal Lexikon Aller Wissenschafften und Künste, Leipzig/Halle, Bd. 36, Sp. 1172–1176.

20 Ebd., Sp. 1175.

21 Zitiert nach Heinrich Kofink, Lessings Anschauungen über die Unsterblichkeit und Seelenwanderung, Straßburg 1912, S. 179.

22 Voltaire, Dieu et les hommes, par le Docteur Oleera, Œuvre théologique, mais raisonnable, in: Œuvres Complètes de Voltaire, Bd. 28, Paris 1879, S. 140.

23 Ders., La Princesse de Babylone. In: Romans et contes, Paris 1979, S. 373.

275

24 Emil Bock, Wiederholte Erdenleben, Stuttgart 1961, S. 32.

25 Franciscus Hemsterhuis, Vermischte Philosophische Schriften, Zweyter Theil, Leipzig 1782, S. 252.

26 Ebd., S. 342.

27 Ebd.

28 Zitiert nach: Wiederholte Erdenleben, s. Anm. 24, S. 66.

29 Georg Christoph Lichtenberg, Schriften und Briefe, 6 Bde., hrsg. v. Wolfgang Promies, München 1968–1974, Bd. I, S. 754. Zitiert nach Helmut Zander, Geschichte der Seelenwanderung in Europa. Alternative religiöse Traditionen von der Antike bis heute, Darmstadt 1999, S. 336.

30 Daniel Cyranka, «Gehet hin und leset euren Lessing, den wir Spiritisten stolz den unseren nennen!» Lessings Wirkung in der modernen Esoterik. In: Lessing Yearbook/Jahrbuch XXXVII 2006/2007, S. 134.

31 Ders., Lessing im Reinkarnationsdiskurs. Eine Untersuchung zu Kontext und Wirkung von G. E. Lessings Texten zur Seelenwanderung, Göttingen 2005, S. 387.

32 Gotthold Ephraim Lessing, Werke und Briefe in 12 Bänden, hrsg. v. Wilfried Barner zusammen mit Klaus Bohnen u. a., Frankfurt a. M. 1985 ff., Bd. 10, 2001, S. 97 f.

33 Ebd., S. 98 f.

34 Ebd., 227 f.

35 Karl Gotthelf Lessing, Gotthold Ephraim Lessings Leben, nebst seinem noch übrigen litterarischen Nachlasse, Bd. 2, Berlin 1795, S. 77.

36 Ebd., S. 76 f.

37 Lessing im Reinkarnationsdiskurs, s. Anm. 31, S. 466.

38 Briefe an Johann Heinrich Merck von Göthe, Herder, Wieland und andern bedeutenden Zeitgenossen, hrsg. v. Karl Wagner, Darmstadt 1835, S. 50 f. Zitiert nach D. Cyranka, Zwischen Neurophysiologie und «Indischen Märchen» – Anmerkungen zu Schlossers Gesprächen über die Seelenwanderung. In: Religiöser Pluralismus und das Christentum, hrsg. v. Michael Bergunder, Göttingen 2001, S. 39 f.

39 Johann Georg Schlosser, Ueber die Seelenwanderung. Zwey Gespräche, Basel 1782, S. 1 f. Zitiert nach: Zwischen Neurophysiologie und «Indischen Märchen», s. Anm. 38, S. 38.

40 Alfred Nicolovius, Johann Georg Schlosser's Leben und literarisches Wirken, Bonn 1844, S. 22.

41 Johann Georg Schlosser, Ueber die Seelen-Wanderung. Eugenius und Cleomathus. In: Johann Georg Schlossers Kleine Schriften, Dritter Theil, Basel 1783, S. 8.

42 Ebd., S. 3.

43 Ebd., S. 29.

44 Ebd., S. 15 f.

45 Ebd., S. 32.

46 Ebd., S. 41.

47 Ebd., S. 41 f.

48 Ebd., S. 42.

49 Ebd.

50 Ebd., S. 43.

51 Ebd., S. 46.

52 Johann Gottfried Herder, Über die Seelenwanderung. Drei Gespräche. In: ders., Schriften zu Philosophie, Literatur, Kunst und Altertum 1774–1787, hrsg. v. Jürgen Brummack u. Martin Bollacher, Frankfurt a. M. 1994, S. 472 f.

53 Johann Georg Schlosser, An Bodmern bei Uebersendung der Gespräche von der Seelenwanderung. In: Johann Georg Schlossers Kleine Schriften, s. Anm. 41, S. 47 f.

54 Zitiert nach: Wiederholte Erdenleben, s. Anm. 24, S. 56.

55 Goethe-Briefe. Mit Einleitungen und Erläuterungen, hrsg. v. Philipp Stein, Berlin 1902, Bd. II, S. 36 f.

56 Johann Wolfgang von Goethe, Werke, Bd. I, Hamburg 1948, S. 123.

57 Goethes ausgewählte Werke in sechzehn Bänden, hrsg. v. S. M. Prem, Leipzig o. J., Bd. I, S. 33.

58 Schillers Werke, hrsg. v. Christian Christiansen, Gedichte I, Hamburg o. J., S. 41.

59 Ebd., S. 45 f.

60 Friedrich Schiller, Die Räuber, 4. Akt, 5. Szene.

61 Zitiert nach: Wiederholte Erdenleben, s. Anm. 24, S. 59.

62 Ebd.

63 Zitiert nach ebd., S. 61 f.

64 Ebd. S. 775.

65 Ebd., S. 774.

66 Ebd., S. 775.

67 Ebd., S. 776.

68 Johann Wolfgang Goethe, Sämtliche Werke, II. Abt., Bd. 10 (37), Frankfurt a. M. 1993, S. 543.

69 Immanuel Kant, Allgemeine Naturgeschichte und Theorie des Himmels. In: ders., Werke, hrsg. v. Ernst Cassirer, Bd. 1, Berlin 1922, S. 368.

70 Ernst Benz, Kosmische Bruderschaft. Die Pluralität der Welten. Zur Ideengeschichte des Ufo-Glaubens, Freiburg i. Br. 1978, S. 10.

71 Zitiert nach ebd., S. 45.

72 Johann Gottfried Herder, Sämtliche Werke, hrsg. v. Bernhard Suphan, Berlin 1877–1913, Bd. 15 (1887), S. 276.

73 Ebd., S. 303.

74 Lessing im Reinkarnationsdiskurs, s. Anm. 31, S. 94.

75 Johann Gottlieb Fichte, Vorlesungen über Platners Aphorismen, Teil I
    (= J. G. Fichte – Gesamtausgabe II,4), hrsg. v. Reinhard Lauth/Hans Gli-
    witzky, Stuttgart/Bad Cannstadt 1976, S. 338, 12–18.

76 Johann Wolfgang Goethe, Sämtliche Werke. Briefe, Tagebücher und Ge-
    spräche, 2. Abteilung, Bd. 10, Die letzten Jahre, Teil I, hrsg. v. Horst
    Fleig, Frankfurt a. M. 1993, S. 543.

77 Emanuel Swedenborg, Ausgewählte religiöse Schriften, hrsg. v. Martin
    Lamm, Marburg 1949, Nachwort, S. 280.

78 Kosmische Bruderschaft, s. Anm. 70, S. 82.

79 Johann Kaspar Lavater, Ausgewählte Werke in historisch-kritischer Aus-
    gabe, Bd. II, Aussichten in die Ewigkeit 1768–1773/78, hrsg. v. Ursula
    Caflisch-Schnetzler, Zürich 2001, S. 139.

80 Beyträge zur Lehre von der Seelenwanderung, Leipzig 1785, S. 1 f.

81 Ebd., S. 56 f.

82 Ebd., S. X f.

83 Ebd., S. XII.

84 Ebd., S. 69.

85 Ebd.

86 Ebd., S. 218 f.

87 Ebd., S. 112 f.

88 Ebd., S. 114.

89 Ebd., S. 141.

90 Ebd., S. 146.

91 Ebd., S. 150.

92 Ebd., S. 151.

93 Ebd., S. 154.

94 Ebd., S. 134.

95 Ebd., S. 148.

96 Ebd.

97 Ebd.

98 Ebd., S. 156.

99 Ebd., S. 160.

100 Ebd.

101 Ebd., S. 170.

102 Ebd., S. 171.

103 Ebd., S. 210.

104 Ebd., S. 176.

105 Ebd., S. 177.

106 Ebd., S. 179.

107 Christian Wilhelm Flügge, Geschichte des Glaubens an Unsterblichkeit, Auferstehung, Gericht und Vergeltung, Bd. I, Leipzig 1794, S. 394 f.

108 Ebd., S. 394.

109 Arthur Schopenhauer, Sämtliche Werke, hrsg. v. Wolfgang Frh. v. Löhneysen, Leipzig 1979, Bd. 2, Die Welt als Wille und Vorstellung, 4. Buch, Kapitel 41, S. 644.

110 Rüdiger Sachau, Westliche Reinkarnationsvorstellungen, Gütersloh 1996, S. 92.

111 Arthur Schopenhauer, Sämtliche Werke, s. Anm. 109, Bd. 5, Parerga und Paralipomena, II, S. 326.

112 Karl Joël, Der Ursprung der Naturphilosophie aus dem Geiste der Mystik, Jena 1906, S. 151.

113 Zitiert nach: Geschichte der Seelenwanderung in Europa, s. Anm. 29, S. 388.

114 Friedrich Schelling, Philosophie und Religion, Tübingen 1804, S. 72.

115 Geschichte der Seelenwanderung in Europa, s. Anm. 29, S. 405.

116 Maximilian Droßbach, Wiedergeburt oder: Die Lösung der Unsterblichkeitsfrage auf empirischem Wege nach den bekannnten Naturgesetzen, Olmütz 1849, S. 56.

117 Gustav Widenmann, Gedanken über die Unsterblichkeit als Wiederholung des Erdenlebens, Stuttgart 1961, S. 46.

118 Ebd., S. 82.

119 Ebd., S. 41.

120 Ebd.

121 Ebd., S. 54.

122 Ebd., S. 57.

123 Ebd., S. 58.

124 Ebd., S. 20.

125 Ebd., S. 8.

126 Ebd., S. 8 f.

127 Ebd., S. 9.

128 Geschichte der Seelenwanderung in Europa, s. Anm. 29, S. 383.

129 Carl Grosse, Helim, oder Ueber die Seelenwanderung, Zittau/Leipzig 1789, S. 222.

130 Ebd., S. 15.

131 Ebd., S. 17.

132 Ebd., S. 21.

133 Ebd., S. 25.

134 Ebd., S. 23.

135 Ebd., S. 169 f.

136 Ebd., S. 175.

137 Ebd., S. 190.

138 Ebd., S. 217 f.

139 Johann Heinrich Daniel Zschokke, Vergangenes Seelendasein und der-
     einstiges. Zitiert nach: Tod und Unsterblichkeit, hrsg. v. Erich u. Anne-
     marie Ruprecht, 3 Bde., Stuttgart 1992–1993, Bd. 3, S. 34 f.

140 Geschichte der Seelenwanderung in Europa, s. Anm. 29, S. 388.

141 Novalis, Schriften, hrsg. v. Paul Kluckhohn u. Richard Samuel, 5 Bde.,
     Darmstadt [3]1977–1988, Bd. I, S. 196.

142 Ebd., Bd. I, S. 325.

143 Ebd., Bd. III, S. 663.

144 Ebd., Bd. III, S. 62.

145 Bettine von Arnim, Werke und Briefe, 4 Bde., II, Goethe's Briefwechsel
     mit einem Kinde, hrsg. v. Walter Schmitz u. a., Frankfurt a. M. 1992,
     S. 337.

146 Dies., Werke und Briefe, I, Clemens Brentano's Frühlingskranz. Die
     Günderode, hrsg. v. Walter Schmitz u. a., Frankfurt a. M. 1986, S. 463.

147 Brief an Sophie Schwab, 12. 5. 1836. In: Justinus Kerners Briefwechsel
     mit seinen Freunden, hrsg. v. Theobald Kerner, 2. Bd., Stuttgart/Leipzig
     1897, S. 107.

148 Petöfi. Ein Lesebuch für unsere Zeit, hrsg. v. Gerhard Steiner in Gemein-
     schaft mit Josef Turoczi-Trostler u. Endre Gáspár, Weimar 1955, S. 205 f.

149 Briefe Conrad Ferdinand Meyers. Nebst seinen Rezensionen und Auf-
     sätzen, hrsg. v. Adolf Frey, 2. Bd., Leipzig 1908, S. 348.

150 C. F. Meyers Briefwechsel. Historisch-kritische Ausgabe, hrsg. v. Hans
     Zeller, Bd. 3, Conrad Ferdinand Meyer. Friedrich von Wyß und Georg
     von Wyß. Briefe 1855–1897, Wabern/Bern 2004, S. 76.

151 Heinrich Heines sämtliche Werke in vier Bänden, hrsg. v. Otto F. Lach-
     mann, 2. Bd., Leipzig o. J., S. 71.

152 Richard Wagner, Sämtliche Schriften und Dichtungen, 13 Bde., Leipzig
     1907 o. J., Bd. VI, S. 255 f.

153 Richard Wagner. Parsifal. Textbuch, Einführung und Kommentar v. Kurt
     Pahlen u. a., Mainz 1997, S. 29.

154 Ebd., S. 73.

155 Ebd., S. 115.

156 Zitiert nach: Geschichte der Seelenwanderung in Europa, s. Anm. 29,
     S. 453.

157 Wilhelm Busch, Gesamtausgabe in vier Bänden, hrsg. v. Friedrich Bohne,
     Bd. 4, Wiesbaden 1968, S. 414.

158 Ders., Sämtliche Briefe, 2 Bde., hrsg. v. Friedrich Bohne unter Mitarbeit
     v. Paul Meskemper u. Ingrid Haberland, Bd. 1, Briefe 1841–1892, Han-
     nover 1982, S. 144 f.

159 Wilhelm Busch, Gesamtausgabe, s. Anm. 157, S. 416 f.

VII. Weltanschauliche Protestbewegungen und religiöse Gemeinschaften in der Moderne

1 Helmut Zander, Geschichte der Seelenwanderung in Europa. Alternative religiöse Traditionen von der Antike bis heute, Darmstadt 1999, S. 474.

2 Allan Kardec, Das Buch der Geister und die Grundsätze der Geistlehre, Leipzig, 1922, S. 29.

3 Ebd.

4 Ebd., S. 31.

5 Ebd., S. 33.

6 Ebd.

7 Ebd., S. 34.

8 Ebd., S. 37.

9 Ebd., S. 40.

10 Ebd., S. 41.

11 Ebd., S. 30.

12 Ebd., S. 37.

13 Ebd., S. 40.

14 Ebd., S. 41.

15 Ebd., S. 143 f.

16 Ebd., S. 38.

17 Caesar Baudi Ritter von Vesme, Geschichte des Spiritismus, Leipzig 1900, Bd. III, S. 280 f.

18 Jess Stearn, Der schlafende Prophet. Prophezeiungen in Trance, München 1985, S. 275.

19 Carl von Rappard, Der Spiritismus und sein Programm, Waltershausen b. Gotha 1883, S. 15.

20 Ebd., S. 46 f.

21 Bernhard Forsboom, Das Buch Emanuel, München o. J., S. 119.

22 Ebd., S. 118.

23 Willigis, Die andere Seite und der Mensch, Laufenburg o. J., S. 6.

24 Helena Petrowna Blavatsky, Die Geheimlehre. Die Vereinigung von Wissenschaft, Religion und Philosophie. Kosmogenesis, Bd. I, Leipzig o. J., S. 71.

25 Ebd., Anthropogenesis, Bd. II, Leipzig o. J., S. 317.

26 Ebd., S. 318.

27 Die Irrlehre der Theosophie über Re-Inkarnation, hrsg. v. Georg v. Langsdorff, Leipzig 1904, S. 11.

28 Annie Besant, Reinkarnation oder die Wiederverkörperungslehre, Leipzig o. J., S. 1.

29 C. W. Leadbeater, Ein Textbuch der Theosophie, Düsseldorf 1914, S. VII.

30 Ebd.

31 Sphinx. Monatsschrift für Geistes- und Seelenleben, Bd. 3, 1887, S. 425.

32 Rudolf Steiner, Anthroposophische Leitsätze, Dornach 1976, S. 14.

33 Hans-Jürgen Ruppert, Reinkarnation in neugnostischen Bewegungen. Anthroposophie–Theosophie–New Age. In: Reinkarnation–Wiedergeburt – aus christlicher Sicht, hrsg v. Otto Bischofberger, Oswald Eggenberger, Carl-A. Keller u. Joachim Müller, Freiburg/Zürich 1987, S. 106 f.

34 R. Steiner, Theosophie, Gesamtausgabe (GA) 9, Dornach ^{31}1987, S. 88.

35 Ebd., S. 50.

36 Ders., Reinkarnation und Karma (20. 10. 1904). In: ders., Themen aus dem Gesamtwerk 9, Wiederverkörperung: zur Idee von Reinkarnation und Karma, Vorträge, ausgewählt u. hrsg. v. Clara Kreutzer, Stuttgart 1982, S. 56.

37 Ders., Ursprung und Ziel des Menschen. Grundbegriffe der Geisteswissenschaft (GA 53), Dornach ^{2}1981, S. 83.

38 Norbert Bischofberger, Werden wir wiederkommen? Der Reinkarnationsgedanke im Westen und die Sicht der christlichen Eschatologie, Mainz/Kampen 1996, S. 82 f.

39 Werner Thiede, Esoterik und Theologie. Eine gegenseitige Herausforderung, Leipzig 2007, S. 89.

40 Klaus von Stieglitz, Einladung zur Freiheit. Gespräch mit der Anthroposophie, Stuttgart 1996, S. 97.

41 R. Steiner, Wiederverkörperung und Karma in ihrer Bedeutung für die Kultur der Gegenwart, Dornach 1985, S. 108.

42 Rudolf Frieling, Christentum und Wiederverkörperung, Stuttgart ^{2}1975, S. 7 f.

43 Georg Blattmann, Wiederverkörperung als Weltgesetz. In: Die Christengemeinschaft 60 (1988), S. 551.

44 Jakob Lorber, Das große Evangelium Johannes, Bd. 5, Bietigheim 1886, S. 372.

45 Ebd., S. 372 f.

46 Ebd., Bd. 6, S. 108.

47 Mein Kommen und die Menschheit, III. Bd., Trancereden gegeben durch das Offenbarungsmedium Fedor Mühle, Görlitz o. J., S. 17.

48 Lichtbote, November/Dezember 1988, S. 5.

49 Max Däbritz, Schicksalsgesetz der Wiedereinkörperung, Freital-Zauckerode o. J., S. 3.

50 Perlen. Aphorismen aus dem Reiche der Weisheit. Übermittelt durch Emil Bergmann, gesammelt, geordnet u. bekanntgegeben v. Paul Hellmich, Zauckerode 1922, S. 114.

51 Emil Adolf Bergmann, Die Glaubenslehre, Leipzig 1901, S. 36.

52 Schicksalsgesetz der Wiedereinkörperung, s. Anm. 49, S. 17.

53 Ebd., S. 51.

54 Ebd., S. 34.

55 Ebd., S. 96. Als Bestätigung durch Jesus werden Mt 11,14; 17,12; Joh 3 und 9,1–3 herangezogen.

56 Ebd., S. 112.

57 Ebd., S. 34.

58 Gerhard Adler, Wiedergeboren nach dem Tode. Die Idee der Reinkarnation, Frankfurt a. M. 1977, S. 167.

59 Harald Lamprecht, Rosenkreuzerische Reinkarnation. In: Religiöser Pluralismus und das Christentum. Festgabe für Helmut Obst zum 60. Geburtstag, hrsg. v. Michael Bergunder, Göttingen 2001, S. 76 f.; vgl. auch AMORC-Forum Nr. 4, S. 7.

60 Max Heindel, Die Weltanschauung der Rosenkreuzer oder mystisches Christentum, Darmstadt 1991, S. 53.

61 Rosenkreuzerische Reinkarnation, s. Anm. 59, S. 80.

62 Ebd., S. 86; vgl. auch Jan van Rijckenborgh, Die Gnosis in aktueller Offenbarung, Haarlem ³1993, S. 218, u. ders., Elementare Philosophie des modernen Rosenkreuzes, Haarlem ⁴1992, S. 71.

63 Johannische Kirche. Kurzdarstellung, Berlin 1976, S. 4.

64 Joseph Weißenberg und die Evangelisch-Johannische Kirche, hrsg. v. Konsistorium der Evangelisch-Johannischen Kirche nach der Offenbarung St. Johannis, Berlin 1959, S. 35 f.

65 Abd-ru-shin, Im Lichte der Wahrheit. Gralsbotschaft, Vomperberg/Tirol ²1960, S. 170.

66 Ebd., S. 197; vgl. S. 173.

67 Ebd., S. 198.

68 Ebd., S. 199.

69 Ebd., S. 201.

70 Johannes Greber, Der Verkehr mit der Geisterwelt Gottes – seine Gesetze und sein Zweck, Teaneck/New Jersey ³1970, S. 280 f.

71 Ebd., S. 281.

72 Ebd., S. 292.

73 Botschaften aus dem Jenseits, Bd. II «Licht der Welt», Zürich 1950, S. 181.

74 Ebd., S. 289 f.

75 Botschaften aus dem Jenseits, Bd. I «Das Weltbild», Zürich 1949, S. 298.

76 Ebd., S. 307.

77 Gott sprach und spricht durch sie über das Leben nach dem Tod – die Reise Deiner Seele, Würzburg ²1990, S. 64.

78 Reinkarnation. Das Heraus- und Hineinschlüpfen in das Fleisch, Würzburg ³1991, S. 26.

79 Ebd., S. 32.

80 Ebd., S. 36 f.

81 Ebd., S. 37.

82 Ebd., S. 12.

83 Reinhart Hummel, Reinkarnation. Weltbilder des Reinkarnationsglaubens und das Christentum, Mainz/Stuttgart 1988, S. 52.

84 Ronald Zürrer, Reinkarnation. Die umfassende Wissenschaft der Seelenwanderung, Zürich 1989, S. 30.

85 Ebd., S. 35.

86 Ebd., S. 343.

87 Bhagavadgita 8.5.

88 Die Scientology Kirche in Deutschland. Informationen und Selbstverständnis, München 1985, S. 6.

89 Zitiert nach Friedrich Wilhelm Haack, Scientology – Magie des 20. Jahrhunderts, München 1982, S. 93.

90 Christoph Bochinger, Reinkarnationsidee und «New Age». In: Die Idee der Reinkarnation in Ost und West, hrsg. v. Perry Schmidt-Leukel, München 1996, S. 118.

91 Vgl. Peter Bubmann, Urklang der Zukunft. New Age und Musik, Stuttgart 1988.

92 Zitiert nach: Werden wir wiederkommen?, s. Anm. 38, S. 99.

93 Zitiert nach ebd., S. 100.

94 Shirley MacLaine, Zwischenleben, München ⁷1986, S. 94.

95 Ebd.

96 Elisabeth Kübler-Ross, Befreiung aus der Angst. Berichte aus den Workshops «Leben, Tod und Übergang», Gütersloh 1992, S. 154.

97 Morey Bernstein, Protokoll einer Wiedergeburt, Bern/München/Wien 1973, S. 10.

98 Thorwald Dethlefsen, Das Leben nach dem Leben. Gespräche mit Wiedergeborenen, München ²1985, S. 85.

99 Ders., Schicksal als Chance. Das Urwissen zur Vollkommenheit des Menschen, München ³⁴1991, S. 235.

100 Eberhard Bauer, Läßt sich Reinkarnation wissenschaftlich beweisen? Methodologie und Ergebnisse der empirischen Reinkarnationsforschung. In: Die Idee der Reinkarnation in Ost und West, s. Anm. 90, S. 154–156.

101 Ian Stevenson, Wiedergeburt. Kinder erinnern sich an frühere Erdenleben, Grafing 1989, S. 285.

102 Ders., Reinkarnation in Europa. Erfahrungsberichte, Grafing 2005, S. 395.

103 Johannes Mischo, Methodenprobleme der empirischen Reinkarnations-forschung. In: Grenzgebiete der Wissenschaft, 41. Jg., 2/1992, S. 148.

104 Werner Trautmann, Naturwissenschaftler bestätigen Re-Inkarnation. Fakten und Denkmodelle, Olten 1983, Überschrift des 3. Kapitels.

105 Jens Schnabel, Das Menschenbild der Esoterik, Neukirchen-Vluyn 2007, S. 339.

VIII. Kirchliche Reaktionen und theologische Neuansätze

1 Unser Glaube. Die Bekenntnisschriften der evangelisch-lutherischen Kirche, bearbeitet v. Horst Georg Pöhlmann, Gütersloh 1986, S. 31 f.

2 Christus in euch: Hoffnung auf Herrlichkeit, hrsg. v. Sergius Heitz, Göttingen 1994, S. 175.

3 Ebd., S. 177 f.

4 Katechismus der Katholischen Kirche, München 1993, S. 291.

5 Josef Neuner u. Heinrich Roos, Der Glaube der Kirche in den Urkunden der Lehrverkündigung, neubearbeitet v. Karl Rahner u. Karl-Heinz Weger, Leipzig 1982, S. 530.

6 Katechismus der Katholischen Kirche, s. Anm. 4, S. 294.

7 Die Kirche im Zeitalter der Reformation, ausgewählt u. kommentiert v. Heiko A. Oberman, Neukirchen-Vluyn 1981, S. 263.

8 Unser Glaube, s. Anm. 1, S. 72.

9 Der Heidelberger Katechismus für den Gebrauch in evangelischen Gemeinden, Berlin 1969, S. 44 f.

10 Ebd., S. 45.

11 Ebd., S. 40.

12 Paul Althaus, Grundriss der Dogmatik, Berlin 1951, S. 264.

13 Ebd., S. 264 f.

14 Katechismus der Katholischen Kirche, s. Anm. 4, S. 290, Pkt. 1013.

15 Christoph Schönborn, Existenz im Übergang. Pilgerschaft, Reinkarnation, Vergöttlichung, Einsiedeln/Trier o. J., S. 127.

16 Hans Waldenfels, Auferstehung, Reinkarnation. Nichts? In: Hermann Kochanek (Hg.), Reinkarnation oder Auferstehung. Konsequenzen für das Leben, Freiburg i. Br. 1992, S. 259.

17 Paul Althaus, Die letzten Dinge. Lehrbuch der Eschatologie, Gütersloh ^{9}1964, S. 170.

18 Wolfgang Trillhaas, Dogmatik, Berlin/New York ^{4}1980, S. 458.

19 Gerhard Ebeling, Dogmatik des christlichen Glaubens, Bd. 3, Berlin 1986, S. 456.

20 Wolfhart Pannenberg, Systematische Theologie, Bd. 3, Göttingen 1993, S. 609.

21 Wilfried Joest, Dogmatik, Bd. 2, Göttingen ²1990, S. 649.

22 Hans Schwarz, Jenseits von Utopie und Resignation. Einführung in die christliche Eschatologie, Wuppertal/Zürich 1991, S. 180.

23 Ulrich Dehn, «Ich glaube, da kommt was». Aktuelle Anmerkungen zur Reinkarnation, Herder-Korrespondenz 60, 10/2006, S. 523.

24 Werner Thiede, Esoterik und Theologie. Eine gegenseitige Herausforderung, Leipzig 2007, S. 75.

25 Hans Küng, Josef van Ess, Heinrich von Stietencron u. Heinz Bechert, Christentum und Weltreligionen, München/Zürich 1984, S. 335.

26 Ebd., S. 336.

27 Christentum und Weltreligionen, s. Anm. 25, S. 343.

28 Die Idee der Reinkarnation in Ost und West, hrsg. v. Perry Schmidt-Leukel, München 1996, Einführung, S. 12.

29 Michael von Brück, Einheit der Wirklichkeit. Gott, Gotteserfahrung und Meditation im hinduistisch-christlichen Dialog, München ²1986/87, S. 1.

30 Ebd., S. 205.

31 Ebd., S. 219.

32 Ebd., S. 222.

33 Michael Bergunder, Reinkarnationsvorstellungen als Gegenstand von Religionswissenschaft und Theologie. In: Theologische Literaturzeitung 126 (2001) 7/8, Sp. 720.

34 Richard Friedli, Zwischen Himmel und Hölle – Die Reinkarnation, Freiburg (Schweiz) 1986, S. 116.

35 Ebd., S. 116 f.

36 Andreas Resch, Katholischer Glaube und Reinkarnation. In: Grenzgebiete der Wissenschaft, 39. Jg., 1990, Heft 3, S. 229.

37 Norbert Bischofberger, Werden wir wiederkommen? Der Reinkarnationsgedanke im Westen und die Sicht der christlichen Eschatologie, Mainz/Kampen 1996, S. 282.

38 Ebd., S. 273 f.

39 Rüdiger Sachau, Weiterleben nach dem Tod? Warum immer mehr Menschen an Reinkarnation glauben, Gütersloh 1998, S. 156 f.

40 Ebd., S. 157.

41 Ders., Westliche Reinkarnationsvorstellungen, Gütersloh 1996, S. 287.

42 Weiterleben nach dem Tod?, s. Anm. 39, S. 152.

43 Michael Bergunder, Wiedergeburt der Ahnen. Eine religionsethnographische und religionsphänomenologische Untersuchung zur Reinkarnationsvorstellung, Münster/Hamburg 1994, S. 431.

44 Hans-Martin Barth, Dogmatik. Evangelischer Glaube im Kontext der Weltreligionen, Gütersloh 2001, S. 777.

45 Ernst Troeltsch, Missionsmotiv, Missionsaufgabe und neuzeitliches Humanitätschristentum. In: Zeitschrift für Missionskunde und Religionswissenschaft 22 (1907), S. 165 f.

46 Weiterleben nach dem Tod?, s. Anm. 39, S. 147.

47 Ernst Sehringer, Reinkarnation und Erlösung, Pforzheim 1988, S. 8.

48 Ebd., S. 11 f.

49 Werden wir wiederkommen?, s. Anm. 37, S. 282.

50 Geddes MacGregor, Reinkarnation und Karma im Christentum, Bd. I, Grafing/München 1985, S. 23 f.

51 Ebd., S. 16.

52 Ebd., S. 223.

53 Ebd., S. 150.

54 Ebd., S. 223.

55 Ebd., S. 173.

56 Ebd., S. 173 f.

57 Till A. Mohr, Kehret zurück, ihr Menschenkinder! Die Grundlegung der christlichen Reinkarnationslehre, Grafing 2004, S. 625.

58 Ebd., S. 27.

59 Ebd., S. 600.

60 Ebd., S. 624.

61 Ebd., S. 527.

62 Ebd., S. 22.

63 Ebd., S. 626.

Epilog

1 Gotthold Ephraim Lessing, Werke und Briefe in 12 Bänden, hrsg. v. Wilfried Barner zusammen mit Klaus Bohnen u. a., Frankfurt a. M. 1985 ff., Bd. 10, 2001, S. 97 f.

2 Die Idee der Reinkarnation in Ost und West, hrsg. v. Perry Schmidt-Leukel, München 1996, S. 8.

3 Reinhard Hempelmann, Patchwork-Religiosität – ein Thema von bleibender Aktualität. In: Materialdienst der EZW, 4/2008, S. 123.

4 Die Idee der Reinkarnation in Ost und West, s. Anm. 2, S. 11.

Literaturhinweise

Adler, Gerhard: Wiedergeboren nach dem Tode. Die Idee der Reinkarnation, Frankfurt a. M. 1977

Beck, Heinrich: Reinkarnation oder Auferstehung. Ein Widerspruch?, Innsbruck 1988

Bergunder, Michael: Wiedergeburt der Ahnen. Eine religionsethnographische und religionsphänomenologische Untersuchung zur Reinkarnationsvorstellung, Münster/Hamburg 1994

Bischofberger, Norbert: Werden wir wiederkommen? Der Reinkarnationsgedanke im Westen und die Sicht der christlichen Eschatologie, Mainz/Kampen 1996

Blank, Renold J.: Auferstehung oder Reinkarnation, Mainz 1996

Cyranka, Daniel: Lessing im Reinkarnationsdiskurs. Eine Untersuchung zu Kontext und Wirkung von G. E. Lessings Texten zur Seelenwanderung, Göttingen 2005

Friedli, Richard: Zwischen Himmel und Hölle – Die Reinkarnation, Freiburg (Schweiz) 1986

Frieling, Rudolf: Christentum und Wiederverkörperung, Stuttgart ²1975

Gosztonyi, Alexander: Die Welt der Reinkarnationslehre, Aitrang 1999

Hummel, Reinhart: Reinkarnation. Weltbilder des Reinkarnationsglaubens und das Christentum, Mainz/Stuttgart 1988

Kochanek, Hermann (Hg.): Reinkarnation oder Auferstehung. Konsequenzen für das Leben, Freiburg i. Br. 1992

MacGregor, Geddes: Reinkarnation und Karma im Christentum, Grafing/München 1985

Mohr, Till A.: Kehret zurück, ihr Menschenkinder! Die Grundlegung der christlichen Reinkarnationslehre, Grafing 2004

Panorama der *neuen* Religiosität. Sinnsuche und Heilsversprechen zu Beginn des 21. Jahrhunderts, hrsg. im Auftrag der Evangelischen Zentralstelle für Weltanschauungsfragen (EZW), Gütersloh 2001

Pryse, James M.: Reinkarnation im Neuen Testament, Darmstadt 2005

Reinkarnation–Wiedergeburt – aus christlicher Sicht, hrsg. v. Bischofberger, Otto, Eggenberger, Oswald, Keller, Carl-A., Müller, Joachim, Freiburg (Schweiz) 1987

Sachau, Rüdiger: Westliche Reinkarnationsvorstellungen, Gütersloh 1996

Sachau, Rüdiger: Weiterleben nach dem Tod? Warum immer mehr Menschen an Reinkarnation glauben, Gütersloh 1998

Schönborn, Christoph: Existenz im Übergang. Pilgerschaft, Reinkarnation, Vergöttlichung, Einsiedeln/Trier o. J.

Steiner, Rudolf: Wiederverkörperung und Karma in ihrer Bedeutung für die Kultur der Gegenwart, Dornach 1985

Stevenson, Ian: Reinkarnation in Europa. Erfahrungsberichte, Grafing 2005

Stieglitz, Klaus von: Einladung zur Freiheit. Gespräch mit der Anthroposophie, Stuttgart 1996

Thiede, Werner: Esoterik und Theologie. Eine gegenseitige Herausforderung, Leipzig 2007

Torwesten, Hans: Sind wir nur einmal auf Erden? Die Idee der Reinkarnation angesichts des Auferstehungsglaubens, Freiburg/Basel/Wien 1983

Wiesendanger, Harald: Wiedergeburt. Herausforderung für das westliche Denken, Frankfurt a. M. 1991

Zander, Helmut: Geschichte der Seelenwanderung in Europa. Alternative religiöse Traditionen von der Antike bis heute, Darmstadt 1999

Zürrer, Ronald: Reinkarnation. Einführung in die Wissenschaft der Seelenwanderung, Zürich/Jestetten 2005

Personenregister

Abd-ru-shin (Oskar Ernst Bern-
hardt) 205, 283
Abel, Bruder Kains 71 f., 116
Abhay Charan De (Prabhupada
Bhaktivedanta Swami) 214
Abraham, Stammvater Israels 81,
199
Abraham bar Chija, jüdischer
Gelehrter 69
Adam und Eva 73 f., 81, 86, 198 f.
Adler, Gerhard 200, 283, 288
Al Bagdadi, islam. Gelehrter 68
Alexander der Große 50
Ali, Schwiegersohn Mohammeds 77,
80 f.
Althaus, Paul 235, 238, 285
Amalia Fürstin von Gallitzin 121
Amasis, ägypt. Pharao 50
Anderson, Marie 171
Angad, Guru des Sikhismus 31
Apollonios von Tyana 50
Aristoteles 48
Arjan, Guru des Sikhismus 30
Arnim, Bettina von 166, 280
Augustinus, Kirchenvater 51, 95 f.,
102, 274
Aurobindo Ghosh 18, 214

Baal-Schem-Tob, Lehrer des
Chassidismus 75
Baba Scheich Adi, jezidischer Ge-
lehrter 85
Bailey, Alice A. 221

Barachja, Vater von Zacharias 116
Barth, Hans-Martin 245, 287
Basilides, gnostischer Lehrer 55
Bauer, Eberhard 226, 284
Bektasch, Hadschi, Ordensgründer
81
Benedikt XII., Papst 232
Benedikt XVI., Papst (Joseph
Ratzinger) 236
Benz, Ernst 140, 144, 240, 277
Bergmann, Emil Adolf 197, 283
Bergunder, Michael 33, 242, 245,
269, 276, 283, 286–288
Bernhardt, Oskar Ernst (Abd-ru-
shin) 205 f.
Bernstein, Morey 223 f., 284
Bertschinger-Eicke, Erika 212
Besant, Annie 184, 187 f., 282
Beza, Theodor, schweiz. Reformator
102
Bischofberger, Norbert 190, 243 f.,
249, 282, 286, 288
Blavatsky, Helena Petrowna 182–
184, 281
Bloch, Ernst 20
Bochinger, Christoph 219 f., 284
Bock, Emil 61, 192, 271, 276
Bodmer, Johann Jakob 133
Boisserée, Sulpice 137
Bonnet, Charles 125, 127 f., 141, 144,
153
Brahe, Tycho 141
Brahman, hinduist. Gottheit 13, 20

Aus dem Verlagsprogramm

Religionen bei C. H. Beck

Alf Christophersen/Friedemann Voigt (Hrsg.)
Religionsstifter der Moderne
2009. 317 Seiten mit 23 Abbildungen.
Gebunden

Friedrich Wilhelm Graf
Mißbrauchte Götter
Zum Menschenbilderstreit in der Moderne
2009. 208 Seiten mit 31 farbigen Abbildungen.
Klappenbroschur

Navid Kermani
Der Schrecken Gottes
Attar, Hiob und die metaphysische Revolte
2005. 335 Seiten. Gebunden

Hans G. Kippenberg
Gewalt als Gottesdienst
Religionskriege im Zeitalter der Globalisierung
2008. 272 Seiten mit 2 Karten. Broschiert

Martin Riesebrodt
Cultus und Heilsversprechen
Eine Theorie der Religionen
2007. 316 Seiten. Gebunden

Uwe Justus Wenzel
Was ist eine gute Religion?
20 Antworten
2007. 133 Seiten. Gebunden

Verlag C. H. Beck

Religionen bei C. H. Beck

Axel Michaels
Der Hinduismus
Geschichte und Gegenwart
1998. 458 Seiten mit 31 Abbildungen und 35 Tabellen.
Leinen

Elaine Pagels/Karen L. King
Das Evangelium des Verräters
Judas und der Kampf um das wahre Christentum
Aus dem Englischen von Rita Seuß
2008. 205 Seiten. Gebunden

Gerd Theißen
Die Weisheit des Urchristentums
Aus Neuem Testament und außerkanonischen Schriften
2008. 255 Seiten. Gebunden

Kocku von Stuckrad
Was ist Esoterik?
Kleine Geschichte des geheimen Wissens
2004. 280 Seiten mit 8 Abbildungen. Broschiert

Axel Michaels
Der Hinduismus
Geschichte und Gegenwart
2006. 460 Seiten mit 31 Abbildungen und 35 Tabellen
Broschierte Sonderausgabe

Bernhard Maier
Sternstunden der Religionen
Von Augustinus bis Zarathustra
Limitierte Sonderauflage. 2008. 203 Seiten. Paperback
Beck'sche Reihe Band 4059

Verlag C. H. Beck

Weltreligionen in C. H. Beck Wissen

Manfred Hutter
Die Weltreligionen
3., durchgesehene Auflage. 2008.
144 Seiten mit 7 Abbildungen. Paperback
C. H. Beck Wissen in der Beck'schen Reihe Band 2365

Günter Stemberger
Jüdische Religion
5. Auflage. 2006. 115 Seiten. Paperback
C. H. Beck Wissen in der Beck'schen Reihe Band 2003

Kurt Nowak
Das Christentum
Geschichte – Glaube – Ethik
4. Auflage. 2007. 128 Seiten. Paperback
C. H. Beck Wissen in der Beck'schen Reihe Band 2070

Heinz Halm
Der Islam
Geschichte und Gegenwart
7. Auflage. 2007. 103 Seiten. Paperback
C. H. Beck Wissen in der Beck'schen Reihe Band 2145

Helwig Schmidt-Glintzer
Der Buddhismus
2., durchgesehene Auflage. 2007. 128 Seiten. Paperback
C. H. Beck Wissen in der Beck'schen Reihe Band 2367

Heinrich von Stietencron
Der Hinduismus
2. Auflage. 2006. 128 Seiten mit 1 Karte. Paperback
C. H. Beck Wissen in der Beck'schen Reihe Band 2158

Verlag C. H. Beck